Social Sciences
Research Using
GIS

社会科学研究与地理信息

GIS的应用

陈硕 ◎ 著

北京大学出版社
PEKING UNIVERSITY PRESS

图书在版编目（CIP）数据

社会科学研究与地理信息：GIS 的应用/陈硕著. —北京： 北京大学出版社， 2023.9
ISBN 978-7-301-34281-7

Ⅰ.①社… Ⅱ.①陈… Ⅲ.①地理信息系统–应用–社会科学–研究 Ⅳ.①C-39

中国国家版本馆 CIP 数据核字(2023)第 148859 号

审图号：GS(2022)4323 号

书　　　名	社会科学研究与地理信息：GIS 的应用 SHEHUI KEXUE YANJIU YU DILI XINXI：GIS DE YINGYONG
著作责任者	陈　硕　著
策 划 编 辑	王　晶
责 任 编 辑	王　晶
标 准 书 号	ISBN 978-7-301-34281-7
出 版 发 行	北京大学出版社
地　　　址	北京市海淀区成府路 205 号　100871
网　　　址	http://www.pup.cn
微信公众号	北京大学经管书苑（pupembook）
电 子 邮 箱	编辑部 em@pup.cn　总编室 zpup@pup.cn
新 浪 微 博	@北京大学出版社　@北京大学出版社经管图书
电　　　话	邮购部 010-62752015　发行部 010-62750672　编辑部 010-62752926
印 刷 者	天津中印联印务有限公司
经 销 者	新华书店
	787 毫米×1092 毫米　16 开本　25.5 印张　555 千字 2023 年 9 月第 1 版　2024 年 1 月第 3 次印刷
定　　　价	68.00 元

未经许可，不得以任何方式复制或抄袭本书之部分或全部内容。
版权所有，侵权必究
举报电话：010-62752024　电子邮箱：fd@pup.cn
图书如有印装质量问题，请与出版部联系，电话：010-62756370

序

我第一次接触和地理相关的研究助理工作是在读硕士期间,我的导师龚启圣教授想用地图形式展示某个指标的地区分布。简单地说,就是把这个指标按照取值分成几类然后在地图上标识出来:那些取值大的省份用最深的颜色覆盖,取值小的省份用浅颜色覆盖。我记得我当时是这么做的:先在网上下载一幅中国地图,接着用绘图软件把颜色抠掉只留下国境和省界,然后通过手工测算将这个指标按照大小分成 4 类并对应好相应的颜色深度,最后用绘图软件把对应省份染上颜色。整个过程下来花了我半个月时间,也让我入门了 Photoshop 软件。现在回想起来,幸好导师当时觉得分成 4 类已经能够清晰地展示出地区差异了,不必分成 8 个或更多的色块。更为庆幸的是,导师的这项研究是基于中国省级数据而不是县级数据。后来我才知道,如果掌握地理信息系统软件的话,上面的整个过程应该不会超过半个小时。

地理信息系统(geographic information system,GIS)是一套针对地理空间信息的分析工具。在过去二十多年里,得益于与地理相关的基础理论、数据可得性及分析工具方面的进展,与地理相关的信息逐渐在经济学、政治学、社会学及管理学等领域得到广泛的应用。在经济学领域,区域经济学、城市经济学、发展经济学、健康经济学、劳动经济学、政治经济学、经济史等细分领域,无论是在作图还是在获得数据方面,都越来越广泛地采用地理信息作为研究的支撑。因此,地理信息与应用微观计量经济学相结合是未来经济学实证研究的热点之一。但关于这两者之间的桥梁——将地理信息与经济学分析工作相结合——却一直没有很合适的著作。

目前市面上与地理信息相关的著作并不能很好地帮助读者达到这一目的,主要有两个原因。第一,市面上的地理信息图书大多为软件介绍,逐一介绍每一个功能,其目的是帮助读者全面掌握 GIS 相关知识。但对社会科学研究者来说,真实过程则是问题导向的:在研究中遇到一个需要用地理信息解决的具体问题并迅速找到解决方案。第二,市面上地理信息图书的作者均为地理信息领域的相关专家,其应用也多为城市规划、地理学等专业领域,对社会科学研究者的帮助有限。此外,一些学者在网上发布了一些针对地理信息系统的课件,比如哈佛大学经济学系 Melissa Dell 教授在 2009 年发布在个人主页上的 GIS Analysis for Applied Economists、大阪大学国际公共政策学院 Masayuki Kudamatsu 教授在 2018 年发布的 Causal Inference with Spatial Data;ArcGIS 10 for Economics Research(该课件基于 Kudamatsu 教授于 2010 年在斯德哥尔摩大学经济系任教时发布的课件扩展而来)。这些课件虽然以经济学研究问题为导向,但并没有提供针对某个具体问题的逐步解决方案,而这些知识对致力于学习地理信息系统的学者和学生而言非常重要。

本书的内容试图弥补这一缺憾,我试图从社会科学应用,特别是经济学应用的角度对研究过程中遇到的地理信息问题提供实际操作上的解决方案。本书的内容主要分为两大部分。第一部分详细介绍目前社会科学相关领域应用 GIS 最多的三个语境:基于地理信息制作 GIS 地图(比如在中国县级 GIS 地图中将人口超过 100 万的县用灰色标出)、使用 GIS 软件生成数据(比如基于 GIS 软件和卫星灯光图片计算出每个县的平均灯光强度并生成数据)以及绘制研究所需的 GIS 地图(比如研究者自己在中国地图中绘制某条铁路线路)。以我自身的研究及阅读文献的经历来说,上述三个功能基本能够满足绝大多数社会科学研究的需求。我会在该部分基于自己的研究并结合软件截图逐一介绍这些功能。如果单纯从地理信息系统应用的难度来说,社会科学中的这些应用并不具有挑战性,甚至停留在入门水平。但社会科学应用地理信息并非探索和推进地理信息相关领域的问题前沿,而是服务于社会科学研究的基本目标——推论(inference),这进一步分为描述性推论(descriptive inference)和因果性推论(causal inference)。从这个意义上来说,基于地理信息制作 GIS 地图属于典型的描述性推论,可以从地理分布上增进读者对数据基本特征的理解,而基于 GIS 软件生成数据则服务于以实证分析为基础的因果推论。本书第二部分为文献介绍,介绍经济学、政治学及社会学等优秀中英文期刊近年来应用地理信息系统的相关论文。通过第一部分的操作实务并结合第二部分的文献应用,读者在读完本书后可以基本掌握 GIS 在社会科学中的各项应用。具体来说,读者可以根据自己的研究任务直接找到相应章节,根据文中步骤完成相关的操作。同时,读者也可以进一步阅读对应章节后面提供的参考文献拓展该任务应用的知识面。

我从 2009 年就开始酝酿写一本关于 GIS 的操作手册。工作之后一直没有整块时间集中用于书稿的写作。直到 2018 年下半年才把写书稿提上日程并最终在 2021 年年底完稿。拙作最终能够在久负盛名的北京大学出版社出版,对我来说是一份难得的荣誉。感谢王晶编辑给予我的协助及专业的建议。本书得到国家自然科学基金重点项目(71933002)和复旦大学"卓越 2025"人才培育计划的支持。在本书构思及写作过程中,我非常感谢所有参与进来的学生,他们是蔡依乐、曹一鸣、方嫣彤、韩鑫豪、胡钧贻、黄沛璇、黄智琛、雷嘉欣、李永涛、潘子欣、彭耀辉、滕璇、王宣艺、吴其倡、许力夕、杨波、杨娇娇、姚沁、张碧月、钟函烨(以姓氏首字母排序),其中特别感谢许力夕同学。没有这些同学热情、认真的协助,本书无法呈现在读者面前。同样感谢复旦大学经济学院科研办公室李博的支持工作。感谢我在香港科技大学社会科学部读博士时的同系小伙伴们,当年我们在实验室里学习和玩耍,留下很多美好的回忆,如今大家散落在国内外各高校努力为理想和生活拼搏。特别感谢复旦大学历史地理研究中心及哈佛燕京学社在中国历史地图方面所作的基础贡献,本书以及我的众多研究都受益于她们提供的学术公共品。最后,感谢家人一直以来给予我的支持和照顾。

陈　硕

于复旦大学经济学院泛海楼

2023 年 9 月

目 录

第 1 篇　ArcGIS 操作

第 1 章　ArcMap 软件介绍 ·· 3
 1.1　概述 ·· 3
 1.2　ArcMap 操作界面 ·· 3
 1.3　ArcMap 使用的数据类型 ·· 10
 1.4　本章小结 ·· 12

第 2 章　利用 ArcMap 绘制地图 ·· 13
 2.1　准备工作 ·· 13
 2.2　关内 18 个农业省份的取样 ·· 15
  2.2.1　两步准备工作：加载全国地图以及生成子样本文件 ·· 15
  2.2.2　将 Excel 中的数据连接到地图上 ··· 17
  2.2.3　在地图上进行子样本取样 ·· 18
  2.2.4　保存筛选后的关内 18 省 ·· 21
 2.3　绘制玉米引种动态效果图 ·· 24
  2.3.1　准备工作 ··· 24
  2.3.2　将 Excel 中的数据连接到地图上 ·· 25
  2.3.3　绘制 1580 年玉米引种分布图 ··· 26
 2.4　后续美化处理 ·· 28
  2.4.1　调整颜色 ··· 28
  2.4.2　美化行政区界线 ·· 28
  2.4.3　添加地图名 ··· 30

  2.4.4 在地图中添加图例 ································· 31
  2.4.5 添加指南针等物件 ································· 36
  2.4.6 调整坐标系 ····································· 37
 2.5 地图输出 ··· 40
 2.6. 本章小结 ··· 43

第3章 利用 ArcMap 筛选出所需图层 ······························· 45
 3.1 按照面取样:筛选凉州府周边 50 千米范围内的府 ············ 46
  3.1.1 导入数据 ······································· 46
  3.1.2 筛选凉州府 ····································· 47
  3.1.3 筛选出凉州府周边 50 千米范围内的府 ················ 52
  3.1.4 导出数据 ······································· 56
 3.2 按照线取样:提取长江沿岸的府 ·························· 62
  3.2.1 从中国水系 GIS 地图中提取出长江 ··················· 62
  3.2.2 筛选长江沿线的府 ································ 64
 3.3 按照线取样:筛选出最早引入玉米的三个省份省界两侧的府 ···· 69
  3.3.1 导入省级 GIS 地图并生成省界 ······················· 69
  3.3.2 筛选省界两侧的府 ································ 73
 3.4 后续勘误 ··· 76
 3.5 本章小结 ··· 83

第 2 篇 利用 GIS 生成地理信息变量

第 4 章 利用 GIS 生成距离相关变量 ······························· 87
 4.1 到最早引种地距离变量的创建 ···························· 87
  4.1.1 筛选关内 18 省各府治所图层 ························ 88
  4.1.2 筛选引种地图层 ·································· 91
  4.1.3 计算距离 ······································· 91
 4.2 到长江最近距离变量的创建 ······························ 95
  4.2.1 生成每个府中心点的图层 ··························· 96
  4.2.2 计算各府中心点到长江的最短距离 ··················· 98
 4.3 本章小结 ··· 100

第 5 章　利用 GIS 切图：地图转数据 ·········· 102
5.1　土壤适宜度数据 ·········· 103
5.1.1　将土壤适宜度地图转成数字 ·········· 103
5.1.2　对土壤适宜度地图进行截取 ·········· 105
5.1.3　计算府级的平均土壤适宜度 ·········· 109
5.1.4　导出数据 ·········· 112
5.2　夜间灯光卫星数据 ·········· 113
5.2.1　获取夜间灯光卫星图 ·········· 114
5.2.2　将夜间灯光卫星图转换成数字 ·········· 116
5.2.3　对夜间灯光数据进行截取 ·········· 119
5.2.4　计算某一区域的灯光平均亮度 ·········· 120
5.2.5　导出数据 ·········· 122
5.3　本章小结 ·········· 123

第 6 章　利用 GIS 实现最近地点信息赋值 ·········· 125
6.1　导入气象站信息 ·········· 125
6.2　计算距离最近的气象站 ·········· 128
6.3　筛选研究所需样本 ·········· 130
6.4　本章小结 ·········· 131

第 7 章　利用 GIS 计算空间权重矩阵 ·········· 132
7.1　导入府级底图数据并生成序列号 ·········· 133
7.2　生成空间权重矩阵 ·········· 138
7.3　将空间权重矩阵转变为文件 ·········· 140
7.4　本章小结 ·········· 143

第 3 篇　利用 GIS 绘制属于自己的 GIS 地图

第 8 章　绘制 GIS 地图 ·········· 147
8.1　配准 ·········· 147
8.1.1　添加地理坐标信息 ·········· 147
8.1.2　检查配准精确性 ·········· 152
8.2　描图 ·········· 153
8.2.1　利用 ArcCatalog 软件生成新空白图层 ·········· 153

8.2.2　描图 ·· 156
　8.3　本章小结 ·· 160

第4篇　ArcGIS 在社会科学论文中的应用综述

第9章　涉及地理信息的社会科学论文综述 ·· 165
9.1　国外语境下涉及地理信息的研究 ·· 165
　　9.1.1　利用 ArcGIS 展示数据的研究 ·· 165
　　9.1.2　利用 ArcGIS 生成地理信息变量的研究 ································ 320
　　9.1.3　利用 ArcGIS 绘制自己的 GIS 地图的研究 ···························· 363
9.2　中国语境下涉及地理信息的研究 ·· 384
　　9.2.1　利用 ArcGIS 展示数据的研究 ·· 384
　　9.2.2　利用 ArcGIS 生成地理信息变量的研究 ································ 393

第1篇

ArcGIS 操作

本书前三篇将介绍目前社会科学相关领域应用 GIS 最多的三个语境：基于地理信息制作 GIS 地图、基于 GIS 软件生成数据以及绘制研究所需的 GIS 地图。以作者研究及阅读文献的经历来说，上述三个功能基本涵盖绝大多数社会科学研究的需求。本部分中将基于作者的研究并结合软件截图逐一介绍这些功能。具体来说，第 1 章将介绍 GIS 软件的基础，第 2 章讲述利用 ArcMap 绘制地图，第 3 章则讲述利用 ArcMap 筛选出所需图层。本部分使用的案例大多来自 Chen, Shuo, and James Kai-Sing Kung. 2016. "Of Maize and Men: The Effect of a New World Crop on Population and Economic Growth in China." *Journal of Economic Growth*, 21: 71–99。

第1章 ArcMap 软件介绍

1.1 概述

地理信息系统（geographic information system，GIS）是一套针对地理空间信息的分析工具（Longley et al.，2015）。针对地理信息有很多分析软件，比如商业软件 ArcGIS Desktop、开源软件 Geodata 及 QGIS 等。相对来说，ArcGIS 因其功能完备而在相关领域得到了广泛应用。该软件由 Esri 公司出版发行，截至 2023 年，最新的版本号为 10.8。如不做特殊说明，本书所有演示均采用 ArcGIS 10.6 软件并基于微软视窗操作系统。ArcGIS 主要包含两个软件：ArcMap 和 ArcCatalog。其中 ArcMap 主要用于地图制作以及在此基础之上的各种分析，而 ArcCatalog 则用于组织管理各种地理信息数据。本书剩余内容中 ArcGIS 和 ArcMap 在表述上可以相互替代。在详细展开论述具体功能之前，先简单向读者介绍 ArcGIS 的操作界面及相应功能选项。

1.2 ArcMap 操作界面

图 1-1 展示了 ArcMap 软件打开后的初始界面，其中深色边框内的区域为"Data Frame"（数据框），用于显示地图。加载中国 1820 年府级行政区划地图，可以得到图 1-2。

图 1-3 中深色边框内的区域展示了 ArcMap 软件初始界面的"Table of Contents"（内容列表）窗口。该窗口的功能主要是图层处理，包括添加、删除、修改图层等。将鼠标移动到此处并右键单击内容列表中的"Layers"（图层），可以看到"Add Data"（添加数据）按钮，如图 1-4 所示。通过该按钮，可以添加新的图层到工作窗口当中。

图 1-5 中的深色边框标注出 ArcMap 的菜单栏，包含"File"（文件）、"Edit"（编辑）、"View"（视图）、"Bookmarks"（书签）、"Insert"（插入）、"Selection"（选择）、"Geoprocessing"（地理处理）、"Customize"（自定义）、"Windows"（窗口）和"Help"（帮助）菜单。

"File"菜单：该菜单涉及新建、打开、保存以及输出地图等常用功能，如图 1-6 所示。

"Edit"菜单：该菜单涉及数据的复制、粘贴等功能，如图 1-7 所示。

图 1-1　ArcMap 初始界面

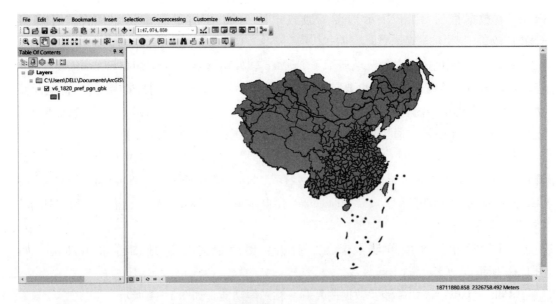

图 1-2　加载地图后 ArcMap 的显示窗口

图1-3 内容列表界面

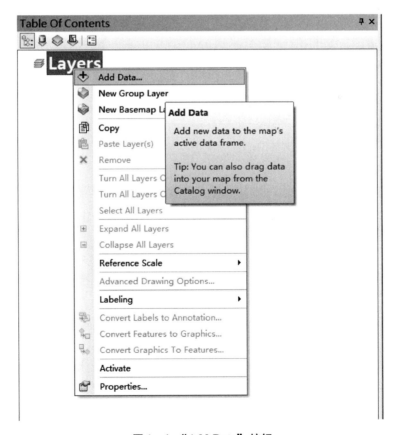

图1-4 "Add Data"按钮

图 1-5 菜单栏界面

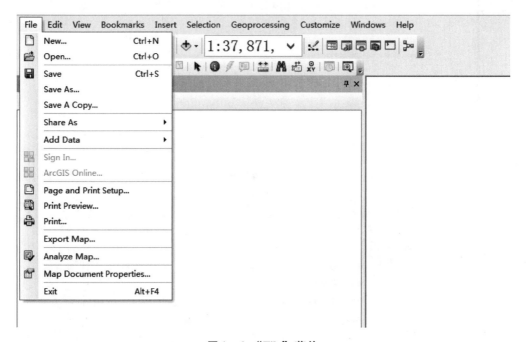

图 1-6 "File"菜单

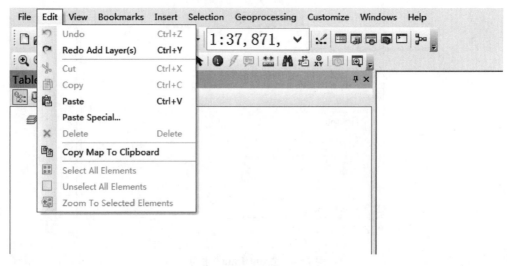

图 1-7 "Edit"菜单

"View"菜单：使用 ArcMap 软件绘图时通常会用到两种视图模式："Data View"（数据视图）及"Layout View"（布局视图），如图 1-8 所示。数据视图一般在绘图时使用，如果使用者需要向图中添加比例尺、指南针，则可调整至布局视图。在绝大多数情况下，我们都使用数据视图。①

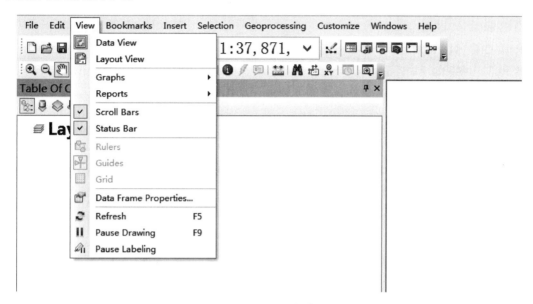

图 1-8 "View"菜单

"Insert"菜单：当需要在图层中添加标题、文字、标尺及指南针等内容时，可在该菜单中找到对应功能，如图 1-9 所示。

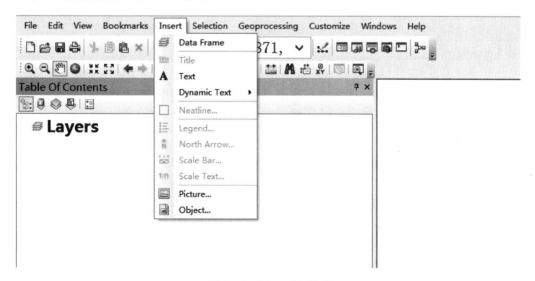

图 1-9 "Insert"菜单

---

① 虽然使用者可以在 ArcMap 软件中添加比例尺或指南针等功能，但在实际使用中我更常用 Photoshop、微软视窗绘图板等软件直接在 GIS 地图上添加。

"Selection"菜单：当需要按照某个属性选取地图时会用到该菜单，如图1-10所示。比如，我们想提取京沪高铁途经的所有县或者选取所有与给定区域接壤的县时，就可以使用该功能生成GIS地图或者给这些地区赋值以供实证分析使用。①

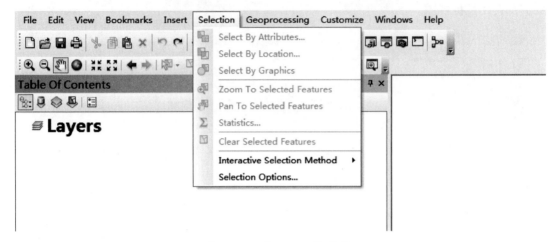

图1-10　"Selection"菜单

"Geoprocessing"菜单：主要涉及地理数据的运算和处理，如图1-11所示，比如计算两个地点之间的距离或计算某个地区的占地面积等。

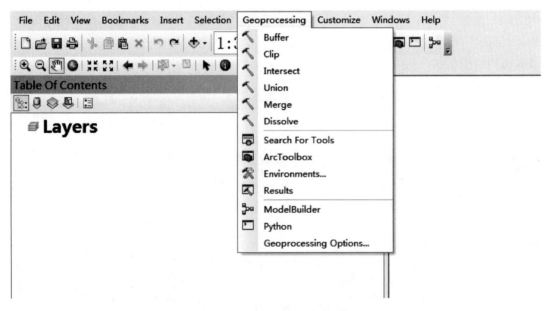

图1-11　"Geoprocessing"菜单

---

① 我与合作者的一篇论文试图基于清代县级数据实证检验京杭大运河在1826年的废弃对周边区域社会稳定的影响（Cao and Chen, 2022）。该文采用标准的双重差分（difference in differences, DID）研究设计：京杭大运河途经的县为介入组，那些和途经县接壤的县为控制组。通过分析上述空间维度的差异（大运河是否途经）再结合时间维度的差异（大运河废弃前后），便可以识别出因果关系。在实证分析中，我们一般将介入组赋值为1，控制组赋值为0。可以想见，如果研究者使用肉眼对着地图赋值，那么这项工作会非常繁重且容易出错。这个菜单的功能正为此而设计。

图 1-12 中深色边框所标注的部分为快捷菜单，涉及诸如新建、打开、保存等快捷功能。这些功能均可在相应菜单栏中找到对应按键。使用者可以通过自定义把自己常用的功能放置在该部分。

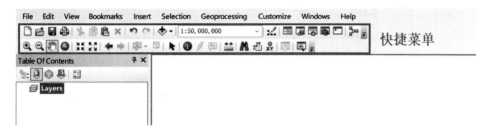

图 1-12 快捷菜单界面

需要指出的是，在快捷菜单区域中有一个经常使用到的按钮："ArcToolbox"（工具箱），见图 1-13 中的深色方框标识。一些经常使用的功能均可以在这个工具箱中找到。我们将结合研究实例具体介绍这些工具的使用方法。

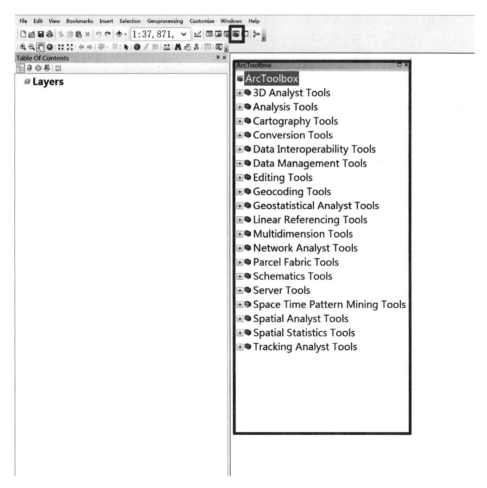

图 1-13 "ArcToolbox" 按钮及展开界面

1.3　ArcMap 使用的数据类型

ArcMap 软件使用到的数据类型主要有三种：矢量数据、栅格数据和不规则三角网（triangulated irregular network，TIN）数据。以下将简单介绍这三类数据的特点。

矢量数据：该类型数据表现为点、线或面，包含 6 个文件，分别以 dbf、prj、sbn、sbx、shp、shx 为后缀名（见图 1-14）。使用者不需要了解不同后缀名的含义。在实际操作中，只需要把后缀名为 shp 的文件拖到软件显示区域即可。当然，也可以通过打开按钮导入该类型数据。

名称	修改日期	类型
v4_1820_pref_pgn_gbk.dbf	17/7/31 下午4:49	DBF 文件
v4_1820_pref_pgn_gbk.prj	09/1/26 上午9:44	PRJ 文件
v4_1820_pref_pgn_gbk.sbn	09/1/26 上午10:11	SBN 文件
v4_1820_pref_pgn_gbk.sbx	09/1/26 上午10:11	SBX 文件
v4_1820_pref_pgn_gbk.shp	17/7/31 下午4:49	SHP 文件
v4_1820_pref_pgn_gbk.shx	17/7/31 下午4:49	SHX 文件

图 1-14　矢量数据所包含的 6 个文件

需要指出的是，研究者经常使用的行政区划图都属于矢量数据，见图 1-15。

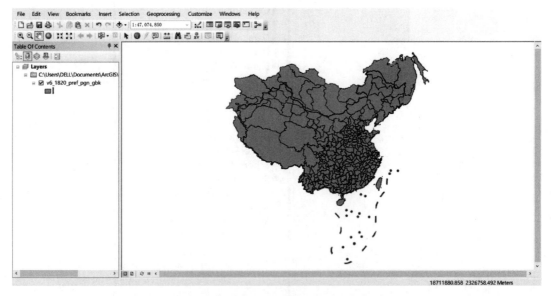

图 1-15　矢量数据：中国 1820 年府级行政区划

栅格数据：该类型数据主要由像素组成，后缀名为 tif 和 png。打开方式是将该类型数据文件拖至软件显示窗口中。经济学者经常使用到的栅格数据有卫星灯光（Chen et al.，2020）、高程（elevation）（Nunn and Puga，2012）、空气污染物（Yang and Zhang，2018）及土壤作物适种度（Chen and Kung，2016），等等。图 1-16 展示了全球卫星灯光数据。

图 1-16 栅格数据：全球卫星灯光

图片来源：NOAA National Center for Environmental Information：DMSP OLS Global Composites Version 4.

不规则三角网数据：该类型数据以数字形式来表示地表形态，后缀名为 tin。该数据可以显示三种表面特征：坡度、坡向和地形海拔。在经济学研究中，使用这种类型数据的研究较为少见。图 1-17 展示了印度克里希纳河流域（Krishna River basin）的高程数据。

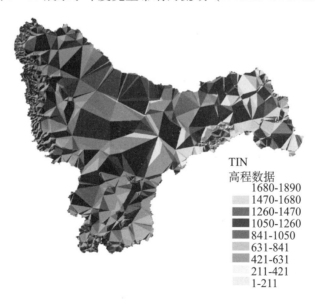

图 1-17 TIN 数据：克里希纳河流域

图片来源：Mujumdar, Pradeep, and Nagesh Kumar. 2012. "Geographic Information Systems for Hydrologic Modeling." In *Floods in a Changing Climate*: *Hydrologic Modeling*. Cambridge: Cambridge University Press.

1.4　本章小结

本章介绍了社会科学研究中常用地理信息软件 ArcGIS 的基本情况（第 1.1 节）、操作界面（第 1.2 节）及使用的数据类型（第 1.3 节）。熟悉这些信息将为读者接下来基于地理信息制作 GIS 地图、基于 GIS 软件生成数据以及制作属于研究者自己的 GIS 地图等工作打下基础。

参考文献

Cao, Yiming, and Shuo Chen. 2022. "Rebel on the Canal: Disrupted Trade Access and Social Conflict in China, 1650 – 1911." *American Economic Review*, 112 (5): 1555 – 1590.

Chen, Shuo, and James Kai-Sing Kung. 2016. "Of Maize and Men: The Effect of a New World Crop on Population and Economic Growth in China." *Journal of Economic Growth*, 21: 71 – 99.

Chen, Shuo, Xinyu Fan, and Xuanyi Wang. 2020. "Starving and Deceiving: Famine Experience, Politician Risk Preference, and GDP Manipulation in China." Working Paper.

Longley, Paul A., Michael F. Goodchild, David J. Maguire, and David W. Rhind. 2015. *Geographic Information Systems and Science*. Hoboken: Wiley.

Nunn, Nathan, and Diego Puga. 2012. "Ruggedness: The Blessing of Bad Geography in Africa." *Review of Economics and Statistics*, 94 (1): 20 – 36.

Yang, Jing, and Bing Zhang. 2018. "Air Pollution and Healthcare Expenditure: Implication for the Benefit of Air Pollution Control in China." *Environment International*, 120: 443 – 455.

第 2 章 利用 ArcMap 绘制地图

绘制 GIS 地图是社会科学应用地理信息系统最常用的功能。本章将结合我们的一篇论文介绍 ArcMap 的绘图功能。本章使用的数据来自 Chen and Kung (2016)。该文的研究问题是,基于清代府级数据实证检验北美作物玉米在中国的引种和拓展对明清人口及社会经济发展的影响。实证估计玉米作用的前提是建立该种作物在中国传播的时空分布,这些数据来自作者从一千多本地方志中搜集到的信息。① 图 2-1 展示了基于地理信息系统绘制的 1580—1900 年玉米在中国的传播动态。本章余下部分将介绍该图的绘制过程。

需要指出的是,在论文初稿陈述及终稿撰写过程中将图 2-1 展示出来可能会给听众和读者带来深刻的印象,这些花费了作者近两年时间从一本本地方志中搜集的玉米种植时间的数据会在陈述中用不到 30 秒的时间展示完毕。而其背后是一幅宏大的历史画面:新大陆作物在 300 多年间被中国人孜孜不倦地引种和拓植到各处,成就了这场仅次于水稻革命的前现代中国第二次农业技术革命。这次农业技术革命为明清人口增加提供了营养基础,同时也给当时的社会经济动态带来显著影响 (Chen and Kung, 2016)。② 这种冲击力和历史感正是 GIS 在社会科学中应用的魅力所在。

2.1 准备工作

首先,我们从哈佛大学中国历史地理信息网站 (http://www.fas.harvard.edu/~chgis/) 下载 1820 年(清嘉庆二十五年)GIS 地图。进入该网站后,我们选择右上角菜单中的"Data"并点击其中的"CHGIS",见图 2-2。

进入"CHGIS"数据页面后,选择 Version 6(第六版)并点击"Download CHGIS V6 TIME SLICE (1820) Data",见图 2-3。

---

① 在中国,各级行政机构都有编撰地方志的传统。明清时期,中国行政区划由上至下大致可分为省、府(州)、县三级,其中"府"的地位大约等同于今天的"地级市"。地方志实质上是关于当地的百科全书,涵盖了地理、人口、经济、社会和文化等信息。根据统计,宋、明及清三代,共计出版 8 264 册地方志。其中省级地方志有 368 册,县级地方志有 6 777 册,另有府级刊行的 1 119 册地方志(金恩辉,1996)。该文实证分析的单位是府,因此我们的数据源是这八千多本地方志中的 1 119 册府志。这些地方志中都会包含下述内容:概述、地理环境、人口构成和文化、地方名士、物产、重大历史事件等。该文关注的玉米引种信息主要来自地方志中的物产卷。

② 第一次农业革命是指宋代时来自占婆王国(今天越南的中部和南部地区)的占城稻被引入中国。根据何炳棣的研究,玉米占这段时间中国粮食产出增加的 55%。何炳棣将玉米的引种称为中国历史上的第二次农业革命(Ho, 1959)。

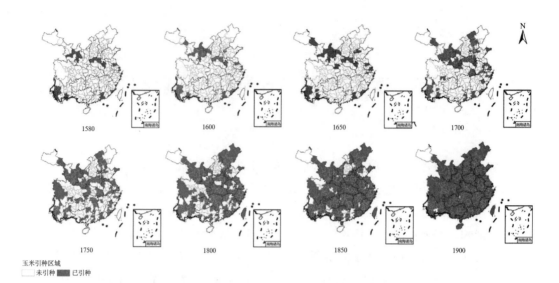

图 2-1　1580—1900 年玉米在中国的传播动态

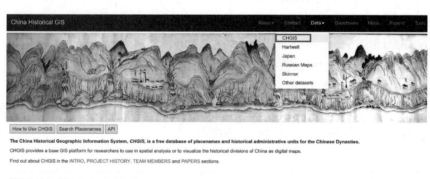

图 2-2　哈佛大学中国历史地理信息网站"CHGIS"数据页面

图 2-3　选择 CHGIS 第六版 1820 年数据

随后，打开"1820 Layers GBK Encoding"文件夹，选择压缩包"v6_1820_pref_pgn_gbk.zip"下载。下载完成后，将后缀名为 shp 的文件拖入 ArcMap 工作窗口，见图 2-4。

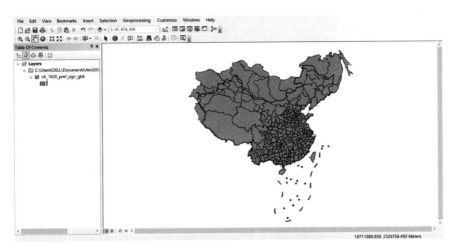

图 2-4　中国 1820 年府级行政区划图

2.2　关内 18 个农业省份的取样

该文的研究对象为关内 18 个农业省份。[①] 因此，我们需要对上面的地图进行子样本取样，具体操作如下。

2.2.1　两步准备工作：加载全国地图以及生成子样本文件

加载地图：打开 ArcMap，加载清 1820 年地图，也就是点击"Add Data"按钮，选择地图存放文件夹，加载"v6_1820_pref_pgn_gbk.shp"文件。图 2-5 到图 2-7 展示了这一过程。

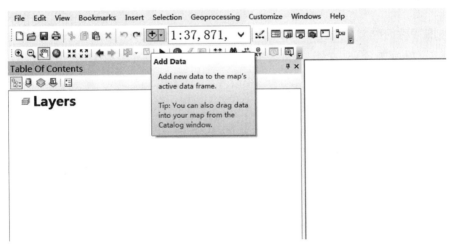

图 2-5　点击"Add Data"按钮

[①]　关内 18 个农业省份分别为：直隶（包括北京、天津两市，河北长城南部地区，河南、山东的部分地区）、河南、山东、山西、陕西、甘肃（包括宁夏）、江苏（包括上海）、浙江、安徽、江西、湖北、湖南、四川（包括重庆）、福建（包括台湾）、广东（包括海南、香港、澳门）、广西、云南、贵州。

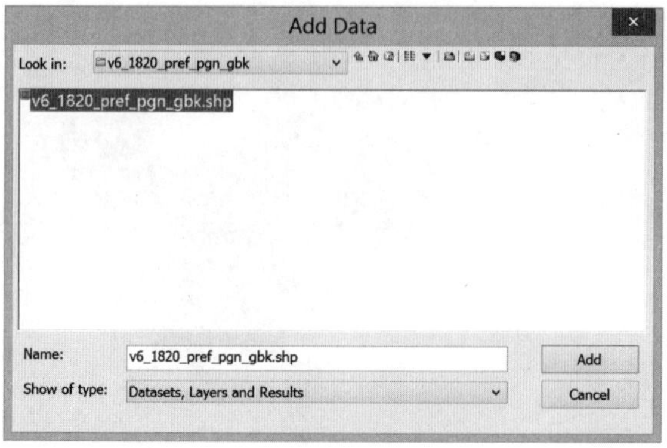

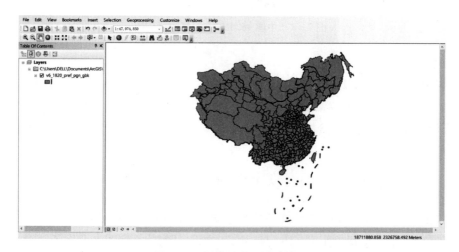

图2-6 加载所需地图文件

图2-7 加载后地图展示效果

将地图背后的数据导出至 Excel 文件:使用"ArcToolbox"(工具箱)中的"Conversion Tools"(转换工具),选择"Table To Excel"(表转 Excel),见图2-8。

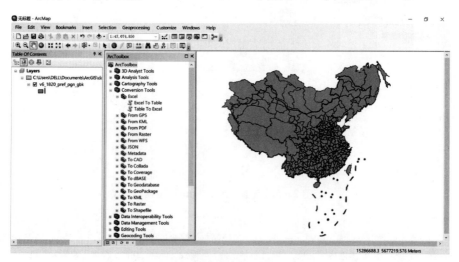

图2-8 将数据导出至 Excel 文件

在 Excel 文件中保留变量"FID""NAME_CH"和"LEV1_CH",并手动创建新变量"是否为关内 18 省":1 表示该省为关内 18 个省份之一,0 则表示该省不属于关内 18 省。然后将该 Excel 文件保存好,我们稍后会用到。

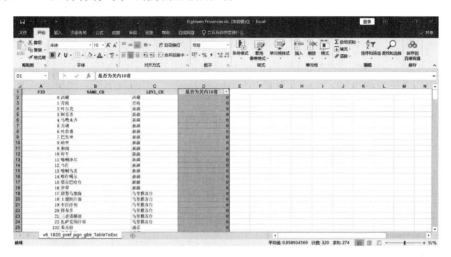

图 2-9 制作"关内 18 省"Excel 文件

2.2.2 将 Excel 中的数据连接到地图上

这一步骤的目标是将第 2.2.1 小节中补充变量之后的 Excel 文件连接回地图,使得 GIS 软件知道如何在全国地图中选出子样本。该功能有点儿类似于统计软件 Stata 中的 merge 命令,具体操作如下。

点击所加载地图"v6_1820_pref_pgn_gbk",单击右键,依次选择"Joins and Relates"(连接和关联)和"Join",见图 2-10。

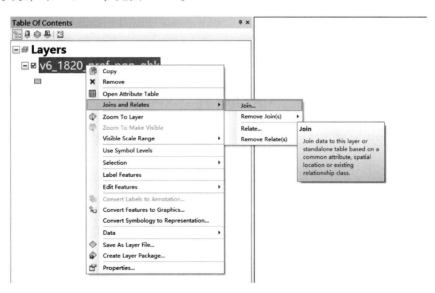

图 2-10 "Join"按钮

在弹出框 Join Data 中选择"Join attributes from a table",从中选取共同连接变量 NAME_CH(类似于 Stata 软件 merge 命令所要合并数据中的共同变量),并点击"OK"按钮。此时,两个数据已经合并在一起了,见图 2-11。

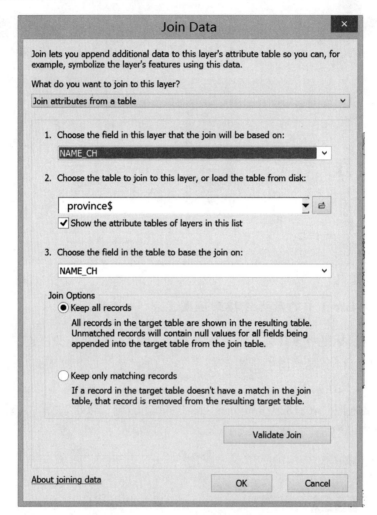

图 2-11 "Join Data"界面及勾选内容

选中"v6_1820_pref_pgn_gbk"图层,单击右键选中"Open Attribute Table"(打开属性表)按钮,可查看数据合并情况,见图 2-12 和图 2-13。从图 2-13 中我们发现新加入的变量已经被添加至 GIS 地图文件中去了。

2.2.3 在地图上进行子样本取样

依次点击"Selection"菜单下的"Select By Attributes"(按属性选择)按钮,见图 2-14。

在弹出对话框中双击"v6_1820_pref_pgn_gbk_TableToExc＄.是否为关内 18 省"变量、单击"=",并在"Get Unique Values"中选择"1",见图 2-15。

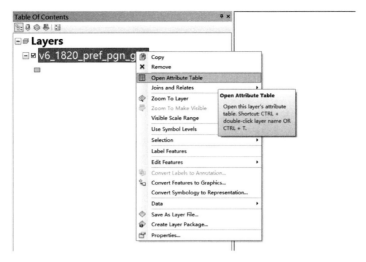

图 2-12 "Open Attribute Table" 按钮

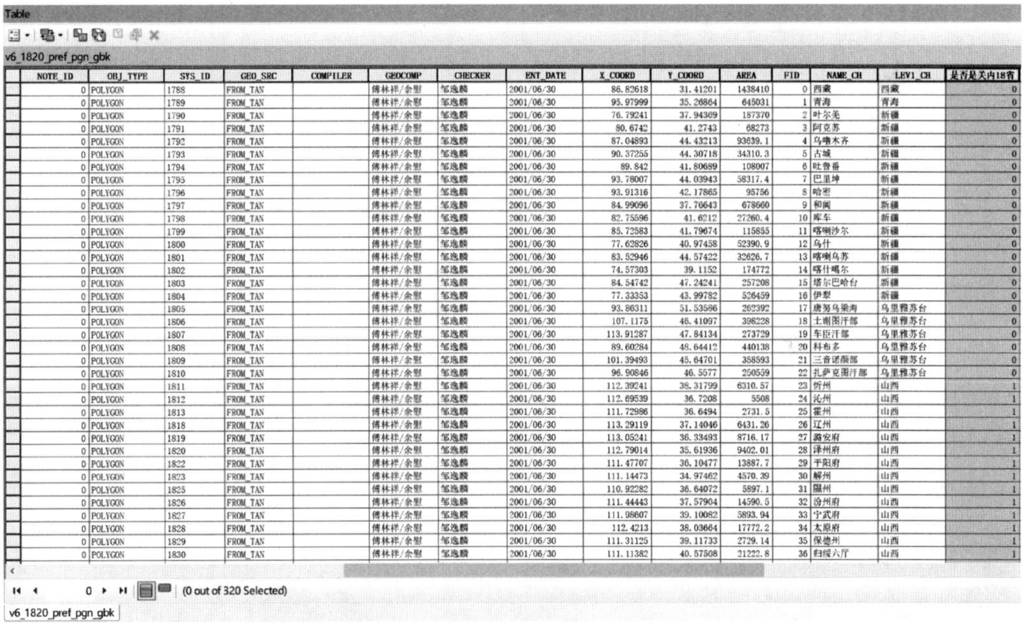

图 2-13 合并变量后的属性表

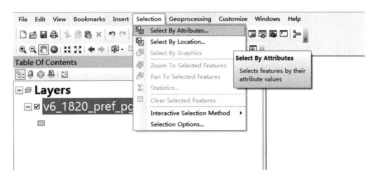

图 2-14 "Select By Attributes" 按钮

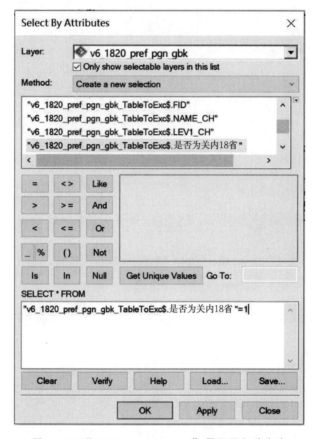

图 2-15 "Select By Attributes" 界面及勾选内容

点击"OK"之后即可发现我们需要的关内 18 个农业省份所包含的所有府都被高亮显示了，见图 2-16。

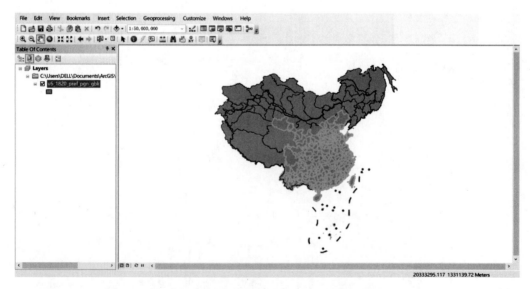

图 2-16 关内 18 个农业省份已经被高亮显示

2.2.4 保存筛选后的关内18省

在研究中,我们的分析样本以及相关绘图均基于这18个省份,因此我们需要将其保存为单独的文件以备后续使用。右键单击所加载地图"v6_1820_pref_pgn_gbk",依次选择"Selection"和"Create Layer From Selected Features"。

图2-17 "Create Layer From Selected Features"按钮

此时软件会将选择的裁剪地图保存为另外一个文件,并自动将其命名为"v6_1820_pref_pgn_gbk selection",见图2-18。

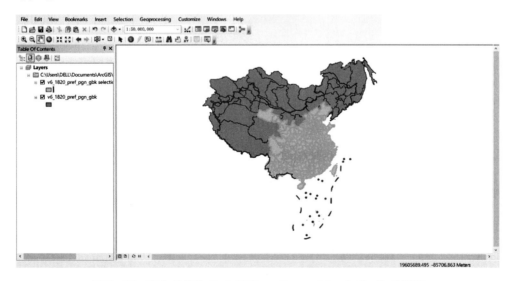

图2-18 新生成名为"v6_1820_pref_pgn_gbk selection"的图层

左键单击图层"v6_1820_pref_pgn_gbk"前面的钩使其取消,此时软件显示区域仅显示我们需要的关内 18 省地图的图层,见图 2-19。

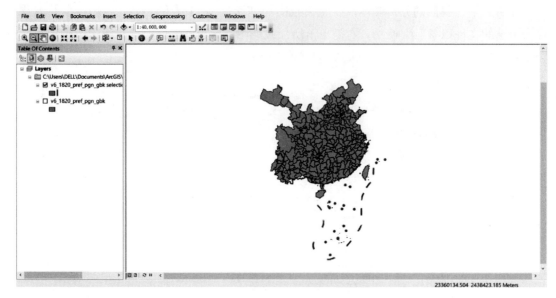

图 2-19　裁剪后的关内 18 省地图

此时,我们可将选择出的关内 18 省地图图层转化为独立文件进行存储。该独立文件类似于我们使用的底图,是由 6 个子文件构成的矢量数据。右键单击"Table of Contents"中的"v6_1820_pref_pgn_gbk selection",选择"Data"中的"Export Data",见图 2-20。

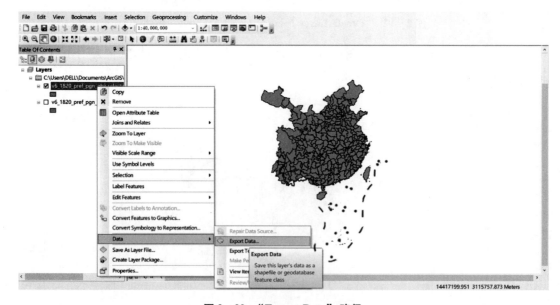

图 2-20　"Export Data"路径

然后在弹出框"Export Data"中设置"Output feature class"的存储路径,具体路径可由读者自行选择,点击方框位置即可,见图 2-21。

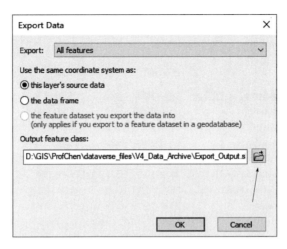

图 2-21　设置底图的存储路径

选择路径的同时应注意将"Save as type："选择为"Shapefile"，点击"OK"即可完成矢量数据的生成，见图 2-22。

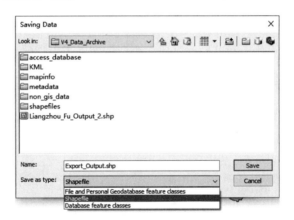

图 2-22　将底图保存的格式设置为"Shapefile"

完成上述操作后，一方面我们可以看到"Table of Contents"中多了一个同保存文件同名的新图层，示例中"eighteen_prov_Output"即为新生成的图层，见图 2-23。另一方面我们可以看到在自己设置的保存路径中生成了一系列新文件，这就是新生成的矢量数据，见图 2-24。

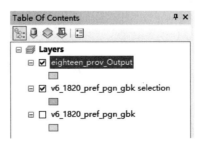

图 2-23　新生成的图层可在"Table of Contents"中找到

图 2-24　导出底图后新生成的矢量数据

2.3　绘制玉米引种动态效果图

通过以上步骤，我们制作了关内 18 个农业省份的 GIS 地图供后续使用。我们将在最后一步向读者演示如何绘制本章开始部分所展示的那种玉米引种动态效果。

2.3.1　准备工作

为将所选地图（关内 18 省）中的数据导出至一个 Excel 文件，我们可以使用"ArcToolbox"中的"Conversion Tools"，并选择"Table To Excel"，见图 2-25。

图 2-25　将数据导出至 Excel 文件

导出后在 Excel 文件中添加分时间段的玉米引种哑变量，玉米引种数据由作者手工从地方志中搜集获得，具体时间段则取决于研究需要。在这里我们一共有 8 个时间段，这样做是因为人口数据只有在这 8 个时点是可得的。比如，我们想创建 1580 年各个府是否引种玉米的变量，即生成变量"year1580"：该变量取值为 1 表示该地区已引种玉米，否则取值为 0，见图 2-26。采用相似的逻辑依次生成变量"year1600""year1650""year1700""year1750""year1800""year1850"以及"year1900"。

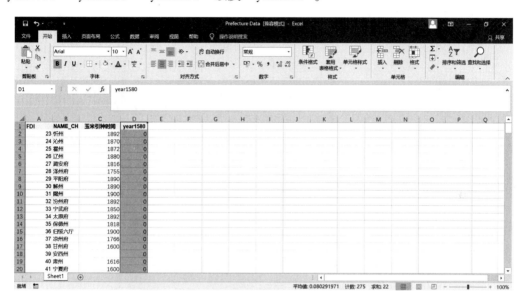

图 2-26　分时间段玉米是否引种的 Excel 文件

2.3.2　将 Excel 中的数据连接到地图上

右键单击子样本图层，依次选择"Joins and Relates""Join""Join attributes from a table"，并从弹出窗口中选择共同连接变量"NAME_CH"，点击"OK"按钮完成。这里与第 2.2.2 小节的操作相同，见图 2-27。

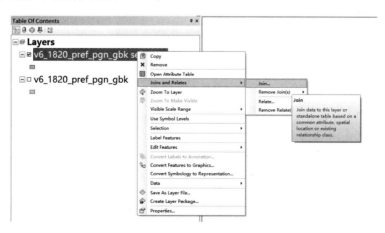

图 2-27　使用"Join"按钮将数据连接至子样本图层

连接数据后，同样在图层上单击右键，选择"Open Attribute Table"以便检查刚才建构的变量是否被正确地连接至 GIS 背后的数据中，如图 2-28 所示。

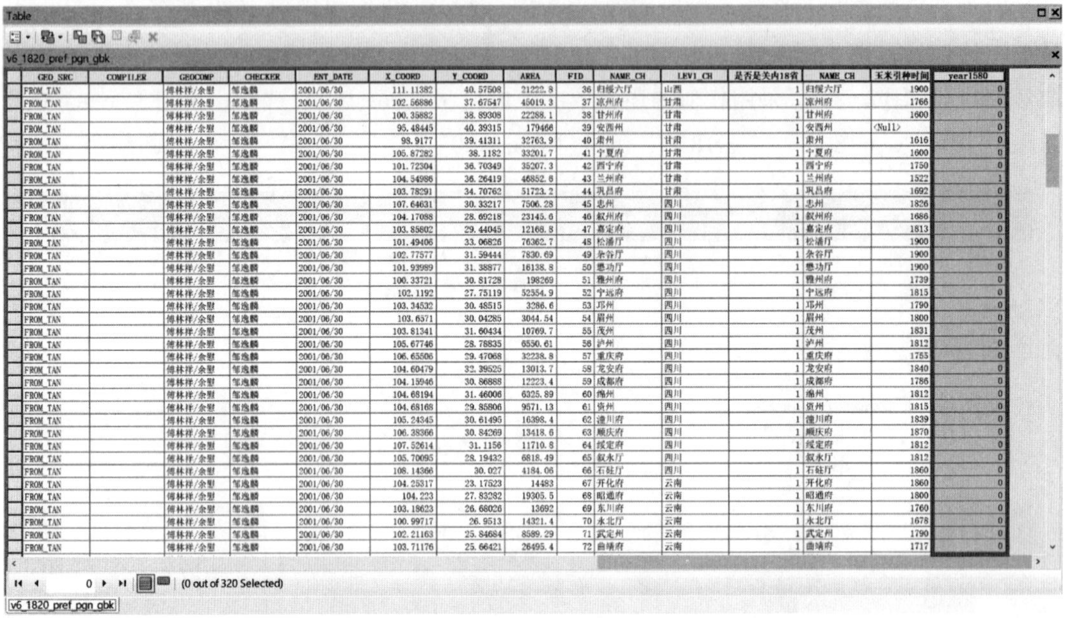

图 2-28　合并 Excel 文件后的图层属性表

2.3.3　绘制 1580 年玉米引种分布图

将鼠标放置在子样本图层上并单击右键，选择"Properties"，见图 2-29。

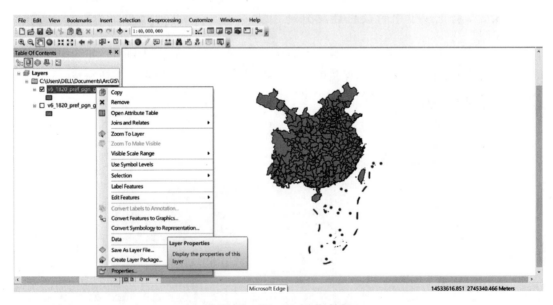

图 2-29　"Properties"按钮

在弹出的"Layer Properties"（图层属性）对话框中点击"Symbology"，并在左侧依次点击"Quantities""Graduated colors",在"Value"中下拉选择变量"year1580",最后点"确定"按钮,见图 2-30。

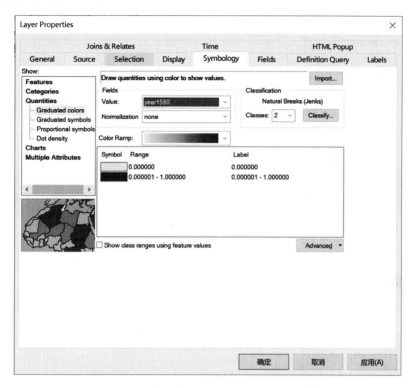

图 2-30 "Layer Properties"界面及勾选内容

由此,我们获得了玉米在 1580 年的府间引种分布,见图 2-31。按照上述方法,研究者可依次把玉米在 1600—1900 年其他 7 个时间段的引种分布地图绘制出来。

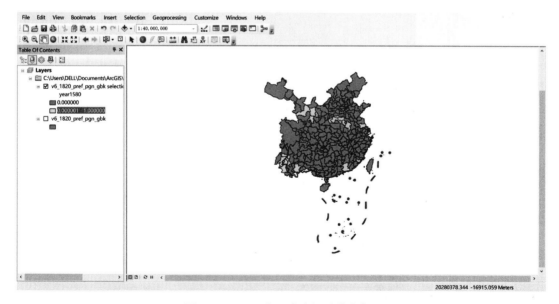

图 2-31 1580 年玉米府间引种分布图

2.4 后续美化处理

为了更好地满足论文陈述及排版需要,研究者需要对地图进行后续的美化。这些工作主要包括调整颜色、调整行政区界线的风格、添加地图名称及图例、添加指南针等物件、调整坐标系等。本节将简单介绍这些美化功能的操作步骤。

2.4.1 调整颜色

单色打印的论文无法区分出不同的色彩效果,这会导致在电脑显示器或手机屏幕上可以很好展示的地图在被打印出来后却无法分辨色块间区别的问题。在大多数情况下,研究者需要把 ArcMap 随机生成的彩色地图用黑-灰-白的灰度地图代替。实现该功能非常简单:双击"Table of Contents"中图层名称下方的颜色方块即可调整地图标识颜色,见图 2-32。

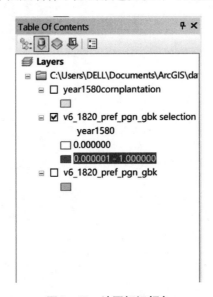

图 2-32 地图标识颜色

让我们通过"Symbol Selector"(地图标识)对话框把已引种玉米的府标识为深灰色,未引种的府标识为白色,见图 2-33,效果见图 2-34。

2.4.2 美化行政区界线

我们还可以在图 2-34 的分府引种分布图中通过加粗省界来增加该图的信息量,具体操作如下。

首先,为获得省级行政区划信息,我们还是在哈佛大学中国历史地理信息网站(http://www.fas.harvard.edu/~chgis/)下载 1820 年(清嘉庆二十五年)的省级地图。下载路径与府级地图相似,文件名为"v6_1820_prov_pgn_gbk.zip"。下载完成后,新建图层,并导入省级地图。

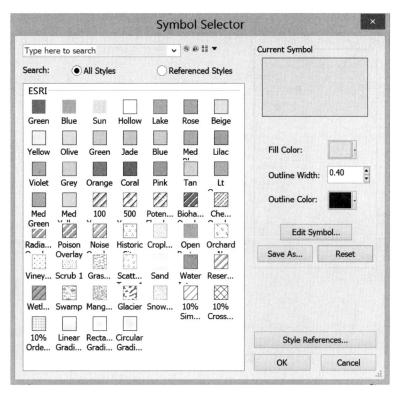

图 2-33 "Symbol Selector"颜色调整界面

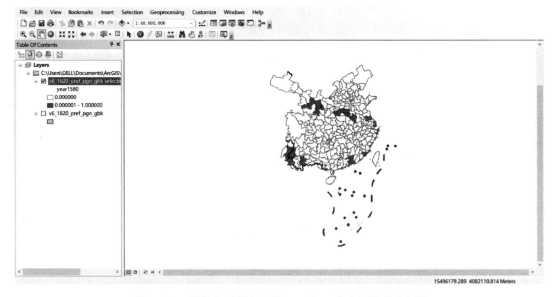

图 2-34 调整地图颜色后的 1580 年玉米府级引种分布图

接下来,使用与第 2.2 节相同的方法,利用"Selection"功能选出关内 18 省,并将筛选出的部分创建新图层。

最后,为了仅保留省级界线,我们将省级地图的颜色改为"Hollow"(空白),并加粗边界。具体操作同第 2.4.1 小节：双击"Table of Contents"中的颜色方块，打开"Symbol Selector"界面即可调整。添加省级界线的效果见图 2-35。

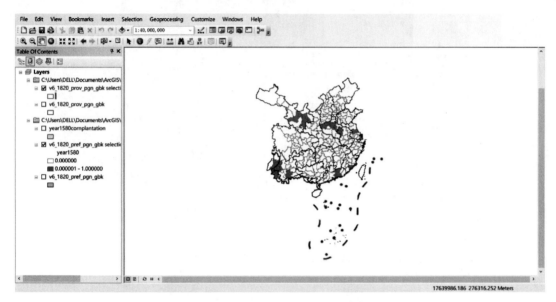

图 2-35　添加省级界线后的玉米引种分布图

2.4.3　添加地图名

在一些场合，比方说需要单独展示某一张引种分布图时，在图里增加中英文题目可以帮助听众或读者理解。在 GIS 中实现该功能的步骤如下。

首先，我们需要将地图调整为"Layout View"，以便使用"Insert"（插入菜单）中的一些功能对地图进行后续美化。点击"View"下拉菜单中的"Layout View"，见图 2-36 和图 2-37。

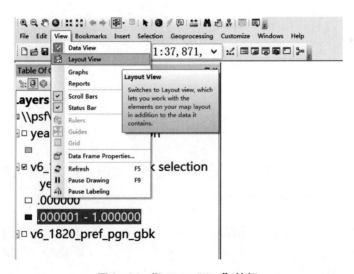

图 2-36　"Layout View"按钮

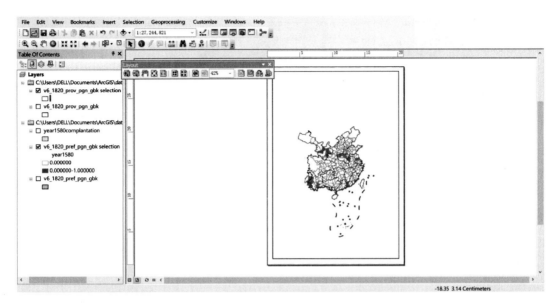

图 2-37 "Layout View"下的玉米引种分布

点击"Insert"中的"Title",添加题目或注释。研究者也可以用鼠标调整文字位置,添加题目后的效果见图 2-38。

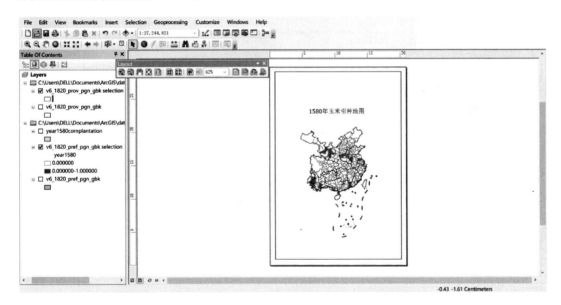

图 2-38 带标题的 1580 年玉米引种地图

2.4.4 在地图中添加图例

为了更清晰地显示地图的信息,我们可以添加图例来说明不同颜色或符号的含义。在"Layout View"模式下,"Insert"中的"Legend"(图例)提供了这一功能。依次点击"Insert"和"Legend",见图 2-39。

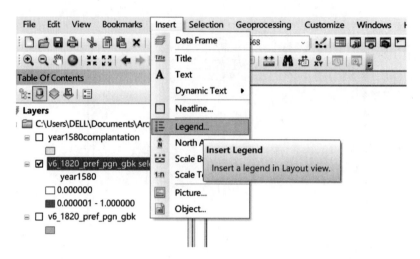

图 2-39 "Legend"按钮

在弹出的对话框中选择所要标识的地图"v6_1820_pref_pgn_gbk selection"并依次点击"下一步（N）"直到"完成"，见图 2-40。

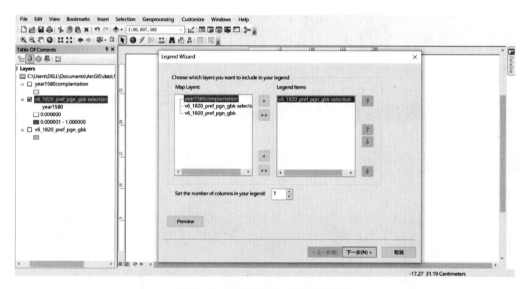

图 2-40 选择要添加图例的图层

此时，弹出"Legend Wizard"（图例向导）对话框，研究者可以根据需要编辑题目、颜色、大小及字体等属性，见图 2-41。

如果还想对图例进行更进一步的调整，可以双击生成的图例，此时会弹出"Legend Properties"（图例属性）对话框，其中包括"General""Item"等选项。打开"General"界面可以填写或修改图例标题，见图 2-42。打开"Legend Properties"中的"Item"界面可以设置图例分项的呈现模式，如水平、倾斜等，见图 2-43。

如果需要修改图例分项的颜色和名称，可以左键双击图 2-44 左边标示出的图层名称下方的颜色方块，由此可以打开"Layer Properties"（图层属性）进行设置。

第 2 章 利用 ArcMap 绘制地图 | 33

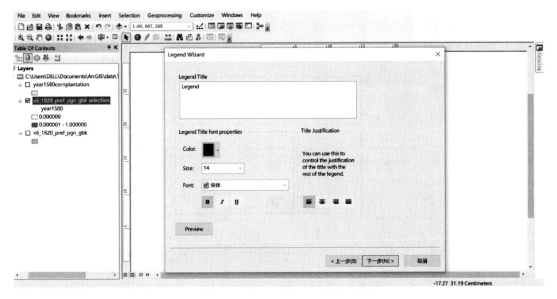

图 2-41 编辑图例

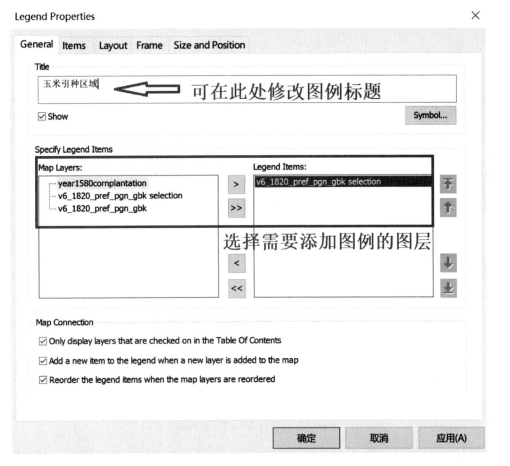

图 2-42 "Legend Properties"中的"General"界面

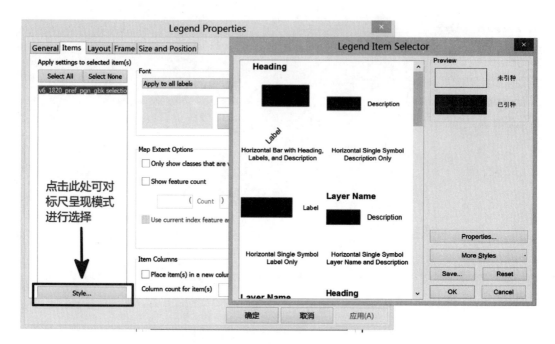

图 2-43 "Legend Properties" 中的 "Item" 界面

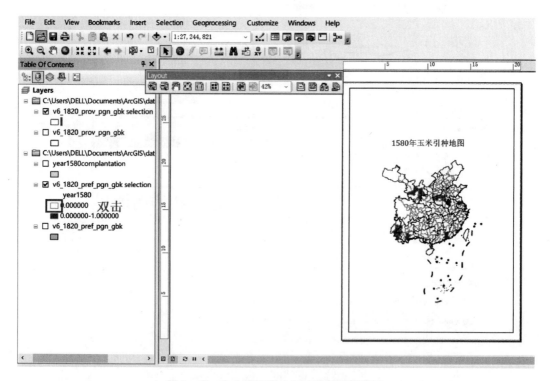

图 2-44 在内容列表中打开图例编辑窗口

在"Layer Properties"对话框中,可使用"Label"对图例标识进行修改,比如我们将数字分别修改为"已引种"和"未引种",并点击"确定",见图 2-45。

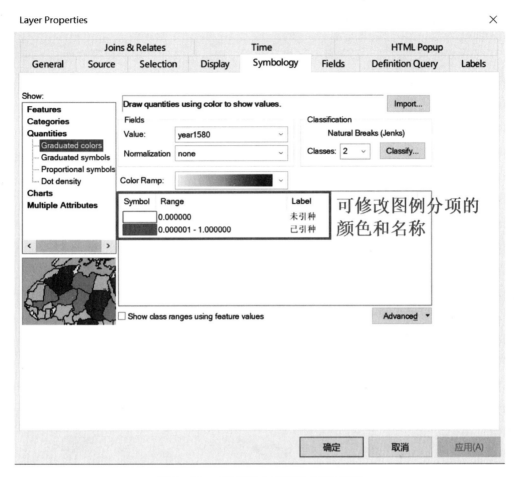

图 2-45 对图例的内容和颜色进行修改

最终效果见图 2-46。

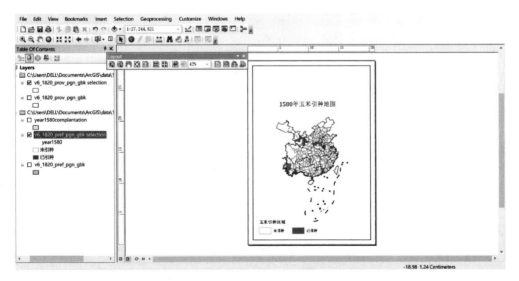

图 2-46 带标题及图例的玉米引种分布图

2.4.5 添加指南针等物件

为了丰富展示的效果，研究者也许想在地图中展示指南针、比例尺等物件。下面以指南针为例介绍该功能的实现步骤。在"Insert"中点击"North Arrow"，选择指南针形式，见图2-47和图2-48，效果见图2-49。

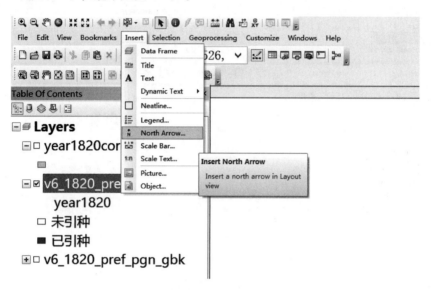

图2-47 "North Arrow"按钮

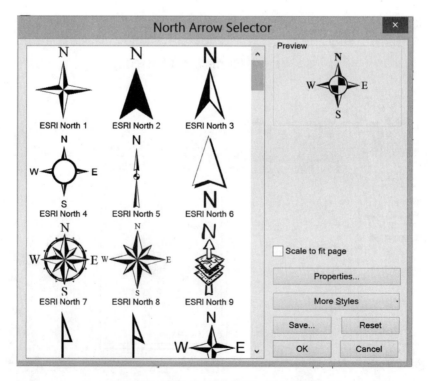

图2-48 "North Arrow Selector"界面

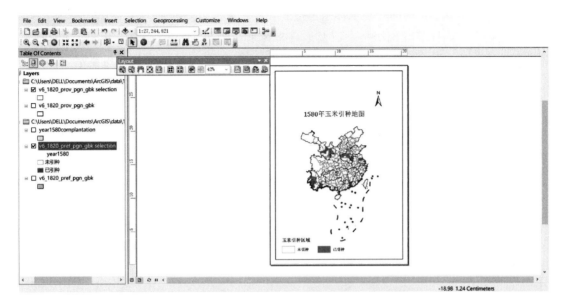

图 2-49　带有标题、图例及指南针的玉米引种分布图

2.4.6　调整坐标系

有时当我们将地图导入 ArcMap 后会发现地图变得扁平，与平时看到的地图风格稍有不同，见图 2-50。这是坐标系选择导致的，我们可以通过转换坐标系来调整。

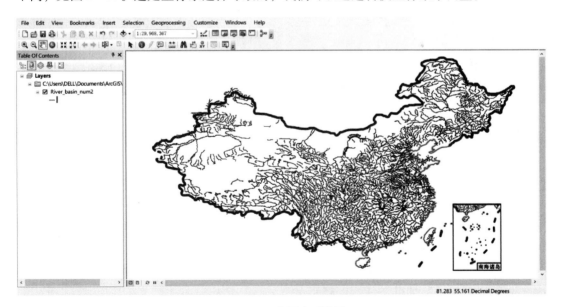

图 2-50　中国水系地图

坐标系一般可划分为地理坐标系（geographic coordinate system）与投影坐标系（projected coordinate system）两种：前者即通常所说的经纬度，一般单位为度；后者则是将地球投影在一个平面上，一般单位为米。地理坐标系仍可根据地心进一步划分为参心坐标系

与地心坐标系。我国常用的地理坐标系包括参心坐标系，如 1980 西安坐标系（GCS_Xian_1980）、北京 54 坐标系（BJZ54），以及地心坐标系，如 WGS－84、CGCS2000。本章前述各节所用的 1820 年府级地图均是基于参心坐标系 GCS_Xian_1980 的投影坐标系 Xian_1980_GK_Zone_19。而本节图 2－50 中的地图较为扁平正是由于使用了地心坐标系 WGS－84。

接下来，我们介绍如何设置 ArcMap 的动态投影来改变地图的显示。ArcMap 中的"Data Frame"（数据框）默认使用第一个加载的文件的坐标系。如果之后加入的数据的坐标系和当前工作区的坐标系不同，则 ArcMap 会自动做投影变换，将后加入的数据投影变换到当前坐标系统下显示。这一过程便是 ArcMap 的动态投影。但需要注意，此时数据文件所存储的数据并没有改变，只是显示形态发生了变化。

如果我们第一个加入的数据文件使用的是 WGS－84 坐标系，那么我们需要调整"Data Frame"的性质来改变地图显示。右键单击"Layers"，在菜单中选择"Data Frame Properties"（数据框性质），见图 2－51。

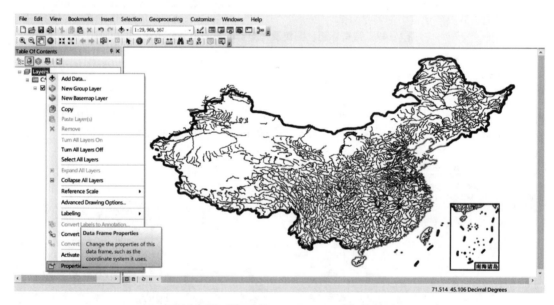

图 2－51 "Data Frame Properties"按钮

在"Data Frame Properties"对话框中选择"Coordinate System"（坐标系）项目，并通过搜索找到投影坐标系 Xian_1980_GK_Zone_19，见图 2－52。选择该坐标系后，点击确定。

此时，由于我们设置的数据框显示坐标系与数据本身的坐标系不同，系统会弹出提示。我们选择"Yes"即可，见图 2－53。

调整数据框显示坐标系后的效果见图 2－54。

再次提醒，此时数据文件所存储的数据并没有改变，只是显示形态发生了变化。如果需要改变数据的坐标系，在"Export Data"（导出数据）时选择"the data frame"，即可将数据坐标系与工作区坐标系统一，见图 2－55。

图 2-52 设置坐标系

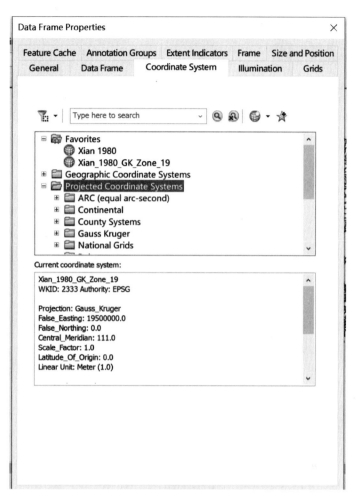

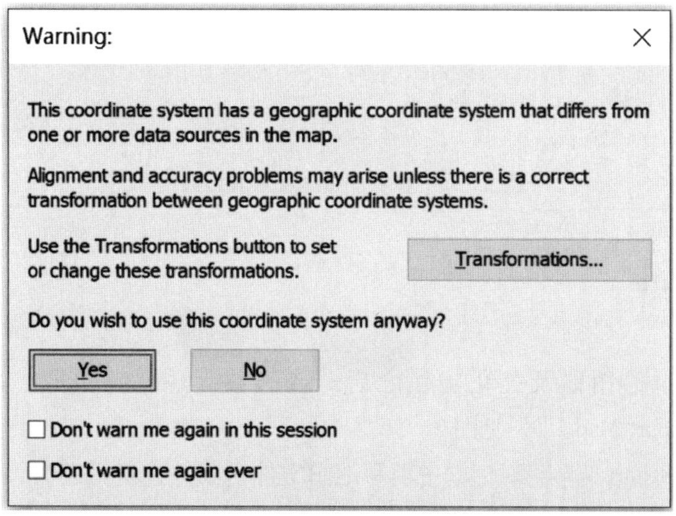

图 2-53 系统提示两种坐标系不同

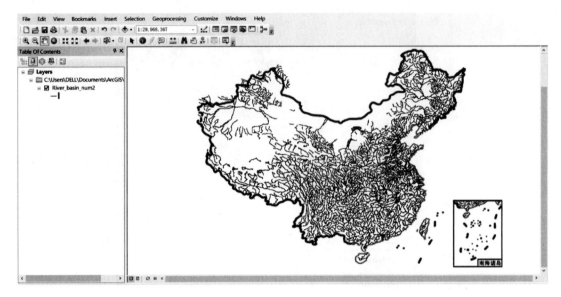

图 2-54　调整数据框投影后的中国水系地图

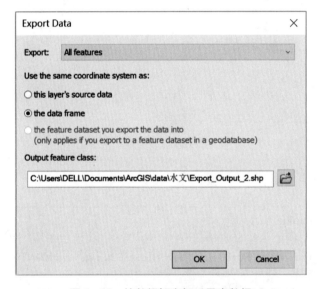

图 2-55　按数据框坐标系导出数据

2.5　地图输出

在完成取样、绘图以及美化工作之后，接下来就是最后一步：地图输出。选择"File"中的"Export Map..."，见图 2-56。

在弹出的"Export Map"对话框中填写地图文件名字并选择另存为，见图 2-57 和图 2-58。当然这只是标准做法，在实际研究中如果不考虑分辨率，可以更多地用截屏软件直接截图保存，然后再拼接。

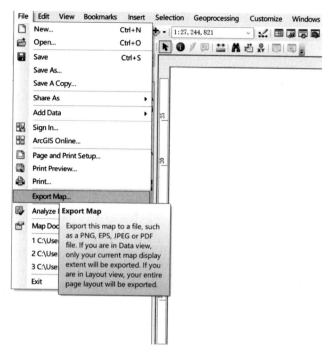

图 2-56 "Export Map" 按钮

图 2-57 "Export Map" 界面及勾选内容

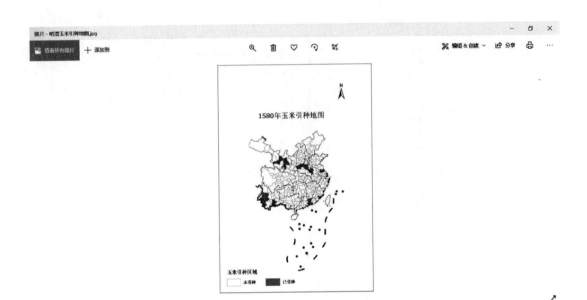

图 2-58 输出后保存为图片格式的 1580 年玉米引种地图

最后,将八幅地图拼在一起展示 1580—1900 年玉米在中国的传播动态。但是,如果每幅地图都有图释和指南针的话会较为混乱,可以考虑用剪切板等简单的图像工具拼接地图且只保留一个图释和一个指南针。最终效果见图 2-59。

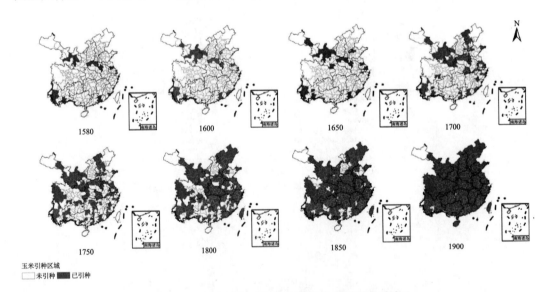

图 2-59 1580—1900 年玉米在中国的引种动态

在 Chen and Kung(2016)中,我们用如下文字介绍图 2-59 的内容。

图 2-59 基于地理信息系统(GIS)展示了 1580—1900 年玉米在中国的传播动态,该图背后的数据将在本文第三部分详细介绍。在这张图中,有两个现象需要注意:第一,尽管玉米早在 16 世纪便被引入中国,但在最初两百年中的传播相对缓慢。可能原因在于当

时的中国农民尚未发现玉米的优势（如抗旱性）。第二，早期引种地区主要集中在甘肃、云南和福建这三个最早引种玉米的省份。根据郭松义（1986）的研究，虽然玉米在进入云南之后便在该省内得到广泛的引种，但由于中国西南地区多为山地，运输成本高昂，玉米进一步传播就变得非常缓慢。在较为适宜种植玉米的中国北方地区，河南省因其在地理上靠近甘肃省也成为玉米的早期引种地区之一，玉米在河南省内由西至东也得到了广泛种植。在南方地区，广东和福建两省是玉米的早期引种地区。综上所述，在1650年之前，关内18省的267个府中只有36个府有玉米引种的记录（占13.4%），而这些府主要集中在交通要道附近（郭松义，1986）。

玉米在中国的加速传播主要是在1750年之后，尤其是在乾隆（1735—1796年）及道光（1820—1850年）两朝之后（郭松义，1986）。历史学家对玉米引种进度的描述与我们构建的数据一致。数据表明，玉米在1750年之后开始在长江以北三分之一以上的地区以更快的速度传播。同时，这种作物也在南方至少7个省内流行起来。① 我们的数据显示，在经历1651—1750年玉米引种范围翻一番之后，在接下来的150年（1751—1900年）中，引种玉米的府的数量又翻了一番。到20世纪初时，玉米已经在中国各地随处可见。②

2.6 本章小结

本章以 Chen and Kung（2016）为例介绍了 ArcMap 绘制样本地图的功能。绘制 GIS 样本地图是社会科学应用地理信息系统最常用的功能。为了实现该功能，研究者依次需要采取下载地图（第2.1节）、样本取样（第2.2节）、绘制动态效果（第2.3节）、后续美化（第2.4节）以及最终地图输出（第2.5节）等步骤。

参考文献

郭松义，1986：《玉米、番薯在中国传播中的一些问题》，载于中国社会科学院历史研究所清史研究室编《清史论丛》，中华书局。

金恩辉，1996：《中国地方志总目提要》，汉美图书有限公司。

Chen, Shuo, and James Kai-Sing Kung. 2016. "Of Maize and Men: The Effect of a New World Crop on Population and Economic Growth in China." *Journal of Economic Growth*, 21: 71-99.

Gottschang, Thomas, and Diana Lary. 2000. *Swallows and Settlers: The Great Migration from North China to Manchuria*. Michigan: University of Michigan Press.

---

① 这些南方省区是四川、湖南、湖北、贵州、广西、浙江和江西（郭松义，1986）。Ho（1959）发现到18世纪时，长江支流沿岸的山地都变成了玉米种植场，到1750年时，在所有最终种植玉米的府中有近一半（约47%）已经引种了玉米。这一发现与我们文中描述的传播趋势高度一致。

② Ho（1959）注意到在1904—1933年间，通过取代大麦、小米和高粱，玉米占据了中国北方农业种植面积的17%（该时期初期为11%）。在东北三省也可以观察到同样的趋势。不过，尽管东北三省非常适合种植玉米，该作物并未很早在此普及，而是直到19世纪晚期清政府取消该地的汉人移民限制后才大规模引种（Gottschang and Lary, 2000；Kung and Li, 2011）。因此，我们的实证分析只集中于关内18个农业省份。

Ho, Ping-Ti. 1959. *Studies on the Population of China, 1368–1953*. Cambridge: Harvard University Press.

Kung, James Kai-Sing, and Nan Li. 2011. "Commercialization as Exogenous Shocks: The Effect of the Soybean Trade and Migration in Manchurian Villages, 1895–1934." *Explorations in Economic History*, 48 (4): 568–589.

推荐阅读

Andersen, Thomas Barnebeck, Carl-Johan Dalgaard, and Pablo Selaya. 2016. "Climate and the Emergence of Global Income Differences." *Review of Economic Studies*, 83 (4): 1334–1363.

Bayer, Patrick, Robert McMillan, Alvin Murphy, and Christopher Timmins. 2016. "A Dynamic Model of Demand for Houses and Neighborhoods." *Econometrica*, 84 (3): 893–942.

Berman, Nicolas, Mathieu Couttenier, Dominic Rohner, and Mathias Thoenig. 2017. "This Mine is Mine! How Minerals Fuel Conflicts in Africa." *American Economic Review*, 107 (6): 1564–1610.

Chen, Shuo, Xinyu Fan, and Yantong Fang. 2022. "Trade or Raid? The Tea-Horse Trades and the Sino-Nomadic Conflicts, 1368–1432." Working Paper.

Chen, Shuo, Zhuoer Lin, Xuanyi Wang, and Xian Xu. 2023. "Pandemic and Insurance Purchase: The Behavioral Response to COVID-19." *China Economic Review*, 79: Article 101946.

Fujiwara, Thomas. 2015. "Voting Technology, Political Responsiveness and Infant Health: Evidence from Brazil." *Econometrica*, 83 (2): 423–464.

Jha, Saumitra. 2015. "Financial Asset Holdings and Political Attitudes: Evidence from Revolutionary England." *Quarterly Journal of Economics*, 130 (3): 1485–1545.

Michalopoulos, Stelios and Elias Papaioannou. 2016. "The Long-Run Effects of the Scramble for Africa." *American Economic Review*, 106 (7): 1802–1848.

第3章 利用 ArcMap 筛选出所需图层

  前一章内容讲述了用 GIS 软件展示现有数据的绘图步骤，这涵盖了基于地理信息绘图的大部分工作。有些时候，绘图要求来自研究者的明确赋值，比如上一章讲到的用灰色标注出那些引种玉米的地区（是否引种由研究者赋值决定），而有些时候绘图要求是来自地图内的信息，比如，对地图上某个特定点、线或者面的周边地区取样。在我的论文"Rebel on the Canal: Disrupted Trade Access and Social Conflict in China, 1650-1911"中，我和我的合作者试图实证检验 1826 年大运河废弃对清代华北及华东地区社会经济的影响。基于双重差分研究设计，我们比较的样本是那些沿大运河的地区与非沿河地区，其中沿河地区被定义为介入组，而非沿河地区被定义为控制组。这种研究设计背后的考虑是尽量保证介入组和控制组具有可比性。在空间上，可比性是距离的反函数：那些距离越近的地区可比性越高。利用这种研究设计，研究者就可以在最大限度内控制住气候、地形、土壤、风俗、宗教、人口、方言及作物等干扰因果效应的因素。基于上述考虑，我们需要利用 GIS 软件完成取样。由于这种取样背后涉及的是识别策略，因此该种类型的取样图一般出现在论文的研究设计部分并辅以文字说明。如有必要，研究者还需要提供证明这两组地区具有可比性的证据，比如提供介入组和对照组在一些重要社会经济指标上的取值、方差以及相应的标准差。图 3-1 是按照上述逻辑完成的样本分布。

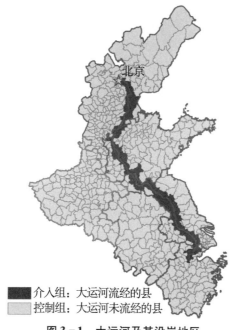

图 3-1　大运河及其沿岸地区

在该文中被我们用来取样的标准是一条线：大运河。由此定义出沿河的县和非沿河的县。当然，研究者也可以自己一个一个将沿河地区标注出来，然后按照第2章的内容完成绘图工作。但使用 GIS 的方便之处在于其可以凭借地图背后的地理信息自动识别出沿河地区和非沿河地区。如果研究者希望进一步从图 3-1 中的白色控制组区域依次再选取出和运河隔一个县、两个县及两个县以上地区，然后利用这些细分控制组做稳健性检验，那么上一章的方法不光非常耗时也很容易出错。

研究者的取样标准除线之外，还有点和面。比如，选取一个气象站或者取样点周边 50 千米的行政区域、选取和某行政区相邻的所有地区等。在经济学研究中，上述取样逻辑同样是出于样本同质性的考虑。以下内容依然基于 Chen and Kung（2016）关于玉米对明清人口及社会经济发展影响的研究来展示实现上述目标的具体步骤。

3.1 按照面取样：筛选凉州府周边 50 千米范围内的府

3.1.1 导入数据

我们采用的底图依然是 1820 年中国府级行政区划图。我们首先需要下载文件①（v4_1820_pref_pgn_gbk.shp）。下载完成后可使用"Add Data"功能导入地图或直接将文件拖入 ArcMap 的工作窗口中，具体步骤可参照第 2.2 节。成功导入地图文件的界面见图 3-2。

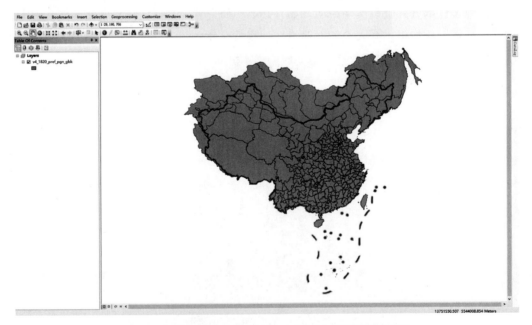

图 3-2　成功加载 1820 年中国府级行政区划图界面展示

---

① 数据下载链接：https://sites.fas.harvard.edu/~chgis/data/chgis/v4/。

3.1.2 筛选凉州府

我们的目的是筛选出早期引种玉米的府（凉州府）周边 50 千米范围内的府，见图 3-3。

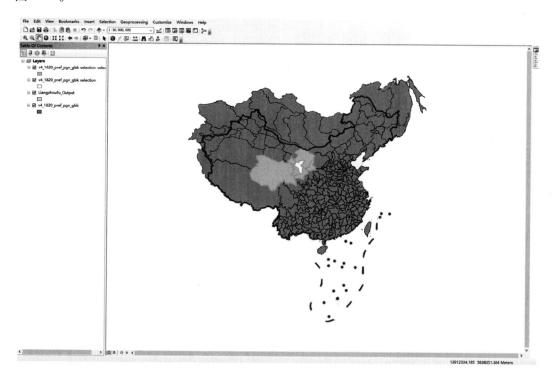

图 3-3 凉州府周边 50 千米范围内的府

甘肃省凉州府是较早引种玉米的地区之一。在筛选该府周边 50 千米范围内的府之前，我们需要先将凉州府选出并生成独立图层，以方便后续处理。

首先，我们需要打开底图背后的属性表，以便识别出凉州府所对应的那条数据。具体操作如下：

①打开所加载地图的属性表。右击"Table of Contents"中的"v4_1820_pref_pgn_gbk"，点击"Open Attribute Table"便可打开属性表，见图 3-4 与图 3-5。

②找到凉州府所对应的数据条，在该条数据最左侧点击一下即可选择该条数据，被选中的数据呈现出天蓝色。在这一过程中，为快速寻找到凉州府，可以在属性表中选中"Name_CH"这一列并使用快捷键"Ctrl+F"在输入框中输入"凉州"进行查找。这一筛选过程见图 3-6 与图 3-7。

③关闭属性表，查看地图。此时我们可以看到地图上有一块区域被天蓝色[①]高亮标示，该区域即为凉州府，见图 3-8。

---

① 本书为单位印刷，无法显示原本的颜色，图 3-8 中为灰色条块。——编者注

图 3-4 打开矢量数据的属性表

FID	Shape	NAME_PY	NAME_CH	NAME_FT	PRES_LOC	TYPE_PY	TYPE_CH	LEV_RANK	BEG_YR	BEG_RULE	END_YR	END_RULE	DYN_PY	DYN_CH	LEV1
0	Polygon	Xizang	西藏	西藏					1820	9	1820	9	Qingchao	清朝	Xizang
1	Polygon	Qinghai	青海	青海					1820	9	1820	9	Qingchao	清朝	Qinghai
2	Polygon	Ye'erqiang	叶尔羌	葉爾羌		Fuji	府级	3	1820	9	1820	9	Qingchao	清朝	Xinjiang
3	Polygon	Akesu	阿克苏	阿克蘇		Fuji	府级	3	1820	9	1820	9	Qingchao	清朝	Xinjiang
4	Polygon	Wulumuqi	乌噜木齐	烏嚕木齊		Fuji	府级	3	1820	9	1820	9	Qingchao	清朝	Xinjiang
5	Polygon	Gucheng	古城	古城		Fuji	府级	3	1820	9	1820	9	Qingchao	清朝	Xinjiang
6	Polygon	Tulufan	吐鲁番	吐魯番		Fuji	府级	3	1820	9	1820	9	Qingchao	清朝	Xinjiang
7	Polygon	Balikun	巴里坤	巴里坤		Fuji	府级	3	1820	9	1820	9	Qingchao	清朝	Xinjiang
8	Polygon	Hami	哈密	哈密		Fuji	府级	3	1820	9	1820	9	Qingchao	清朝	Xinjiang
9	Polygon	Hetian	和阗	和闐		Fuji	府级	3	1820	9	1820	9	Qingchao	清朝	Xinjiang
10	Polygon	Kuche	库车	庫車		Fuji	府级	3	1820	9	1820	9	Qingchao	清朝	Xinjiang
11	Polygon	Kalasha'er	喀喇沙尔	喀喇沙爾		Fuji	府级	3	1820	9	1820	9	Qingchao	清朝	Xinjiang
12	Polygon	Wushen	乌什	烏什		Fuji	府级	3	1820	9	1820	9	Qingchao	清朝	Xinjiang
13	Polygon	Ku'erkalawu	喀喇乌苏	喀喇烏蘇		Fuji	府级	3	1820	9	1820	9	Qingchao	清朝	Xinjiang
14	Polygon	Geshenge'er	喀什噶尔	喀什噶爾		Fuji	府级	3	1820	9	1820	9	Qingchao	清朝	Xinjiang
15	Polygon	Ta'erbahatai	塔尔巴哈台	塔爾巴哈臺		Fuji	府级	3	1820	9	1820	9	Qingchao	清朝	Xinjiang
16	Polygon	Yili	伊犁	伊犁		Fuji	府级	3	1820	9	1820	9	Qingchao	清朝	Xinjiang
17	Polygon	Tangnuwulianghai	唐努乌梁海	唐努烏梁海		Meng	盟	3	1820	9	1820	9	Qingchao	清朝	Wuliyasuta
18	Polygon	Tuxietuhanbu	土谢图汗部	土謝圖汗部		Meng	盟	3	1820	9	1820	9	Qingchao	清朝	Wuliyasuta
19	Polygon	Chechenhanbu	车臣汗部	車臣汗部		Meng	盟	3	1820	9	1820	9	Qingchao	清朝	Wuliyasuta
20	Polygon	Kebuduo	科布多	科布多		Meng	盟	3	1820	9	1820	9	Qingchao	清朝	Wuliyasuta
21	Polygon	Sanyinruoyanbu	三音诺颜部	三音諾顏部		Meng	盟	3	1820	9	1820	9	Qingchao	清朝	Wuliyasuta
22	Polygon	Zhasaketuhanbu	扎萨克图汗部	扎薩克圖汗部		Meng	盟	3	1820	9	1820	9	Qingchao	清朝	Wuliyasuta
23	Polygon	Xin Zhou	忻州	忻州		Zhilizhou	直隶州	3	1820	9	1820	9	Qingchao	清朝	Shanxi
24	Polygon	Qin Zhou	沁州	沁州		Zhilizhou	直隶州	3	1820	9	1820	9	Qingchao	清朝	Shanxi
25	Polygon	Huo Zhou	霍州	霍州		Zhilizhou	直隶州	3	1820	9	1820	9	Qingchao	清朝	Shanxi
26	Polygon	Liao Zhou	辽州	遼州		Zhilizhou	直隶州	3	1820	9	1820	9	Qingchao	清朝	Shanxi
27	Polygon	Lu'an Fu	潞安府	潞安府		Fu	府	3	1820	9	1820	9	Qingchao	清朝	Shanxi
28	Polygon	Zezhou Fu	泽州府	澤州府		Fu	府	3	1820	9	1820	9	Qingchao	清朝	Shanxi
29	Polygon	Pingyang Fu	平阳府	平陽府		Fu	府	3	1820	9	1820	9	Qingchao	清朝	Shanxi
30	Polygon	Jie Zhou	解州	解州		Zhilizhou	直隶州	3	1820	9	1820	9	Qingchao	清朝	Shanxi
31	Polygon	Xi Zhou	隰州	隰州		Zhilizhou	直隶州	3	1820	9	1820	9	Qingchao	清朝	Shanxi
32	Polygon	Fenzhou Fu	汾州府	汾州府		Cunzhen	府	3	1820	9	1820	9	Qingchao	清朝	Shanxi
33	Polygon	Ningwu Fu	宁武府	寧武府		Fu	府	3	1820	9	1820	9	Qingchao	清朝	Shanxi
34	Polygon	Taiyuan Fu	太原府	太原府		Fu	府	3	1820	9	1820	9	Qingchao	清朝	Shanxi
35	Polygon	Baode Zhou	保德州	保德州		Zhilizhou	直隶州	3	1820	9	1820	9	Qingchao	清朝	Shanxi
36	Polygon	GuiSuiLiTing	归绥六厅	歸綏六廳		Zhiliting	直隶厅	3	1820	9	1820	9	Qingchao	清朝	Shanxi
37	Polygon	Liangzhou Fu	凉州府	涼州府		Fu	府	3	1820	9	1820	9	Qingchao	清朝	Gansu
38	Polygon	Ganzhou Fu	甘州府	甘州府		Fu	府	3	1820	9	1820	9	Qingchao	清朝	Gansu
39	Polygon	Anxi Zhou	安西州	安西州		Zhilizhou	直隶州	3	1820	9	1820	9	Qingchao	清朝	Gansu
40	Polygon	Su Zhou	肃州	肅州		Zhilizhou	直隶州	3	1820	9	1820	9	Qingchao	清朝	Gansu
41	Polygon	Ningxia Fu	宁夏府	寧夏府		Fu	府	3	1820	9	1820	9	Qingchao	清朝	Gansu
42	Polygon	Xining Fu	西宁府	西寧府		Fu	府	3	1820	9	1820	9	Qingchao	清朝	Gansu
43	Polygon	Lanzhou Fu	兰州府	蘭州府		Fu	府	3	1820	9	1820	9	Qingchao	清朝	Gansu
44	Polygon	Gongchang Fu	巩昌府	鞏昌府		Fu	府	3	1820	9	1820	9	Qingchao	清朝	Gansu
45	Polygon	Zhong Zhou	忠州	忠州		Zhilizhou	直隶州	3	1820	9	1820	9	Qingchao	清朝	Sichuan
46	Polygon	Xuzhou Fu	叙州府	敘州府		Fu	府	3	1820	9	1820	9	Qingchao	清朝	Sichuan
47	Polygon	Jiading Fu	嘉定府	嘉定府		Fu	府	3	1820	9	1820	9	Qingchao	清朝	Sichuan
48	Polygon	Songpan Ting	松潘厅	松潘廳		Zhiliting	直隶厅	3	1820	9	1820	9	Qingchao	清朝	Sichuan

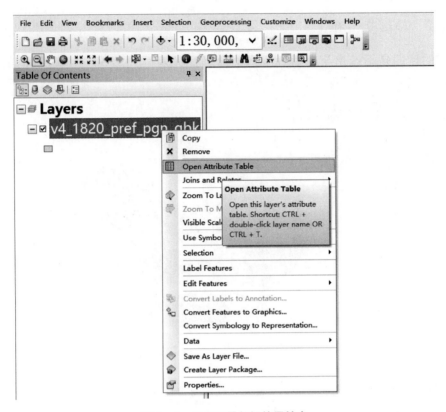

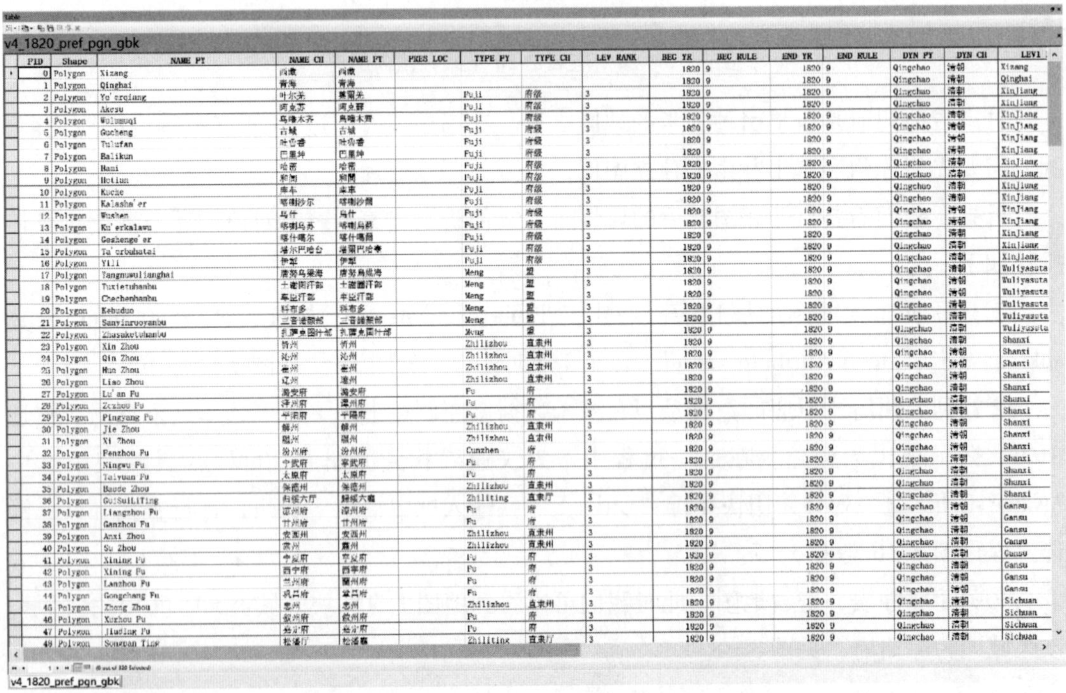

图 3-5 底图数据的属性表

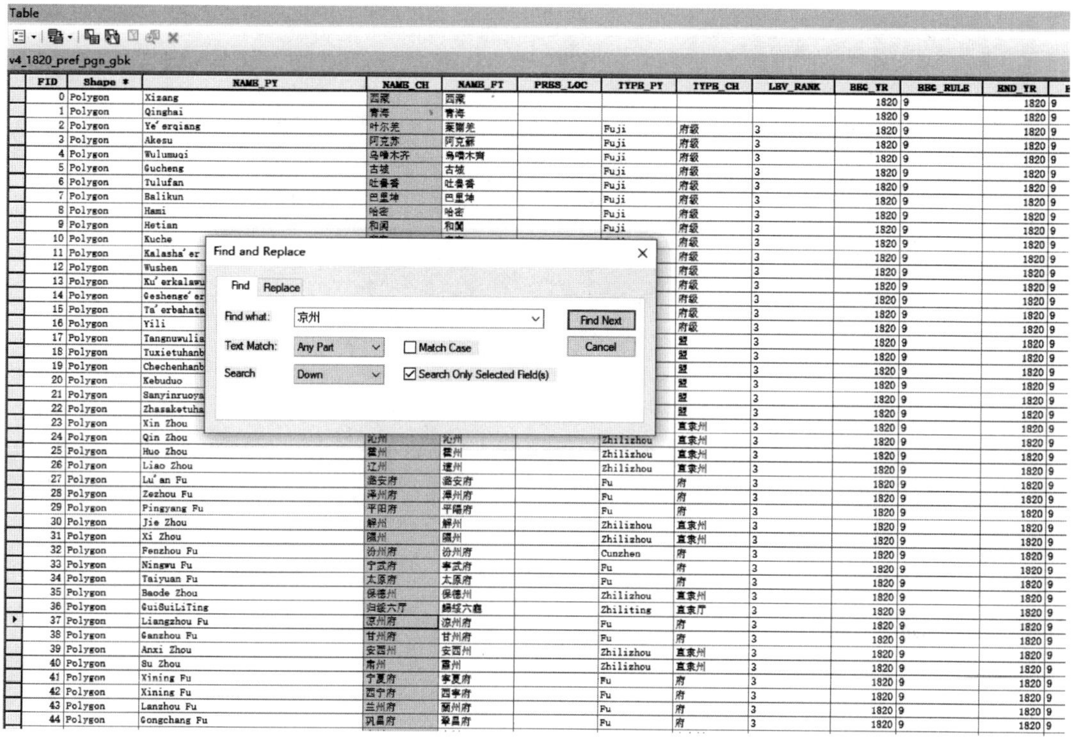

图 3-6 快速寻找"凉州府"

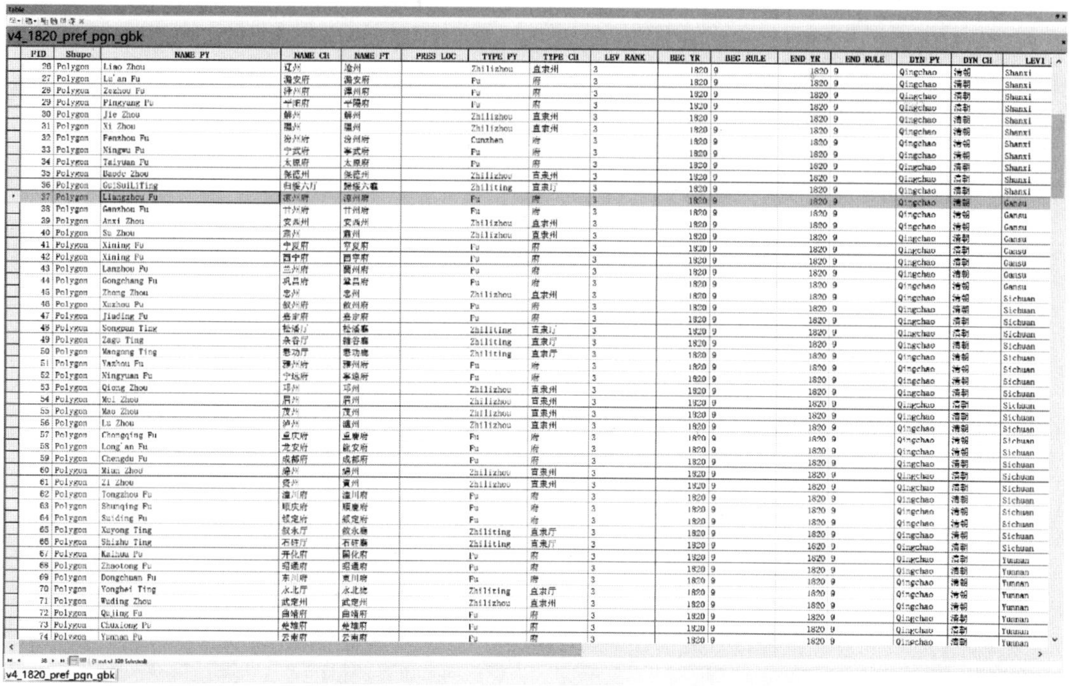

图 3-7 选中凉州府对应的数据条

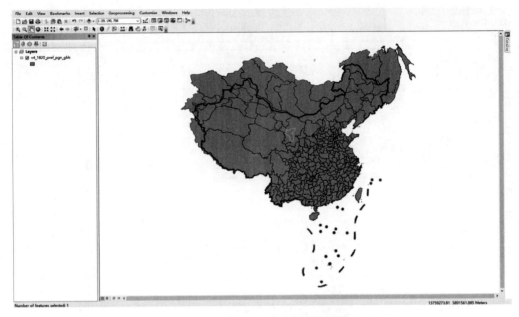

图3-8 凉州府在底图中的位置①

其次,我们需要将识别出的凉州府转化为独立图层,以便后续操作。具体操作如下:

①右击"Table of Contents"中的"v4_1820_pref_pgn_gbk",选择"Selection"中的"Create Layer From Selected Features"并点击,见图3-9。

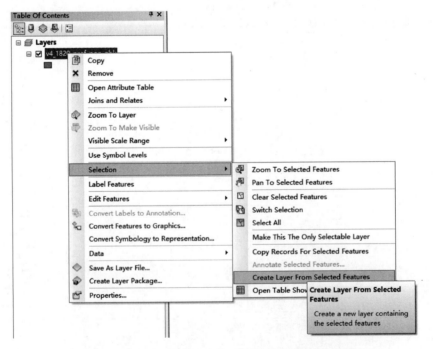

图3-9 "Create Layer From Selected Features"界面

---

① 当我们在属性表中选中某一条数据时,其结果也会对应地在底图上用天蓝色边框高亮显示。

以上操作完成后，我们可以看到"Table of Contents"中新增了一个名为"v4_1820_pref_pgn_gbk selection"的图层，此即为新生成的凉州府图层①，见图 3-10。

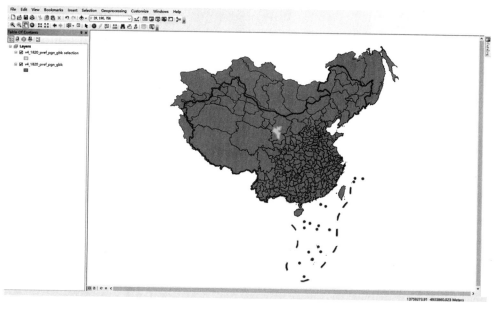

图 3-10　新生成的凉州府图层

②为了便于识别，我们可以对"v4_1820_pref_pgn_gbk selection"图层进行重命名：左键双击该图层，或者右键单击该图层并选择"Properties"，打开"Layer Properties"，点击"General"，我们便可自行修改"Layer Name"，见图 3-11。

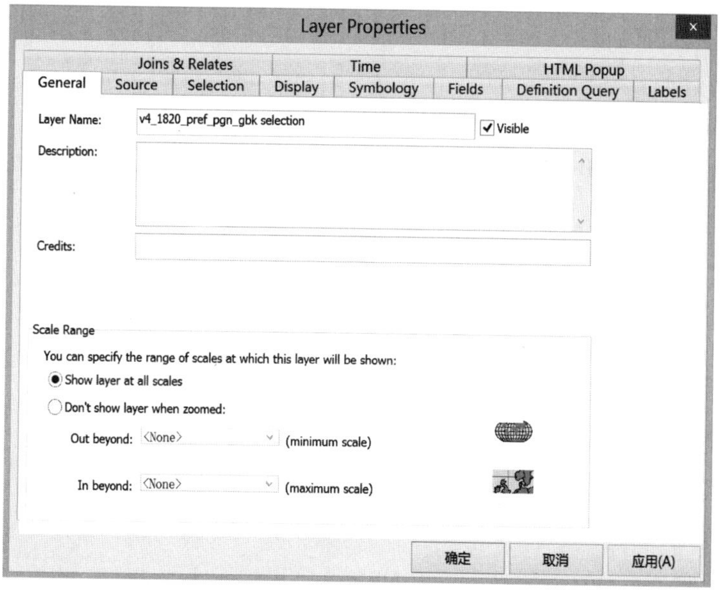

图 3-11　新生成的凉州府图层的各项属性

---

① 读者可以打开属性表自行验证。如果操作无误，那么属性表中将只有凉州府一个数据条。

例如我们在此处将"v4_1820_pref_pgn_gbk selection"修改为"Liangzhou Fu",再点击"确定"即可,见图3-12。

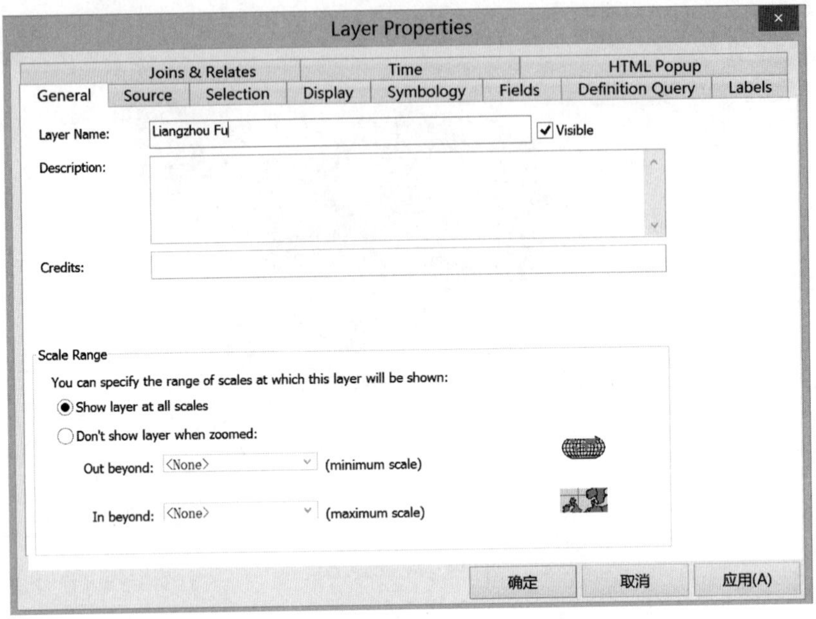

图3-12 将新图层命名为"Liangzhou Fu"

最后,我们将生成的凉州府图层转化为独立文件。演示中将其重命名为"LiangzhouFu_Output",具体保存操作可以参照第2.2.4小节。

3.1.3 筛选出凉州府周边50千米范围内的府

完成上述操作后,我们重新加载"v4_1820_pref_pgn_gbk"与"LiangzhouFu_Output"两个图层。下面我们进行筛选出凉州府周边50千米范围内的府的操作。点击工具栏中"Selection"下的"Select By Location",见图3-13。

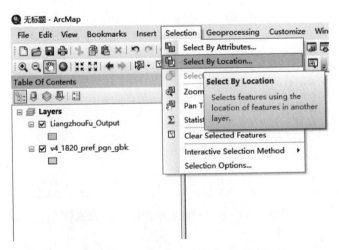

图3-13 "Select By Location"界面

在"Select By Location"界面下,如图 3-14 所示,"Selection method"选择"select features from"、"Target layer(s)"选择"v4_1820_pref_pgn_gbk"、"Source layer"选择"LiangzhouFu_Output"、"Spatial selection method for target layer feature(s)"选择"are within a distance of the source layer feature"①、"Apply a search distance"选择"50 kilometers",全部设置好之后点击"OK"即可。

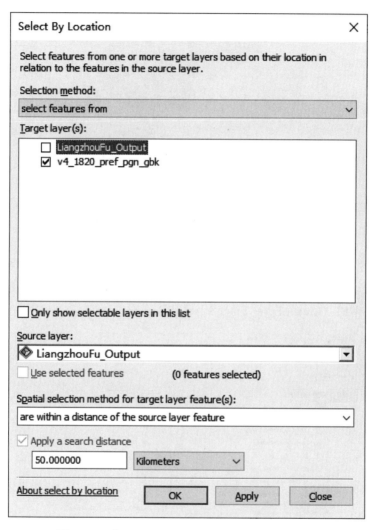

图 3-14 "Select By Location"界面及勾选项内容

待 ArcMap 运行完成后,在显示区域我们可以看到有一些府被天蓝色高亮标示出来了,这些区域即为凉州府周边 50 千米范围内的府,见图 3-15。

---

① 该选项旨在筛选出与"Source layer"包含的区域小于指定距离的区域。需要注意的是,该命令在计算距离时随"Source layer"包含区域类型的不同而存在一定差异。如果"Source layer"包含的区域是点,例如某市行政中心所在地,距离即从该点往外计算;若包含的区域为线,例如黑河—腾冲线,距离即为沿线距离;若包含的区域是面,例如某一行政区域,则距离就是沿面边界往外计算。本例中凉州府属于第三种情况,因此限定距离其周边 50 千米的府即为距离凉州府边界线小于 50 千米的各府。

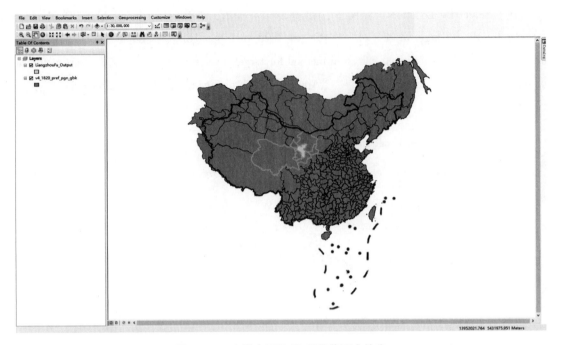

图 3-15 凉州府周边 50 千米范围内的府

采用和前述类似的方式,我们可以将被选出的凉州府周边 50 千米范围内的府转化为独立的图层乃至独立的文件。右击"Table of Contents"中的"v4_1820_pref_pgn_gbk",选择"Selection"中的"Create Layer From Selected Features"并点击,见图 3-16。

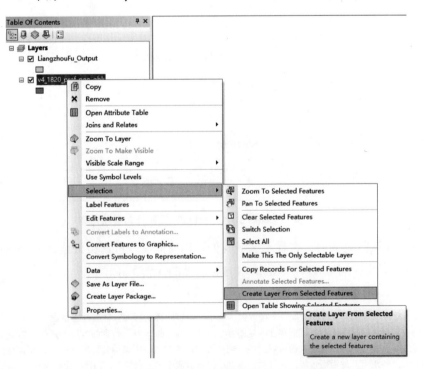

图 3-16 为凉州府周边 50 千米范围内的府新建图层

完成后可以看到“Table of Contents”中新增了一个名为“v4_1820_pref_pgn_gbk selection”的图层，此即为新生成的凉州府及其周边 50 千米范围内的新图层，见图 3－17。

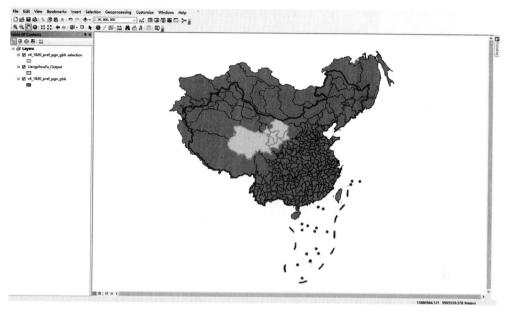

图 3－17　新生成的凉州府周边 50 千米范围内的府

如果不想让图层包括凉州府本身的话，我们可以在属性表中将凉州府的数据予以删除。右击“Table of Contents”中的“v4_1820_pref_pgn_gbk selection”，点击“Open Attribute Table”便可打开属性表。我们可以在打开的属性表当中选择除凉州府以外的其他府，使用 Ctrl + 鼠标左键点击多选其他各府第一个变量“FID”左侧的空格（图 3－18 中的箭头部分）选中该行。

Table

v4_1820_pref_pgn_gbk selection

FID	Shape *	NAME_PY	NAME_CH	NAME_FT	PRES_LOC	TYPE_PY	TYPE_CH	LEV_RANK	BEG_YR	B
1	Polygon	Qinghai	青海	青海					1820	9
37	Polygon	Liangzhou Fu	凉州府	凉州府		Fu	府	3	1820	9
38	Polygon	Ganzhou Fu	甘州府	甘州府		Fu	府	3	1820	9
41	Polygon	Xining Fu	宁夏府	寧夏府		Fu	府	3	1820	9
42	Polygon	Xining Fu	西宁府	西寧府		Fu	府	3	1820	9
43	Polygon	Lanzhou Fu	兰州府	蘭州府		Fu	府	3	1820	9
148	Polygon	Alashan'elute Qi	阿拉善厄鲁特	阿拉善厄魯特		Qi	旗	3	1820	9

(6 out of 7 Selected)

v4_1820_pref_pgn_gbk selection

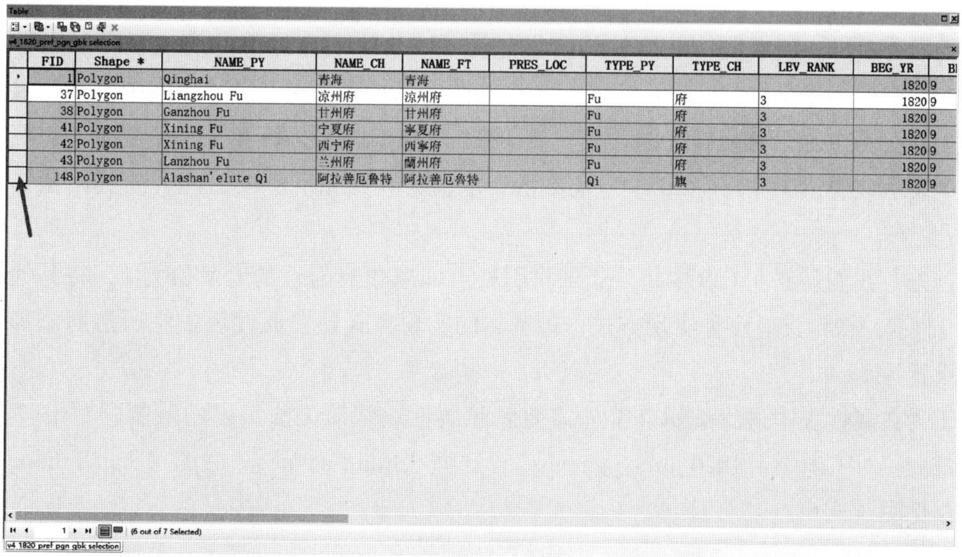

图 3－18　在新生成的图层中选择凉州府以外的其他府

此时我们便得到了该图层中除凉州府以外的所有数据条。① 进一步地，我们右击"Table of Contents"中的"v4_1820_pref_pgn_gbk selection"，选择"Selection"中的"Create Layer From Selected Features"，即可得到新图层，该图层涵盖了凉州府周边 50 千米范围内的府，但并不包含凉州府本身，见图 3-19。

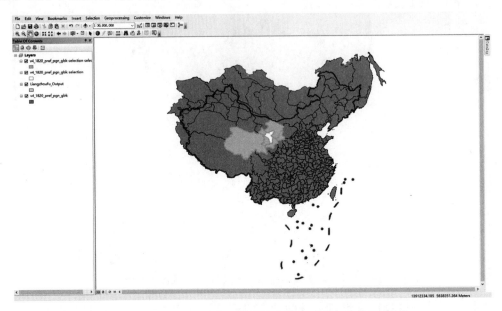

图 3-19　凉州府周边 50 千米范围内的府（不含凉州府本身）

3.1.4　导出数据

我们有理由认为那些距离早期引入点较近的地区引种玉米的时间也相对较早。如果研究者有每个府的引种时间，就可以比较早期引种地及其邻近地区的引种时间均值是否有统计上的显著差异。而实现这一比较的前提是让 GIS 告诉研究者哪些府位于最早引种点周围。在学会了上述操作之后，研究者需要将该图背后的数据导入 Excel 表中，然后再使用 Stata 等统计软件做后续统计上的比较。接下来的任务就是让 GIS 生成一个变量，该变量取值为 1 表示该府位于凉州府 50 千米范围内，取值为 0 则相反。以上内容的具体操作过程如下：

首先，我们需要在 GIS 中将处于最早引种点即凉州府附近的府赋值为 1，将其他府赋值为 0。这一操作具有多种实现方式，最基本的实现方式即在属性表中将所选府添加新变量并设置为 1。

①为在属性表中进行编辑，首先需要解除属性表默认无法编辑的限制。右击"Table of Contents"中的"v4_1820_pref_pgn_gbk"，选择"Edit Features"中的"Start Editing"并点击，见图 3-20。

---

① 读者可以打开属性表自行验证。如果操作无误，那么属性表中将有除凉州府外的 6 个数据条。

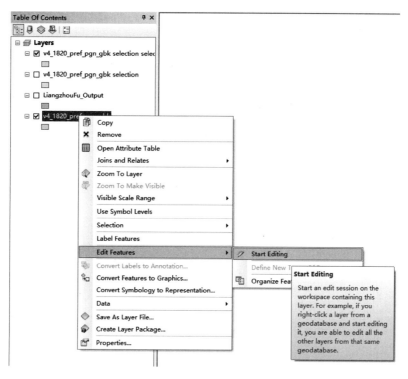

图3-20 解除属性表默认无法编辑的限制

②在属性表中切换数据呈现视图。右击"Table of Contents"中的"v4_1820_pref_pgn_gbk selection",点击"Open Attribute Table"打开属性表。点击图3-21箭头所指的"Show selected records"即可将视图切换为只呈现凉州府周边50千米内的其他府,见图3-21。

图3-21 切换属性表视图

切换成功后视图将发生变化，见图 3-22。

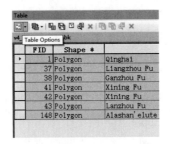

图 3-22　切换属性表视图后的界面

③在属性表中生成分组变量。点击属性表左上角第一个按钮"Table Options"，见图 3-23。

3-23　Table Options 界面

点击"Add Field"生成新的分组变量，见图 3-24。

图 3-24　Add Field 界面

在上一步点击后跳出的弹窗中填入变量名，此处命名为“Treated”。变量类型可以有多种选择，0－1 变量选择“Short Integer”即可，选择完成后点击“OK”便会在数据的最后一列生成自己命名的新变量，见图 3－25。

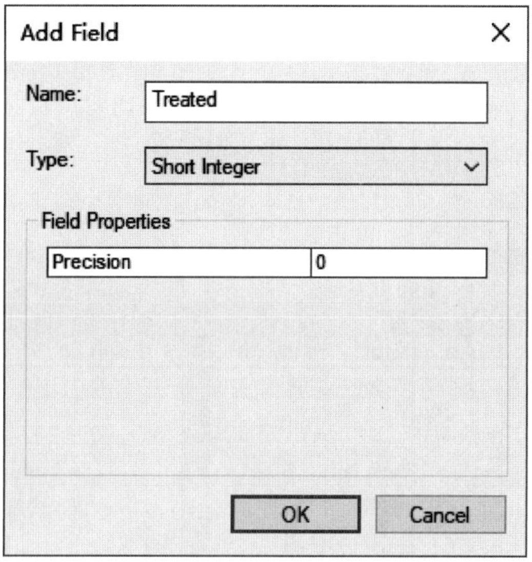

图 3－25　添加新的分组变量

最后一列为生成的新变量 Treated，默认为 0，见图 3－26。

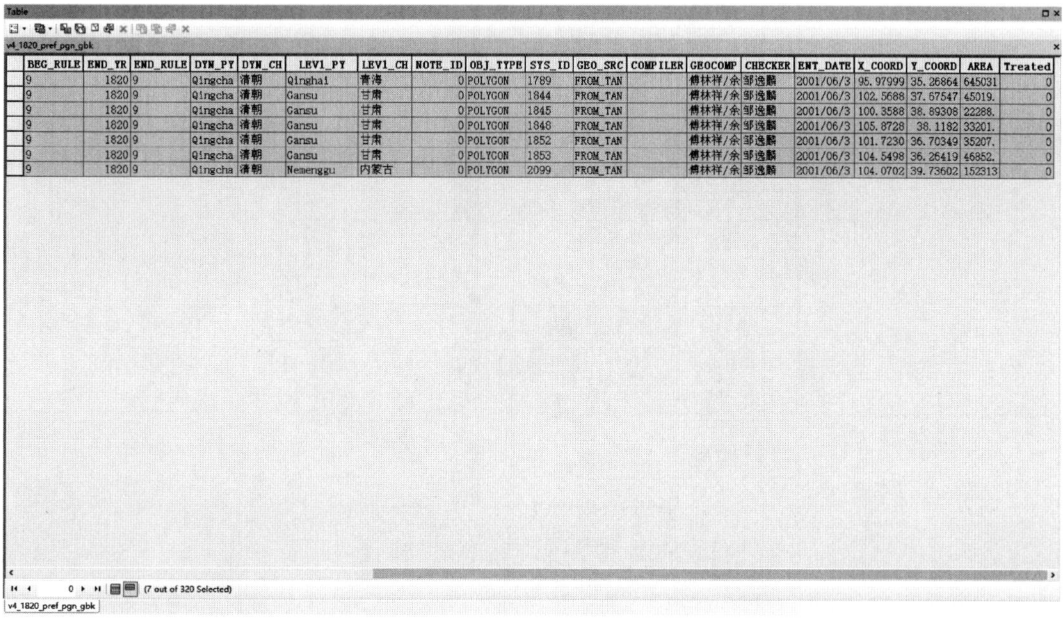

BEG_RULE	END_YR	END_RULE	DYN_PY	DYN_CH	LEV1_PY	LEV1_CH	NOTE_ID	OBJ_TYPE	SYS_ID	GEO_SRC	COMPILER	GEOCOMP	CHECKER	ENT_DATE	X_COORD	Y_COORD	AREA	Treated
9	1820	9	Qingcha	清朝	Qinghai	青海	0	POLYGON	1789	FROM_TAN		傅林祥/余	邹逸麟	2001/06/3	95.97999	35.26864	645031	0
9	1820	9	Qingcha	清朝	Gansu	甘肃	0	POLYGON	1844	FROM_TAN		傅林祥/余	邹逸麟	2001/06/3	102.5688	37.67547	45019.	0
9	1820	9	Qingcha	清朝	Gansu	甘肃	0	POLYGON	1845	FROM_TAN		傅林祥/余	邹逸麟	2001/06/3	100.3588	38.89308	22288.	0
9	1820	9	Qingcha	清朝	Gansu	甘肃	0	POLYGON	1848	FROM_TAN		傅林祥/余	邹逸麟	2001/06/3	105.8728	38.1182	33201.	0
9	1820	9	Qingcha	清朝	Gansu	甘肃	0	POLYGON	1852	FROM_TAN		傅林祥/余	邹逸麟	2001/06/3	101.7230	36.70349	35207.	0
9	1820	9	Qingcha	清朝	Gansu	甘肃	0	POLYGON	1853	FROM_TAN		傅林祥/余	邹逸麟	2001/06/3	104.5498	36.26419	46852.	0
9	1820	9	Qingcha	清朝	Nemenggu	内蒙古	0	POLYGON	2099	FROM_TAN		傅林祥/余	邹逸麟	2001/06/3	104.0702	39.73602	152313	0

图 3－26　成功添加新的分组变量

④将除凉州府外其他各府的分组变量修改为 1。同在 Excel 表中修改数据相似，双击或直接填入数字即可对其进行修改，将除凉州府外的各府设置为 1，见图 3－27。

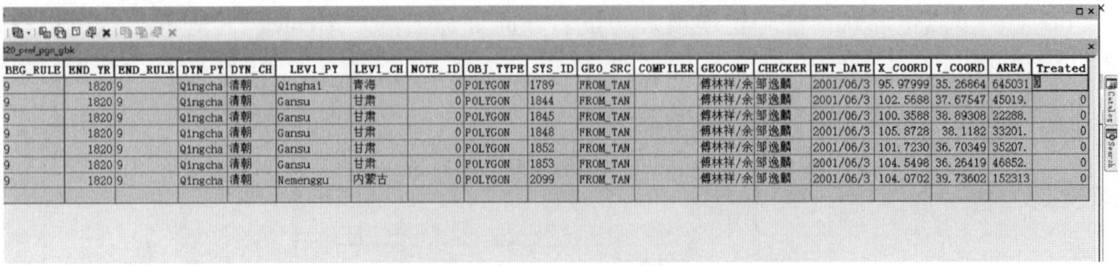

BEG_RULE	END_YR	END_RULE	DYN_PY	DYN_CH	LEV1_PY	LEV1_CH	NOTE_ID	OBJ_TYPE	SYS_ID	GEO_SRC	COMPILER	GEOCOMP	CHECKER	ENT_DATE	X_COORD	Y_COORD	AREA	Treated
9	1820	9	Qingcha	清朝	Qinghai	青海	0	POLYGON	1789	FROM_TAN		傅林祥/余	邹逸麟	2001/06/3	95.97999	35.26864	645031	[illegible]
9	1820	9	Qingcha	清朝	Gansu	甘肃	0	POLYGON	1844	FROM_TAN		傅林祥/余	邹逸麟	2001/06/3	102.5688	37.67547	45019.	0
9	1820	9	Qingcha	清朝	Gansu	甘肃	0	POLYGON	1845	FROM_TAN		傅林祥/余	邹逸麟	2001/06/3	100.3588	38.89308	22288.	0
9	1820	9	Qingcha	清朝	Gansu	甘肃	0	POLYGON	1848	FROM_TAN		傅林祥/余	邹逸麟	2001/06/3	105.8728	38.1182	33201.	0
9	1820	9	Qingcha	清朝	Gansu	甘肃	0	POLYGON	1852	FROM_TAN		傅林祥/余	邹逸麟	2001/06/3	101.7230	36.70349	35207.	0
9	1820	9	Qingcha	清朝	Gansu	甘肃	0	POLYGON	1853	FROM_TAN		傅林祥/余	邹逸麟	2001/06/3	104.5498	36.26419	46852.	0
9	1820	9	Qingcha	清朝	Nemenggu	内蒙古	0	POLYGON	2099	FROM_TAN		傅林祥/余	邹逸麟	2001/06/3	104.0702	39.73602	152313	0

图 3-27 修改分组变量

修改完成后见图 3-28。

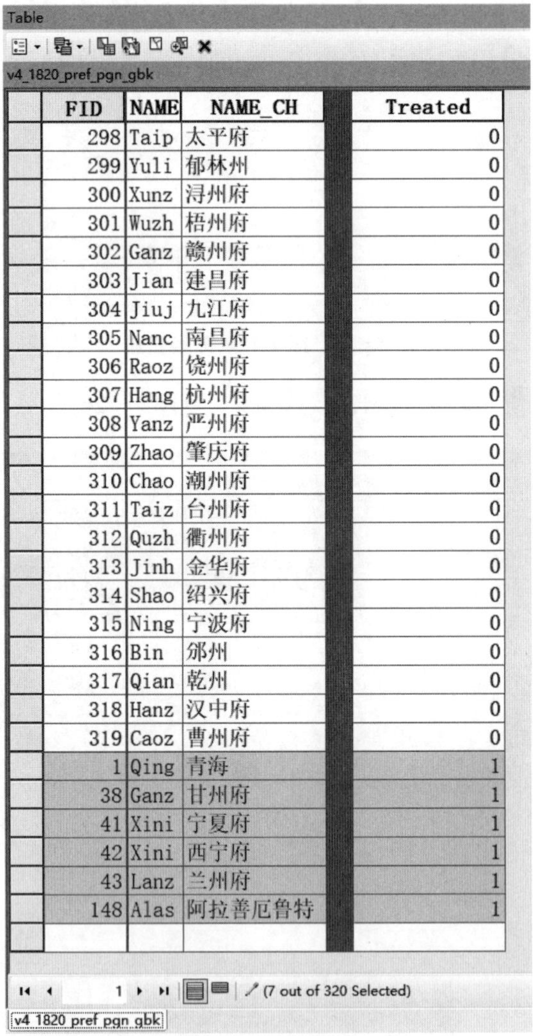

FID	NAME	NAME_CH	Treated
298	Taip	太平府	0
299	Yuli	郁林州	0
300	Xunz	浔州府	0
301	Wuzh	梧州府	0
302	Ganz	赣州府	0
303	Jian	建昌府	0
304	Jiuj	九江府	0
305	Nanc	南昌府	0
306	Raoz	饶州府	0
307	Hang	杭州府	0
308	Yanz	严州府	0
309	Zhao	肇庆府	0
310	Chao	潮州府	0
311	Taiz	台州府	0
312	Quzh	衢州府	0
313	Jinh	金华府	0
314	Shao	绍兴府	0
315	Ning	宁波府	0
316	Bin	邠州	0
317	Qian	乾州	0
318	Hanz	汉中府	0
319	Caoz	曹州府	0
1	Qing	青海	1
38	Ganz	甘州府	1
41	Xini	宁夏府	1
42	Xini	西宁府	1
43	Lanz	兰州府	1
148	Alas	阿拉善厄鲁特	1

图 3-28 成功修改分组变量

其次，我们需要将通过地理信息生成的包含分组变量在内的数据导出为 Excel 表。点击属性表左上角第一个按钮“Table Options”，再选择“Clear Selection”将当前选中区域取消，随后可参照第 2.2 节将“v4_1820_pref_pgn_gbk”导出为 Excel 表，见图 3-29。

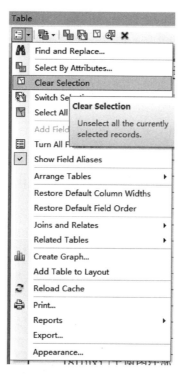

图 3-29　清除所有当前选中

最后，我们在得到上述的 Excel 文件之后，即可将其导入 Stata 软件进行后续分析。可以通过"import excel using maize.xls, firstrow clear"命令将上面得到的 Excel 文件导入 Stata 软件，其中 Excel 文件名为上一步我们自己所命名的文件名，导入成功后见图 3-30。

图 3-30　将 Excel 文件导入 Stata 软件进行后续分析

在掌握上述基本操作之后，研究者可以进行更为进阶的操作。比如，逐次选出位于引种点 50—100 千米、100—500 千米、500—1 000 千米、1 000—2 000 千米以及 2 000 千米以上的环状样本。然后逐次生成同名变量，再导入 Stata 软件以比较这些样本引种时间均值。这部分内容读者可自行练习。

3.2 按照线取样：提取长江沿岸的府

在第 3.1 节中，我们筛选出玉米最早传入府周边 50 千米范围内的府以比较传入时间是否有差异。该取样标准是面，接下来介绍如何按照线取样，其驱动力依然为研究需要。比如研究者假设：相较于内陆地区，沿交通线路的地区引种时间可能相对较早。本节我们以长江为例来检验该假设是否成立，最终的成品见图 3-31。

图 3-31 长江沿岸各府

3.2.1 从中国水系 GIS 地图中提取出长江

为提取长江沿岸的府，我们首先需要从中国水系 GIS 地图中提取出长江，步骤如下：

本节采用的底图是中国水系地图，ChinaMap（http://worldmap.harvard.edu/）提供了中国水系 GIS 地图数据。我们需要先下载文件（River_basin_num2. shp）。[①] 下载完成后可使用 "Add Data" 功能导入地图或直接将文件拖入 ArcMap 的工作窗口中，具体步骤可参照第 2.2 节，成功导入地图文件的界面见图 3-32。

导入后我们可以利用 "Select by Attributes" 将 "NAME" 为 "长江" 的数据条全部选

---

① 数据下载链接：http://worldmap.harvard.edu/data/geonode：River_basin_num2。

第 3 章 利用 ArcMap 筛选出所需图层 | 63

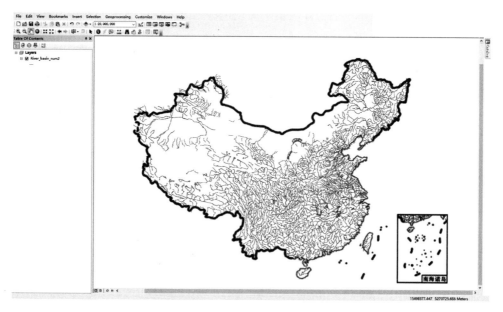

图 3-32 导入中国水系地图

中,相关操作可以参照第 2.2 节。① 此处,在"Select By Attributes"界面的对话框中下拉双击选中"Name"变量以及"=",并在"Get Unique Values"中选择"长江"。在这一过程中,为快速找到长江,可以在"Get Unique Values"右侧的"Go To"窗口输入关键词搜索,也可以在下面的输入框中直接进行输入,见图 3-33。

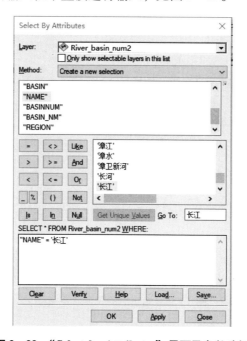

图 3-33 "Select by Attributes"界面及参数选择

---

① 读者可以打开属性表自行验证。如果操作无误,那么属性表中"长江"相关的数据条都将被用天蓝色标示。

完成上述操作后，地图上的长江将被用天蓝色标示出来，见图 3–34。

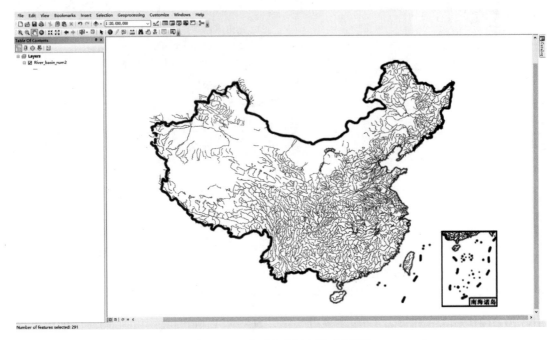

图 3–34　中国水系图中的"长江"

之后，将选中的长江图层转化为独立文件。在"Table of Contents"中右键单击"River_basin_num2"这一图层，利用"Export Data…"将其导出，具体保存操作可以参照第 2.2.4 小节。演示中将其重命名为"Changjiang_Output"。"Table of Contents"中的"Changjiang_Output"图层即为新生成的数据，见图 3–35。

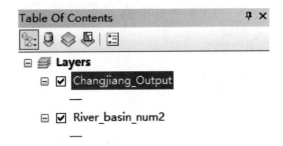

图 3–35　输出后的长江水系图层

3.2.2　筛选长江沿线的府

生成长江水系图层之后需要结合府级地图筛选出沿长江的府。具体步骤如下：

首先，需要将已有的"v4_1820_pref_pgn_gbk.shp"拖入 ArcMap 中。需要注意的是，这一拖入过程并不像之前那么顺利，而是弹出了一个名为"Geographic Coordinate Systems Warning"的窗口，对此，点击"Close"即可，见图 3-36。

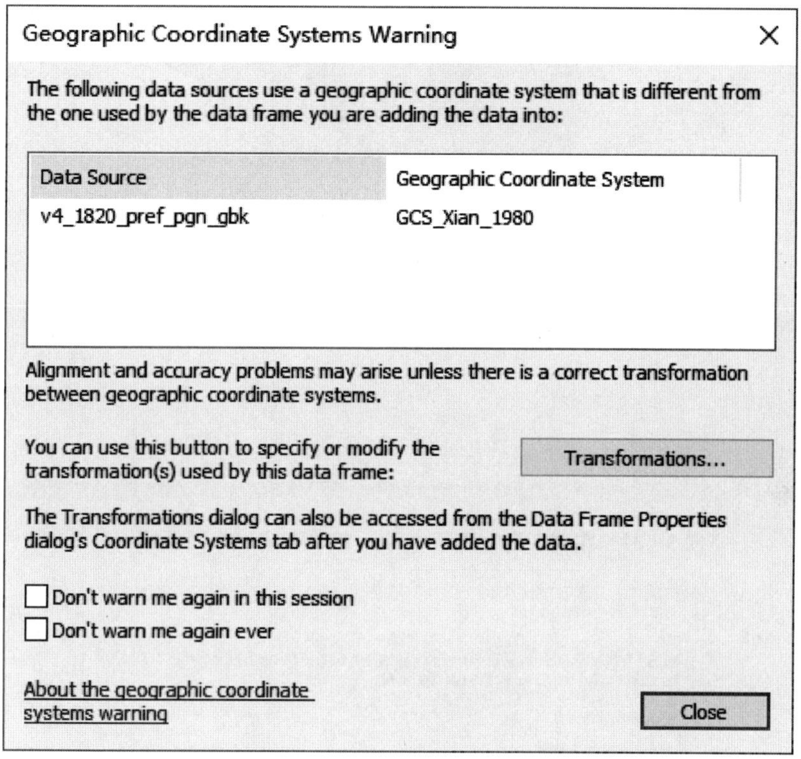

图 3-36　坐标系统差异提示

这一窗口是由坐标系统的差异所导致的：ArcMap 中已有的长江地图和即将导入的 1820 年府级底图的坐标系统可能存在差异。① 不过，GIS 会将导入的后一地图根据前一地图的坐标系统自动予以调整：一方面，后者的图像形状会根据前者的坐标系统进行调整；另一方面，之后的数据计算也会以前者的坐标系统为准。

其次，在底图导入后我们需要筛选出与长江这条线有交集的面（即府）。点击工具栏中"Selection"下的"Select By Location"，可参照第 3.1.3 小节。如图 3-38 所示，在"Select By Location"界面下，"Selection method"选择"select features from"、"Target layer (s)"选择"v4_1820_pref_pgn_gbk"、"Source layer"选择"Changjiang_Output"、"Spatial selection method for target layer feature (s)"选择"intersect the source layer feature"②。请勿勾选"Apply a search distance"，全部设置好之后点击"OK"即可。

---

① 通常而言，坐标系可划分为地理坐标系与投影坐标系两种。本章所用的地图均使用地理坐标系，然而地理坐标系仍可根据地心进一步划分为参心坐标系与地心坐标系。关于坐标系的内容，读者可以参考第 2.4.6 小节。

② 该选项旨在筛选出同"Source layer"相交的区域。

图 3-37 在"长江"图层中导入 1820 年府级底图后的结果

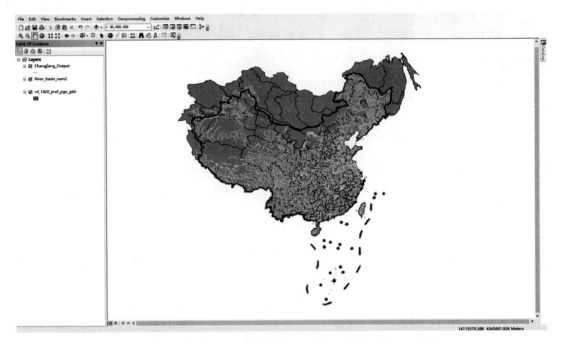

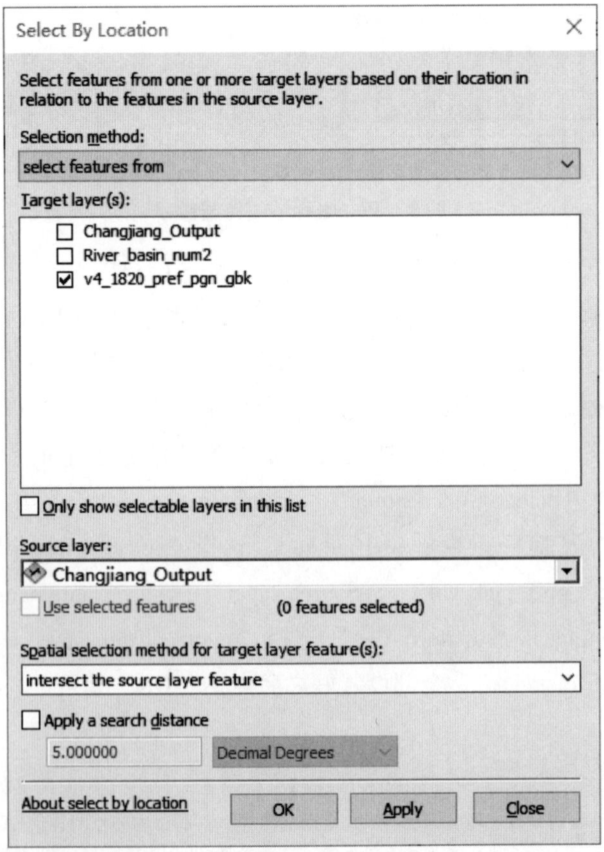

图 3-38 "Select By Location"界面及勾选项内容

待 GIS 运算完成后，我们可以看到，长江沿岸的府已被全部筛选出来了，见图 3-39。

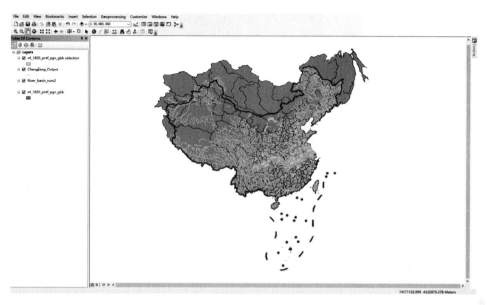

图 3-39　长江沿线的府（含流域）

最后，我们需要再将选出的各府保存为独立图层并在图 3-39 的基础上将流域与天蓝色的高亮标识去除。具体操作如下：

① 使用"Selection"功能将长江沿线各府创建为独立图层，可参照第 2.2.4 小节进行操作。完成后将在"Table of Contents"中看到名为"v4_1820_pref_pgn_gbk selection"的新图层，见图 3-40。

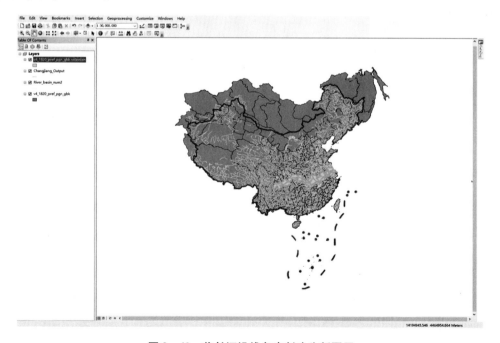

图 3-40　将长江沿线各府创建为新图层

②为取消流域等图层的干扰，我们需要在"Table of Contents"中取消勾选"River_basin_num2"，取消勾选后，相较于图3-39将只保留长江及其沿线各府，见图3-41。

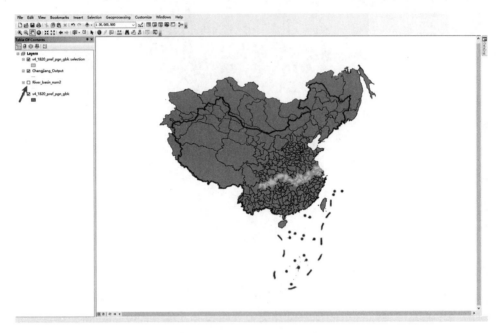

图3-41 取消勾选流域图层

③此时长江沿线各府仍被天蓝色高亮标示，为取消高亮标识，我们需进行以下操作：打开属性表并点击属性表左上角第一个按钮"Table Options"，然后选择"Clear Selection"将当前选中区域取消，可参照第3.1.4小节进行操作，完成后可得到如图3-42所示的界面。

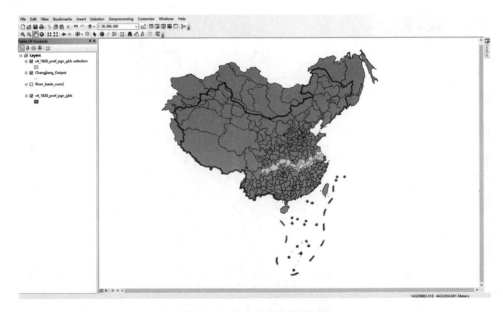

图3-42 取消对区域的选择

④可以看到长江沿线各府已经在地图中显示出来,然而长江却未能正确显示。这是因为 ArcGIS 各图层在"Table of Contents"中的排列顺序决定了其在地图中的显示顺序,位于上方的图层会绘制在下方图层之上。因此,有时我们需要手动调整图层顺序。此处只需要将长江图层("Changjiang_Output")挪至"Table of Contents"最上方即可将长江显示在地图之中,见图 3-43。

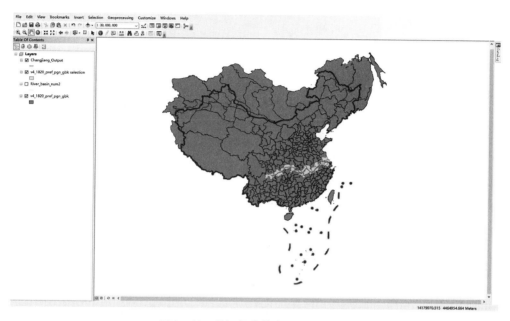

图 3-43 长江沿线的府(不含流域)

3.3 按照线取样:筛选出最早引入玉米的三个省份省界两侧的府

如果想知道玉米在跨省传播和省内传播的速度上是否存在异同,我们需要选择出那些省界两侧的府,生成数据然后用 Stata 等统计软件比较这两类地区引种时间的差异。本节以最早引入玉米的三个省份——甘肃、云南和福建周边的府为例进行演示。

3.3.1 导入省级 GIS 地图并生成省界

清代省级地图也可在 CHGIS 页面下载获得,文件名是"v4_1820_prov_pgn_gbk.shp"。研究者可以直接将该文件拖入 ArcMap 中完成导入,见图 3-44。

省地图是面,因此需要将其转化成线以生成省界,为接下来的取样做好准备。步骤如下:

①我们需要在地图中将甘肃、云南和福建三个省份筛选出来。我们可以利用"Select by Attributes"在输入框中输入"NAME_CH"='甘肃'OR"NAME_CH"='云南'OR "NAME_CH"='福建',点击"OK"完成操作即可将三个省份的数据条全部选中,相关操作可以参照第 2.2.2 小节,见图 3-45。

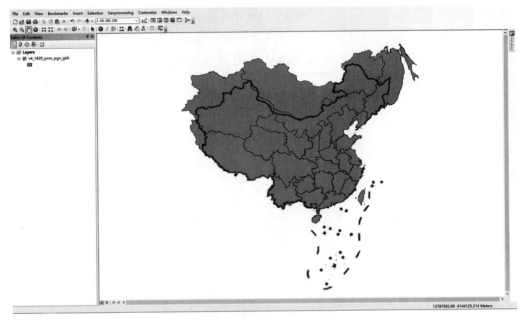

图 3-44 导入省级地图

图 3-45 "Select by Attributes" 界面及输入内容

运算完成后,我们可以看到现在甘肃、云南以及福建三个省份在地图中被高亮标示,见图 3-46。

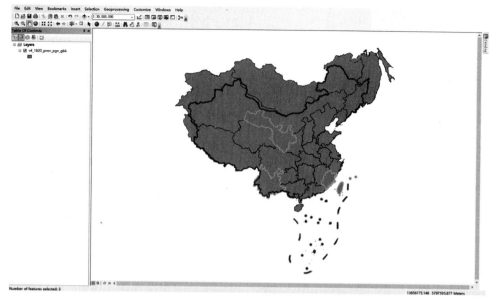

图 3-46 选中甘肃、云南以及福建三个省份

②将上述三个省份的图层创建为独立的新图层,以供后续生成省界时使用。可参照第 2.2.4 小节进行操作,完成后将在 "Table of Contents" 中看到名为 "v4_1820_prov_pgn_gbk selection" 的新图层①,见图 3-47。

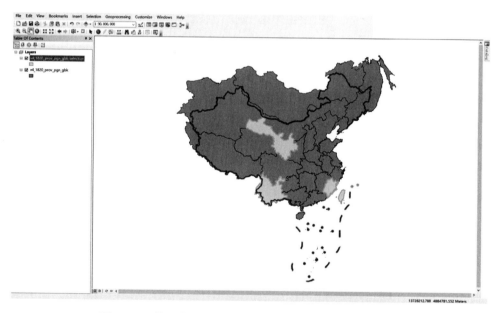

图 3-47 将甘肃、云南以及福建三个省份独立为新的图层

③在得到三个省份的新图层后,我们可以进一步获取其边界。选中并点击工具栏中的 "ArcToolbox",打开工具箱后找到 "Data Management Tools" 下 "Features" 中的 "Polygon

---

① 读者可以打开属性表自行验证。如果操作无误,那么属性表中将只有甘肃、云南以及福建三个省份的数据条。

To Line",见图 3-48。

图 3-48 选择"ArcToolbox"中的"Polygon To Line"功能

双击"Polygon To Line"将弹出相应的操作界面,见图 3-49。

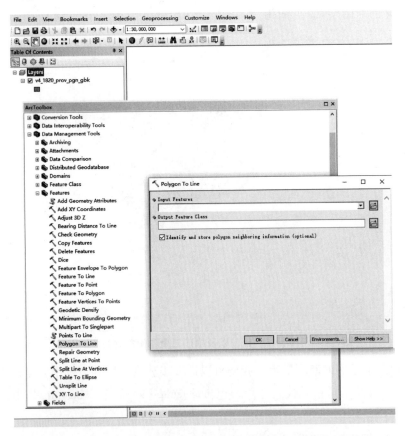

图 3-49 左键双击"Polygon To Line"按钮打开该功能后的界面

在弹出的"Polygon To Line"界面中,点击"Input Features"的下拉三角,选中"v4_1820_prov_pgn_gbk selection",点击"Output Feature Class"右侧的文件夹图标。在弹出的窗口中自行设置新生成线图层的保存路径和文件名,此处将其命名为"P2L.shp",然后点击"OK"即可,见图 3-50。

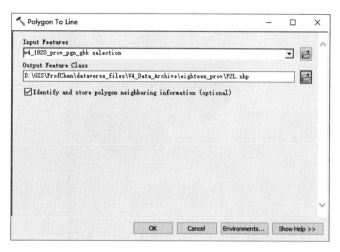

图 3-50 "Polygon To Line"界面勾选内容

待运行完成后,可以看到"Table of Contents"中多了"P2L"这个图层,ArcMap 的显示窗口中也会将三省省界高亮标示,见图 3-51。

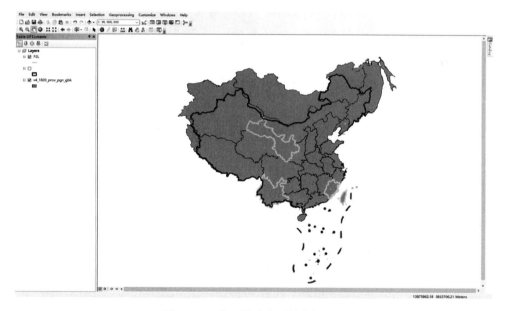

图 3-51 由面转成线后的省级底图

3.3.2 筛选省界两侧的府

基于上面所获得的三省的省界信息,我们就可以筛选出与省界相交的府了,步骤如下：

首先，需要将已有的"v4_1820_pref_pgn_gbk.shp"拖入 ArcMap 中，见图 3-52。

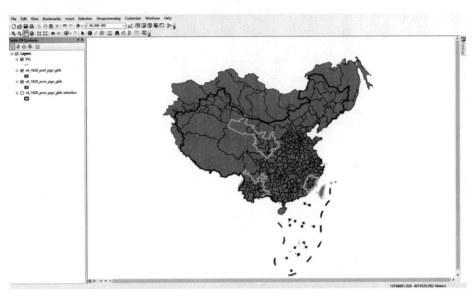

图 3-52　导入"v4_1820_pref_pgn_gbk.shp"

其次，点击工具栏中"Selection"下的"Select By Location"，可参照第 3.1.3 小节。在"Select By Location"界面下，如图 3-53 所示，"Selection method"选择"select features from"、"Target layer（s）"选择"v4_1820_pref_pgn_gbk"、"Source layer"选择"P2L"、"Spatial selection method for target layer feature（s）"选择"intersect the source layer feature"。请勿勾选"Apply a search distance"，全部设置好之后点击"OK"即可。

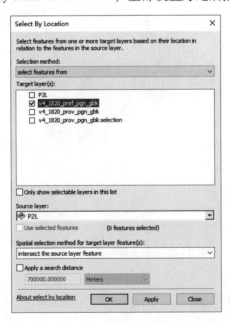

图 3-53　"Select By Location"按钮及界面勾选内容

操作完成后可以看到地图中被天蓝色高亮标示的即为选出的府，见图3-54。

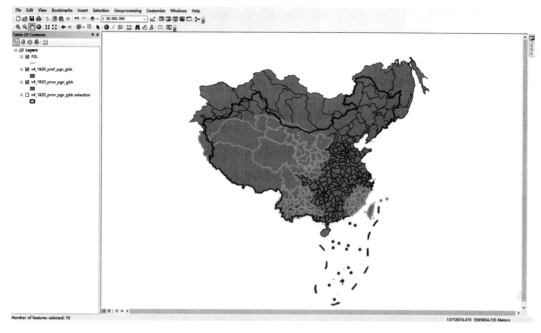

图3-54　筛选出与省界相交的府

最后，可将这些被选出的府转化为独立图层，可参照第2.2.4小节进行操作。完成后将在"Table of Contents"中看到名为"v4_1820_pref_pgn_gbk selection"的新图层，图3-55中的浅色部分即为被选出的府。

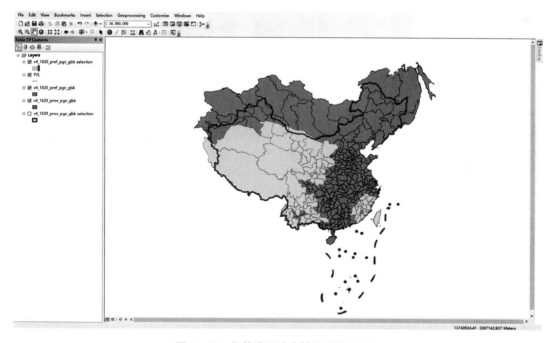

图3-55　将筛选后的府转化成独立图层

3.4 后续勘误

经过第 3.3 节的处理，我们得以初步筛选出省界两侧的府。然而仔细观察被选出的省界图层可以发现，该图层不仅包含真实省界，还包含一些琐碎的小点（放大后观察其实是小线段），见图 3-56 中的圆圈标示处。

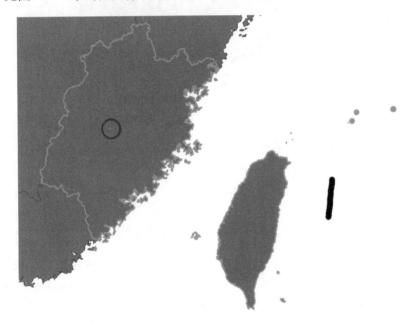

图 3-56　图层上的飞地

这些小线段实际上在地理学中被称作"飞地"，具体是指隶属于某一行政区管辖但不与本区毗连的土地。① "飞地"的存在可能导致按上一步骤筛选出的府存在错误，某些不与真实省界相交但与这些"飞地"相交的府可能会被筛选出来。然而，由于原始底图本身的问题，我们无法轻易地将"飞地"去除。② 研究者可以勘误删除掉这些"飞地"，将这些因"飞地"存在而被误选出的府识别出来并予以剔除。

我们勘误的基本逻辑是：根据 ArcGIS 中面与面之间距离的计算法则，提取位于省界两侧的府，实际上就是筛选出省与府之间距离为 0 的数据条。③ 位于省界两侧的府，其与本省的距离为 0，与目标省份的距离也为 0。因此，位于省界两侧的府将至少和两个及以上的省份距离为 0。然而，因"飞地"存在被误认为处于省界两侧的府在 ArcGIS 中则只与

---

① 例如，我国安徽省淮北市段园镇虽然在行政划分上隶属于淮北市，实际上却位于宿州市。
② 最干净的勘误方式是在筛选接壤样本前删除"飞地"。然而，囿于底图数据限制，这里无法直接剔除各省的"飞地"，转而采用其他方式进行勘误。
③ 根据 ArcGIS 中面与面之间距离的计算法则，如果两个面接壤或者一个面被另一个面包含，那么两者的距离将会是 0。

一个省的距离为0。利用这一差异，我们可以识别出只与一个省界距离为0的数据条来找到因"飞地"存在而被误认为位于省界两侧的府，以剔除其对识别接壤样本的影响。由于沿海沿边府同样可能只与一个省份的边界距离为0，所以上述勘误操作可能存在偏误。后续需要在上述操作的基础上对沿海沿边府进行进一步筛查。具体操作步骤如下：

选中并点击工具栏中的"ArcToolbox"，打开工具箱后找到"Analysis Tools"下"Proximity"中的"Generate Near Table"，见图3–57。

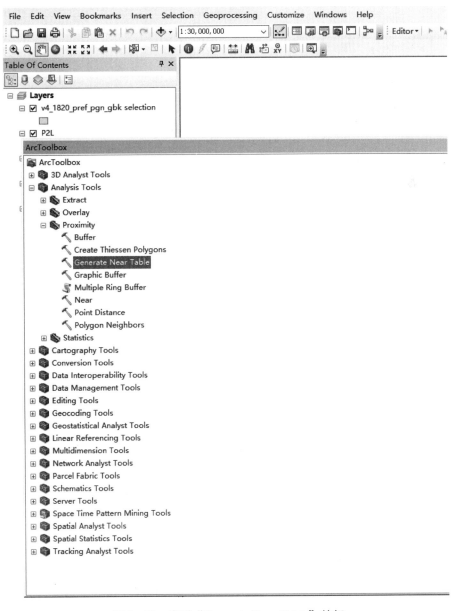

图3–57 找到"Generate Near Table"按钮

鼠标左键双击"Generate Near Table"将弹出相应的操作界面。在弹出的对话框中，"Input Features"选择"v4_1820_pref_pgn_gbk selection"，即上一步骤中选出的府图层。

"Near Features"选择"v4_1820_prov_pgn_gbk"。"Output Table"的路径和保存文件名可自行设置,此处保存为"v4_1820_pref_pgn_gbk_Generate"。此外,需要取消勾选"Find only closest feature(optional)",其他带有"optional"的选项保持默认状态。完成后点击"OK"即可,见图3-58。

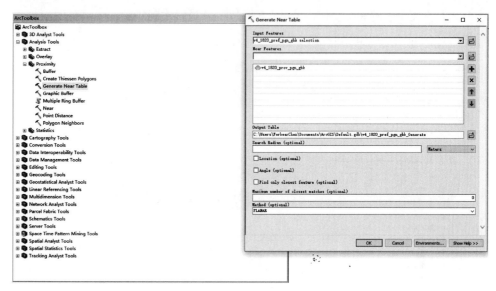

图3-58 "Generate Near Table"界面及勾选内容

运行完成后,如图3-59所示,我们可以看到"Table of Contents"的最下方多了一个名为"v4_1820_pref_pgn_gbk_Generate"的表格。右击选择"Open"打开该表。

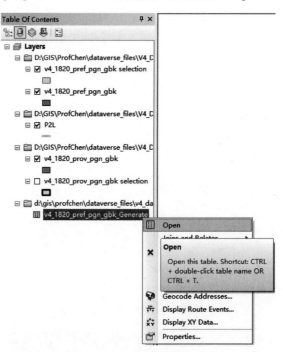

图3-59 "Table of Contents"最下方新生成一个表格

如图 3-60 所示，该表中的“IN_FID”对应于“v4_1820_pref_pgn_gbk selection”图层中的“FID”，表示府的编号。“NEAR_FID”则对应于“v4_1820_prov_pgn_gbk”图层中的“FID”，表示省的编号。“NEAR_DIST”为各府到各省的距离。

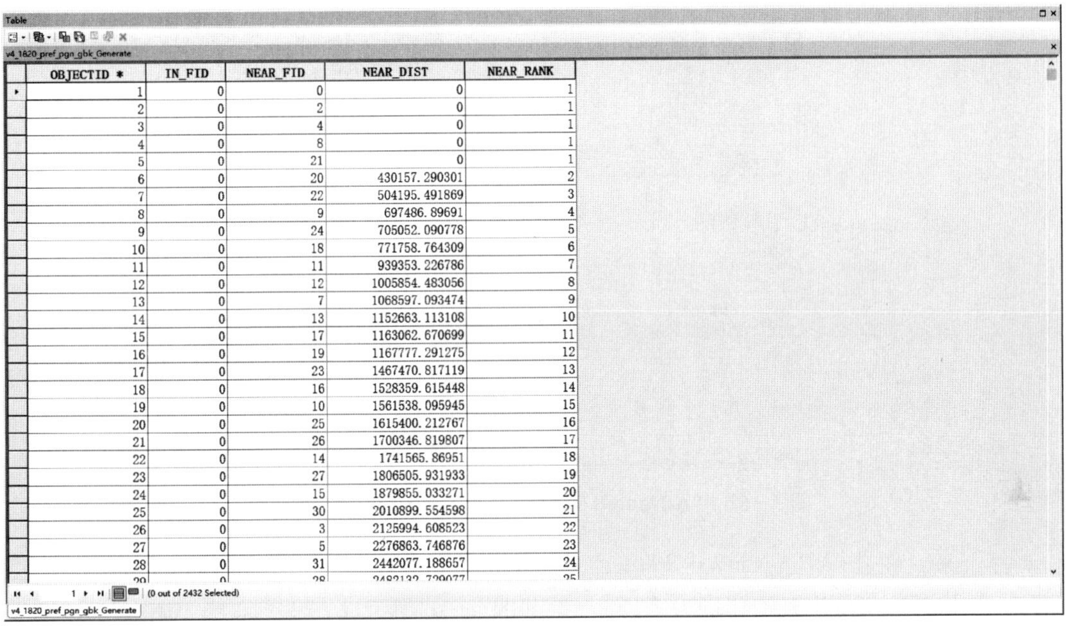

OBJECTID *	IN_FID	NEAR_FID	NEAR_DIST	NEAR_RANK
1	0	0	0	1
2	0	2	0	1
3	0	4	0	1
4	0	8	0	1
5	0	21	0	1
6	0	20	430157.290301	2
7	0	22	504195.491869	3
8	0	9	697486.89691	4
9	0	24	705052.090778	5
10	0	18	771758.764309	6
11	0	11	939353.226786	7
12	0	12	1005854.483056	8
13	0	7	1068597.093474	9
14	0	13	1152663.113108	10
15	0	17	1163062.670699	11
16	0	19	1167777.291275	12
17	0	23	1467470.817119	13
18	0	16	1528359.615448	14
19	0	10	1561538.095945	15
20	0	25	1615400.212767	16
21	0	26	1700346.819807	17
22	0	14	1741565.86951	18
23	0	27	1806505.931933	19
24	0	15	1879855.033271	20
25	0	30	2010899.554598	21
26	0	3	2125994.608523	22
27	0	5	2276863.746876	23
28	0	31	2442077.188657	24

图 3-60　表格“v4_1820_pref_pgn_gbk_Generate”

选中任意一列的表头，右击选择并点击“Advanced Sorting”（高级筛选），见图 3-61。

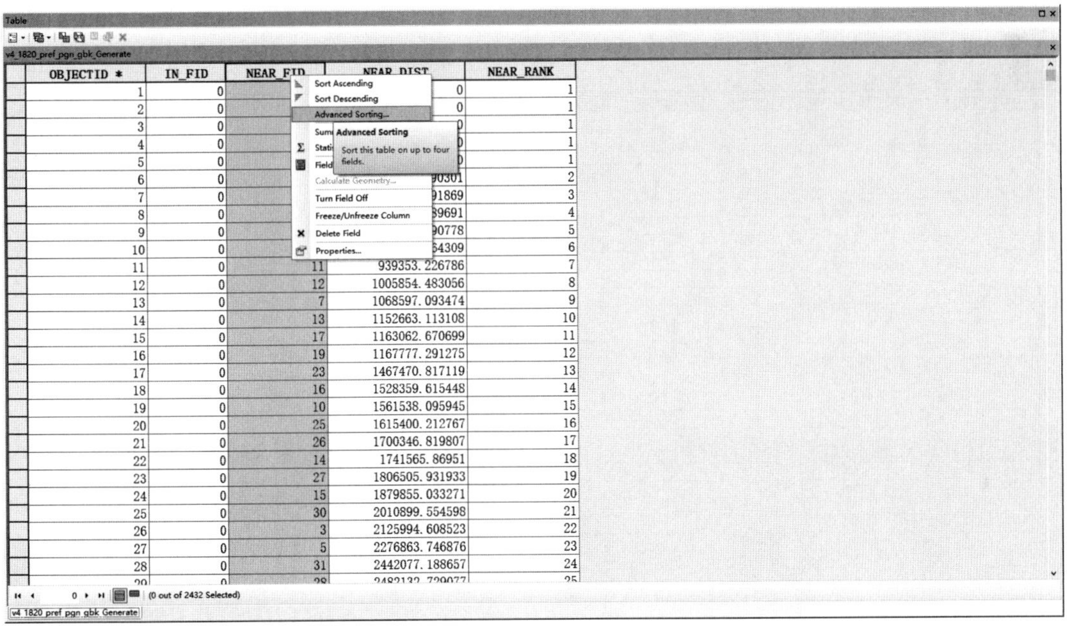

图 3-61　“Advanced Sorting”按钮

在弹出的“Advanced Table Sorting”界面（如图 3－62 所示）中，在“Sort by”下选择“NEAR_DIST”、“Then sort by”下选择“IN_FID”，然后点击“OK”即可。

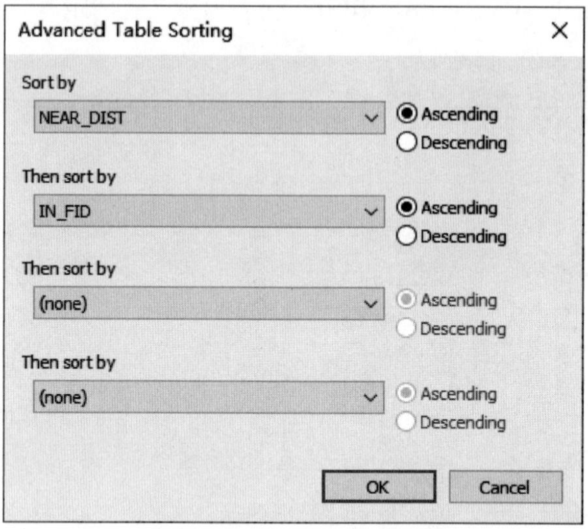

图 3－62 “Advanced Table Sorting”界面及勾选内容

接下来，在进行“Advanced Sorting”后的表格中查找“NEAR_DIST”为 0 且“IN_FID”仅出现一次的数据条（标识飞地），例如图 3－63 中的 67 号，将其“IN_FID”记录下来。具体而言，通过在“NEAR_DIST”为 0 的数据范围内逐个考察“IN_FID”各个数字出现的个数，可以发现“IN_FID”中 67、77、79、80、81、83、86、155、235、237、238、242 与 243 仅出现一次。

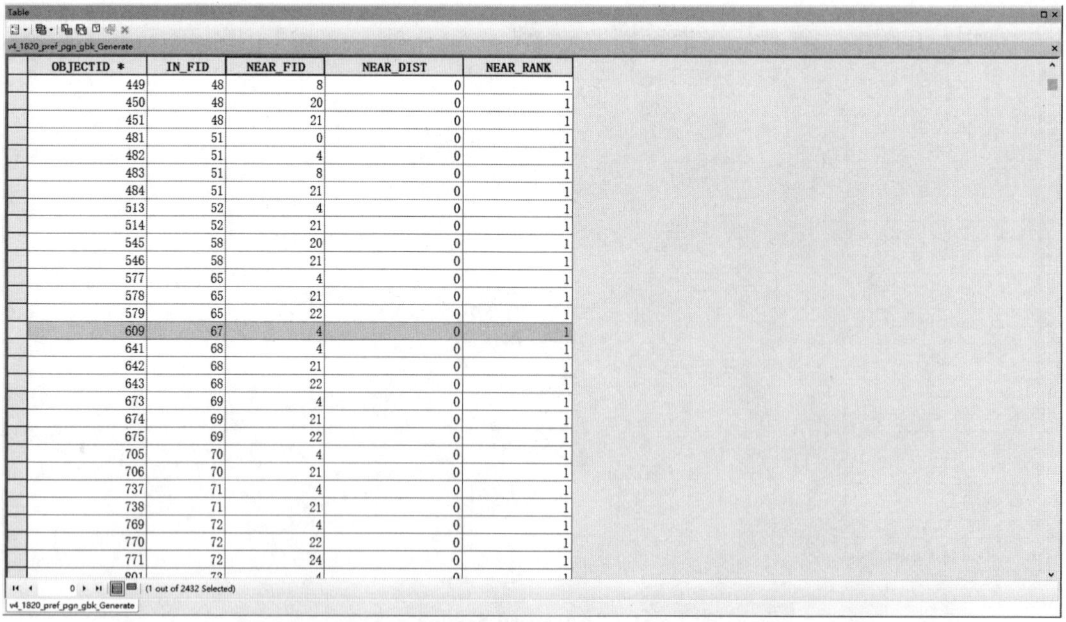

OBJECTID *	IN_FID	NEAR_FID	NEAR_DIST	NEAR_RANK
449	48	8	0	1
450	48	20	0	1
451	48	21	0	1
481	51	0	0	1
482	51	4	0	1
483	51	8	0	1
484	51	21	0	1
513	52	4	0	1
514	52	21	0	1
545	58	20	0	1
546	58	21	0	1
577	65	4	0	1
578	65	21	0	1
579	65	22	0	1
609	67	4	0	1
641	68	4	0	1
642	68	21	0	1
643	68	22	0	1
673	69	4	0	1
674	69	21	0	1
675	69	22	0	1
705	70	4	0	1
706	70	21	0	1
737	71	4	0	1
738	71	21	0	1
769	72	4	0	1
770	72	22	0	1
771	72	24	0	1

图 3－63 在表格中找出“NEAR_DIST”为 0 且“IN_FID”仅出现一次的数据条

下一步我们需要在"v4_1820_pref_pgn_gbk selection"图层中将"FID"等于这些值的府筛选出来并生成独立图层，见图 3-64。

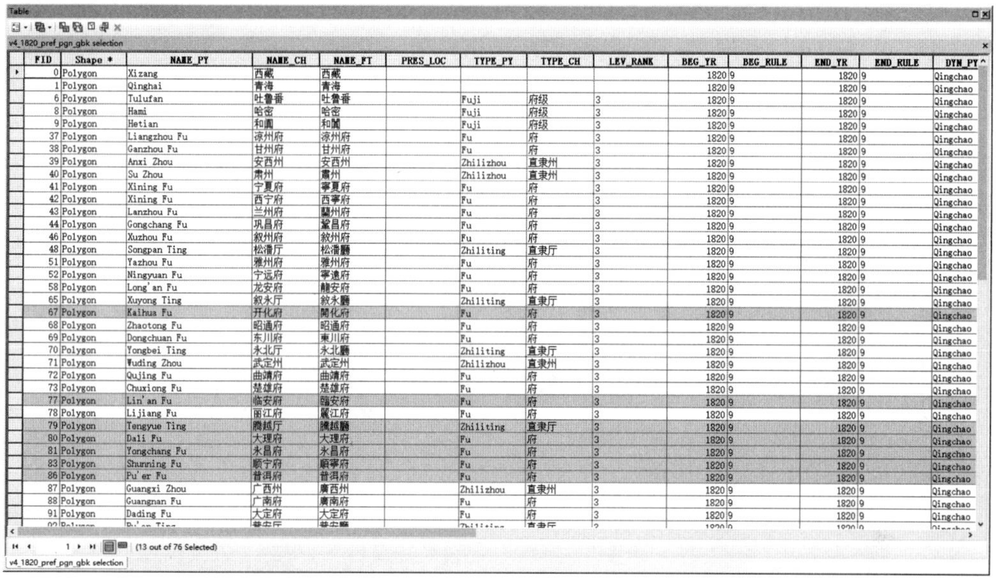

图 3-64　在"v4_1820_pref_pgn_gbk selection"图层中根据"FID"筛选出之前记录的数据条

此时我们便可以将所有可能因"飞地"而被误认为位于省界两侧的府查找出来，见图 3-65。

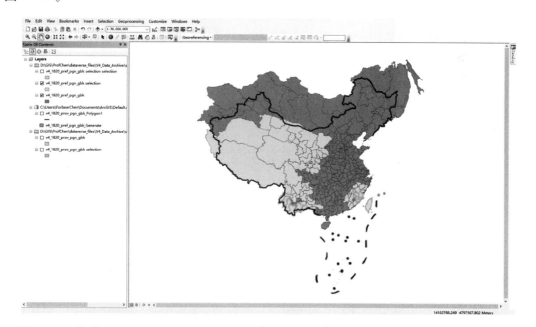

图 3-65　在"v4_1820_pref_pgn_gbk selection"图层中筛选出可能因"飞地"而被错误选择的府

通过上述操作，我们实现了寻找地图中可能因"飞地"而被误认为处于省界两侧的府。然而，勘误中由于沿海沿边地区各府同样可能只与一个省相邻，所以这一步操作仍有可能误将沿海当作“飞地”而导致将实际位于沿海沿边省界两侧的府选中。因此，研究者最好人工检查上述选出来的数据是否存在该类错误。通过对上述图层中的府逐个筛查可以发现只有“FID”为 242、243 的延平府和永春州为非沿海沿边府，也即真正因“飞地”而被误认为处于省界两侧的府，见图 3-66。

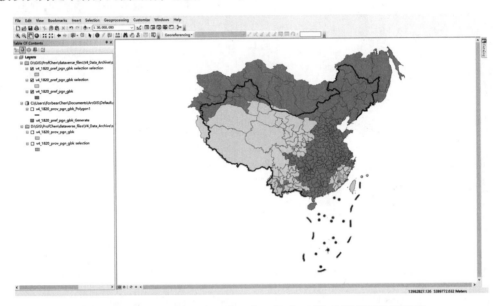

图 3-66　筛选出非沿海沿边府即真正因“飞地”而被错误选择的府

最后，我们需要在第 3.3.2 小节筛选出的“v4_1820_pref_pgn_gbk selection”图层的数据属性表中选中除“FID”为 242、243 的延平府和永春州以外的其他数据条并生成新的图层，见图 3-67。

FID	Shape *	NAME_PY	NAME_CH	NAME_FT	PRES_LOC	TYPE_PY	TYPE_CH	LEV_RANK	BEG_YR	BEG_RULE	END_YR	END_RULE	DYN_PY
92	Polygon	Pu'an Ting	普安厅	普安廳		Zhiliting	直隶厅	3	1820	9	1820	9	Qingchao
94	Polygon	Xingyi Fu	兴义府	興義府		Fu	府	3	1820	9	1820	9	Qingchao
102	Polygon	Zhen'an Fu	镇安府	鎮安府		Fu	府	3	1820	9	1820	9	Qingchao
103	Polygon	Si'en Fu	思恩府	思恩府		Fu	府	3	1820	9	1820	9	Qingchao
105	Polygon	Sicheng Fu	泗城府	泗城府		Fu	府	3	1820	9	1820	9	Qingchao
114	Polygon	Ningdu Zhou	宁都州	寧都州		Zhilizhou	直隶州	3	1820	9	1820	9	Qingchao
119	Polygon	Guangxin Fu	广信府	廣信府		Fu	府	3	1820	9	1820	9	Qingchao
146	Polygon	Ejinatu'erhute Qi	额济纳土尔扈	額濟納土爾扈		Qi	旗	3	1820	9	1820	9	Qingchao
148	Polygon	Alashan'elute Qi	阿拉善厄鲁特	阿拉善厄魯特		Qi	旗	3	1820	9	1820	9	Qingchao
155	Polygon	Taiwan Fu	台湾府	臺灣府		Fu	府	3	1820	9	1820	9	Qingchao
216	Polygon	Yan'an Fu	延安府	延安府		Fu	府	3	1820	9	1820	9	Qingchao
217	Polygon	Fu Zhou	鄜州	鄜州		Zhilizhou	直隶州	3	1820	9	1820	9	Qingchao
233	Polygon	Zhangzhou Fu	漳州府	漳州府		Fu	府	3	1820	9	1820	9	Qingchao
234	Polygon	Tingzhou Fu	汀州府	汀州府		Fu	府	3	1820	9	1820	9	Qingchao
235	Polygon	Quanzhou Fu	泉州府	泉州府		Fu	府	3	1820	9	1820	9	Qingchao
237	Polygon	Xinghua Fu	兴化府	興化府		Fu	府	3	1820	9	1820	9	Qingchao
238	Polygon	Fuzhou Fu	福州府	福州府		Fu	府	3	1820	9	1820	9	Qingchao
239	Polygon	Funing Fu	福宁府	福寧府		Fu	府	3	1820	9	1820	9	Qingchao
240	Polygon	Jianning Fu	建宁府	建寧府		Fu	府	3	1820	9	1820	9	Qingchao
241	Polygon	Shaowu Fu	邵武府	邵武府		Fu	府	3	1820	9	1820	9	Qingchao
242	Polygon	Yanping Fu	延平府	延平府		Fu	府	3	1820	9	1820	9	Qingchao
243	Polygon	Yongchun Zhou	永春州	永春州		Fu	府	3	1820	9	1820	9	Qingchao
244	Polygon	Wenzhou Fu	温州府	溫州府		Fu	府	3	1820	9	1820	9	Qingchao
245	Polygon	Chuzhou Fu	处州府	處州府		Fu	府	3	1820	9	1820	9	Qingchao
269	Polygon	Jiaying Zhou	嘉应州	嘉應州		Zhilizhou	直隶州	3	1820	9	1820	9	Qingchao
275	Polygon	Pingliang Zhou	平凉府	平涼府		Fu	府	3	1820	9	1820	9	Qingchao
276	Polygon	Fengxiang Fu	凤翔府	鳳翔府		Fu	府	3	1820	9	1820	9	Qingchao
277	Polygon	Jin Zhou	泾州	涇州		Zhilizhou	直隶州	3	1820	9	1820	9	Qingchao
278	Polygon	Qingynag Fu	庆阳府	慶陽府		Fu	府	3	1820	9	1820	9	Qingchao
279	Polygon	Yikezhao Meng	伊克昭盟	伊克昭盟		Fu	府	3	1820	9	1820	9	Qingchao
280	Polygon	Jie Zhou	阶州	階州		Zhilizhou	直隶州	3	1820	9	1820	9	Qingchao
281	Polygon	Baoning Fu	保宁府	保寧府		Fu	府	3	1820	9	1820	9	Qingchao
282	Polygon	Hanzhong Fu	汉中府	漢中府		Fu	府	3	1820	9	1820	9	Qingchao
283	Polygon	Qin Zhou	秦州	秦州		Zhilizhou	直隶州	3	1820	9	1820	9	Qingchao
302	Polygon	Ganzhou Fu	赣州府	贛州府		Fu	府	3	1820	9	1820	9	Qingchao
303	Polygon	Jianchang Fu	建昌府	建昌府		Fu	府	3	1820	9	1820	9	Qingchao

(74 out of 76 Selected)

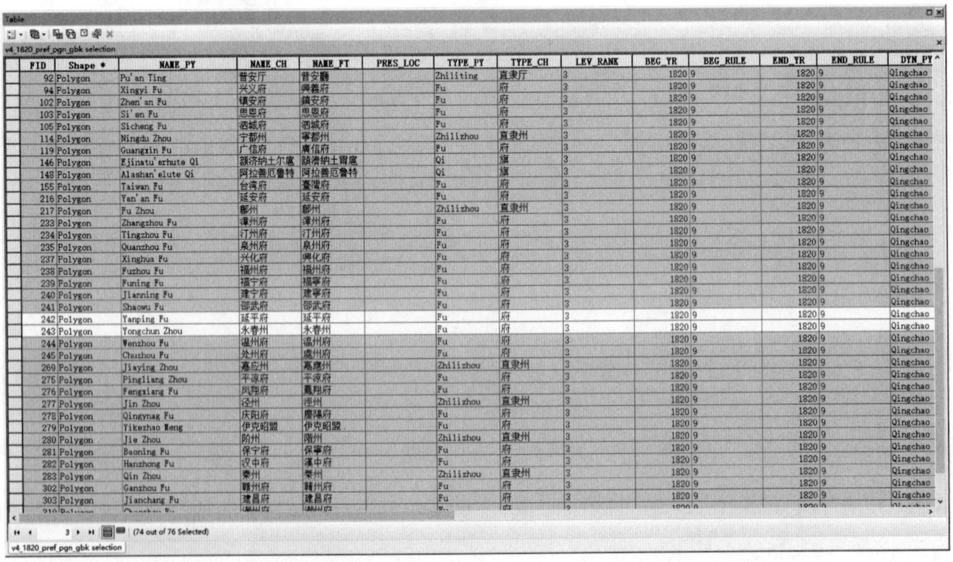

图 3-67　在“v4_1820_pref_pgn_gbk selection”图层数据属性表中取消选中“FID”为 242、243 的数据条

完成勘误后的结果见图 3-68。

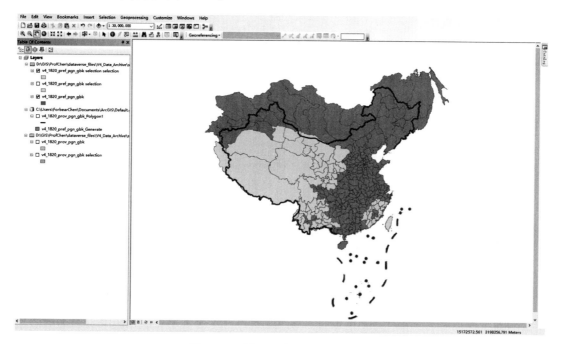

图 3-68　勘误后的各省交界处的府

最终选出来的图层在后续研究中有两个作用：第一，绘图，就像图 3-1 一样直观地告诉读者控制组和介入组的取样分布；第二，生成用来区分控制组和介入组的变量（介入组取值为 1，控制组取值为 0）并导入统计软件供实证分析使用。因此，用 GIS 对部分样本进行取样的工作既涵盖了本书第 2 章的绘图内容，也包含利用 GIS 创建数据的内容，后者将在本书第 2 篇（第 4—6 章）中展开。

3.5　本章小结

前一章讲述了用 GIS 软件针对那些有取值地区进行绘图的步骤，这涵盖了基于地理信息绘图的大部分工作。有些时候研究者需要对地图上某个特定点、线或者面的周边地区取样。该需求在应用微观计量经济学中较为常见，特别是采用双重差分或者空间断点回归研究设计时。比如，在 Cao and Chen（2022）中，需要让 GIS 帮我们选择出沿大运河的地区与非沿河地区以定义介入组和控制组。本章以 Chen and Kung（2016）和 Cao and Chen（2022）为例依次介绍了如何利用 ArcGIS 软件实现按照面取样（第 3.1 节）和按照线取样（第 3.2 节和第 3.3 节）。

参考文献

Chen, Shuo, and James Kai-Sing Kung. 2016. "Of Maize and Men: The Effect of a New World Crop on Population and Economic Growth in China." *Journal of Economic Growth*, 21: 71-99.

Cao, Yiming, and Shuo Chen. 2022. "Rebel on the Canal: Disrupted Trade Access and Social Conflict in China, 1650–1911." *American Economic Review*, 112 (5): 1555–1590.

推荐阅读

Ananat, Elizabeth Oltmans. 2011. "The Wrong Side (s) of the Tracks: The Causal Effects of Racial Segregation on Urban Poverty and Inequality." *American Economic Journal: Applied Economics*, 3 (2): 34–66.

Chen, Shuo, Jianan Li, and Qin Yao, 2023. "Closing the Canal: Transportation Infrastructure and Market Integration in China, 1780–1911." Working Paper.

Currie, Janet, and Reed Walker. 2011. "Traffic Congestion and Infant Health: Evidence from E–ZPass." *American Economic Journal: Applied Economics*, 3 (1): 65–90.

Hornung, Erik. 2015. "Railroads and Growth in Prussia." *Journal of the European Economic Association*, 13 (4): 699–736.

Kocher, Matthew Adam, Thomas B. Pepinsky, and Stathis N. Kalyvas. 2011. "Aerial Bombing and Counterinsurgency in the Vietnam War." *American Journal of Political Science*, 55 (2): 201–218.

第 2 篇
利用 GIS 生成地理信息变量

本书第 1 篇向读者介绍了如何使用 GIS 进行绘图，这是社会科学使用地理信息的最主要功能。除此之外，GIS 在社会科学中应用的另外一个领域是生成数据，该功能就涉及用 GIS 软件提取地图背后的地理信息供实证分析使用。为了让研究者对该功能有直观的理解，本篇将结合四个常见场景加以说明。具体来说，第 4 章主要涉及用 GIS 创建距离相关变量，第 5 章则介绍如何用 GIS 将栅格数据转换为矢量数据，第 6 章介绍如何进行最近地点赋值，第 7 章则介绍如何生成空间权重矩阵。这四个场景基本可以涵盖社会科学研究中用 GIS 生成数据功能的大部分用途。本篇使用的案例大多来自 Chen, Shuo and James Kai-Sing Kung. 2016. "Of Maize and Men: The Effect of a New World Crop on Population and Economic Growth in China." *Journal of Economic Growth*, 21: 71-99.

第 4 章 利用 GIS 生成距离相关变量

Chen and Kung（2016）实证检验了玉米在中国的引种对明清人口及社会经济的影响。在这篇论文的早期版本中，我和合作者试图使用工具变量方法来处理玉米引种的内生性问题。一个直观的工具变量就是到引种点的距离：那些离最早引种点距离较近的地区在其他条件一致的前提下种植玉米的概率相对较高。玉米是中美洲墨西哥地区的传统作物。在美洲新大陆被发现之后，玉米被哥伦布的船队带回欧洲。接下来的二百多年中，该作物在欧洲、非洲及亚洲大陆传播开来。据史料记载，玉米在 16 世纪中叶经由三条路径进入中国。第一条是西北陆路：通过丝绸之路即经由中亚和帕米尔高原至西北省份甘肃平凉府；第二条是西南陆路：经由印度和缅甸至西南省份云南大理府；第三条是东南海路：由葡萄牙商人携带至沿海省份福建省泉州府（曹树基，1988；佟屏亚，2000）。那么，对于其他任何一个府，我们都可以计算其到三个引种地的距离。在三个距离中，我们可以使用最小值，也可以计算平均值。在逻辑上，这两种构建变量的方式均符合直觉。第 4.1 节将介绍实现该目标的具体步骤。在该论文审稿过程中，有审稿人建议也可以看一下到重要交通路线，比如到长江的距离是不是也会影响玉米引种的概率。与到某一个府的距离不同，这涉及线距离的计算。我们将在第 4.2 节介绍计算到线的距离。

4.1 到最早引种地距离变量的创建

将府级地图导入 GIS 中，并按照第 2.2 节的操作选取关内 18 个农业省份的样本，见图 4-1。

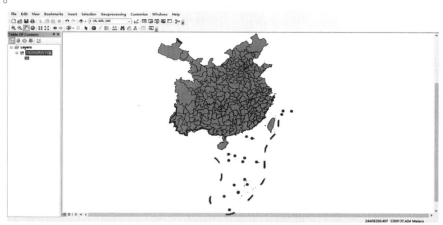

图 4-1 导入关内 18 省图层

我们首先需要在各府中选择一个基准点，以便后续计算引种地到该府的距离。通常有两种选择：一是选择该府治所所在位置；二是选择该府所辖范围的中心点。如果我们采用前者，那么 CHGIS 网站已经提供了各个府治所的点图层，可以直接下载后使用。两种选取方案都是合乎逻辑的，因此我们决定先后介绍这两种方案。本节将具体介绍如何计算每个府治所到最初引种地的距离。关于后者，我们将在第 4.2 节中使用 "计算到长江最近距离" 的案例进行介绍。

4.1.1 筛选关内 18 省各府治所图层

下载各府治所的点图层（v6_1820_pref_pts_gbk.shp），使用 "Add Data" 功能将其导入地图，或直接将文件拖入 ArcMap 显示区域，见图 4-2。

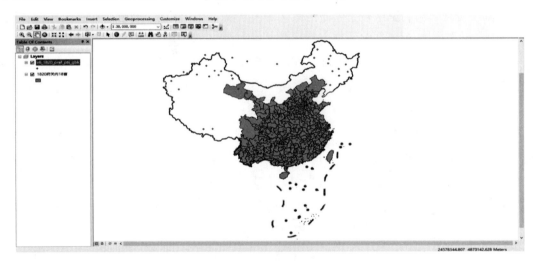

图 4-2　各府治所点图层

接下来我们需要将位于关内 18 省的府治所位置识别出来，并保存为独立图层。将地图背后的数据导出至 Excel 文件：使用 "ArcToolbox" 中的 "Conversion Tools"，选择 "Table To Excel"，见图 4-3。

如图 4-4 所示，在 Excel 文件中保留变量 "FID" "NAME_CH" "LEV1_CH"，并手动创建新变量 "是否为关内 18 省"：1 表示该省为关内 18 个省之一，0 则表示该省不属于关内 18 省。然后将该 Excel 文件保存好，我们稍后会用到。

点击地图 "v6_1820_pref_pts_gbk"，右键单击，依次选择 "Joins and Relates" 和 "Join"，见图 4-5。

在 Join Data 弹出框中选择 "Join attributes from a table"，从中选取共同连接变量 NAME_CH（类似于 Stata 软件的 merge 命令所要合并数据中的共同变量），并点击 "OK" 按钮。此时，两个数据已经合并在一起了，具体操作可参考第 2.2.2 小节。选中 "v6_1820_pref_pts_gbk" 图层，右键单击选中 "Open Attribute Table" 按钮，可查看数据是否已经合并。

如图 4-6 所示，点击 "Selection" 菜单下的 "Select By Attributes" 按钮。

图 4－3　将数据导出至 Excel 文件

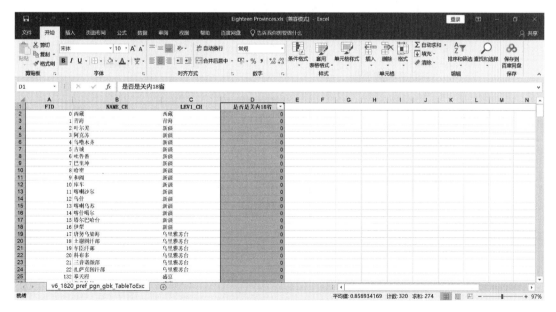

图 4－4　制作"关内 18 省"Excel 文件

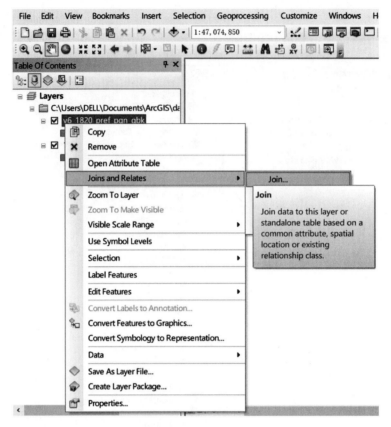

图4-5 "Join"按钮

图4-6 "Select By Attributes"按钮

在弹出对话框中双击"v6_1820_pref_pts_gbk_TableToExc $. 是否为关内 18 省"变量以及"="，并在"Get Unique Values"中选择"1"，具体操作界面参考第 2.2.3 小节。点击"OK"之后即可发现我们需要的关内 18 个农业省份包含的所有府的治所都被高亮显示了①，见图 4 - 7。

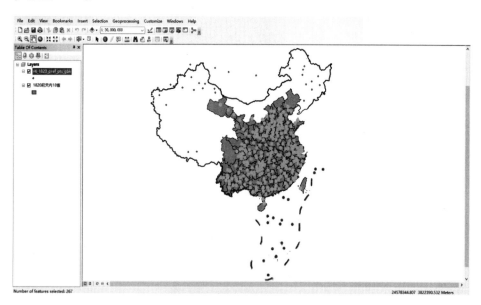

图 4 - 7　关内 18 省各府治所

接下来我们将测量各府治所到引种地的距离，因此我们需要将其保存为单独的文件以便后续使用。右键单击所加载地图"v6_1820_pref_pts_gbk"，依次选择"Selection"和"Create Layer From Selected Features"。

此时软件会将选择的裁剪地图保存为另外一个文件，并自动命名为"v6_1820_pref_pts_gbk selection"，鼠标左键单击图层"v6_1820_pref_pts_gbk"前面的钩使其取消，此时软件显示区域仅显示我们需要的关内 18 省各府治所地图的图层，见图 4 - 8。

4.1.2　筛选引种地图层

为了测算每个府到三个引种地的距离，我们需要三个引种地所在府治所的图层信息。筛选方法和上文识别关内 18 省府治所的方法相同，在此不再赘述。我们筛选出平凉府、大理府和泉州府的图层，名为"1820 府关内 18 省 selection"，见图 4 - 9。

4.1.3　计算距离

接下来，我们要计算每个点到各个引种点的距离。如图 4 - 10 所示，依次打开"Arc-Toolbox""Analysis Tools""Proximity"和"Generate Near Table"。

---

① 甘肃省所辖镇西、迪化二府治所均位于新疆境内，因此没有将其视为关内 18 省包含的府治所。

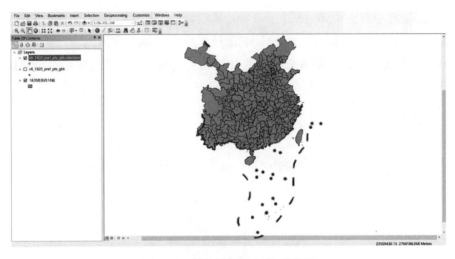

图 4-8　裁剪后的关内 18 省治所

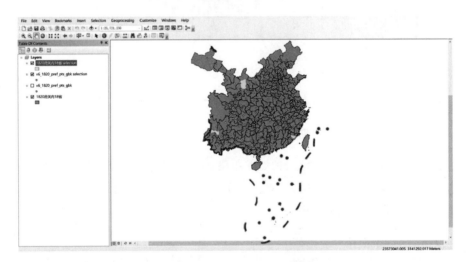

图 4-9　筛选后的三个引种地图层

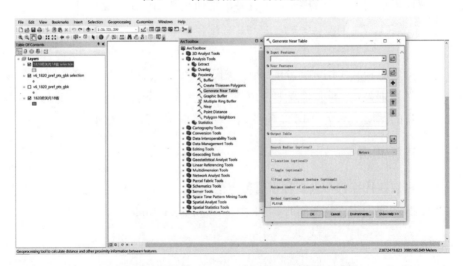

图 4-10　"Generate Near Table" 及内容勾选界面

如图4-11所示，在"Input Features"（输入要素）中选择关内18省府治所点图层，在"Near Features"（邻近要素）中选择引种地图层，并设定好输出路径。"Method（optional）"（方法）之下有两种计算距离的方法："GEODESIC"（测地线）相较于"PLANAR"（平面）的差别在于它考虑了地球表面的弧度，我们采用"GEODESIC"来计算各个府治所到引种地的距离。需要注意的是，如果勾选"Find only closest feature（optional）"（只搜寻最近要素），则会生成各府治所到三个引种地的最近距离；如果不勾选该项，软件会自动计算到每个引种地的距离。显然，后者有助于我们计算到引种地的平均距离，我们将分别生成这两种距离。

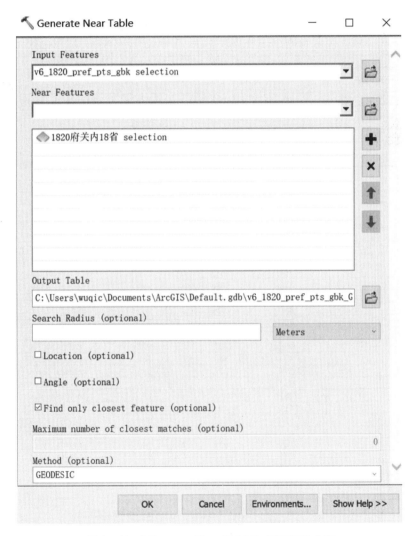

图4-11 "Generate Near Table"界面勾选内容

这一步操作不会生成新的图层，计算出来的距离在设定路径下生成两张表。打开第一张表可以看到最后一列的字段名是"NEAR_DIST"，即各个府治所到最近引种地的距离。"NEAR_FID"标示了三个引种地的ID，见图4-12。

OBJECTID	IN_FID	NEAR_FID	NEAR_DIST
1	0	275	734862.090502
2	1	275	769003.883828
3	2	275	776829.379317
4	3	275	798240.164978
5	4	275	703987.058572
6	5	275	1026294.224971
7	6	275	786603.095471
8	7	275	722817.794805
9	8	275	829433.046662
10	9	275	685135.264903
11	10	275	1049189.176238
12	11	275	810032.984625
13	12	275	667773.124711
14	13	275	888149.706668
15	14	275	935895.548659
16	15	275	1093176.437761
17	16	275	693301.981496
18	17	275	0
19	18	275	921937.883327
20	19	275	674587.529952
21	20	275	484780.513344
22	21	275	140615.747123
23	22	275	264154.967715
24	23	275	305517.317734
25	24	275	132981.933821
26	25	275	72788.545938
27	26	275	85494.993934
28	27	275	19639.763979
29	28	275	56366.789374
30	29	275	203781.317063
31	30	235	330157.349634
32	31	235	546022.966465
33	32	235	526835.337702
34	33	235	403387.671821
35	34	235	163837.061221
36	35	235	561876.037422
37	36	235	428116.335795
38	37	235	482922.166701
39	38	235	380928.307086
40	39	235	157734.386502
41	40	235	657869.402435
42	41	235	931264.161466
43	42	235	763977.61101
44	43	235	888092.376578
45	44	235	920416.147255
46	45	235	734323.878344
47	46	80	578432.185604
48	47	80	780511.571325

图 4-12　各府治所到最近引种地的距离

打开第二张表会看到，同一府治所的"IN_FID"对应生成了三个距离，分别是到三个引种地的距离，见图 4-13。

OBJECTID	IN_FID	NEAR_FID	NEAR_DIST	NEAR_RANK	NEAR_ANGLE
1	0	275	734862.090502	1	-99.300042
2	0	235	1475741.826423	2	169.247445
3	0	80	1896057.628669	3	-131.941324
4	1	275	769003.883828	1	-98.809079
5	1	235	1362513.415013	2	170.90715
6	1	80	1867425.326251	3	-128.199167
7	2	275	776829.379317	1	-102.423772
8	2	235	1411588.548649	2	171.158654
9	2	80	1897392.629736	3	-129.372165
10	3	275	798240.164978	1	-104.966747
11	3	235	1559117.046919	2	171.777641
12	3	80	1991257.237784	3	-132.694581
13	4	275	703987.058572	1	-101.843636
14	4	235	1395833.968212	2	167.773068
15	4	80	1826561.003811	3	-130.501837
16	5	275	1026294.224971	1	-105.199123
17	5	235	1638477.698685	2	-179.040193
18	5	80	2211489.0494	3	-129.316425
19	6	275	786603.095471	1	-101.110423
20	6	235	1504820.613337	2	171.518329
21	6	80	1955079.52226	3	-131.533297
22	7	275	722817.794805	1	-88.290447
23	7	235	1228537.279459	2	167.914064
24	7	80	1751658.98811	3	-125.609458
25	8	275	829433.046662	1	-97.049614
26	8	235	1451994.170295	2	173.569188
27	8	80	1963564.895273	3	-129.231435
28	9	275	685135.264903	1	-92.388437
29	9	235	1282994.112589	2	166.467536
30	9	80	1749457.156896	3	-127.79246
31	10	275	1049189.176238	1	-109.608891
32	10	235	1725183.768926	2	-179.216338
33	10	80	2264994.045305	3	-131.019282
34	11	275	810032.984625	1	-114.854778
35	11	235	1703256.58698	2	170.933246
36	11	80	2062639.859236	3	-136.428283
37	12	275	667773.124711	1	-96.064911
38	12	235	1327235.361783	2	165.892062
39	12	80	1758785.680421	3	-129.343734
40	13	275	888149.706668	1	-106.842563
41	13	235	1614888.31273	2	175.231472
42	13	80	2090294.397805	3	-132.05988
43	14	275	935895.548659	1	-100.285725
44	14	235	1522707.934218	2	178.087246
45	14	80	2086984.713567	3	-128.553417
46	15	275	1093176.437761	1	-102.165897
47	15	235	1607577.31123	2	-176.099888
48	15	80	2251159.859952	3	-126.901917

图 4-13　各府治所分别到三个引种地的距离

之后我们可以采用之前提到的方法，使用"ArcToolbox"中的"Conversion Tools"将两张表导出成 Excel 表格再进行后续的回归分析。对于平均距离的计算，我们只需对第二张表中的三个距离取平均数即可。

4.2　到长江最近距离变量的创建

准备好府级和长江两幅 GIS 地图。府级地图还是从 CHGIS 下载得到，长江 GIS 地图可以在 https://worldmap.harvard.edu/ 获得。将这两个图层一起导入 GIS 中，见图 4-14。

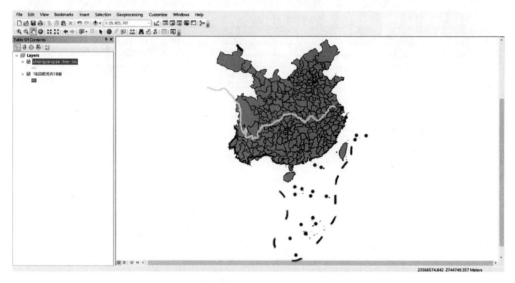

图 4-14　导入关内 18 省和长江两个图层

我们依然需要确定计算长江到一个府内的哪一点的距离。第 4.1 节中已经介绍了使用府治所所在位置的处理，接下来我们将以各府所辖范围的中心点为例介绍计算每个府到长江的最短距离。

4.2.1　生成每个府中心点的图层

我们首先需要根据府的面图层生成每个府中心点的点图层，可以实现这一目的的是"Feature to Point"（要素到点）工具。如图 4-15 所示，依次打开"ArcToolbox""Data Management Tools""Features"和"Feature to Point"，双击打开对话框。

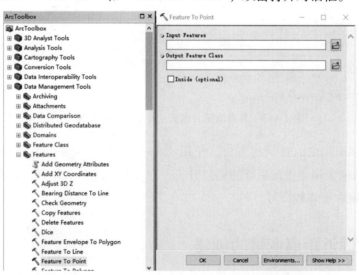

图 4-15　"Feature to Point"按钮及内容勾选界面

在"Input Features"中选择我们想要转换的面图层并设置相应输出图层的储存路径；点击"OK"后会显示新生成的点图层。操作界面和新的点图层分别见图 4-16 和图 4-17。

图 4-16 "Feature to Point"界面勾选内容

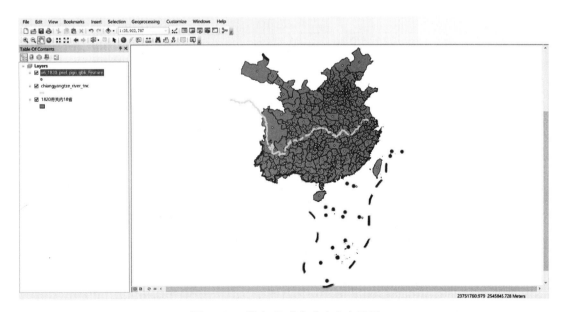

图 4-17 关内 18 省各府中心点图层

4.2.2 计算各府中心点到长江的最短距离

接下来，我们要计算每个府中心点到长江的最短距离。如图 4-18 所示，依次打开"ArcToolbox""Analysis Tools""Proximity"和"Near"。

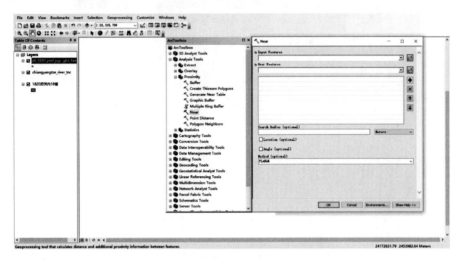

图 4-18 "Near"工具及内容勾选界面

如图 4-19 所示，在"Input Features"中选择我们新生成的点图层，在"Near Features"中选择长江图层（会显示在下一个大方框中）。"Method（optional）"的选取参见第 4.1 节。

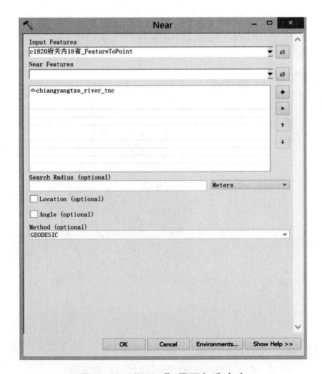

图 4-19 "Near"界面勾选内容

这一步操作不会生成新的图层，计算出来的距离将会添加到各个府中心点的点图层。如图 4-20 和图 4-21 所示，打开点图层的属性表，可以看到最后一列的字段名是"NEAR_DIST"，即表示新生成的各个府中心点到长江的最短距离。

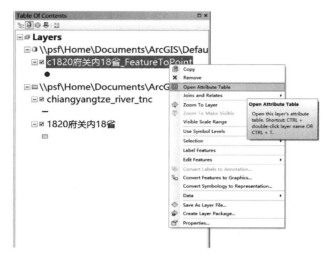

图 4-20　打开点图层的属性表

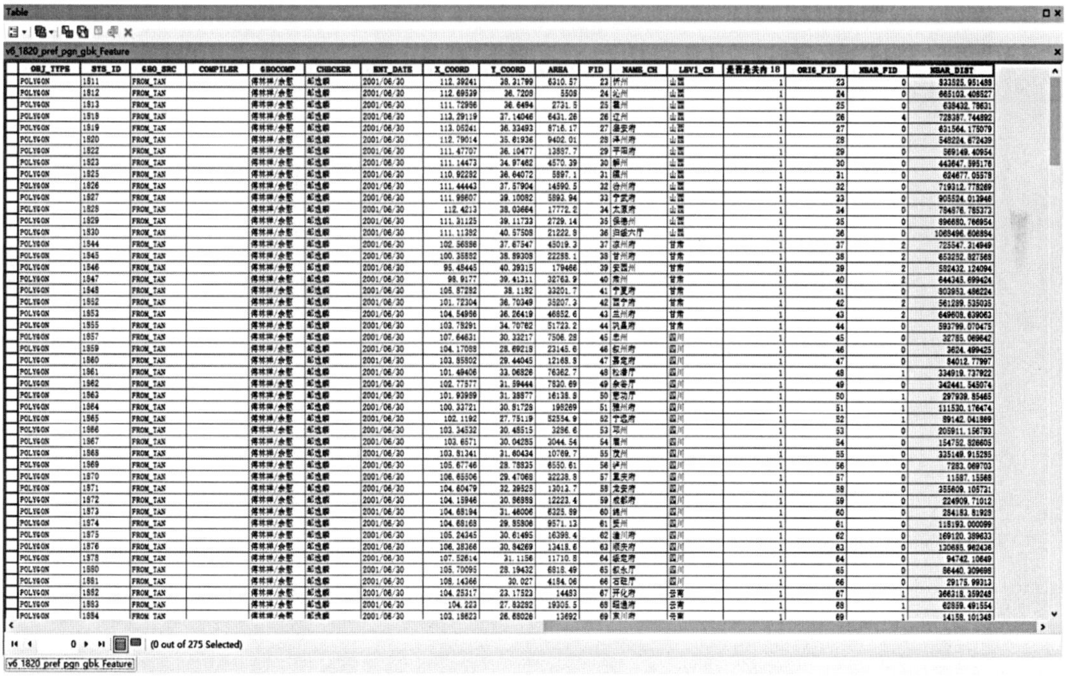

图 4-21　各府中心点到长江的最短距离

参照第 2.2.2 小节可将"v6_1820_pref_pgn_gbk_Feature"导出为 Excel 表。最后，我们在得到上述的 Excel 表之后，即可将其导入 Stata 软件进行后续分析。可以通过"import excel using**.xls，firstrow clear"命令将上面得到的 Excel 文件导入 Stata 软件，其中 Excel

文件名为上一步我们自己所命名的文件名，导入成功后见图 4‑22。

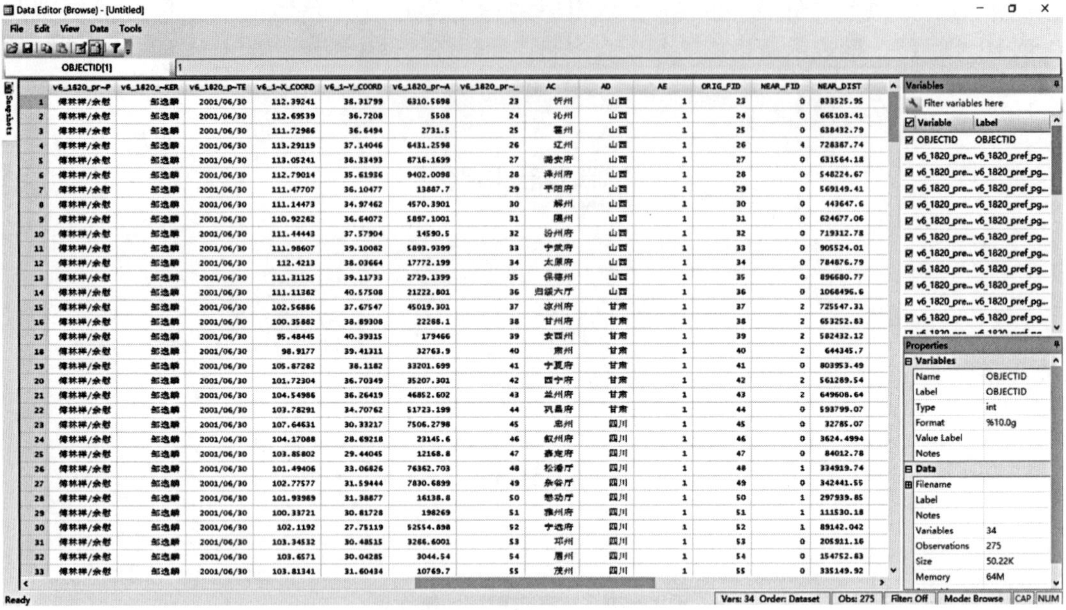

图 4‑22　导入到 Stata 软件的数据

4.3　本章小结

作为第 2 篇的第一章，本章内容涉及创建距离相关变量。我们以 Chen and Kung（2016）为例，依次介绍了如何利用 GIS 计算样本中每个观察值到某些面的距离（第 4.1 节）和每个观察值到某条线的距离（第 4.2 节）。研究者可将创建出来的变量导入统计软件和其他变量一起进行实证分析。

参考文献

曹树基，1988：《玉米和番薯传入中国路线新探》，《中国社会经济史研究》第 4 期。

佟屏亚，2000：《中国玉米科技史》，中国农业科技出版社。

Chen, Shuo, and James Kai-Sing Kung. 2016. "Of Maize and Men: The Effect of a New World Crop on Population and Economic Growth in China." *Journal of Economic Growth*, 21: 71‑99.

推荐阅读

Ashraf, Quamrul, and Oded Galor. 2013. "The 'Out of Africa' Hypothesis, Human Genetic Diversity, and Comparative Economic Development." *American Economic Review*, 103 (1): 1‑46.

Burgess, Robin, Remi Jedwab, and Edward Miguel, et al. 2015. "The Value of Democracy: Evidence from Road Building in Kenya." *American Economic Review*, 105 (6): 1817‑1851.

Dell, Melissa. 2010. "The Persistent Effects of Peru's Mining 'Mita'." *Econometrica*, 78 (6): 1863‑1903.

Duranton, Gilles, Peter M. Morrow, and Matthew A. Turner. 2014. "Roads and Trade: Evidence from the US." *Review of Economic Studies*, 81 (2): 681–724.

Storeygard, Adam. 2016. "Farther on down the Road: Transport Costs, Trade and Urban Growth in Sub-Saharan Africa." *Review of Economic Studies*, 83 (3): 1263–1295.

第 5 章 利用 GIS 切图：地图转数据

在 Chen and Kung（2016）中，除了到引入点的距离，传入地的自然禀赋同样影响玉米引种概率。其中一个重要的禀赋就是土壤适宜度：辖区的土地在多大程度上适宜种植北美作物。图 5-1 展示了关内 18 个农业省份种植土豆、番薯和玉米的土壤适宜度。从图 5-1C 可以发现，中国的农业区中有超过 55% 的土地适合种植玉米。尤其值得注意的是，整个淮河流域、长江中下游地区、华东平原及人口稠密的四川西南山区，都拥有非常适宜种

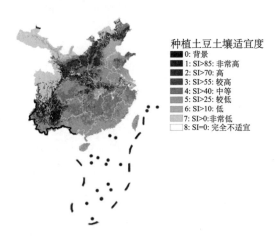

A.适宜种植土豆的土壤：最深色的1为非常适宜，最浅色的8为完全不适宜

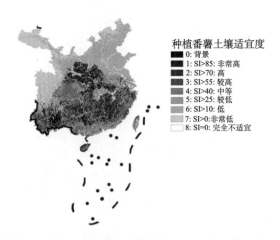

B.适宜种植番薯的土壤：最深色的1为非常适宜，最浅色的8为完全不适宜

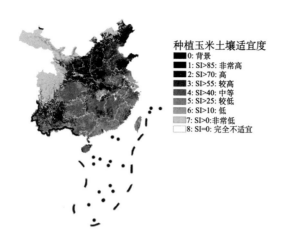

C. 适宜种植玉米的土壤：最深色的1为非常适宜，最浅色的8为完全不适宜

图5-1 三种北美作物的土壤适宜度分布

植玉米的土壤条件。[①] 土壤适宜度是决定作物引种的最重要因素。16世纪之后的爱尔兰地区之所以广泛地种植土豆正是由于该地区的土壤非常适宜这种作物（Connell，1962；Mokyr，1981；Mokyr and Ó Gráda，1984；Gaez，2002）。

如何完成图5-1是本书第2章已讲述过的内容。在本章中，我们将主要关注如何把图5-1上面深深浅浅的颜色转变成数字并计算每个府的平均土壤适宜度指标。在后续的实证分析中，我们可以检验一下土壤适宜度是否影响玉米种植概率。本章第一小节主要围绕如何把土壤适宜度图转成数据，第二小节则转向另外一种经济学研究常用的数据来源：夜光卫星数据。

5.1 土壤适宜度数据

5.1.1 将土壤适宜度地图转成数字

首先我们从联合国粮农组织（Food and Agriculture Organization of the United Nations，FAO）获取土壤适宜度地图，并将其导入ArcGIS，见图5-2。

为了使用这张地图中的信息，我们首先要构建栅格属性表。点击"ArcToolbox""Data Management Tools""Raster""Raster Properties"和"Build Raster Attribute Table"可以完成这一操作，见图5-3。

在该图层的栅格属性表当中我们可以看到每个小正方形"背后的"数字，见图5-4。其中，名为"Value"的字段表示土壤适宜度，取值范围为0—9：数字越大，表示土壤适宜度越低。名为"Count"的字段表示属于这一土壤适宜度层级的小方格有多少个。此时

[①] 和番薯相比，玉米更能抵抗寒冷天气，该特性有利于玉米在中国北方的传播（张祥稳和惠富平，2007）。

图 5-2 将土壤适宜度地图导入 ArcGIS

图 5-3 "Build Raster Attribute Table" 按钮

全球各地属于同一土壤适宜度的地块被合并在一起，也就是说无法计算某一地区内不同土壤适宜度的小方格的个数。因此，我们接下来要把同属于一个土壤适宜度的小方格"切割"成相互独立的小方格。

Table

maiz_m.bil

OID	Value	Count
0	0	7123158
1	1	17849
2	2	31358
3	3	47873
4	4	62392
5	5	84575
6	6	167159
7	7	94920
8	8	1670205
9	9	31711

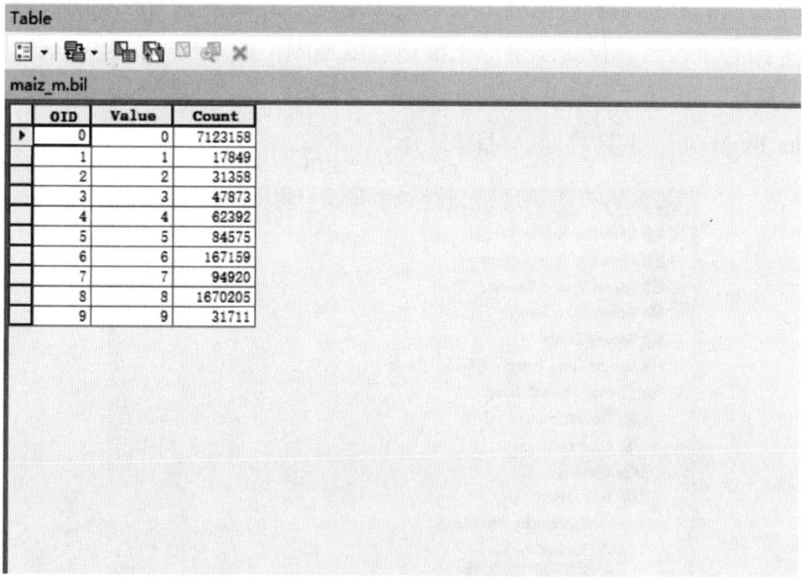

图 5－4　栅格属性表

5.1.2　对土壤适宜度地图进行截取

在进行此操作之前，我们最好先将我们需要的地区截取出来。因为进行上面提到的“切割土壤适宜度”操作将会耗费大量时间，没必要去切割那些我们之后的分析不涉及地区的土壤适宜度。为此，我们需要一个进行截取的“模板”。

由于我们的研究对象是关内 18 省的地图，我们需要按照第 2.2 节的操作，将清朝地图导入 ArcGIS，并将其切成关内 18 省，见图 5－5。

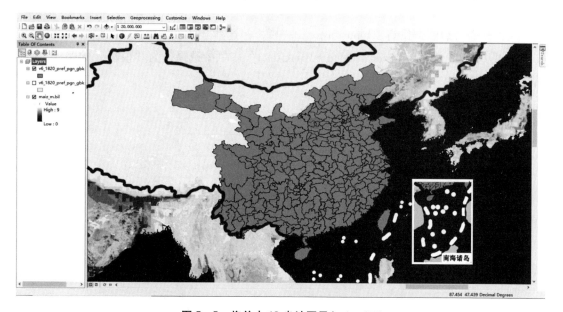

图 5－5　将关内 18 省地图导入 ArcGIS

导入后我们就能看到原来的全球土壤适宜度地图之上覆盖了一层中国关内18省地图。我们将根据中国各个府所在位置从全球土壤适宜度地图中截取出中国的土壤适宜度。打开 ArcToolbox 工具栏，通过 "Spatial Analyst Tools" "Extraction" 和 "Extract by Mask" 操作打开 "Extract by Mask" 工具界面，见图 5-6。

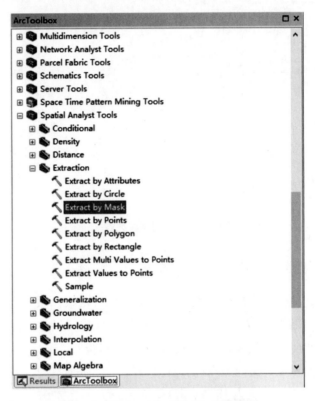

图 5-6 "Extract by Mask" 工具界面

在打开的对话框中找到 "Input raster" 一栏，并选择全球土壤适宜度图层，即 "maiz_m.bil" 图层；在 "Input raster or feature mask data" 一栏中选择作为"模板"的关内18省图层；点击 "OK"，见图 5-7。

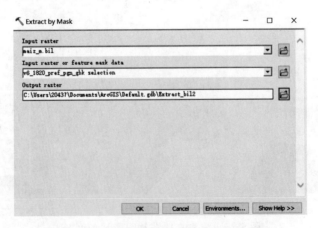

图 5-7 "Extract by Mask" 界面勾选内容

运行结束后会在图层窗口中新生成一个图层。只显示该图层，我们就能看到只在关内18省范围内的土壤适宜度，见图5-8。

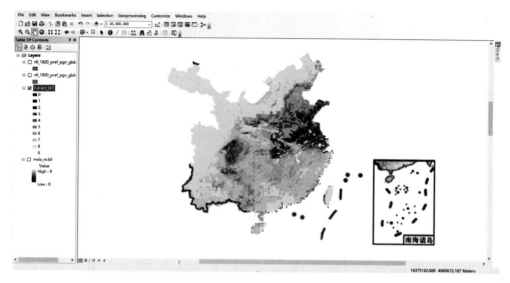

图5-8　关内18省土壤适宜度

回到之前要切割同属于一个土壤适宜度的小方格的问题。要实现这个目标，用到的工具是"Raster to Point"。该工具将会把每个小方格转换为一个点，并以每个点为单位创建一条观察值。我们可以依次点击"ArcToolbox"下的"Conversion Tools""From Raster"和"Raster to Point"找到，该工具界面见图5-9。

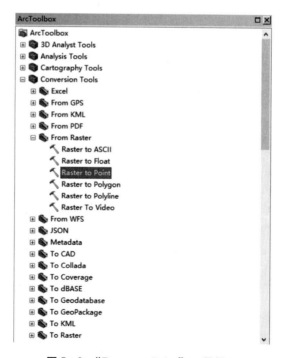

图5-9　"Raster to Point"工具界面

双击"Raster to Point"后会跳出一个对话框,在"Input raster"一栏中选择截取后的土壤适宜度地图,即"Extract_bil1"图层;在"Output point features"中选择转换后输出图层的储存路径;点击"OK",见图5-10。经过约1分钟的等待后,就能看到新生成的点图层。

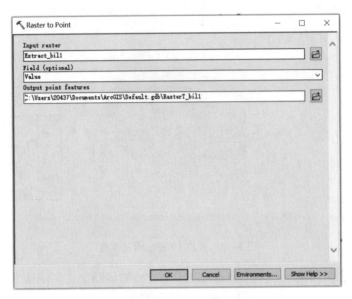

图5-10 "Raster to Point"界面勾选内容

为了更加直观地了解转换后"点数据"的特点,在放大足够倍数后可以看到每个新生成的图层由一个个点构成,每个点对应原来"bil"图片图层的每一个小方格,见图5-11。

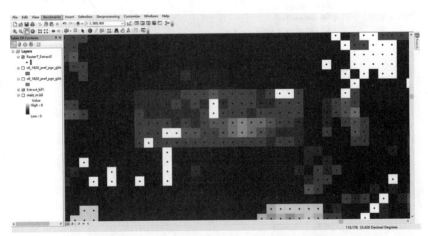

图5-11 转化成点数据后的土壤适宜度图层

此时,数据的观察单位是否也变成了每一个点呢?同样地,我们打开属性表,可以发现属性表内一共有59 193条观察值,分别对应于59 193个点,并且字段"grid_code"的大小表示每个点的土壤适宜度,见图5-12。

图 5-12　土壤适宜度点数据属性表

5.1.3　计算府级的平均土壤适宜度

接下来，我们就可以用某府级所有点的土壤适宜度均值来计算出这个地方的平均土壤适宜度。此时我们首先打开府级底图的属性表，在左上角的表格选项中选择"Joins and Relates"之下的"Join..."工具，见图 5-13。

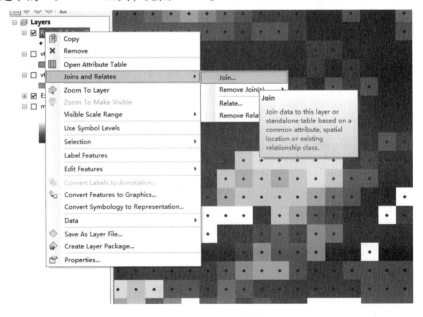

图 5-13　"Join"按钮

在跳出来的对话框中，如图 5-14 所示，首先在最上面一栏中选择"Join data from another layer based on spatial location"（根据位置从其他图层连接数据）；在第一栏中，选择我们上一步骤中转换好的点图层；在第二栏中，我们可以选择希望得到的统计量，例如，如果想得到每个府级所有点代表的适宜度的平均值就可以勾选"Average"。

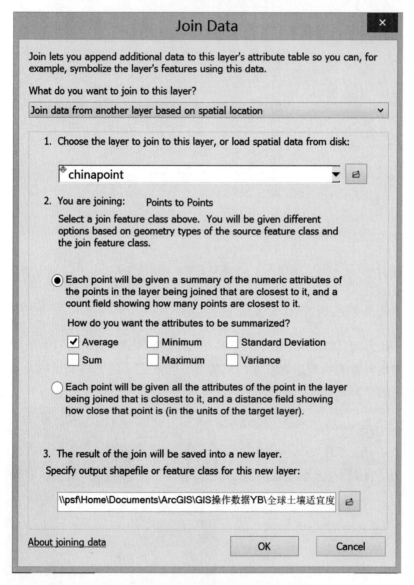

图 5-14 "Join Data"界面及勾选内容

点击"OK"后需要等待一段时间，见图 5-15。

此操作运行结束后就会自动生成一个新的图层，即"prefecturepoint"图层，见图 5-16。

打开这个图层的属性表，可以看到在既有的字段之后又增加了四个新的字段。其中，名为"Avg_grid_c"的字段即为每个府所有点代表的土壤适宜度的平均值，见图 5-17。

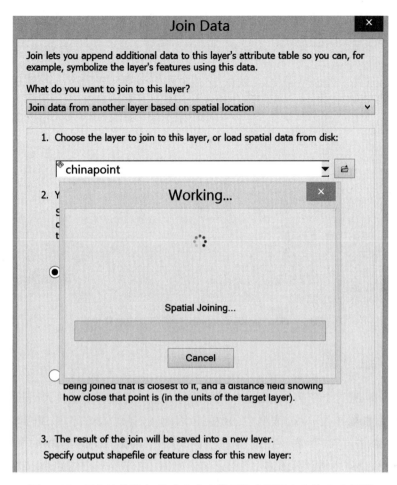

图 5-15　正在计算关内 18 省每个府的平均土壤适宜度的 GIS 界面

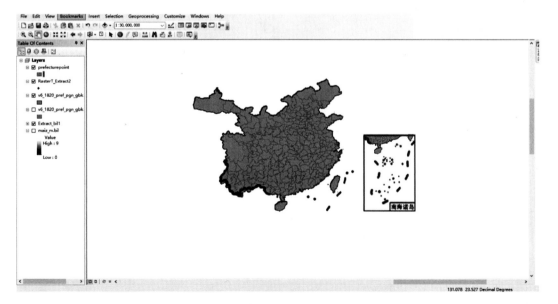

图 5-16　新生成的 "prefecturepoint" 图层

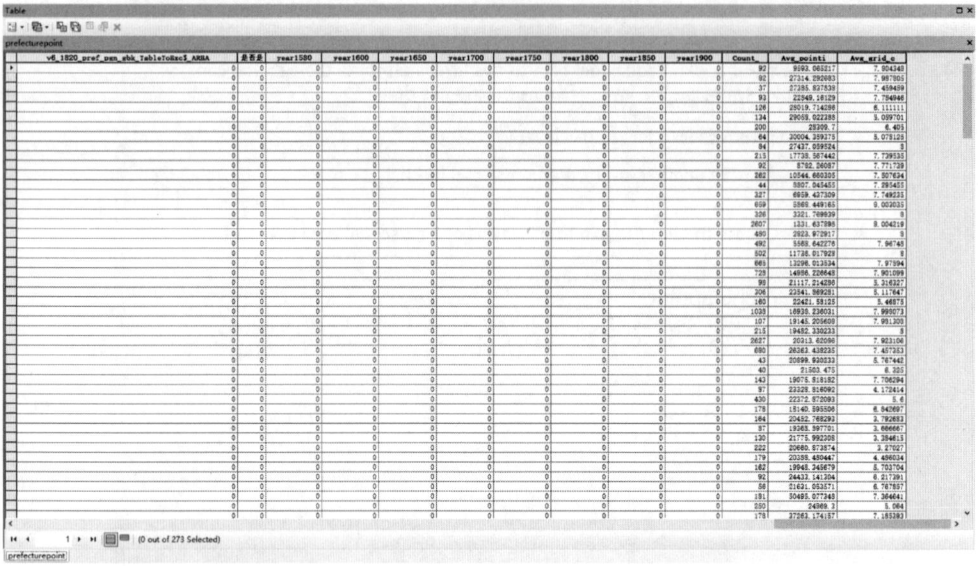

图5-17 "prefecturepoint"图层对应的属性表

5.1.4 导出数据

最后我们可以把这个变量作为研究中的被解释变量或者解释变量放入回归中。大部分的回归软件都可以直接导入 Excel 表格中的数据，因此我们只需要将这张属性表导出到 Excel 表格中。依次点击"ArcToolbox"工具箱中的"Conversion Tools""Excel"和"Table To Excel"可以实现这一功能，具体操作的展示可参考第 2.2 节，导出后的 Excel 表见图 5-18。

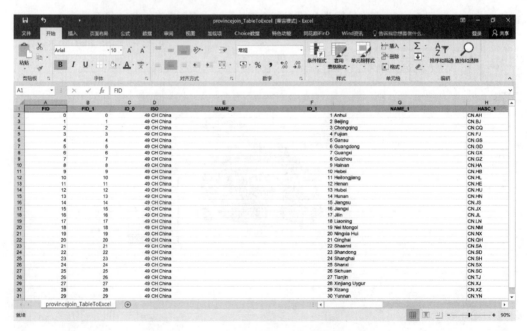

图5-18 将"prefecturepoint"图层对应的属性表导出成 Excel 表格

第 2 章中图 2-1 所展示的玉米传播情况表明，玉米在刚被引进中国的时候传播非常缓慢并主要集中在引进地区周围。后来，玉米才开始快速传播。我们认为传播加速可能是以土壤和天气适宜性为前提的。为了验证该假设，我们把玉米在中国的传播时段分成三阶段，并比较位于不同阶段的引种地的种植适宜度数值，结果见表 5-1，而该表中的适宜度指标就是来自本章所讲的内容。

表 5-1 不同引种阶段玉米种植适宜度（1580—1900 年）

序号	时期	府的数量	土壤适宜种植玉米指数（标准差）	距最初引种点最近距离（标准差）		土壤适宜种植玉米指数差	距最初引种点最近距离差
一	1580—1650 年	36	3.14 (0.99)	577.85 (60.38)			
二	1651—1750 年	73	3.38 (0.09)	635.19 (40.41)	第二期-第一期	0.24* (0.17)	72.89 (59.04)
三	1751—1900 年	158	3.37 (0.06)	669.59 (41.29)	第三期-第一期	0.23* (0.15)	50.47 (49.31)
总计	1580—1900 年	267	3.34 (0.82)	624.87 (267.98)	第二期-第三期	0.01 (0.11)	22.43 (34.61)

注：① ***、**、* 分别表示 1%、5%、10% 显著性水平。
② 表格第 6 列中的时期序号即指第 1 列中的序号。

比较的结果表明，在第一阶段引种玉米的府比后两个阶段引种玉米的府拥有更加适宜玉米生长的土壤、气候及坡度条件。但该差异在第二、三阶段引种玉米的地区之间并不存在。此外，我们并不认为到最初引种地的距离是决定引种概率的因素：不管何时引种玉米，这些地区距离玉米的最初引种地并没有显著差别。综上所述，玉米在中国大范围的传播主要由土壤适宜度因素所驱动。

5.2 夜间灯光卫星数据

被社会科学研究者广泛使用的另一种数据是夜光卫星数据，该数据可以在一定程度上作为 GDP 数据的替代。研究者能够获得的 GDP 数据都以行政区为单位发布：县、地级市、省及国家。但有些时候我们的研究单位并不是行政区，比如 1 千米×1 千米的地块、交通路线沿线 20 千米内的区域、省界两侧 100 千米的区域、开发区周围 10 千米的区域等，此时就没有现成的 GDP 数据可以使用。另外，作为经济发展的测量指标，灯光由于具备包括了非市场部门提供的商品和服务的价值量、不受地区间价格因素影响等优势，其可靠性也已经被现有研究所证实（Sutton and Costanza，2002；Chen and Nordhaus，2011；Henderson et al.，2012；Alder，2016；Donaldson and Storeygard，2016；Ch et al.，2021；范子英等，2016；刘修岩等，2016）。

在工作论文《基础设施与区域经济一体化：基于溢出和虹吸效应的视角》中，我和合作者试图以京沪高铁建设作为自然实验来实证检验交通基础设施建设对区域经济一体化的影响。为了在更小的精度上探索高铁建设的溢出效应和虹吸效应，我们采用美国国家海洋和大气管理局（National Oceanic and Atmospheric Administration，NOAA）的夜间灯光亮度数据衡量经济增长。图 5-19 展示了京沪高铁修建前（2006 年）和修建后（2010 年）沿线各省灯光亮度的变化，其中颜色越浅的地区代表亮度增加幅度越大。

图 5-19　京沪高铁临近区域夜间灯光卫星地图

和土壤适宜度类似，夜间灯光的原始数据同样是图片，需要使用 GIS 软件将其转换成亮度数值。本小节的内容将以提取 2010 年高铁临近省夜间灯光卫星数据为例，详细介绍转换步骤。

5.2.1　获取夜间灯光卫星图

全球灯光数据的来源是美国国家海洋和大气管理局，打开其网址 https://ngdc.noaa.gov/eog/dmsp/downloadV4composites.html 可以见到如图 5-20 所示的页面。

目前该网站提供了 1992—2013 年每年的全球夜间灯光图片，见图 5-21。其中，"F**"表示卫星型号。我们点击 2010 年的夜间灯光图片编号，即"F182010"，就能下载包含该年灯光图片的压缩包，见图 5-22。

将下载好的压缩包解压之后，可以看到有三套不同名称的灯光数据，分别对应于三种不同处理方法计算出来的灯光亮度。其中，名为"F182010.v4b_web.avg_vis"的文档表示平均可见灯光（average visible），名为"F182010.v4b_web.cf_cvg"的文档表示无云天气灯光（cloud free coverage），名为"F182010.v4b_web.stable_lights.avg_vis"的文档表示稳定平均灯光（stable lights）。较为常用的灯光数据是最后一种。我们将"F182010.v4b_web.stable_lights.avg_vis"压缩包解压后就能得到灯光图片，其大小将近 700MB。

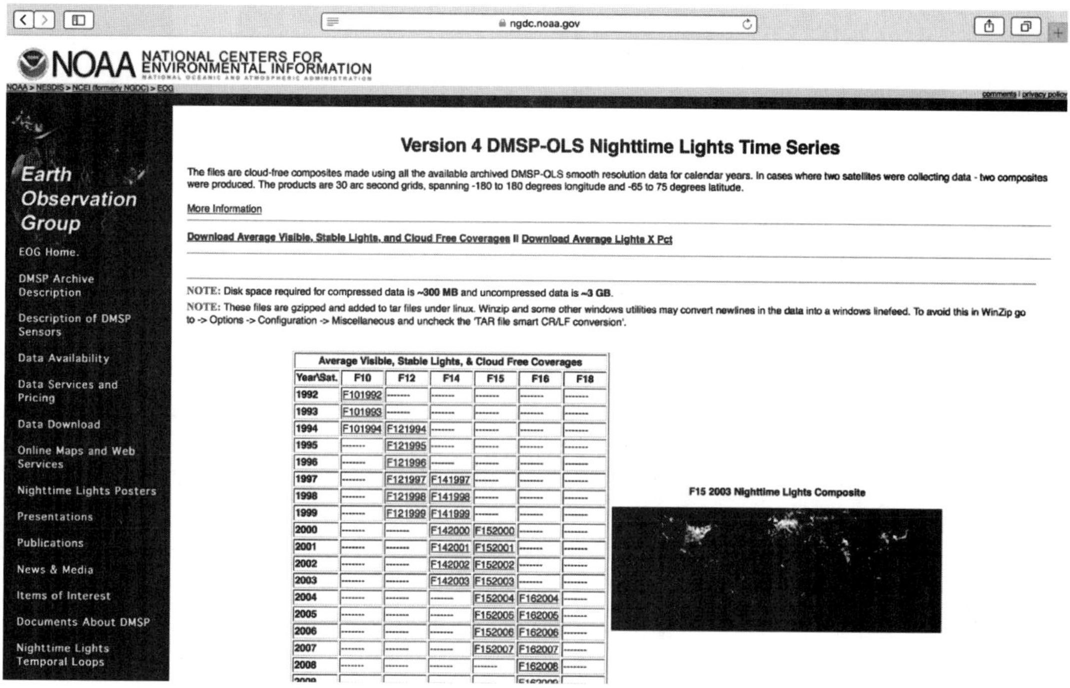

图 5 - 20　美国国家海洋和大气管理局官方网站

Average Visible, Stable Lights, & Cloud Free Coverages						
Year\Sat.	F10	F12	F14	F15	F16	F18
1992	F101992	-------	-------	-------	-------	-------
1993	F101993	-------	-------	-------	-------	-------
1994	F101994	F121994	-------	-------	-------	-------
1995	-------	F121995	-------	-------	-------	-------
1996	-------	F121996	-------	-------	-------	-------
1997	-------	F121997	F141997	-------	-------	-------
1998	-------	F121998	F141998	-------	-------	-------
1999	-------	F121999	F141999	-------	-------	-------
2000	-------	-------	F142000	F152000	-------	-------
2001	-------	-------	F142001	F152001	-------	-------
2002	-------	-------	F142002	F152002	-------	-------
2003	-------	-------	F142003	F152003	-------	-------
2004	-------	-------	-------	F152004	F162004	-------
2005	-------	-------	-------	F152005	F162005	-------
2006	-------	-------	-------	F152006	F162006	-------
2007	-------	-------	-------	F152007	F162007	-------
2008	-------	-------	-------	-------	F162008	-------
2009	-------	-------	-------	-------	F162009	-------
2010	-------	-------	-------	-------	-------	F182010
2011	-------	-------	-------	-------	-------	F182011
2012	-------	-------	-------	-------	-------	F182012
2013	-------	-------	-------	-------	-------	F182013

图 5 - 21　1992—2013 年全球夜间灯光图片一览

图 5-22　2010 年灯光数据

5.2.2　将夜间灯光卫星图转换成数字

在获取到夜间灯光图片之后,就可以转入 ArcMap 进行后续的数据处理。在第 2.2 节中我们提到过,ArcMap 有两种导入数据的方法:一种是通过"Add Data"按钮,见图 5-23。在跳出来的对话框中找到后缀为"tif"的文件,点击"Add"即可打开,见图 5-24。

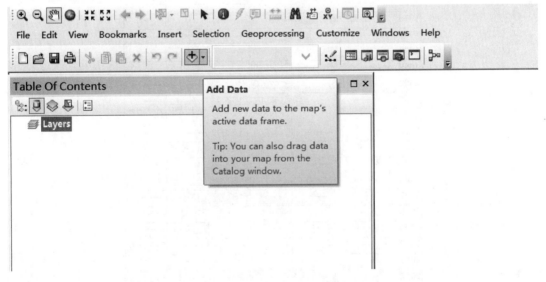

图 5-23　"Add Data"按钮

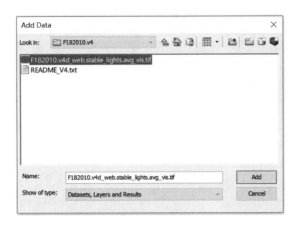

图 5-24　添加 2010 年稳定平均灯光图层

另一种更加简单的方法是直接将后缀为"tif"的文件用鼠标拖进 ArcGIS 的主界面中。采用上述方法导入图层后,可以在视图窗口看到灯光图片,见图 5-25。

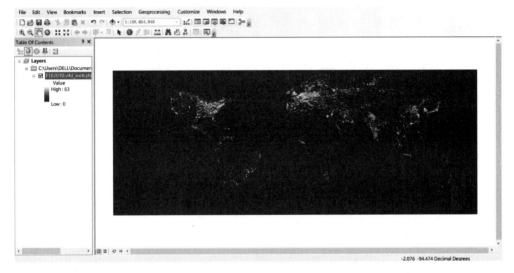

图 5-25　2010 年全球稳定平均灯光图层

为了更好地了解这些数据的格式特点,我们将图片放大到足够倍数,此时可以看到整幅灯光图片是由一个个小方格(像素)排列组成的。一个小方格代表了 30×30 秒度的地理范围,相当于赤道上 0.9 千米×0.9 千米①大小的地块。每个小方格的明暗程度不一,代表了不同强度的灯光亮度,见图 5-26。

实际上,每个小方格背后都"隐藏"了一个数字,这个数字代表了这个小方格所在地区的灯光亮度。我们构建栅格属性表来查看这些数字。依次点击"ArcToolbox""Data Management Tools""Raster""Raster Properties"和"Build Raster Attribute Table"可以完成这一操作,同第 5.1.1 小节。

---

① 赤道周长约为 40 075 千米,对应 360°(360×60×60 秒),即 30 秒约对应赤道周长 0.9 千米。

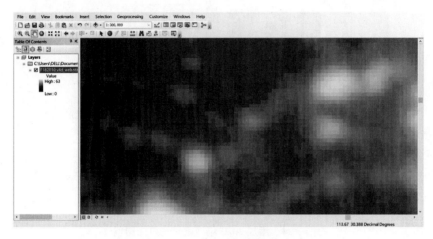

图 5-26 由像素排列组成的灯光图层

在该图层的栅格属性表当中我们可以看到每个小方格"背后的"数字,见图 5-27。其中,名为"Value"的字段表示灯光亮度,取值范围为 0—63;数字越大,表示灯光亮度越高;名为"Count"的字段表示属于这一亮度层级的小方格有多少个。此时全球各地属于同一亮度的小方格被合并在一起,也就是说,无法计算某一地区内不同亮度的小方格的个数。因此,我们接下来要把同属于一个灯光亮度的小方格切成相互独立的小方格。

OID	Value	Count
0	0	694205584
1	3	1592
2	4	472066
3	5	3210373
4	6	4965582
5	7	3917245
6	8	2742493
7	9	2018723
8	10	1552571
9	11	1233678
10	12	1010346
11	13	844343
12	14	718721
13	15	619520
14	16	537755
15	17	472609
16	18	421666
17	19	379286
18	20	341790
19	21	311172
20	22	283313
21	23	260370
22	24	240610
23	25	223348
24	26	208816
25	27	194707
26	28	182972
27	29	171444
28	30	163314
29	31	153638
30	32	147058
31	33	140634
32	34	134581
33	35	128395
34	36	123663
35	37	118824
36	38	114616
37	39	109887

图 5-27 灯光亮度栅格数据属性表

5.2.3 对夜间灯光数据进行截取

在进行此操作之前，我们最好先将需要的夜间灯光部分截取出来。因为进行上面提到的"切割夜间灯光"操作将会耗费大量时间，没必要去切割那些我们之后的分析不涉及地区的夜间灯光，所以我们选择高铁临近省的图层作为"模板"并使用ArcToolbox工具栏中的"Extract by Mask"工具从全球夜间灯光图中截取出其夜间灯光图层，详细步骤可以参考第5.1.2小节。运行结束后图层窗口会出现一个新生成的图层，我们将其命名为"light2010"。只显示该图层，我们就能看到2010年高铁临近省范围内的夜间灯光，见图5-28。

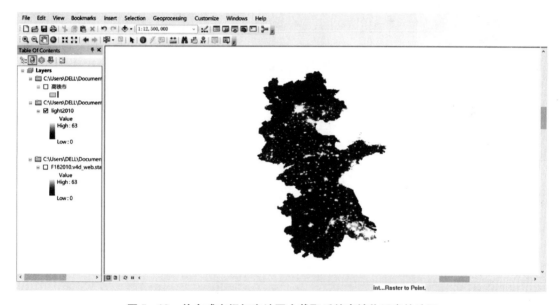

图5-28 从全球夜间灯光地图中截取后的高铁临近省的地图

为了切割同属于一个夜间灯光亮度的小方格，我们使用"Raster to Point"工具。我们可以依次点击"ArcToolbox"下的"Conversion Tools""From Raster"和"Raster to Point"找到，操作同第5.1.2小节。

双击"Raster to Point"后会跳出一个对话框，在"Input raster"一栏中选择2010年高铁临近省夜间灯光图层，即"light2010"图层；在"Output point features"中选择转换后输出图层的储存路径；点击"OK"，操作同第5.1.2小节。经过约15分钟的等待后，就能看到新生成的点图层。

为了更加直观地了解转换后"点数据"的特点，在放大足够倍数后可以看到每个新生成的图层由一个个点构成，每个点对应原来"tif"图片图层的一个小方格，见图5-29。

此时，数据的观察单位是否也变成了一个个点了呢？同样地，我们打开属性表，可以发现属性表内一共有893 787个观察值，分别对应于893 787个点，并且字段"grid_code"的大小表示每个点的亮度，见图5-30。

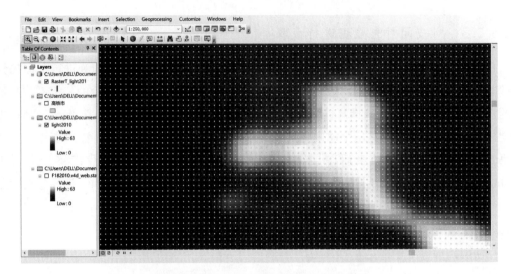

图 5－29　转化成点数据后的夜间灯光图层

Table

RasterT_light201

OBJECTID *	Shape *	pointid	grid_code
1	Point	1	0
2	Point	2	0
3	Point	3	0
4	Point	4	0
5	Point	5	0
6	Point	6	0
7	Point	7	0
8	Point	8	0
9	Point	9	0
10	Point	10	0
11	Point	11	0
12	Point	12	0
13	Point	13	0
14	Point	14	0
15	Point	15	0
16	Point	16	0
17	Point	17	0
18	Point	18	0
19	Point	19	0
20	Point	20	0
21	Point	21	0
22	Point	22	0
23	Point	23	0
24	Point	24	0
25	Point	25	0
26	Point	26	0
27	Point	27	0
28	Point	28	0
29	Point	29	0
30	Point	30	0
31	Point	31	0
32	Point	32	0
33	Point	33	0
34	Point	34	0
35	Point	35	0
36	Point	36	0
37	Point	37	0
38	Point	38	0

(0 out of 893787 Selected)

RasterT_light201

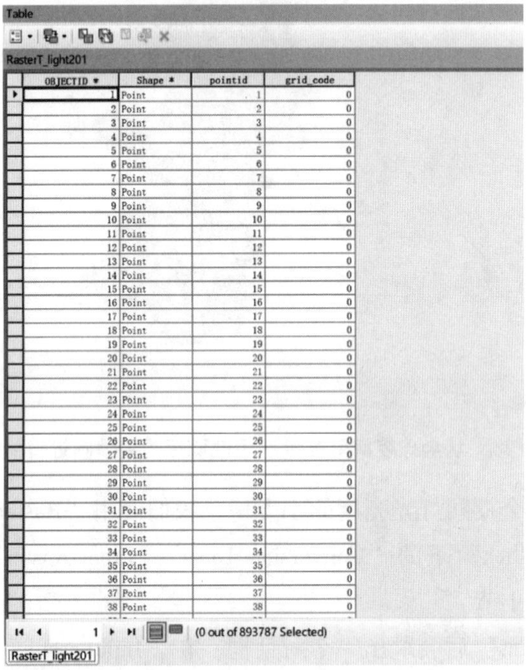

图 5－30　转化成点数据后灯光亮度图层属性表

5.2.4　计算某一区域的灯光平均亮度

接下来，我们就可以用某一个地区内所有点的亮度均值来计算出这个地区的平均亮度。例如，我们想要统计 2010 年高铁临近省每个市的灯光平均亮度。可以首先打开高铁临近市底图的属性表，在左上角的表格选项中选择“Joins and Relates”之下的“Join”工具。

在跳出来的对话框中，如图 5－31 所示，首先在最上面一栏中选择“Join data from another layer based on spatial location";在第一栏中选择我们上一步骤中转换好的点图层;在第二栏中我们可以选择希望得到的统计量,例如,如果想得到高铁临近省每个市内所有点代表的亮度的平均值,我们可以勾选"Average"。

点击"OK"后是一段近一个小时的等待过程,见图 5-32。

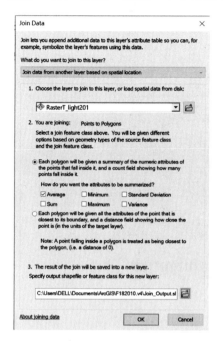

图 5-31 "Join Data"界面及计算平均灯光亮度所需勾选内容

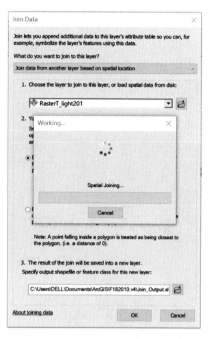

图 5-32 正在计算高铁临近省每个市的平均灯光亮度的 GIS 界面

此操作运行结束后就会自动生成一个新的图层,即"Join_Output"图层,见图 5-33。

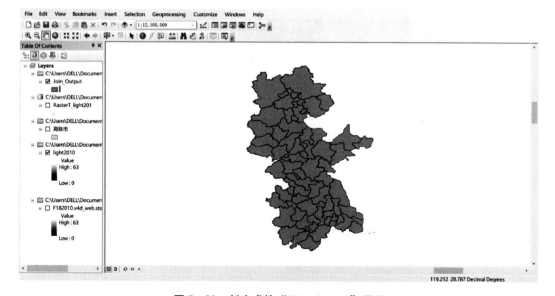

图 5-33 新生成的"Join_Output"图层

打开这个图层的属性表，可以看到在既有的字段之后又增加了四个新的字段。其中，名为“Avg_grid_c”的字段即为每个市内所有点代表的灯光亮度的平均值，见图 5－34。

FID	Shape	FID_1	City	Shape_Leng	Shape_Area	Cityid	a	x	y	Count_	Avg_pointi	Avg_grid_c
0	Polygon	0	1101	978248. 726471	12647626781. 6	110100	0	116. 349	40	18541	137101. 911979	27. 30117
1	Polygon	1	1102	599682. 097571	4376692094. 45	110200	0	116. 595	41	6444	101352. 934668	8. 540968
2	Polygon	2	1201	804194. 120972	8047251188. 57	120100	0	117. 342	39	10864	197409. 132824	35. 127946
3	Polygon	3	1202	764443. 245766	4567611495. 93	120200	0	117. 336	39	6589	182823. 537714	18. 934436
4	Polygon	4	1301	730323. 474999	14494814694. 9	130100	0	114. 439	38	20774	260994. 199191	13. 609801
5	Polygon	5	1302	802598. 630434	15567246318. 1	130200	0	118. 362	40	20409	165032. 215003	19. 199618
6	Polygon	6	1303	497267. 07952	9324342816. 870001	130300	0	119. 222	40	11826	139037. 072214	10. 06232
7	Polygon	7	1304	714722. 923514	12433261015. 1	130400	0	114. 543	37	17393	413381. 907721	14. 321451
8	Polygon	8	1305	643686. 919865	12864295306. 700001	130500	0	114. 815	37	18185	338304. 652626	11. 231564
9	Polygon	9	1306	961247. 311466	22930360523. 700001	130600	0	115. 171	39	33228	207615. 422686	10. 057452
10	Polygon	10	1307	1328547. 47027	37923920014	130700	0	115. 032	41	56332	76752. 243503	3. 405578
11	Polygon	11	1308	1455433. 58441	41144151996. 599998	130800	0	117. 549	41	60913	49805. 912597	2. 08192
12	Polygon	12	1309	873045. 3952	15038635148. 1	130900	0	116. 773	38	20869	256128. 43936	12. 693038
13	Polygon	13	1310	767962. 278524	6645720172. 32	131000	0	116. 628	39	9602	194588. 834618	22. 759946
14	Polygon	14	1311	665316. 852431	9150252422. 59	131100	0	115. 823	38	12978	290136. 705887	9. 508322
15	Polygon	15	3101	475937. 189875	7232203954. 32	310100	0	121. 462	31	7246	826630. 439691	53. 710323
16	Polygon	16	3102	276102. 883399	2866337044. 48	310200	0	121. 623	32	1971	781567. 197869	18. 091832
17	Polygon	17	3201	720805. 073288	7030851706. 43	320100	0	118. 842	32	9092	751176. 532446	25. 661901
18	Polygon	18	3202	548691. 523774	4955436382. 22	320200	0	120. 076	32	6287	787964. 536345	39. 054875
19	Polygon	19	3203	931176. 996823	11785994906. 299999	320300	0	117. 513	34	15822	568348. 765706	14. 407534
20	Polygon	20	3204	591656. 81927	4682610916. 66	320400	0	119. 637	32	5978	777623. 618769	28. 999665
21	Polygon	21	3205	650147. 66252	9352916206. 610001	320500	0	120. 652	31	11571	801935. 393484	40. 816524
22	Polygon	22	3206	580055. 502194	11466820220. 4	320600	0	121. 09	32	12285	732432. 897843	20. 589092
23	Polygon	23	3207	563543. 796501	8831459137. 540001	320700	0	119. 164	35	10438	561019. 110079	14. 250048
24	Polygon	24	3208	689704. 475622	10625716808. 6	320800	0	118. 963	33	13925	636356. 28553	10. 693932
25	Polygon	25	3209	812347. 402947	18385838264. 099998	320900	0	120. 212	34	21383	627106. 585639	10. 999953
26	Polygon	26	3210	550980. 915297	7095778533. 27	321000	0	119. 473	33	9198	685227. 099369	19. 178735
27	Polygon	27	3211	457601. 854135	4110799013. 38	321100	0	119. 454	32	5277	742939. 195187	26. 425052
28	Polygon	28	3212	576937. 690807	6224986452. 81	321200	0	120. 058	33	8030	701459. 632379	20. 790411
29	Polygon	29	3213	595510. 206749	9051198668. 08	321300	0	118. 52	34	11969	604974. 804746	10. 692873
30	Polygon	30	3401	520391. 633007	7385963675. 19	340100	0	117. 264	32	9636	744100. 423205	13. 370486
31	Polygon	31	3402	420113. 449954	3579730791. 59	340200	0	118. 331	31	4582	824148. 824749	15. 343736
32	Polygon	32	3403	525114. 705391	6267046384. 81	340300	0	117. 326	33	8280	651680. 882729	6. 982126
33	Polygon	33	3404	303859. 923326	2707929063. 79	340400	0	116. 784	33	3580	683674. 386313	17. 196369
34	Polygon	34	3405	433962. 971457	4553653290. 83	340500	0	118. 355	32	5874	776203. 776983	13. 768641
35	Polygon	35	3406	337827. 648724	2624166688. 76	340600	0	116. 728	34	3495	606060. 666381	12. 342489
36	Polygon	36	3407	217814. 383835	962852470. 419	340700	0	117. 911	31	1240	833737. 341935	15. 416935
37	Polygon	37	3408	748959. 216182	16136730839. 299999	340800	0	116. 595	31	20778	850800. 298729	4. 082299

(0 out of 64 Selected)

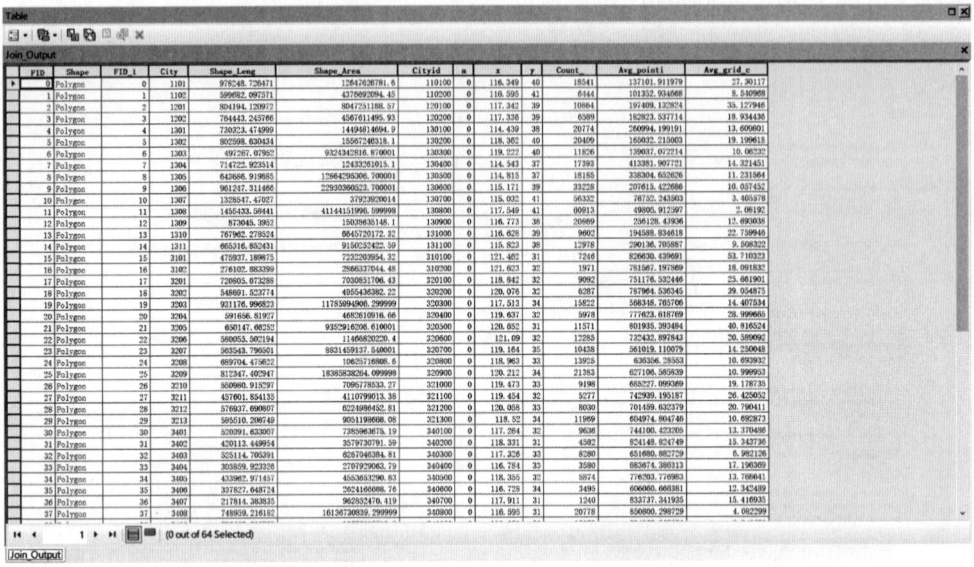

图 5－34 “Join_Output”图层对应的属性表

5.2.5 导出数据

最后我们可以把这个变量作为研究中的被解释变量或者解释变量放入回归中。大部分的回归软件都可以直接导入 Excel 表格，因此我们只需要将这张属性表导出到 Excel 表格中。依次点击“ArcToolbox”中的“Conversion Tools”“Excel”和“Table To Excel”可以实现这一功能，具体操作的展示可参考第 2.2 节，导出后的 Excel 表见图 5－35。

FID	FID_1	City	Shape_Leng	Shape_Area	Cityid	a	x	y	Count_	Avg_pointi	Avg_grid_c
0	0	1101	978248.7265	12647626782	110100	0	116.348999	40	18541	137101.912	27.30117038
1	1	1102	599682.0976	4376692094	110200	0	116.5950012	41	6444	101352.9347	8.540968343
2	2	1201	804194.121	8047251189	120100	0	117.3420029	39	10864	197409.1328	35.12794551
3	3	1202	764443.2458	4567611496	120200	0	117.3359985	39	6589	182823.5377	18.93443618
4	4	1301	730323.475	14494814695	130100	0	114.439003	38	20774	260994.1992	13.60980071
5	5	1302	802598.6304	15567246318	130200	0	118.3619995	40	20409	165032.215	19.19961782
6	6	1303	497267.0795	9324342817	130300	0	119.2220001	40	11826	139037.0722	10.06232031
7	7	1304	714722.9235	12433261015	130400	0	114.5429993	37	17393	413381.9077	14.32145116
8	8	1305	643686.9199	12864295307	130500	0	114.8150024	37	18185	338304.6526	11.23156448
9	9	1306	961247.3115	22930360524	130600	0	115.1709976	39	33228	207615.4227	10.05745155
10	10	1307	1328547.47	37923920014	130700	0	115.0319977	41	56332	76752.2435	3.405577647
11	11	1308	1455433.584	41144151997	130800	0	117.5490036	41	60913	49805.9126	2.081920116
12	12	1309	873045.3952	15038635148	130900	0	116.7730026	38	20869	256128.4394	12.69303752
13	13	1310	767962.2785	6645720172	131000	0	116.6279984	39	9602	194588.8346	22.75994584
14	14	1311	665316.8524	9150252423	131100	0	115.822998	38	12978	290136.7059	9.508321775
15	15	3101	475937.1899	7232203954	310100	0	121.461998	31	7246	826630.4397	53.71032294
16	16	3102	276102.8834	2866337044	310200	0	121.6230011	32	1971	781567.1979	18.09183156
17	17	3201	720805.0733	7030851706	320100	0	118.8420029	32	9092	751176.5324	25.66190057
18	18	3202	548691.5238	4955436382	320200	0	120.0759964	32	6287	787964.5363	39.05487514
19	19	3203	931176.9968	11785994906	320300	0	117.5130005	34	15822	568348.7657	14.40753381
20	20	3204	591656.8193	4682610917	320400	0	119.637001	32	5978	777623.6188	28.99966544
21	21	3205	650147.6625	9352916207	320500	0	120.6520004	31	11571	801935.3935	40.81652407
22	22	3206	580055.5022	11466820220	320600	0	121.0899963	32	12285	732432.8978	20.58909239
23	23	3207	563543.7965	8831459138	320700	0	119.1640015	35	10438	561019.1101	14.2500479
24	24	3208	689704.4756	10625716809	320800	0	118.9629974	33	13925	636356.2855	10.69393178
25	25	3209	812347.4029	18385838264	320900	0	120.211998	34	21383	627106.5858	10.99995323

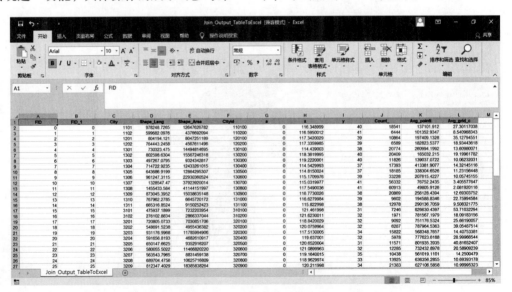

图 5－35 将“Join_Output”图层对应的属性表导出成 Excel 表格

5.3 本章小结

本章的内容涉及将栅格数据转换为矢量数据。以 Chen and Kung（2016）为例，我们首先介绍如何把土壤适宜度地图转成数字并计算每个府的平均土壤适宜度指标（第 5.1 节），其次介绍另外一种经济学研究常用的数据来源夜间灯光卫星数据的转换方法（第 5.2 节）。研究者可将创建出来的变量导入统计软件和其他变量一起进行实证分析。

参考文献

范子英、彭飞、刘冲，2016：《政治关联与经济增长——基于卫星灯光数据的研究》，《经济研究》第 1 期。

刘修岩、李松林、秦蒙，2016：《开发时滞、市场不确定性与城市蔓延》，《经济研究》第 8 期。

王芳、彭耀辉、陈硕，2020：《基础设施与区域经济一体化：基于溢出和虹吸效应的视角》，工作论文。

张祥稳、惠富平，2007：《清代中晚期山地广种玉米之动因》，《史学月刊》第 10 期。

Alder, Simon. 2016. "Chinese Roads in India: The Effect of Transport Infrastructure on Economic Development." Working Paper.

Ch, Rafael, Diego A. Martin, and Juan. F. Vargas. 2021. "Measuring the Size and Growth of Cities Using Nighttime Light." *Journal of Urban Economics*, 125: 103254.

Chen, Xi, and William D. Nordhaus. 2011. "Using Luminosity Data as a Proxy for Economic Statistics." *Proceedings of the National Academy of Sciences*, 108 (21): 8589 – 8594.

Connell, Kenneth H. 1962. "The Potato in Ireland." *Past and Present*, 23: 57 – 71.

Donaldson, Dave, and Adam Storeygard. 2016. "The View from Above: Applications of Satellite Data in Economics." *Journal of Economic Perspectives*, 30 (4): 171 – 198.

Gaez（FAO's global agroecological zones）. 2002. http://fao.org/Ag/AGL/agll/gaez/index.htm. Accessed 08 January 2016.

Henderson, J. Vernon, Adam Storeygard, and David N. Weil. 2012. "Measuring Economic Growth from Outer Space." *American Economic Review*, 102 (2): 994 – 1028.

Mokyr, Joel. 1981. "Irish History with the Potato." *Irish Economic and Social History*, 8: 8 – 29.

Mokyr, Joel, and Cormac Ó Gráda. 1984. "New Developments in Irish Population History, 1700 – 1850." *Economic History Review*, 37 (4): 473 – 488.

Sutton, Paul C., and Robert Costanza. 2002. "Global Estimates of Market and Non-Market Values Derived from Nighttime Satellite Imagery, Land Cover, and Ecosystem Service Valuation." *Ecological Economics*, 41 (3): 509 – 527.

推荐阅读

Burgess, Robin, Matthew Hansen, Benjamin A. Olken, Peter Potapov, and Stefanie Sieber. 2012. "The Political Economy of Deforestation in the Tropics." *Quarterly Journal of Economics*, 127 (4): 1707 – 1754.

De Luca, Giacomo, Roland Hodler, Paul A. Raschky, et al. 2018. "Ethnic Favoritism: An Axiom of Politics?" *Journal of Development Economics*, 132: 115 – 129.

Galor, Oded, and Ömer Özak. 2016. "The Agricultural Origins of Time Preference." *American Economic Review*, 106 (10): 3064 – 3103.

Michalopoulos, Stelios. 2012. "The Origins of Ethnolinguistic Diversity." *American Economic Review*, 102 (4): 1508 – 1539.

Michalopoulos, Stelios, and Elias Papaioannou. 2013. "Pre-Colonial Ethnic Institutions and Contemporary African Development." *Econometrica*, 81 (1): 113 – 152.

Storeygard, Adam. 2016. "Farther on down the Road: Transport Costs, Trade and Urban Growth in Sub-Saharan Africa." *Review of Economic Studies*, 83 (3): 1263 – 1295.

第 6 章 利用 GIS 实现最近地点信息赋值

设想有位于一些府的气象站的气象信息,但研究样本却覆盖所有的府。这意味着一些府的气象信息是缺失的。在实证分析中,如果剔除这些没有气象信息的府,那么估计效率会因样本量下降而降低。针对这一问题,研究者经常采用的一种方法是将那些没有气象信息的府赋予距离其最近的气象站的信息。本章将会以关内 18 省 1470 年气象信息赋值为例向读者说明类似问题的处理步骤。类似的情境在社会科学尤其是经济学研究中非常常见,比如在环境相关的议题中也会用最近距离原则使用距离研究样本最近的空气质量监控点的信息进行赋值。

6.1 导入气象站信息

首先,导入 1820 年中国府级行政区划图("v6_1820_pref_pgn_gbk.shp")。导入地图时可使用"Add Data"功能或直接将文件拖入 ArcMap 的工作窗口中。

接下来,我们将气象站信息导入 ArcMap。原始的数据包括气象站的坐标和气象信息,它们均储存在 Excel 表格中。气象信息取 1470 年的旱涝等级,5 个等级分别表示各地的降水情况:1 级为涝、2 级为偏涝、3 级为正常、4 级为偏旱、5 级为旱,另外,9 表示数据缺失,具体见图 6-1。

图 6-1 气象站信息表

气象站的地理位置以经度（X）和纬度（Y）表示，我们可以使用"Add XY Data…"功能将数据导入 ArcMap：依次点击"File""Add Data"和"Add XY Data…"，见图 6-2。

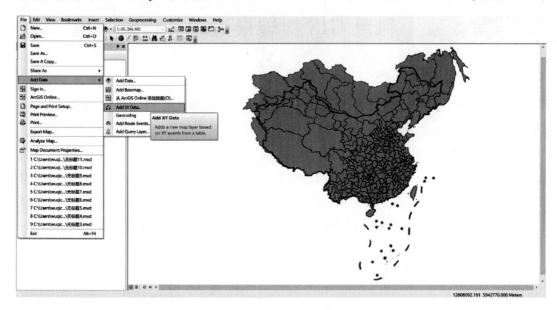

图 6-2　利用"Add XY Data…"按钮添加 XY 数据

打开"Add XY Data"功能界面后，选择添加含有气象站信息的表格，并点击"Edit…"选择坐标系，见图 6-3。

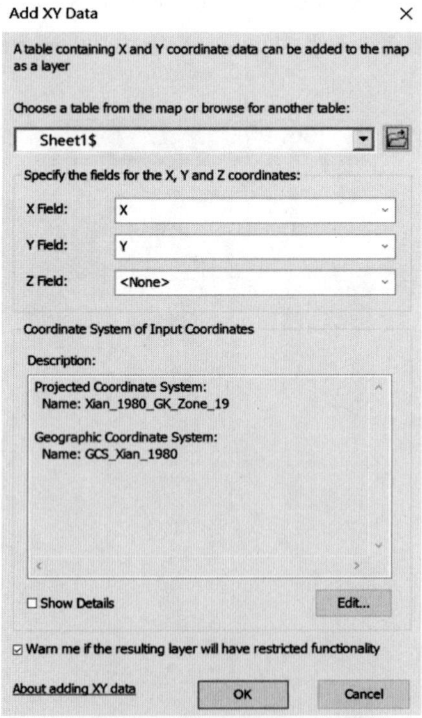

图 6-3　选取表格并编辑坐标系

我们需要将经纬度信息添加到地理坐标系中，因此选择与底图匹配的地理坐标系"GCS_Xian_1980"（"Xian 1980"），见图 6-4。

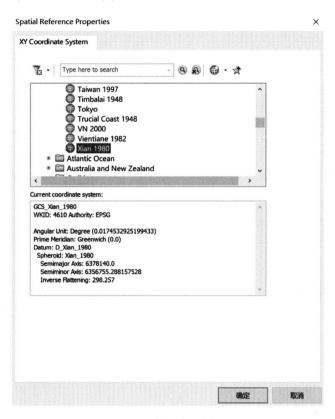

图 6-4　选取地理坐标系

导入气象站信息后的效果见图 6-5。

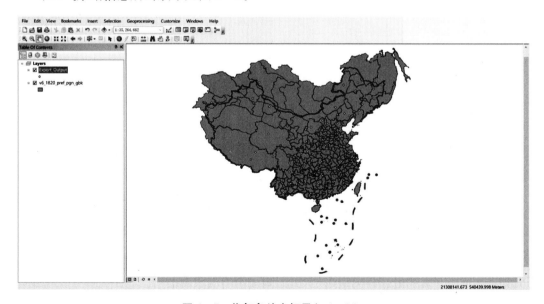

图 6-5　将气象站坐标导入 ArcMap

气象站一共有 120 个，分布在全国各地，但少于府的数量。这意味着有的府没有气象站，因此需要将距离最近的气象站信息赋值给这些府。接下来，我们将演示如何对关内 18 省所辖府进行气象信息赋值。

6.2 计算距离最近的气象站

赋值首先需要计算各府到哪一个气象站距离最近。这就要用到第 4.2.2 小节中提到的 "Near" 工具。依次打开 "ArcToolbox" "Analysis Tools" "Proximity" 和 "Near"。具体操作步骤参考第 4.2.2 小节。如图 6-6 所示，在 "Input Features" 中选择府级图层，在 "Near Features" 中选择气象站信息图层。"Method（optional）" 的选取参见第 4.1.3 小节。

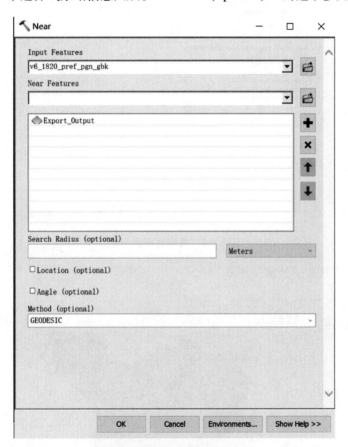

图 6-6 "Near" 界面勾选内容

选择府级图层 "v6_1820_pref_pgn_gbk"，右键单击选中 "Open Attribute Table" 按钮，可以看到计算结果，见图 6-7。"NEAR_FID" 字段标示了与每个府距离最近的气象站的 ID，"NEAR_DIST" 表示最近距离。ArcGIS 中计算距离的逻辑是：如果一个元素包含另一个元素，则两个元素的最近距离是 0。因此，对于拥有气象站的府，它距离该气象站最近；没有气象站的府，"NEAR_FID" 表示距离它最近的气象站的编号。

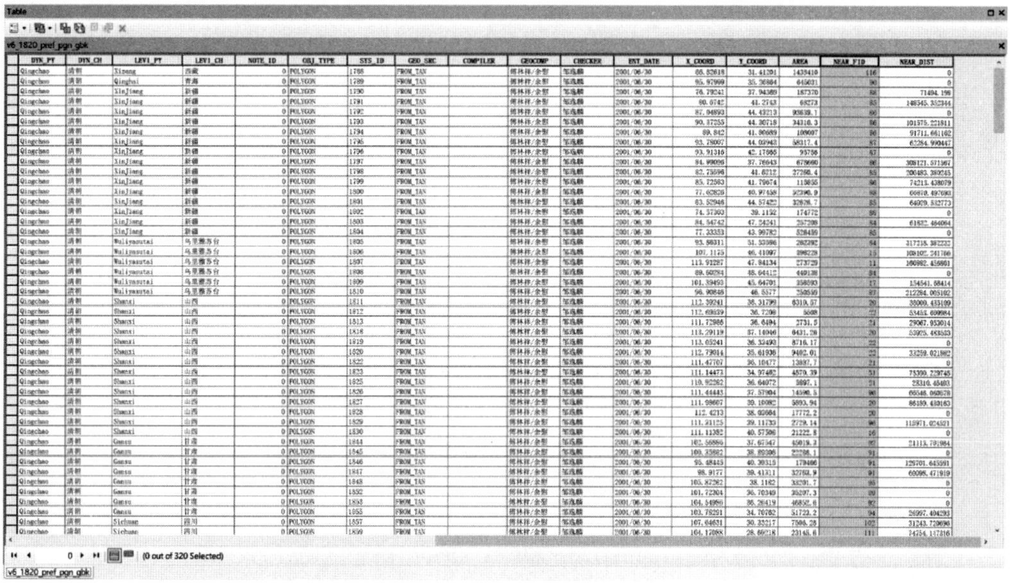

图 6-7　计算最近距离后的属性表

接下来，我们将 Excel 文件中的气象站信息连接到府级图层上。选择图层"v6_1820_pref_pgn_gbk"，右键单击，依次选择"Joins and Relates"和"Join"，如图 6-8 所示，在 Join Data 弹出框中选择"Join attributes from a table"。在府级图层选择"NEAR_FID"字段，选择图层"Export_Output"作为连接表，气象图层中选择"FID"字段作为连接变量，并点击"OK"按钮。此时，气象站信息已经被赋值到府级图层的属性表中，见图 6-9。

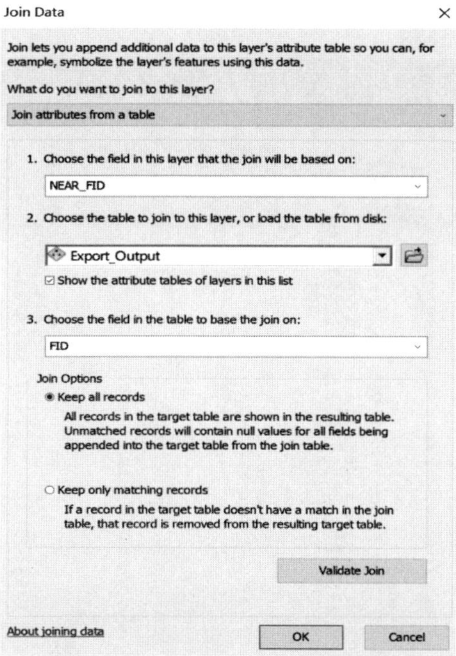

图 6-8　"Join Data"界面及勾选内容

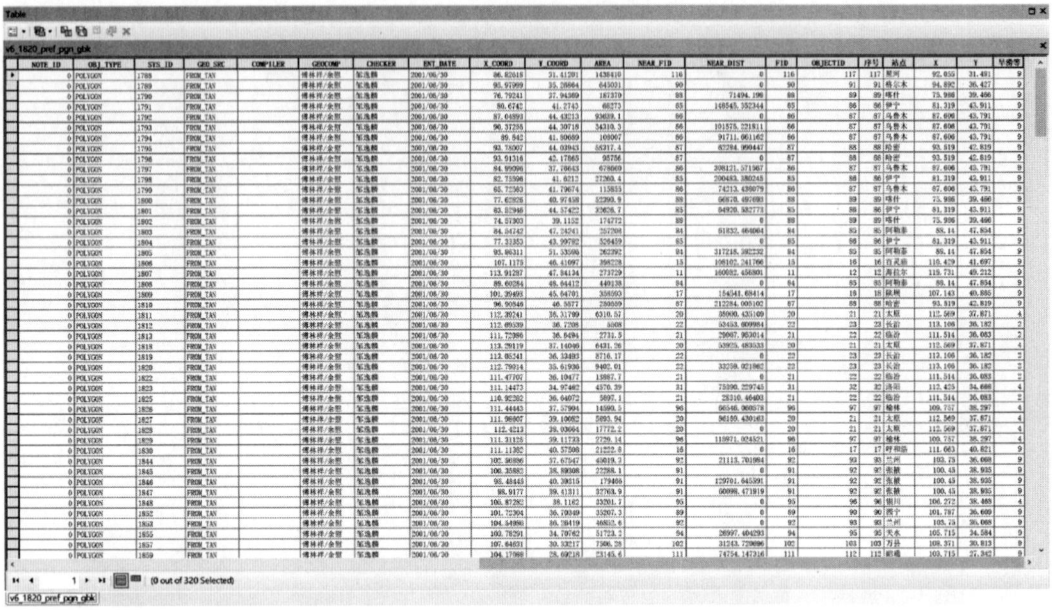

图 6-9　加入气象站信息的府级图层属性表

6.3　筛选研究所需样本

使用"ArcToolbox"中的"Conversion Tools"将属性表导出为 Excel 表格，具体操作参考第 2.2.2 小节。在得到的 Excel 表中创建新变量"是否为关内 18 省"，1 表示是，0 表示不是。

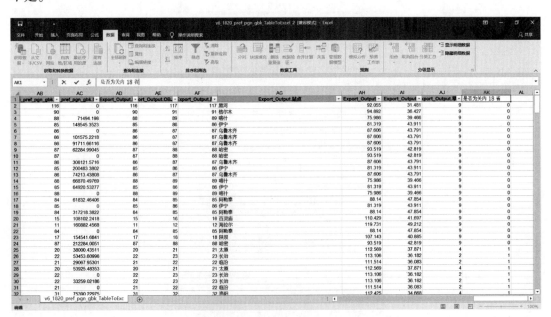

图 6-10　导出后的 Excel 表

最后，我们需要使用 Stata 软件筛选出关内 18 省的气象信息。可以通过"import excel using **.xls, firstrow clear"命令将上面得到的 Excel 文件导入 Stata 软件，其中 Excel 文件名为上一步自己所命名的文件名。"旱涝等级"和"是否为关内 18 省"变量名导入后会变为字母，我们使用"Rename"命令将它们分别修改为"Weather"和"Guannei"，方便后续处理。使用"drop if Guannei == 0"命令删去不属于关内 18 省的府的信息，最终得到关内 18 省的府级气象信息，处理后结果见图 6-11。

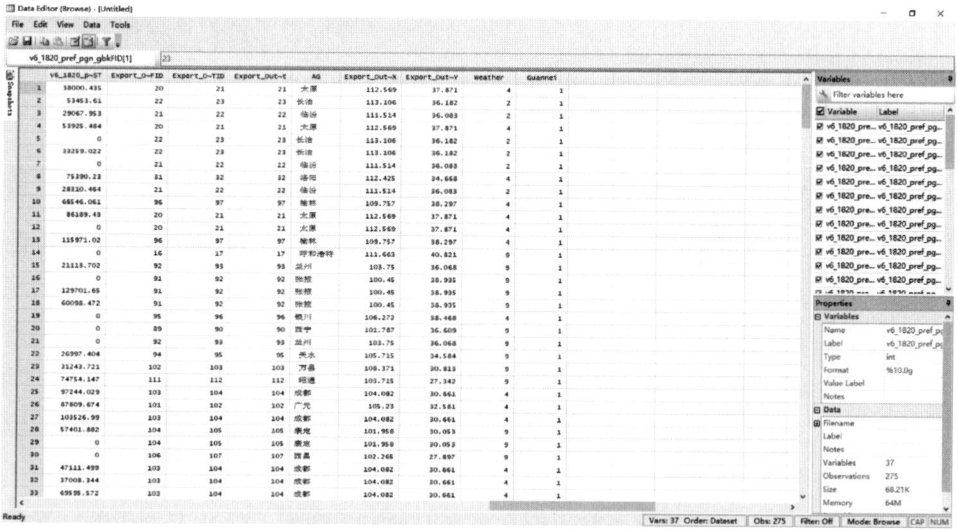

图 6-11　关内 18 省府级气象信息

6.4　本章小结

本章的内容主要涉及第三种应用语境：如何进行最近地点赋值。我们介绍了如何利用 GIS 软件把那些没有气象信息的样本赋上最近气象站的信息。具体分为三个步骤：导入气象站信息（第 6.1 节）、计算距离最近的气象站（第 6.2 节）以及筛选出研究所需的样本（第 6.3 节）。研究者可将创建出来的变量导入统计软件和其他变量一起进行实证分析。

推荐阅读

陈志武、何石军、林展等，2019：《清代妻妾价格研究——传统社会里女性如何被用作避险资产?》，《经济学（季刊）》第 1 期。

Jia, Ruixue. 2014. "Weather Shocks, Sweet Potatoes and Peasant Revolts in Historical China." *Economic Journal*, 124 (575): 92-118.

第7章 利用 GIS 计算空间权重矩阵

在 Chen and Kung (2016) 中,作者使用双重差分法实证检验了玉米引种对于人口的影响,其识别方程为式 (7-1):

$$\text{popden}_{it} = \alpha M_{it} + \beta X_{it} + u_i + p_t + \epsilon_{it} \tag{7-1}$$

其中 popden_{it} 为人口密度,M_{it} 为是否引种玉米的哑变量,X_{it} 为一系列协变量,u_i 和 p_t 分别为个体和时间固定效应,ϵ_{it} 为独立于解释变量的随机扰动项。

但需要注意的是,玉米引种可能受到空间自相关的影响,即当地的玉米引种可能受到周围府是否引种玉米的影响。如果这种情况存在,上述识别方程便出现了内生性问题。此时,研究者需要对模型进行相应调整。在 Chen and Kung (2016) 中,空间自相关表现为玉米引种的内生交互效应,此时估计方程应调整为式 (7-2):

$$\text{popden}_{it} = \alpha M_{it} + \theta W M_t + \beta X_{it} + u_i + p_t + \epsilon_{it} \tag{7-2}$$

其中 W 是关于各个府的空间权重矩阵,它描述了各府在玉米引种这一事件上的相互影响关系。换句话说,这个矩阵描述了某个府在玉米引种上受到附近哪些府的影响,并进一步给出其影响大小。$\theta W M_t$ 项有助于解决原始方程由于空间自相关带来的内生性问题。在估计方法的选取上,Chen and Kung (2016) 使用的是 Conley (1999) 中介绍的广义矩方法 (generalized method of moments, GMM)。在恰好识别 (just-identified) 的情况下,使用加入空间权重矩阵的方程 (7-2) 进行 OLS 估计不会改变原有方程 (7-1) 的点估计值,但会给出相应的空间稳健标准误。如果点评人或者审稿人认为空间相关性问题需要得到足够重视,研究者可以根据以上思路提供空间稳健标准误,并以该标准误作为标准重新评估点估计值是否在考虑空间相关性后依然稳健。

计算空间稳健标准误的前提是计算空间权重矩阵,我们通过该矩阵描述空间相关的特征。比如,可以假设空间独立性随着空间上两个观察值间的距离变远而线性下降,也可以假设在一定距离内有空间相关性,超过该距离之后没有空间相关性。所有这些都可以用空间权重矩阵加以描述。比如,在第一种情况下,我们可以假设距离 50 千米之内的相关性是 0.9,51—100 千米的相关性是 0.8……依此类推直到假设某一个距离之外相关性无穷小近似为 0;而在第二种情况下,我们可以假设相邻地区的空间相关性是 1,而不相邻地区则无空间相关性 (取值为 0)。这两个假设都是合理的,具体采用何种假设可由研究者针对具体情况自行判断。当然,研究者也可以假设其他相关性。在实际操作中,研究者需要先生成空间权重矩阵,然后将该矩阵作为数据导入 Stata 等统计软件,再结合现有程序包估计出空间稳健标准误。最终估计结果见表 7-1 第 (3) 列中方括号内的数字:0.049。

基于该标准误和点估计值结果计算出来的 p 值是 0.042，这意味着该估计值即使在考虑空间相关性之后依然在 5% 水平上显著。

表 7-1 玉米引种与人口密度

	被解释变量：人口密度（ln）				
	(1)	(2)	(3)	(4)	(5)
是否引种玉米	0.172***	0.099***	0.099*	0.099**	0.073***
	(0.045)	(0.032)	(0.051)	(0.048)	(0.027)
		[0.045]	[0.049]	[0.049]	[0.049]
常数	4.114***	-18.772***	-18.772***	-19.768***	-9.727**
	(0.037)	(0.355)	(0.701)	(1.170)	(4.719)
地区固定效应	是	是	是	是	是
时间固定效应	是	是	是	是	是
地区时间趋势	否	是	是	是	是
空间自相关系数					0.468**
观测值	1 534	1 534	1 534	1 534	1 614
R^2	0.786	0.939	0.939	0.97	0.963

资料来源：Chen and Kung（2016）表 3。
注：*、** 和 *** 分别表示在 10%、5% 和 1% 水平上显著。

以下是实现上述过程的具体步骤。

7.1 导入府级底图数据并生成序列号

在生成空间权重矩阵之前，我们需要对府进行编码生成序列号（Unique ID）。这使得每个府都对应唯一的数值。Unique ID 相当于发挥着合并数据集中匹配变量的作用，这在之后将空间权重矩阵导入 Stata 软件中有重要作用。但由于现有底图中缺少这项数据，我们需要自行生成。本节就将介绍底图导入及生成 Unique ID 的方法。

整个生成空间权重矩阵的操作都需要在 ArcGIS 中进行，因此需要将 1820 年清朝的府级底图导入其中。通过"File"中的"Add Data"按钮，选中"v4_1820_pref_pgn_gbk.shp"，点击"Add"即可添加，或直接将后缀名为 shp 的文件拖入 ArcMap 工作窗口。

接下来我们需要为每个府生成其特定的 Unique ID。先右击"Table of Contents"中刚刚导入的府级地图"v4_1820_pref_pgn_gbk"，点击"Open Attribute Table"打开属性表，见图 7-1。

在属性表中，点击左上角"Table"选项下的"Add Field…"，见图 7-2。

此时会弹出"Add Field"窗口，我们在"Name"中输入新增变量名（此处采用"Unique_ID"），在"Type"中选择"Long Integer"，点击"OK"即可，见图 7-3。

这时我们就可以看到属性表的最右侧多出了一列"Unique_ID"，见图 7-4。

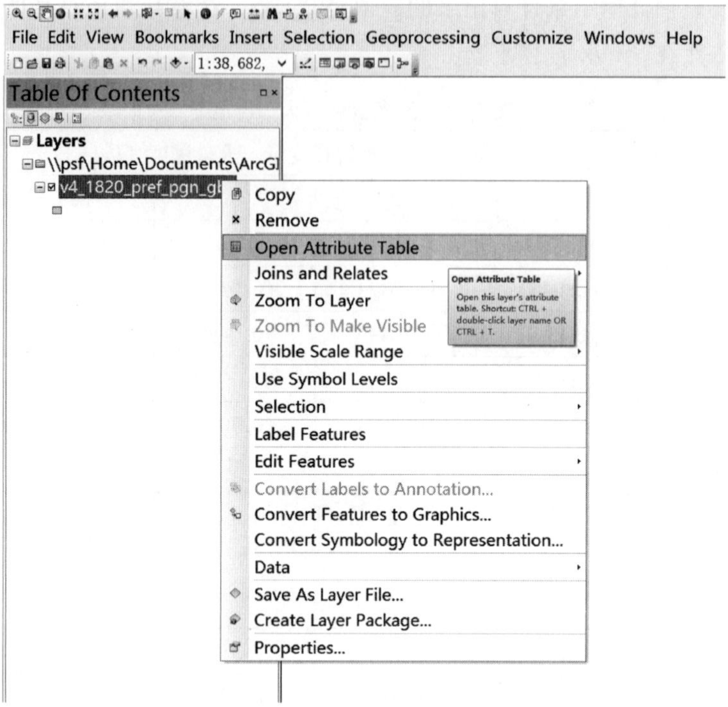

图 7-1 打开底图"v4_1820_pref_pgn_gbk"的属性表

图 7-2 "Add Field"按钮

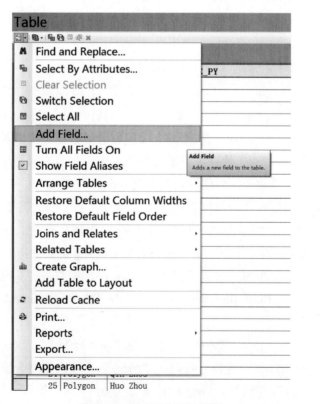

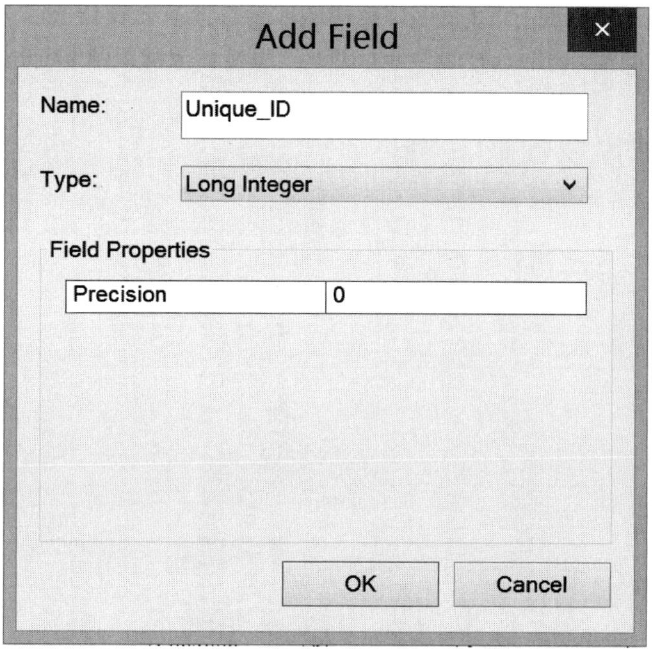

图 7-3 新建变量"Unique_ID"

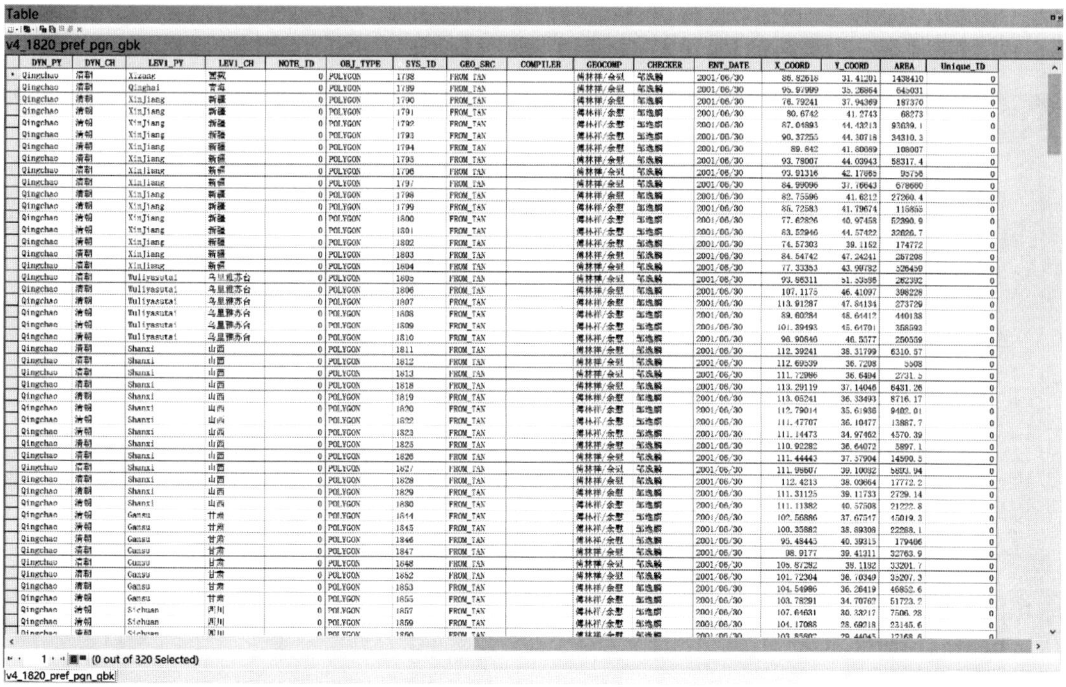

图 7-4 新建变量"Unique_ID"后的属性表界面

下面我们需要为这列"Unique ID"赋上具体的数值以代表每个府。我们选中该列并右击，点击"Field Calculator（字段计算器）"，见图 7-5。

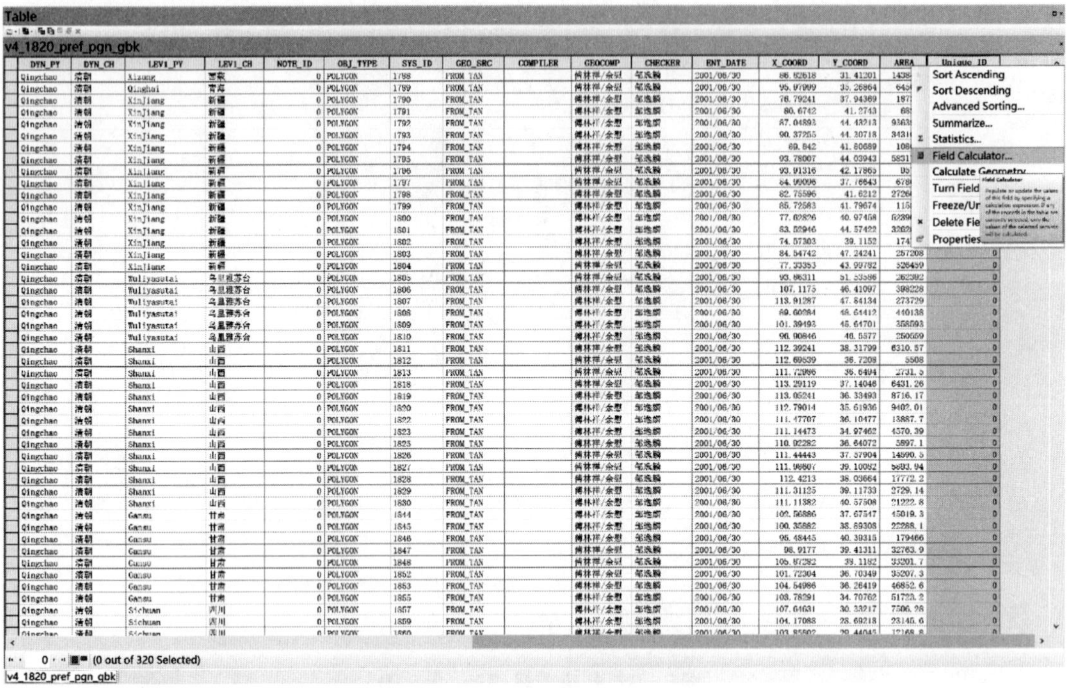

图 7-5 "Field Calculator" 按钮

此时会弹出一个提醒窗口，直接点击"Yes"即可，见图 7-6。

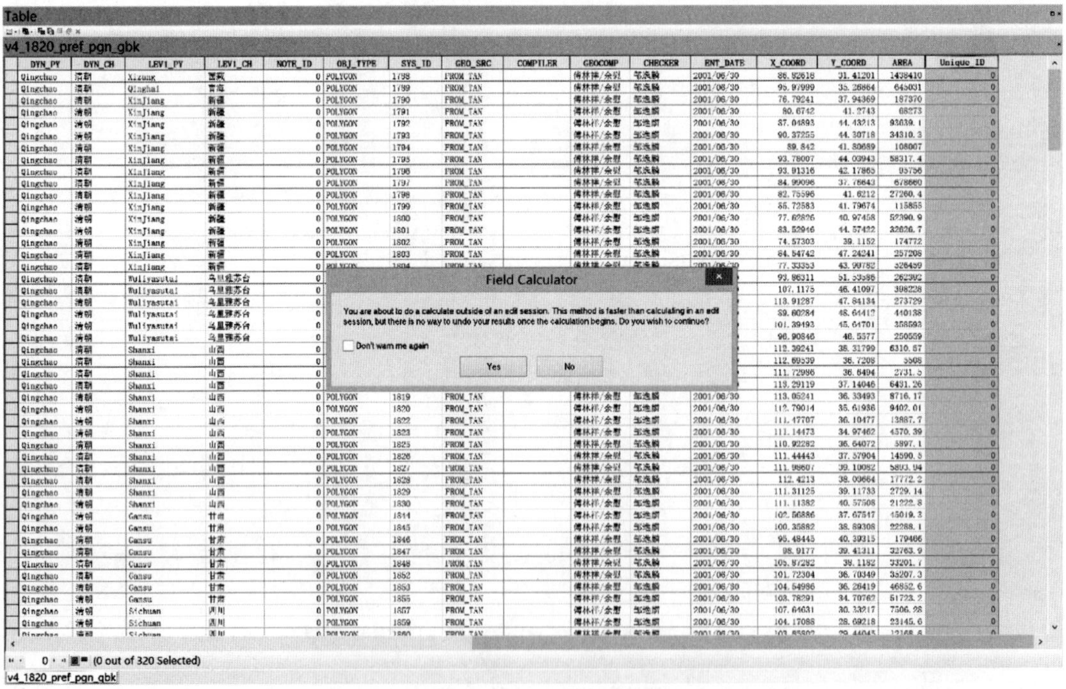

图 7-6 "Field Calculator" 按钮警示窗口

在"Field Calculator"操作窗口中,在下半部分输入窗口中输入"[FID]"以为每个数据生成特定数值,随后点击"OK"即可,见图7-7。

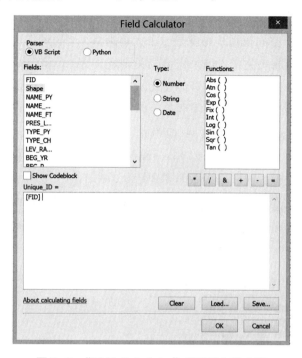

图7-7 "Field Calculator"界面及勾选内容

完成操作后,我们可以看到"Unique_ID"列中变成了我们所需要的形式,即每个府都对应唯一数值,见图7-8。

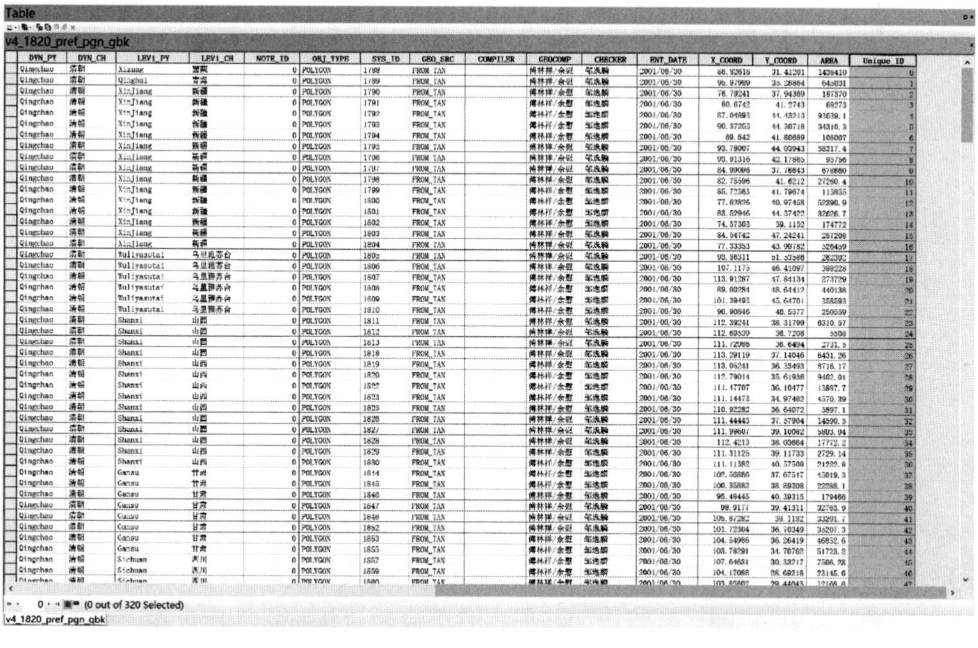

图7-8 生成变量"Unique_ID"并为其赋值后的属性表界面

7.2 生成空间权重矩阵

假设有 N 个样本,空间权重矩阵就是一个大小为 $N \times N$ 的对称矩阵,其中的元素表示样本中两个地区的空间相关关系。如果完全相关则定义为 1,完全不相关则为 0。在 Chen and Kung (2016) 中,作者假定相隔经纬度相加在 2 度以上的府被认为在空间上是完全独立的。因此,其对应的空间权重矩阵需要表示距离在 2 度之内的府有相关关系,并将其赋值为 1;超过这一限度则无相关关系,赋值为 0。除了上述这种假定,ArcGIS 提供了多种生成空间权重矩阵的方式。本章主要以 Chen and Kung (2016) 提供的方法为例,其余方法的假设不同但逻辑类似,我们也会做简要介绍。

首先需要找到生成空间权重矩阵的工具"Generate Spatial Weights Matrix"。我们可以依次点击"ArcToolbox"下的"Spatial Statistics Tools""Modeling Spatial Relationships"和"Generate Spatial Weights Matrix"找到,见图 7-9。

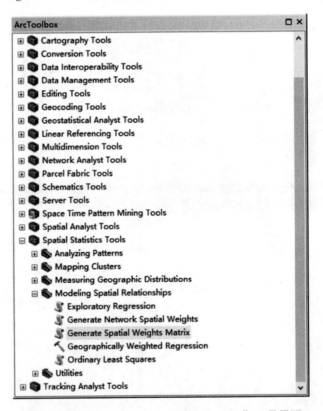

图 7-9 "Generate Spatial Weights Matrix"工具界面

然后双击"Generate Spatial Weights Matrix",此时会跳出一个对话框,如图 7-10 所示,在"Input Feature Class"一栏中选择清朝的府级地图,即"v4_1820_pref_pgn_gbk"图层;在"Unique ID Field"一栏中选择上一节生成的"Unique_ID";在"Output Spatial Weights Matrix File"中选择输出文件的储存路径;"Conceptualization of Spatial Relationships"中需要选择矩阵定义方式,此处选择"CONTIGUITY_EDGES_ONLY",完成后点击"OK"即可,见图 7-10。

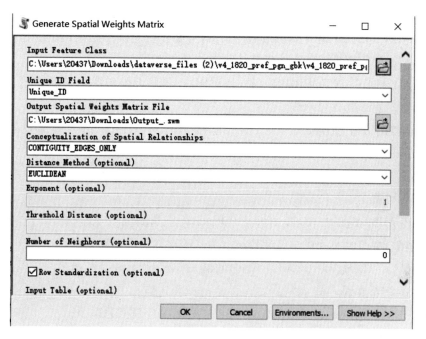

图 7-10 "Generate Spatial Weights Matrix"按钮及界面

之后在设定的路径文件夹中,可以看到多出了一个"Output. swm"文件,此即为新生成的空间权重矩阵,见图 7-11。

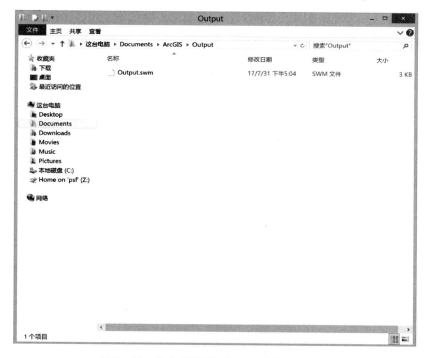

图 7-11 将生成的空间权重矩阵输出并保存

需要注意的是，ArcMap 提供了 8 种空间关系的定义方式可供选择，分别是：

（1）INVERSE_DISTANCE（反距离）：一个要素对另一个要素的影响会随着距离的增加而减小。

（2）FIXED_DISTANCE（固定距离）：将每个要素指定临界距离内的所有要素都包含在分析中，将临界距离外的所有要素都排除在外。

（3）K_NEAREST_NEIGHBORS（K-最近邻）：将最近的 k 要素包含在分析中，k 是指定的数字参数。

（4）CONTIGUITY_EDGES_ONLY（仅邻接边）：共享一个边界的面要素将为相邻要素。

（5）CONTIGUITY_EDGES_CORNERS（邻接边拐角）：共享一个边界或一个结点的面要素将为相邻要素。

（6）DELAUNAY_TRIANGULATION（Delaunay 三角测量）：基于要素质心创建不重叠三角形的网格，并且共享边且与三角形结点关联的要素将为相邻要素。

（7）SPACE_TIME_WINDOW（空间时间窗）：指定临界距离和指定时间间隔内的要素将成为彼此的相邻要素。

（8）CONVERT_TABLE（转换表）：将在表中定义空间关系。

这 8 种不同情形下各有不同的参数需要设置。上文中只是取其中第（4）种作为一个例子。

在 Chen and Kung（2016）中，我们认为相隔距离在 2 度以上的府，即可认为在空间上是完全独立的。此时我们可以采用上述第二种方法赋值，将固定距离设为 2 度。但由于 ArcGIS 中不支持直接将经纬度设为距离，我们需要将经纬度换算成真实距离。当然也可以更粗略地将距离设为 50 千米、100 千米等。

7.3 将空间权重矩阵转变为文件

目前生成的空间权重矩阵以"swm"为后缀名。为了便于在 Stata 等统计分析软件中打开文件以进行后续的空间统计分析，我们需要转变该文件的格式，步骤如下。

需要找到转换空间权重矩阵格式的工具"Convert Spatial Weights Matrix to Table"。依次点击"ArcToolbox"下的"Spatial Statistics Tools""Utilities"和"Convert Spatial Weights Matrix to Table"找到，见图 7-12。

双击后会弹出相应的操作界面，如图 7-13 所示，在"Input Spatial Weights Matrix File"选择刚刚生成的"Output.swm"文件；在"Output Table"中自行设定输出路径和文件名。点击"OK"便可生成相应的 Excel 文件。

导出后的 Excel 文件见图 7-14。

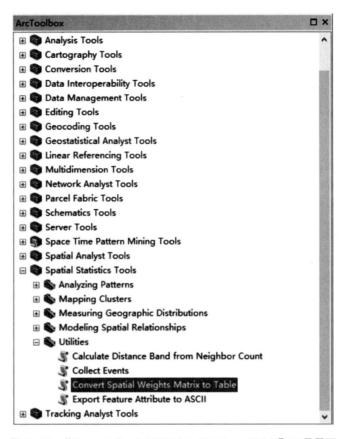

图 7-12 "Convert Spatial Weights Matrix to Table" 工具界面

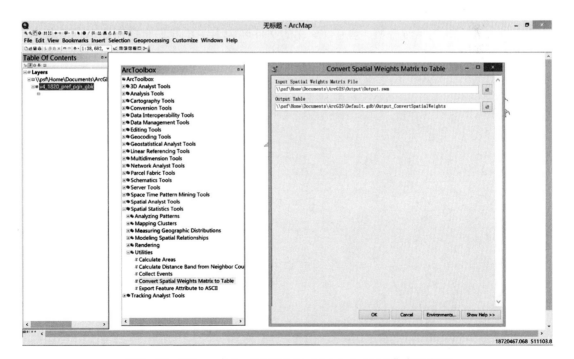

图 7-13 "Convert Spatial Weights Matrix to Table" 操作界面

1	OID	Field1	UNIQUE_ID	NID	WEIGHT
2	0	0	151	131	1
3	1	0	153	152	1
4	2	0	152	153	1
5	3	0	158	154	1
6	4	0	81	79	1
7	5	0	83	84	1
8	6	0	84	85	1
9	7	0	86	75	1
10	8	0	85	84	1
11	9	0	75	85	1
12	10	0	74	76	1
13	11	0	77	75	1
14	12	0	76	74	1
15	13	0	79	81	1
16	14	0	78	70	1
17	15	0	80	82	1
18	16	0	82	80	1
19	17	0	70	80	1
20	18	0	73	71	1
21	19	0	52	70	1
22	20	0	71	74	1
23	21	0	69	71	1
24	22	0	87	76	1
25	23	0	72	92	1
26	24	0	67	87	1
27	25	0	92	72	1
28	26	0	88	105	1
29	27	0	94	92	1
30	28	0	105	88	1
31	29	0	102	298	1
32	30	0	298	102	1
33	31	0	97	95	1
34	32	0	103	104	1
35	33	0	104	103	1

图 7-14 将空间权重矩阵导出成 Excel 文件

最后，可以通过"import excel using**.xls, firstrow clear"命令将上面得到的 Excel 文件导入 Stata 软件进行后续分析，其中 Excel 的文件名为上一步我们自己所命名的文件名，导入成功后见图 7-15。

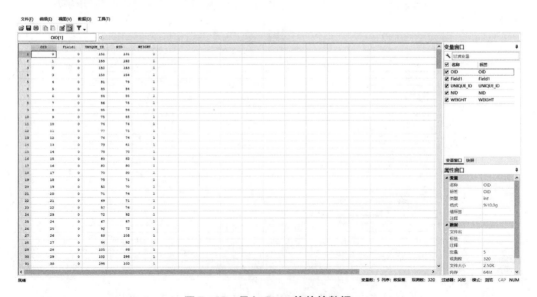

图 7-15 导入 Stata 软件的数据

7.4 本章小结

本章内容涉及最后一种应用语境：如何生成空间权重矩阵。在实证研究中，核心解释变量可能存在空间上的相关性，在此情况下可能需要汇报空间稳健标准误以评估点估计值在考虑空间相关后是否依然稳健。以 Chen and Kung（2016）为例，我们介绍了如何利用 GIS 软件实现该目标，具体分为三个步骤：导入府级地图并生成序列号（第 7.1 节）、生成空间权重矩阵（第 7.2 节）以及将空间权重矩阵转变成文件（第 7.3 节）。

参考文献

J. 保罗. 埃尔霍斯特，2015：《空间计量经济学：从横截面数据到空间面板》，中国人民大学出版社。

Chen, Shuo, and James Kai-Sing Kung. 2016. "Of Maize and Men: The Effect of a New World Crop on Population and Economic Growth in China." *Journal of Economic Growth*, 21: 77-99.

Conley, Timothy G. 1999. "GMM Estimation with Cross Sectional Dependence." *Journal of Econometrics*, 92(1): 1-45.

推荐阅读

Bleakley, Hoyt, and Jeffrey Lin. 2012. "Portage and Path Dependence." *Quarterly Journal of Economics*, 127(2): 587-644.

Felkner, John S., and Robert M. Townsend. 2011. "The Geographic Concentration of Enterprise in Developing Countries." *Quarterly Journal of Economics*, 126(4): 2005-2061.

Grosfeld, Irena, Seyhun Orcan Sakalli, and Ekaterina Zhuravskaya. 2020. "Middleman Minorities and Ethnic Violence: Anti-Jewish Pogroms in the Russian Empire." *Review of Economic Studies*, 87(1): 289-342.

Kelejian, Harry H., Peter Murrell, and Oleksandr Shepotylo. 2013. "Spatial Spillovers in the Development of Institutions." *Journal of Development Economics*, 101: 297-315.

Yanagizawa-Drott, David. 2014. "Propaganda and Conflict: Evidence from the Rwandan Genocide." *Quarterly Journal of Economics*, 129(4): 1947-1994.

第3篇
利用 GIS 绘制属于自己的 GIS 地图

研究者有时无法在现有资源中获得自己想要的 GIS 地图文件,这就需要我们自己制作图层。要实现该目标需要两个步骤:第一,给找到的地图赋予地理坐标系信息,我们称之为"配准"并将在第 8.1 节介绍;第二,基于"配准"后的地图在 GIS 中描出所需的地理要素,我们称之为"描图"并将在第 8.2 节介绍。

第 8 章 绘制 GIS 地图

8.1 配准

假设研究者需要自行绘制京杭大运河的 GIS 地图。研究者可以从网络上下载一幅高清晰度的京杭大运河图片，并直接将其拖入 ArcGIS 的工作窗口中。① 导入完成后可观察到 ArcMap 的右下角显示"Unknown Units"，这正是由于目前图片中缺乏地理坐标信息，见图 8-1。

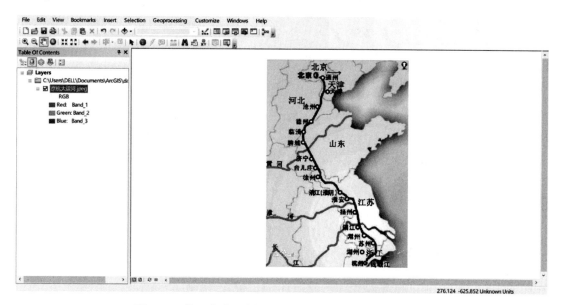

图 8-1 将不含地理坐标系信息的图片加载到工作窗口中

8.1.1 添加地理坐标信息

"配准"意味着研究者需要自行为这幅图片添加地理坐标信息。显然，由于工作量巨大，我们不可能给图片中的每一个像素点都手动输入地理坐标信息。一个相对简易的做法

---

① 本案例使用的图片来自百度百科"京杭大运河"词条，该词条已经由"科普中国"科学百科词条编写与应用工作项目审核。需要说明的是，我们在本章介绍的方法并非绘制高精度的 GIS 地图，只能作为没有现成 GIS 地图的备选方案。尽管如此，经济学研究对非高精度 GIS 地图依然具有一定的容错度：如果错误是随机的，那么这并不影响估计的一致性，仅会导致结果的低估。

是先在图片中选取至少三个点,然后查询选择出来的各点的地理坐标信息后,手动将其配准,最后让GIS完成其余像素点地理信息的配准工作。因此,这几个手动输入地理坐标信息点的准确度就非常关键,将直接影响整幅图匹配的准确程度。

首先,我们需要观察图片并从中选出三个及以上合适的点。观察图8-1后,我们由北向南从京杭大运河上依次选取了北京、天津、济宁、扬州以及杭州等五个点。① 这五个点在地图中的分布见图8-2。

图8-2 选择出来的五个点在地图中的位置

在手动确定五个点后,我们需要查找这些点所对应的地理坐标信息。② 在本案例中,我们可以使用1820年中国府治所地图进行查询。首先需要下载文件(v4_1820_pref_pts_gbk.shp)。③ 下载完成后可使用"Add Data"功能或直接将文件拖入ArcMap的工作窗口中,具体步骤可参照第2.2.2小节。成功导入后打开该图层的属性表,见图8-3。

打开属性表后可以看到各府按顺序排列,我们需要找到所需五个府治所对应的地理坐

---

① 我们使用各府治所所在点代替各府。
② 通常可以借助一些专业的地图软件获得,比如高德、百度、苹果或谷歌地图。
③ 数据下载链接为https://sites.fas.harvard.edu/~chgis/data/chgis/v4/。

FID	Shape *	NAME_PY	NAME_CH	NAME_FT	X_COORD	Y_COORD	PRES_LOC	TYPE_PY	TYPE_CH	LEV_RANK	BEG_YR	BEG_RULE
0	Point	Ding Zhou	定州	定州	114.975044	38.520061	河北定州市	Zhilizhou	直隶州	1	1820	9
1	Point	Ji Zhou	冀州	冀州	115.563812	37.565983	河北冀州市	Zhilizhou	直隶州	1	1820	9
2	Point	Shen Zhou	深州	深州	115.548874	38.01173	河北深州市驻地	Zhilizhou	直隶州	1	1820	9
3	Point	Yi Zhou	易州	易州	115.493477	39.349037	河北易县	Zhilizhou	直隶州	1	1820	9
4	Point	Zhao Zhou	赵州	趙州	114.772179	37.752926	河北赵县	Zhilizhou	直隶州	1	1820	9
5	Point	Zunhua Zhou	遵化州	遵化州	117.957985	40.184448	河北遵化市	Zhilizhou	直隶州	1	1820	9
6	Point	Baoding Fu	保定府	保定府	115.484612	38.756588	河北保定市	Fu	府	1	1820	9
7	Point	Daming Fu	大名府	大名府	115.1465	36.275528	河北大名县	Fu	府	1	1820	9
8	Point	Hejian Fu	河间府	河間府	116.085533	38.435699	河北河间市	Fu	府	1	1820	9
9	Point	Guangping Fu	广平府	廣平府	114.723068	36.701031	河北永年县东南永年	Fu	府	1	1820	9
10	Point	Chengde Fu	承德府	承德府	117.919853	40.965794	河北承德市	Fu	府	1	1820	9
11	Point	Xuanhua Fu	宣化府	宣化府	115.051147	40.610363	河北宣化县	Fu	府	1	1820	9
12	Point	Shunde Fu	顺德府	順德府	114.494263	37.066357	河北邢台市	Fu	府	1	1820	9
13	Point	Shuntian Fu	顺天府	順天府	116.368004	39.931427	北京市区	Fu	府	1	1820	9
14	Point	Tianjin Fu	天津府	天津府	117.18782	39.136971	天津市区	Fu	府	1	1820	9
15	Point	Yongping Fu	永平府	永平府	118.861954	39.877323	河北卢龙县	Fu	府	1	1820	9
16	Point	Zhengding Fu	正定府	正定府	114.563644	38.14011	河北正定县	Fu	府	1	1820	9
17	Point	Pingliang Fu	平凉府	平涼府	106.685699	35.535851	甘肃平凉市	Fu	府	1	1820	9
18	Point	Anxi Zhou	安西州	安西州	95.789055	40.534412	甘肃安西县	Zhilizhou	直隶州	1	1820	9
19	Point	Su Zhou	肃州	肅州	98.511253	39.744942	甘肃酒泉市	Zhilizhou	直隶州	1	1820	9
20	Point	Ganzhou Fu	甘州府	甘州府	100.449921	38.933113	甘肃张掖县	Fu	府	1	1820	9
21	Point	Ningxia Fu	宁夏府	寧夏府	106.273972	38.466972	宁夏银川市	Fu	府	1	1820	9
22	Point	Liangzhou Fu	凉州府	涼州府	102.634697	37.926918	甘肃武威县	Fu	府	1	1820	9
23	Point	Xining Fu	西宁府	西寧府	101.783936	36.608856	青海西宁市	Fu	府	1	1820	9
24	Point	Lanzhou Fu	兰州府	蘭州府	103.847137	36.047031	甘肃兰州市	Fu	府	1	1820	9
25	Point	Qingyang Fu	庆阳府	慶陽府	107.876022	36.005165	甘肃庆阳县	Fu	府	1	1820	9
26	Point	Gongchang Fu	巩昌府	鞏昌府	104.635605	35.007137	甘肃陇西县	Fu	府	1	1820	9
27	Point	Jing Zhou	泾州	涇州	107.363388	35.328808	甘肃泾川县	Zhilizhou	直隶州	1	1820	9
28	Point	Qin Zhou	秦州	秦州	105.716957	34.585472	甘肃天水市	Zhilizhou	直隶州	1	1820	9
29	Point	Jie Zhou	阶州	階州	104.929276	33.39484	甘肃武都县	Zhilizhou	直隶州	1	1820	9
30	Point	Nanxiong Zhou	南雄州	南雄州	114.302086	25.118843	广东南雄县	Zhilizhou	直隶州	1	1820	9
31	Point	Lianshan Ting	连山厅	連山廳	112.204386	24.726334	广东连山壮族瑶族自治县	Zhiliting	直隶厅	1	1820	9
32	Point	Lian Zhou	连州	連州	112.378121	24.779701	广东连县	Zhilizhou	直隶州	1	1820	9
33	Point	Shaozhou Fu	韶州府	韶州府	113.603417	24.810209	广东韶关市	Fu	府	1	1820	9
34	Point	Jiaying Zhou	嘉应州	嘉應州	116.108726	24.307465	广东梅县	Zhilizhou	直隶州	1	1820	9
35	Point	Zhaoqing Fu	肇庆府	肇慶府	112.453155	23.056921	广东高要县	Fu	府	1	1820	9

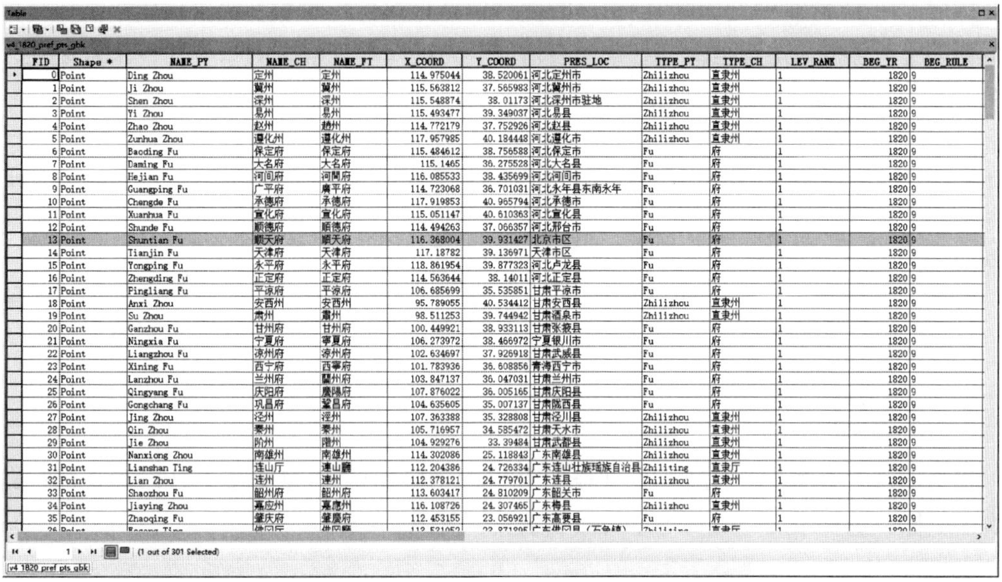

图 8－3　打开各府治所图层的属性表

标信息。由于 GIS 将地图投影显示在 ArcMap 当中，因此需要查找北京、天津、济宁、扬州以及杭州五个府的地理坐标值。① 以北京为例，我们在属性表中选中“顺天府”，然后关闭属性表。可以看到 ArcMap 中北京府治所所在地会被高亮显示，将鼠标移动至该区域可以在右下角看到我们需要录入的地理坐标信息，见图 8－4。

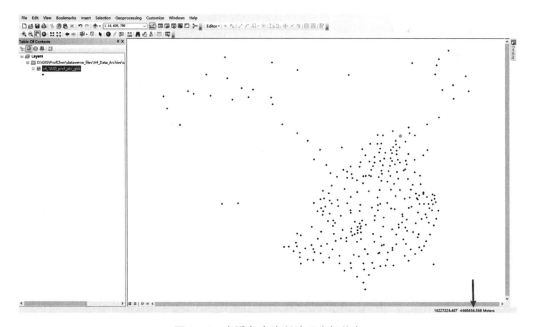

图 8－4　查看各府治所地理坐标信息

① 1820 年北京在数据表中名为“顺天府”。

按照上述操作依次将其余四个地点的坐标信息查找出来。为方便后续操作，通常可以将得到的所选地点的地理坐标信息录入表格中。为确保地理信息的精确度，录入时建议同GIS一致，保留三位小数，见表8-1。

表8-1 五个府的地理信息

地点	X（米）	Y（米）
北京	19 958 931.992	4 435 651.764
天津	20 035 020.085	4 351 225.500
济宁	20 006 908.049	3 929 633.163
扬州	20 295 039.876	3 613 587.740
杭州	20 383 860.678	3 388 029.997

接下来需要为图片中的这五个点添加表8-1中的地理信息。在工具栏的其他空白位置右击鼠标，选择添加"Georeferencing"工具，见图8-5。

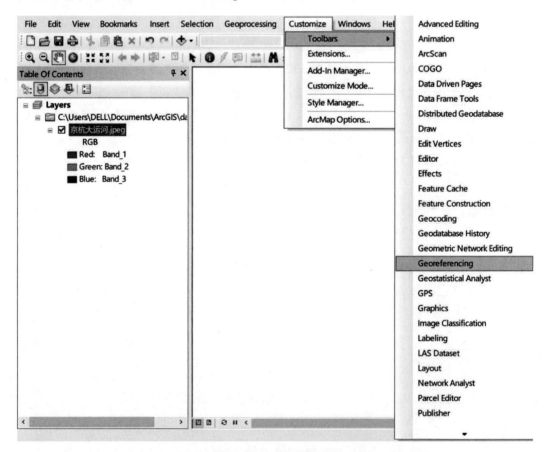

图8-5 添加"Georeferencing"工具

在"Georeferencing"工具栏中选择图标为 的工具"Add Control Points"，选中之后鼠标的标志就会从箭头变成十字，见图8-6。

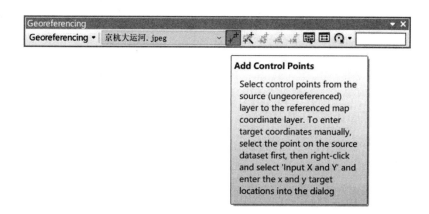

图 8-6 "Georeferencing" 中的 "Add Control Points" 功能

然后利用鼠标滚轮将需要配准的图层放大到足够大,以便更加准确地定位。将鼠标移至第一个配准点的中心,左击鼠标(注意保持鼠标位置不动),然后紧接着右击鼠标,在菜单栏中选择 "Input X and Y...",见图 8-7。

图 8-7 选择 "Input X and Y..."

在弹出的对话框中把默认的经纬度修改为上面已经准备好的新图层中的经纬度,见图 8-8。

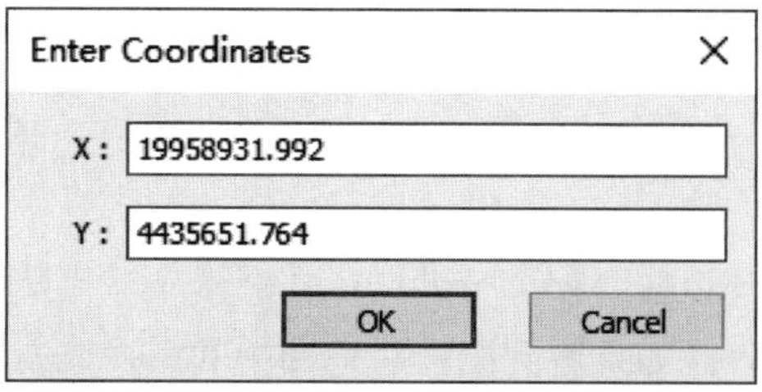

图 8-8 在对话框中输入北京所在的经纬度

点击"OK"后会发现工作窗口中的地图"消失"了，这是因为它已经自动移到新的坐标区域。只要点击菜单栏中的"Full Extent"按钮，视图中就会重新出现要配准的地图，见图 8-9。

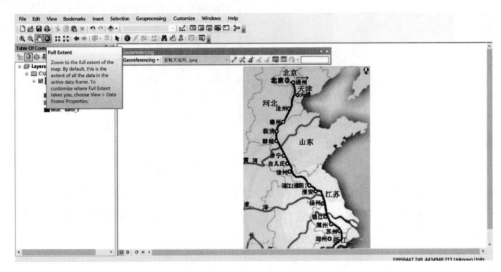

图 8-9 "Full Extent"按钮

重复上述操作，直至把所有五个点的经纬度全部匹配到相应位置。在配准完成后，会发现原来的地图发生了扭曲，这是配准过程把坐标系转变了的正常结果，见图 8-10。

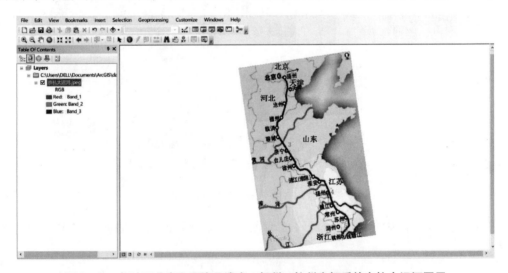

图 8-10 标注了北京、天津、济宁、扬州、杭州坐标后的京杭大运河图层

8.1.2 检查配准精确性

研究者可以一边配准一边检查配准精确性。我们采用的方法是将带有地理信息的府级底图添加到同一个工作窗口。如果看到配准后地图中的海岸线与府级 GIS 底图中的海岸线基本重合，就表明上述配准没有较大的误差。

下面我们将已有的"v4_1820_pref_pgn_gbk. shp"拖入 ArcMap 中，观察发现府级底图的海岸线与大运河图片中的海岸线基本吻合，见图 8–11。

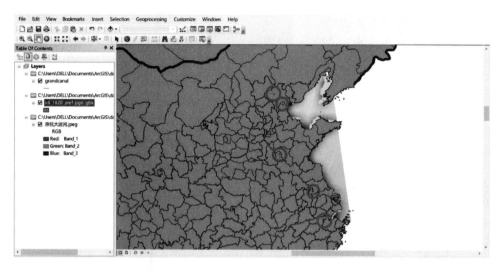

图 8–11　将带有地理信息的府级底图添加到工作窗口

8.2　描图

8.2.1　利用 ArcCatalog 软件生成新空白图层

将地图配准后，我们就可以参照配准后的地图在 GIS 中"描摹"出一条带地理信息的京杭大运河。现实生活中，在描一幅图时需要一张白纸；而在 GIS 软件中，这张"白纸"就是一个新的空白图层。和上面使用的 ArcMap 软件不同，此时需要用 ArcCatalog 软件来完成操作，见图 8–12。

图 8–12　打开 ArcCatalog 软件

打开 ArcCatalog 后选择准备储存新创建图层的文件夹，在空白处右击鼠标并在弹出窗口中点击 "New"，再点击 "Shapefile…" 来新建一个 Shapefile 文件，见图 8-13。

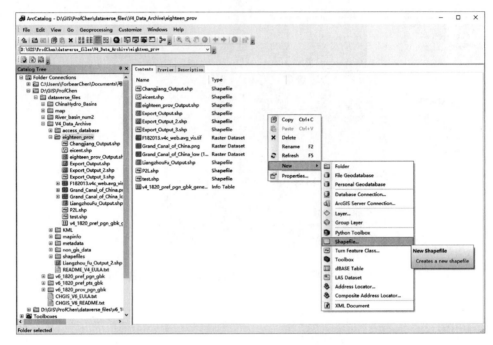

图 8-13　单击鼠标右键，生成新的 Shapefile 文件

在弹出的对话框中，我们可以在 "Name" 后将其重新命名（例如，grandcanal），"Feature Type" 需要选择为 Polyline，见图 8-14。

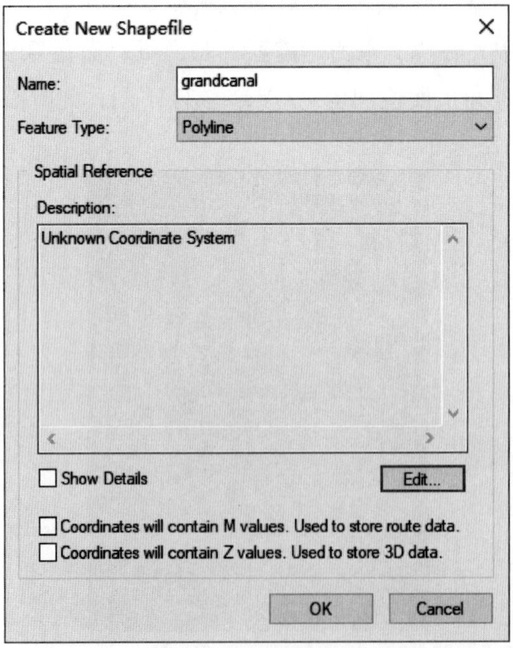

图 8-14　设置新 Shapefile 的 "Feature Type" 为 "Polyline"

接下来还要设置这个图层的坐标系。为了方便之后的操作，可将新创建的空白图层的坐标系直接设置为 1820 年府级底图的坐标系。点击"Edit"按钮，在弹出的对话框中找到 ▼ 按钮，在下拉框中选择"Import..."，见图 8－15。

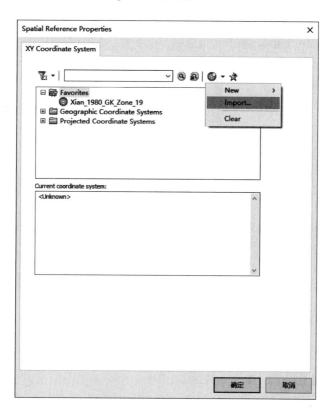

图 8－15 "Import"按钮

找到 1820 年府级底图（"v4_1820_pref_pgn_gbk. shp"）并点击"Add"。跳回上一对话框后选择"确定"，见图 8－16。

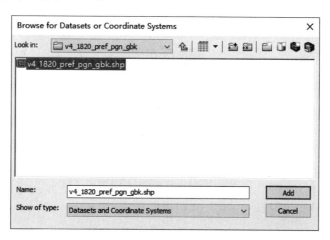

图 8－16 设置新空白图层的坐标系，导入 1820 年府级底图

"Create New Shapefile"设置完成后点击"OK"即可。这样就生成了已经定义了坐标系的空白图层,完成后可以关闭 ArcCatalog 软件,见图 8 – 17。

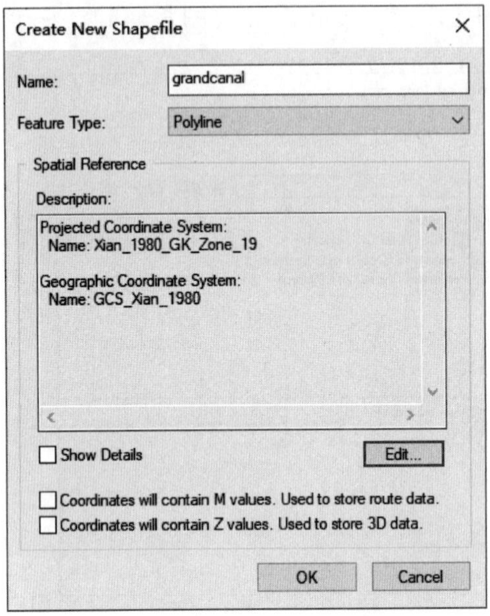

图 8 – 17 新空白图层的坐标系设置完成

8.2.2 描图

接下来,就是最关键的一步——描图。

将新生成的空白图层(grandcanal.shp)拖入第 8.1 节 ArcMap 的工作窗口,并确保其位于"Table Of Contents"中所有图层的最上面,可参考第 3.2.2 节回顾相关操作,见图 8 – 18。

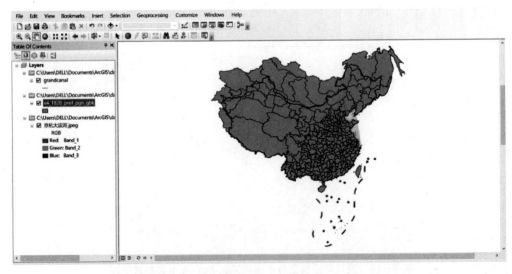

图 8 – 18 将新生成的 grandcanal 图层拖入 ArcMap 工作窗口

首先，需要在菜单栏空白位置右击鼠标，选择"Editor"工具，见图 8-19。

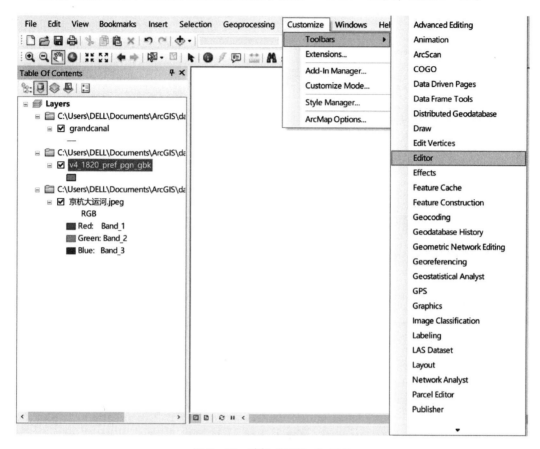

图 8-19　选择"Editor"工具

在"Editor"下拉菜单中选择"Start Editing"，见图 8-20。

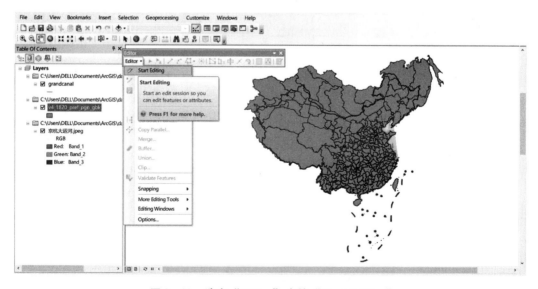

图 8-20　选中"Editor"中的"Start Editing"

选择"Start Editing"后可能会跳出弹窗让我们选择要编辑的图层，选择"grandcanal"，见图 8-21。

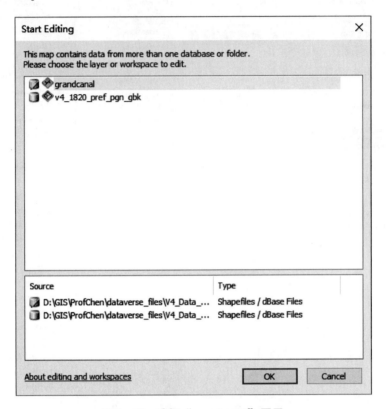

图 8-21　选择"grandcanal"图层

之后，点击"Editor"工具栏最右侧的图标"Create Features"，见图 8-22。

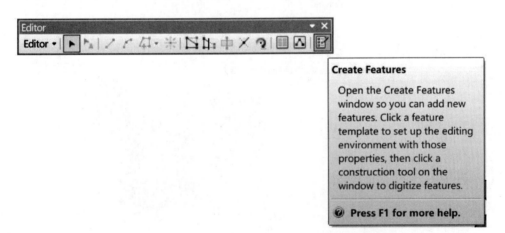

图 8-22　"Create Features"按钮

随后在 ArcMap 工作窗口的右侧会出现一个新的工具栏。先选中上方的"grandcanal"图层，在下方的"Construction Tools"一栏中会出现"Line""Rectangle""Circle""Ellipse"和"Freehand"五种工具，我们选择其中的"Line"工具来画京杭大运河，见图 8-23。

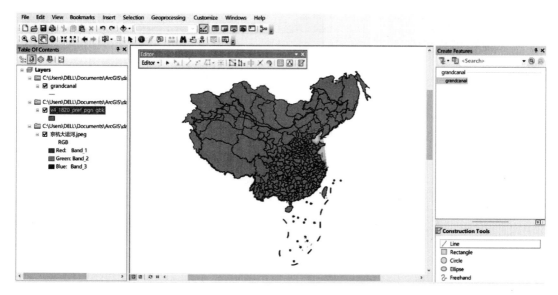

图 8-23 "Create Features"界面及勾选内容

向下滑动鼠标滑轮将图片放大后从最上端的通州开始，左击鼠标打下第一个点。然后沿着京杭大运河打下其余的点（当然点越密集则越精确），到终点时以双击结束。图 8-24 中的高亮曲线就是最终描摹出来的京杭大运河。

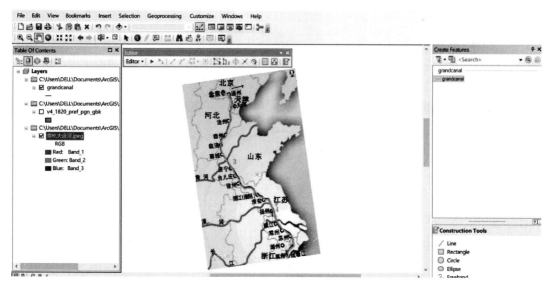

图 8-24 利用"Line"工具手动绘制完成后的大运河

描摹完毕之后，在"Editor"下拉菜单中选择"Stop Editing"并保存编辑记录即可。完成后我们就将空白的原始图层"grandcanal"修改为京杭大运河的图层了。在"Table Of Contents"中取消勾选京杭大运河图片图层，只保留"grandcanal"与"v4_1820_pref_pts_ gbk"便可以看到研究者自己绘制出的京杭大运河所在位置,见图 8-25。虽然粗糙,但这个过程还是让人蛮有成就感的。

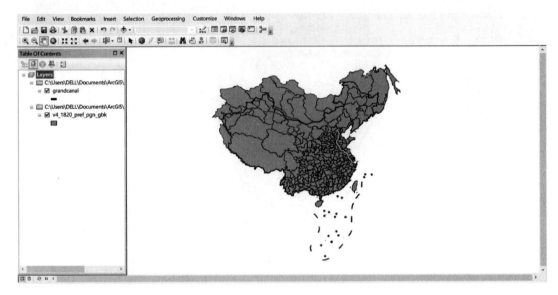

图 8-25　生成的京杭大运河图层

8.3　本章小结

本书第 1 篇向读者介绍如何使用 GIS 进行绘图,第 2 篇介绍如何使用 GIS 生成数据供实证分析使用。第 3 篇则介绍在研究者无法在现有资源中获得所需 GIS 地图文件时,如何通过 GIS 制作图层。本章介绍了要实现该目标的两个步骤:第一,给找到的地图配准地理坐标信息(第 8.1 节);第二,在 GIS 中描图(第 8.2 节)。在创建了自己研究所需的地图之后,研究者可以继续根据第 1 篇和第 2 篇的内容绘图并生成数据。

推荐阅读

Bleakley, Hoyt, and Jeffrey Lin. 2012. "Portage and Path Dependence." *Quarterly Journal of Economics*, 127 (2): 587-644.

Hornbeck, Richard. 2010. "Barbed Wire: Property Rights and Agricultural Development." *Quarterly Journal of Economics*, 125 (2): 767-810.

Hornbeck, Richard, and Daniel Keniston. 2017. "Creative Destruction: Barriers to Urban Growth and the Great Boston Fire of 1872." *American Economic Review*, 107 (6): 1365-1398.

Hornung, Erik. 2015. "Railroads and Growth in Prussia." *Journal of the European Economic Association*, 13 (4): 699-736.

Jedwab, Remi, Edward Kerby, and Alexander Moradi. 2017. "History, Path Dependence and Development: Evidence from Colonial Railways, Settlers and Cities in Kenya." *Economic Journal*, 127 (603): 1467-1494.

Lipscomb, Molly, and Ahmed Mushfiq Mobarak. 2017. "Decentralization and Pollution Spillovers: Evidence from the Re-drawing of County Borders in Brazil." *Review of Economic Studies*, 84 (1): 464 – 502.

Shertzer, Allison, Tate Twinam, and Randall P. Walsh. 2016. "Race, Ethnicity, and Discriminatory Zoning." *American Economic Journal: Applied Economics*, 8 (3): 217 – 246.

第 4 篇
ArcGIS 在社会科学论文中的应用综述

这一部分中，我们综述了 American Economic Review、Econometrica、Journal of Political Economy、Quarterly Journal of Economics、Review of Economic Studies、American Economic Journal: Applied Economics、American Journal of Political Science、Economic Journal、Journal of the European Economic Association、Review of Economics and Statistics、American Economic Journal: Microeconomics 等英文顶尖期刊上使用 GIS 的研究。我们也综述了最新的中国语境下涉及地理信息技术的相关研究。对应前面的操作部分，我们按照 GIS 软件在文献中实现的主要功能将这些研究分为三大类：用 GIS 软件展示数据；用 GIS 软件生成地理信息变量以及用 GIS 软件绘制自己的 GIS 地图。① 为了便于读者阅读，每一篇文献的综述都包括论文引用信息、研究问题、GIS 在文中的应用、地图以及数据来源。

---

① 该分类的逻辑层层递进：用 GIS 软件展示数据较为基础，在用 GIS 软件生成数据及绘制地图的文献中往往也包含用 GIS 软件展示数据；同理，在用 GIS 软件绘制自己的地图的文献中，往往也包含用 GIS 软件生成用于研究的地理信息变量。

第9章 涉及地理信息的社会科学论文综述

9.1 国外语境下涉及地理信息的研究

9.1.1 利用ArcGIS展示数据的研究

(1)

> Berman, Nicolas, Mathieu Couttenier, Dominic Rohner, and Mathias Thoenig. 2017. "This Mine is Mine! How Minerals Fuel Conflicts in Africa." *American Economic Review*, 107 (6): 1564–1610.

研究问题：该文实证检验了非洲采矿业对当地暴力事件的影响。

GIS在文中的应用：作者以整个非洲大陆作为研究对象，认为当矿产价格上涨时，煤矿周边地区更容易发生暴力事件。图9-1展示了非洲各地武装冲突事件的数量：颜色越

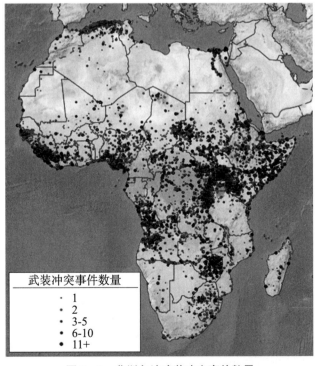

图9-1 非洲各地武装冲突事件数量

深表示暴力冲突越多；图 9-2 展示了非洲的矿藏位置分布，其中黑色表示金矿，深灰色表示钻石矿，浅灰色表示其他矿藏。可以发现，在非洲大陆东南部及几内亚湾沿岸地区，矿产分布与暴力事件频发地有较高的重合度。

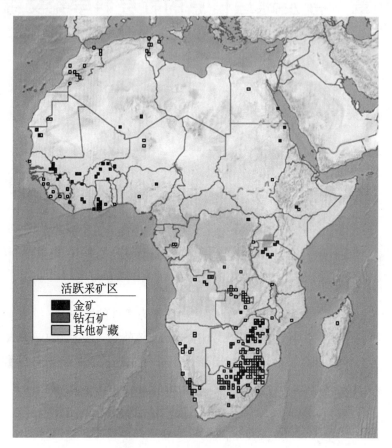

图 9-2　非洲的矿藏位置分布

数据来源

Raleigh, Clionadh, Andrew Linke, and Caitriona Dowd. 2014. *Armed Conflict Location and Event Data Project* (*ACLED*) *Codebook Version* 3. Oslo: Peace Research Institute Oslo. 可参见数据库网站 http://www.acleddata.com/data/acled-versions-1-6-data-1997-2015/（访问日期为 2016 年 4 月 6 日）。

(2)

Michalopoulos, Stelios, and Elias Papaioannou. 2016. "The Long-Run Effects of the Scramble for Africa." *American Economic Review*, 106 (7): 1802-1848.

研究问题：该文研究了殖民者人为划定非洲边界的长期影响。

GIS 在文中的应用：1884 年柏林会议上，欧洲各国对非洲进行瓜分，并且在这一过程中对国家边境线的设定很少考虑当地情况。这种划分方式造成了非洲部分族群的分裂。图 9-3 的左图展示了划定边境前非洲的种族分布，右图展示了当前非洲的国家边境，其中黑色区域代表原本统一但之后被国境线分割的族群。图 9-4 的左图中黑点代表暴力事件发生的位置，右图则展示了 1997—2010 年各个地区暴力事件发生的频次，颜色越深则说明频次越高。

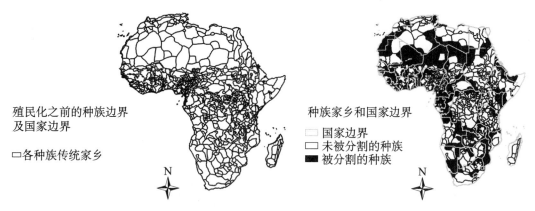

图 9-3 非洲国家边境及种群分布

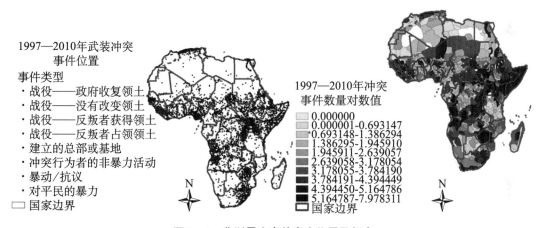

图 9-4 非洲暴力事件发生位置及频次

数据来源

National Geospatial-Intelligence Agency. 2000. "The 2000 Digital Chart of the World." https://www.nga.mil/Pages/Default.aspx.

Murdock, George Peter. 1959. *Africa: Its Peoples and their Culture History*. New York: McGraw-Hill.

Murdock, George Peter. 1967. "Ethnographic Atlas: A Summary." *Ethnology*, 6 (2): 109-236.

(3)

Hartline, Jason D., and Brendan Lucier. 2015. "Non-Optimal Mechanism Design." *American Economic Review*, 105 (10): 3102-3124.

研究问题：本文构建了一个理论模型以解决复杂环境下的资源优化问题。

GIS 在文中的应用：集体中的每个个体都希望自身利益最大化，但是个体在追求自身利益最大化的过程中可能会损害集体利益进而损害个体利益，于是产生了博弈来促使资源优化。以广播塔为例,每一家企业都希望自己的广播塔能够尽可能广地传播信息,以增加客户的覆盖面;但是塔与塔之间会相互干扰,相互干扰的广播塔中只有一个可以正常播放,于是就需要多家公司相互博弈与妥协。图 9-5 展示了美国东北部广播电台间相互干扰的情况,每一条线代表着线两头的广播台会相互干扰。根据广播塔的地理布局,作者构建了博弈模型来分析资源优化的问题。

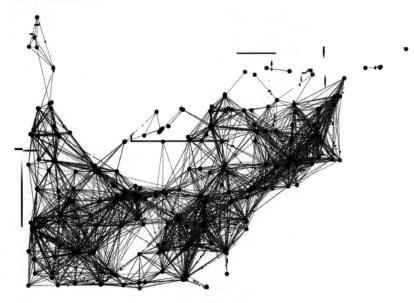

图 9-5　美国东北部广播电台

数据来源

Fréchette, Alexandre, Neil Newman, and Kevin Leyton-Brown. 2016. "Solving the Station Repacking Problem." Paper presented at The Thirtieth AAAI Conference on Artificial Intelligence, Phoenix, AZ.

(4)

De Janvry, Alain, Kyle Emerick, Marco Gonzalez-Navarro, and Elisabeth Sadoulet. 2015. "Delinking Land Rights from Land Use: Certification and Migration in Mexico." *American Economic Review*, 105 (10): 3125-3149.

研究问题:该文实证检验了土地使用权与所有权分离对劳动和土地分配的影响。

GIS 在文中的应用:墨西哥在 20 世纪 90 年代实行了"PROCEDE"计划,废除了过去由于长期连续耕作而默认获得的土地所有权,重新颁发土地所有权证书。作者利用"PROCEDE"实施时间上的差异,实证检验了土地使用权和所有权分离是如何影响劳动力市场和土地分配的。图 9-6 展示了"PROCEDE"计划在 1993 年、1996 年、2000 年和 2003 年的空间分布,黑色小点代表该计划推行的地点。图中黑色加粗的线是施行"PROGRESA"计划的地区,"PROGRESA"是墨西哥政府的有条件现金援助福利计划,该计划可能会影响作者考察两权分离对经济的作用,因此特地标出。

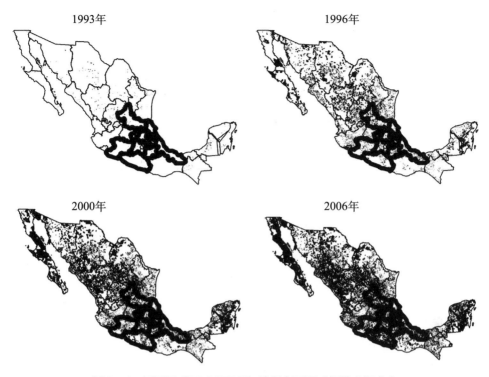

图 9-6 墨西哥"PROCEDE"计划在不同时间的空间分布

数据来源

National Agrarian Registry（RAN），参见网址 https://thereddesk.org/countries/actors/national-agrarian-registry-mexico。

（5）

Casey, Katherine. 2015. "Crossing Party Lines: The Effects of Information on Redistributive Politics." *American Economic Review*, 105（8）: 2410-2448.

研究问题：该文实证检验了民众的信息获取程度对选举结果和政府再分配政策的影响。

GIS 在文中的应用：由于文盲率较高以及政治人物信息获取难度大，非洲的政治选举结果常常由民众对执政党的忠诚度而非参选者的能力决定。作者以塞拉利昂为例，将信息的获取、对党派的忠诚度纳入政治竞选模型，并进行了实证检验。随后，作者引用 Lindbeck and Weibull（1987）的经典再分配模型，分析民众对参选者能力信息的获取程度低对国家再分配政策的影响。[①] 作者计算各种族的党派忠诚度并用地图来展示。具体来说，某一种族对 APC 党的忠诚度由 2007 年总统选举中该种族投票给 APC 党的选民比例减去投票给 SLPP 党的选民比例得到。在地图展示中，颜色越深表示对某一党派的忠诚度越高，作

---

① Lindbeck, Assar, and Jörgen W. Weibull. 1987. "Balanced-Budget Redistribution as the Outcome of Political Competition." *Public Choice*, 52（3）: 273-297.

者在原图中分别用红色和绿色区分 APC 党和 SLPP 党。

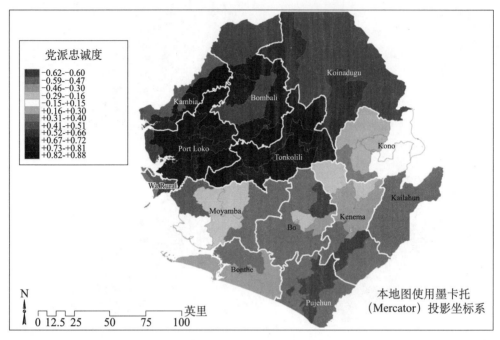

图 9-7 塞拉利昂各选区的党派忠诚度

数据来源

Institutional Reform and Capacity Building Project. 2005. "National Public Services (NPS) Survey-Household Module."

Institutional Reform and Capacity Building Project. 2007. "National Public Services (NPS) Survey-Community Module."

Institutional Reform and Capacity Building Project. 2007. "National Public Services (NPS) Survey-Household Module."

Institutional Reform and Capacity Building Project. 2008. "Decentralization Stakeholder Survey (DSS) -Wave 1 Local Councilors."

Institutional Reform and Capacity Building Project. 2008. "Decentralization Stakeholder Survey (DSS) -Wave 2 Voters."

Institutional Reform and Capacity Building Project. 2008. "National Public Services (NPS) Survey-Community Module."

Institutional Reform and Capacity Building Project. 2008. "National Public Services (NPS) Survey-Household Module."

National Electoral Commission Sierra Leone. 2007. "2007 Parliamentary Election Results by Polling Station."

National Electoral Commission Sierra Leone. 2008. "2008 Local Government Election Results—Councilor Elections."

(6)

Dell, Melissa. 2015. "Tracking Networks and the Mexican Drug War." *American Economic Review*, 105 (6): 1738 – 1779.

研究问题：该文估计了墨西哥打击毒品交易政策的直接效应和溢出效应。

GIS 在文中的应用：当一个城市施行某项打击毒贩政策时，这个地区的非法活动会减少，但是贩毒活动可能会转移到周边地区，因此在制定打击毒贩政策时需要考虑这一溢出效应。基于此，作者建立了一个贩毒路线的理论模型，如图9-8所示，图中阴影区域颜色越深，代表毒品交易量越大；图（b）是未施行打击毒品交易政策时的状况，深色线是从地区A到地区B的最佳贩毒路线，浅色线是其他可能路线。图（c）展示了在一个支持控毒的市长当选后，即格子状阴影出现后，最佳贩毒路线发生了变化。图（d）展示了支持控毒的市长当选后，各地区毒品交易量的分布。如果我们能够发现施行打击毒品交易政策后周边地区的毒品交易量上升，那么就能证实控毒政策具有负外部性。图9-9展现了在美国和墨西哥边境的真实毒品交易路线和根据该文模型预测出的最优贩毒路线。其中黑点是入境美国时需要经过的城市，而线条展示了作者预测的贩毒路线，线条越粗，代表交易量越大。随后作者基于上述网络模型估计了控毒政策的直接效应和溢出效应。

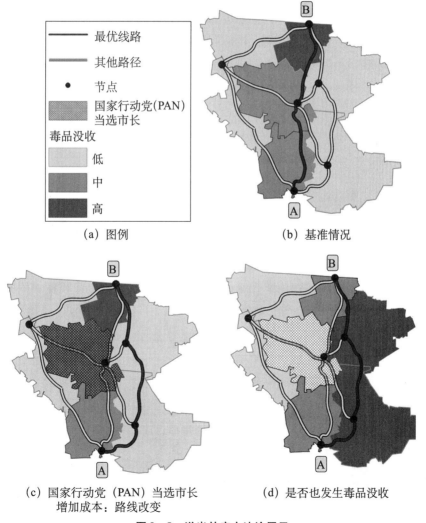

图9-8 溢出效应方法论展示

图 9-9　模型预测的最小成本路线

数据来源

未公开数据。

(7)

> Chetty, Raj. 2015. "Behavioral Economics and Public Policy: A Pragmatic Perspective." *American Economic Review*, 105 (5): 1-33.

研究问题： 该文以劳动所得税抵扣制 (earned income tax credit, EITC) 为例，探讨了行为经济学在实证预测和政策决定中的应用。

GIS 在文中的应用： 一项政策颁布之后，民众会对这项政策作出反应，而行为经济学的研究可以预测该反应。以根据纳税人收入计算的劳动所得税抵扣政策为例，相较于企业雇员，自我雇佣的居民更容易操纵自己的收入，因此自雇者对这一政策的反应更加积极。一个地区自雇者的数量可以代理该地区对劳动所得税抵扣政策的了解程度。图 9-10 展示了全美 1996 年、1999 年、2002 年、2005 年及 2008 年的自雇者集中度，颜色越深代表该地区自雇者集中度越高。

(a) 1996年自雇者集中度　　　　(b) 1999年自雇者集中度

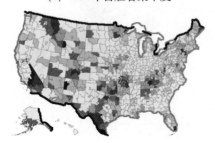 

(c) 2002年自雇者集中度  (d) 2005年自雇者集中度

(e) 2008年自雇者集中度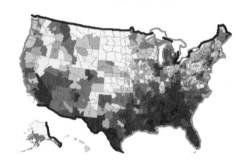

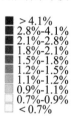

自雇者集中度
- \> 4.1%
- 2.8%-4.1%
- 2.1%-2.8%
- 1.8%-2.1%
- 1.5%-1.8%
- 1.2%-1.5%
- 1.1%-1.2%
- 0.9%-1.1%
- 0.7%-0.9%
- < 0.7%

图 9 - 10　全美 1996 年、1999 年、2002 年、2005 年及 2008 年的自雇者集中度

数据来源

Chetty, Raj, John N. Friedman, and Emmanuel Saez. 2013. "Using Differences in Knowledge across Neighborhoods to Uncover the Impacts of the EITC on Earnings." *American Economic Review* 103 (7): 2683 - 2721.

(8)

> Favara, Giovanni, and Jean Imbs. 2015. "Credit Supply and the Price of Housing." *American Economic Review*, 105 (3): 958 - 992.

研究问题：该文实证检验了银行信贷供给的外生变化对房价的影响。

GIS 在文中的应用：1994 年之后，美国通过法案降低了对银行业的管制，扩大了购房抵押贷款的供给。作者认为信贷供给受经济预期和住房需求等因素的影响，使用 OLS 回归会存在遗漏变量问题。因此，作者选取了由于地理或政策法律因素而不能像其他银行一样放贷的银行作为对照组，将降低管制作为信贷供给的工具变量进行回归分析。图 9 - 11 展示了回归分析中所选取的样本的地理分布，黑色区块的样本属于大都市统计区（metropolitan statistical area, MSA），灰色区块的样本则来自几个 MSA 的边界县。前者为主回归中所用到的样本，后者为稳健性检验中使用到的子样本。

图 9-11　美国大都市统计区

数据来源

HMDA，Moody's Economy（https：//www.moodys.com/）.

(9)

Cicala, Steve. 2015. "When Does Regulation Distort Costs? Lessons from Fuel Procurement in US Electricity Generation." *American Economic Review*, 105 (1): 411-444.

研究问题：该文实证检验了国家监管对美国企业成本的影响。

GIS 在文中的应用：20 世纪下半叶美国放宽了对发电厂的管制，这导致发电厂购买煤炭的成本下降。作者利用上述自然实验检验了国家监管对企业成本的影响。图 9-12 展示了美国燃煤电厂的地理位置。浅色小点表示从纵向一体化的实体中被剥离的发电厂，黑点表示未被剥离的发电厂。边缘带灰色阴影的点为作者选取的样本。

图 9-12　1990—2009 年美国燃煤电厂的地理位置

数据来源

U. S. Energy Information Administration, Form EIA-906 "Power Plant Report", https：//www.eia.gov/electricity/data/eia923/.

U. S. Energy Information Administration, Electric Power Monthly, https：//www.eia.gov/electricity/monthly/.

(10)

Clemens, Jeffrey, and Joshua D. Gottlieb. 2014. "Do Physicians' Financial Incentives Affect Medical Treatment and Patient Health?" *American Economic Review*, 104 (4): 1320-1349.

研究问题：该文实证检验了经济激励对外科医生数量、组成和医疗服务提供的影响。

GIS在文中的应用：美国老年和残障健康保险（Medicare）政策对医生的付费取决于不同地区的地理调整因子的值。1997年，Medicare政策将原先划定的210个地区整合为89个，因此许多地方的地理调整因子发生了变化。相应地，政府经济激励的变化会对医生的治疗模式、医疗服务的供给、新医疗技术的推广和病患所得到的医疗质量产生影响。图9-13展示了Medicare政策调整前后，美国对各个地区给定的地理调整因子的分布。其中最上面的图显示了地理调整因子在改革前的分布，中间的图显示了改革后的分布，颜色越深表示政府的调整因子越大，最下面的图则显示了改革前后地理调整因子的差异。

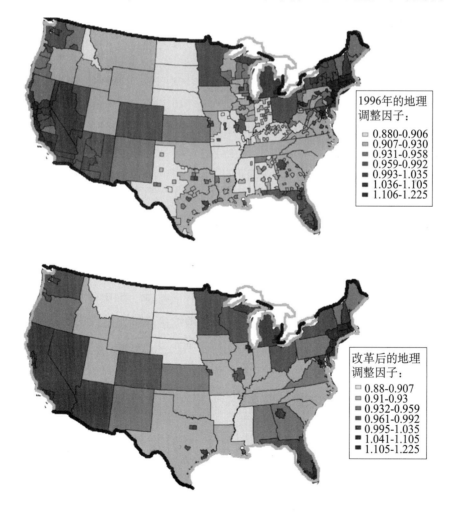

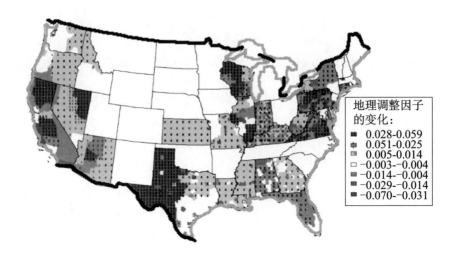

图 9-13 美国对医保支付区给定的地理调整因子的分布

数据来源

Health Care Financing Administration. 61 Fed. Reg. 34614 – 662（July. 2，1996）.

Health Care Financing Administration. 61 Fed. Reg. 59490 – 716（Nov. 22，1996）.

http://www.thebody.com/content/art13091.html.

（11）

Ito, Koichiro. 2014. "Do Consumers Respond to Marginal or Average Price? Evidence from Nonlinear Electricity Pricing." *American Economic Review*, 104（2）: 537 – 563.

研究问题：该文实证检验了阶梯电价对消费者用电的影响。

GIS 在文中的应用：作者以美国加州非线性分段阶梯电价为例，分析在分段折点处消费者是否会因为剧烈增加的边际电价而节约用电。作者推测，如果居民看重边际电价，那么消费者会在分段点前出现聚集（bunching）——用电量在进入更高价段之前会出现集中分布；而如果消费者更看重平均电价的话，用电量变化会比较均匀。图 9-14 中作者用不同颜色标识了不同电力供应公司的服务区域。粗线框所选区域为作者的研究地区。选择该区域的原因是此处人口较为集中，且由两家公司分别供电，可以剔除公司影响。图 9-15 中的粗线为两家电力公司供电区域的分界线。

数据来源

Southern California Edison, San Diego Gas & Electric, California Public Utility Commission. http://www.cpuc.ca.gov/energy.

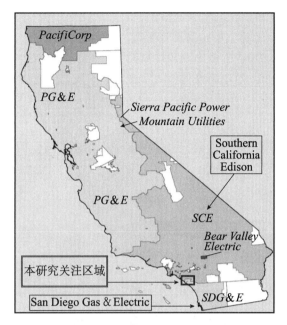

图9-14 美国加州不同电力供应公司的服务区域

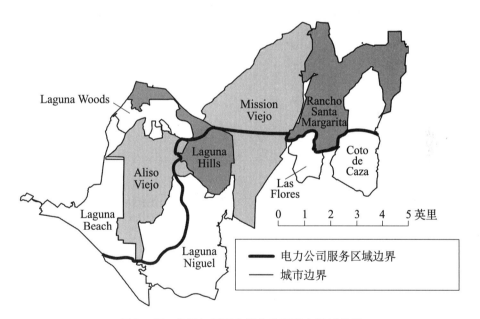

图9-15 美国加州两家供电公司供电区域分界

(12)

Chetty, Raj, John N. Friedman, and Emmanuel Saez. 2013. "Using Differences in Knowledge Across Neighborhoods to Uncover the Impacts of the EITC on Earnings." *American Economic Review*, 103 (7): 2683-2721.

研究问题：该文利用居民对劳动所得税抵扣计划了解程度的不同，估测了该制度对劳动力供给的影响。

GIS 在文中的应用：劳动所得税抵扣计划能够减免人们应交所得税的费用，所以了解该计划的人会更倾向于一定程度地谎报收入，以获得最大限度的减免。由于 500 美元是劳动所得税抵扣的一个门槛，收入超过 500 美元的话抵扣比例会变低，所以会有人将自己的收入报为 500 美元以下。图 9-16 展示了自称总收入在 500 美元以下、能够进行税收抵扣的家庭的分布。颜色越深，代表该地区劳动所得税抵扣家庭的比例越高。结合不同地区人们知识水平的差异，可以发现知识水平越高的地区，人们对于税收抵扣计划越了解，该地区符合劳动所得税抵扣条件的家庭的比例越高。

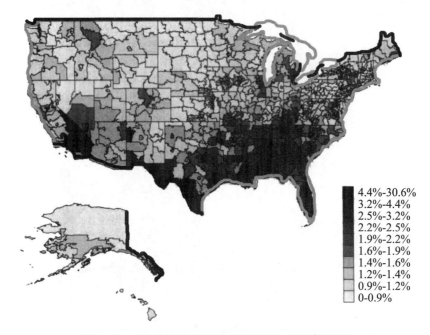

图 9-16　美国能够进行劳动所得税抵扣的家庭的分布

数据来源

Statistics of Income. "The Tax Data". US Internal Revenue Service.

(13)

> Berger, Daniel, William Easterly, Nathan Nunn, and Shanker Satyanath. 2013. "Commercial Imperialism? Political Influence and Trade during the Cold War." *American Economic Review*, 103（2）: 863-896.

研究问题：该文探究了美国的政治干预对被干预国海外市场的影响。

GIS 在文中的应用：作者以冷战时期美国中央情报局（CIA）对别国的介入衡量政治干预程度，试图检验政治干预是否扩大了被干预国的海外市场。图 9-17 展示了 1947—1989 年间，CIA 对他国政治干预程度在全球的分布：该数值以 CIA 介入他国政治的年份总和占 1947—1989 年这 42 年间的比重来计算，颜色越深代表比例越高，即干预越频繁。作者发现，越是被频繁干预的国家，其进出口活动越活跃，表明 CIA 的干预扩大了这些国家的海外市场。

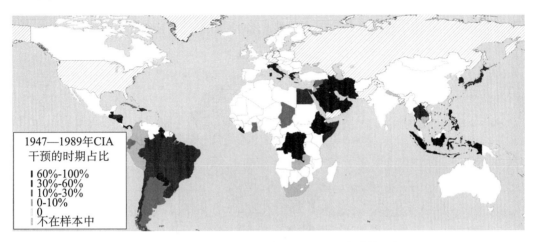

图 9-17　CIA 对他国的政治干预程度：全球的分布

数据来源

Blum, William. 2004. *Killing Hope: U. S. Military and C. I. A. Interventions since World War II*. Monroe, ME: Common Courage Press.

Library of Congress. *Country Studies Series*. http://lcweb2.loc.gov/frd/cs（访问时间为 2010 年）.

Weiner, Tim. 2007. *Legacy of Ashes*. New York: Doubleday.

Westad, Odd Arne. 2005. *The Global Cold War: Third World Interventions and the Making of Our Times*. Cambridge: Cambridge University Press.

Yergin, Daniel. 1991. *The Prize: The Epic Quest for Oil, Money, and Power*. New York: Simon & Schuster.

（14）

> Naidu, Suresh, and Noam Yuchtman. 2013. "Coercive Contract Enforcement: Law and the Labor Market in Nineteenth Century Industrial Britain." *American Economic Review*, 103（1）: 107-144.

研究问题：该文实证检验了英国《主人与仆役法》（Master and Servant Law）对劳动力流动性及工资的影响。

GIS 在文中的应用：在 1875 年之前，英国的劳资关系法被称作《主人与仆役法》。在该法律约束下，工人若自动离职要受刑事惩罚，而老板解雇工人最多需支付经济补偿。作者以产出品价格的外生上涨从而提高了劳动力需求为契机，研究雇主在此情况下是否会更多地利用该法律约束工人。作者展示了英国在 1858—1875 年间每千人中依据该法律提起的诉讼的年均数量，颜色越深代表诉讼越密集。随后作者利用劳动力市场需求的变化，实证分析了该法律对工人合同期限和工资的影响。

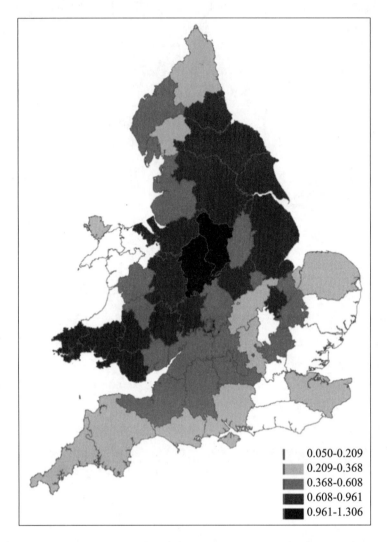

图 9-18　英国在 1858—1875 年每千人中依据《主人与仆役法》提起的诉讼的年均数量

数据来源

Judicial Statistics, England and Wales, 1858—1875. London: Her Majesty's Stationery Office. https://catalog.hathitrust.org/Record/000640778.

(15)

Auffhammer, Maximilian, and Ryan Kellogg. 2011. "Clearing the Air? The Effects of Gasoline Content Regulation on Air Quality." *American Economic Review*, 101 (6): 2687–2722.

研究问题：该文研究了美国《汽油成分管理条例》（Gasoline Content Regulations）是否能够有效降低臭氧污染。

GIS 在文中的应用：该文利用各州实施《汽油成分管理条例》的时间差异和规制力度的差异，研究了该制度能否有效减少臭氧排放。《汽油成分管理条例》包含三个阶段，管理力度逐渐增大。图 9-19 展示了各州的排放限制情况。随后，为评估该政策的实施效果，作者比较管理条例实施前后管理力度不同地区在臭氧排放方面的差异。

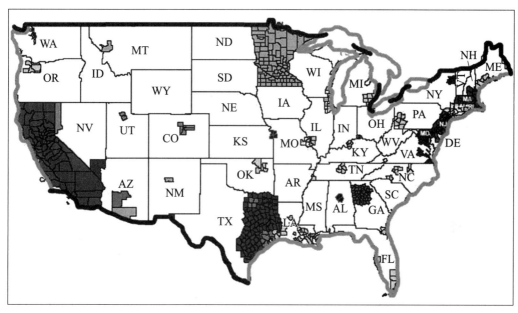

图例：
- 常规
- 北方改良汽油条例
- 南方改良汽油条例
- 加州清洁燃烧汽油条例
- 联邦/加州改良汽油条例
- 北方改良汽油条例（含乙醇）
- 南方改良汽油条例（含乙醇）
- 亚利桑那州清洁燃烧汽油条例
- 内华达州清洁燃烧汽油条例
- 得克萨斯州低排放柴油计划及州雷德蒸汽压力控制（7.8磅力/平方英寸）
- 得克萨斯州低排放柴油计划及联邦改良汽油条例的雷德蒸汽压力控制
- 雷德蒸汽压力条例（7.0磅力/平方英寸，含硫）
- 雷德蒸汽压力条例（7.0磅力/平方英寸）
- 雷德蒸汽压力条例（7.2磅力/平方英寸）
- 雷德蒸汽压力条例（7.8磅力/平方英寸）
- 含氧燃料/乙醇规定
- 含氧燃料/雷德蒸汽压力条例（7.0磅力/平方英寸）
- 含氧燃料/雷德蒸汽压力条例（7.8磅力/平方英寸）

图 9-19 各州的排放限制情况

数据来源

Environmental Protection Agency. 2006. *Air Quality Criteria for Ozone and Related Photochemical Oxidants*. Washington, DC: Environmental Protection Agency.

（16）

Alesina, Alberto, and Ekaterina Zhuravskaya. 2011. "Segregation and the Quality of Government in a Cross Section of Countries." *American Economic Review*, 101 (5): 1872–1911.

研究问题：该文研究了种族、语言和宗教的隔离对政府执政效果的影响。

GIS 在文中的应用：国家中种族、语言和宗教的隔离是可能导致政府执政效果下降的因素。由于隔离程度取决于人们的居住地的分布情况，而政策的实施可能导致某一种群发生群体迁徙，因此会产生内生性问题。作者为排除该影响，构建了理论模型，并加入邻国这一因素：若是邻国有同一种族的居住地，则该种族的迁徙会靠近边界；若是邻国没有该种族的居住地，则该种族的迁徙将在全国范围内更均匀地分布。图 9-20 以瑞士为例展示了作者根据该模型作出的预测。作者将瑞士根据交界国家的不同分为四部分，展示了各部分宗教的分布情况。其中 F 是与法国交界地区，I 是与意大利交界地区，A 是与奥地利交界地区，G 是与德国交界地区，虚线箭头所指的部分是与列支敦士登交界地区。通过分析瑞士各地区信仰不同宗教的人口比例的差异，可以发现一地区宗教人口的比例会受到周边国家主要宗教的影响，即宗教种群的迁徙更倾向于靠近有同样宗教信仰的周边国家。

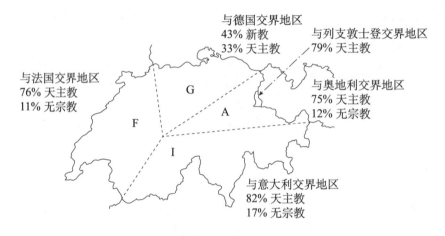

图 9-20 宗教在瑞士各部分的分布情况

数据来源

Alesina, Alberto, Arnaud Devleeschauwer, William Easterly, Sergio Kurlat, and Romain Wacziarg. 2003. "Fractionalization." *Journal of Economic Growth*, 8 (2): 155-194.

(17)

Bayer, Patrick, Robert McMillan, Alvin Murphy, and Christopher Timmins. 2016. "A Dynamic Model of Demand for Houses and Neighborhoods." *Econometrica*, 84 (3): 893-942.

研究问题：该文将住宅区选择的经典静态模型扩展为动态模型，并实证检验了住宅周边房价的变动对住宅需求和价格的影响。

GIS 在文中的应用：作者放宽了住宅区选择的经典静态模型中有关房屋价值不变的假设，推导出一个住宅区选择的动态模型。随后，文章利用旧金山湾区的真实数据对模型进行检验。图 9-21 展示了该区域房价的变动，灰色细线围成的区域表示相邻的约 10 000 栋房屋所形成的住宅区，颜色越深表示该住宅区房屋升值越高。

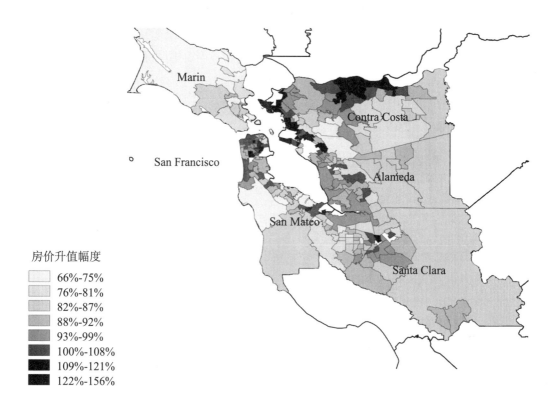

图 9-21 旧金山湾区房价变动

数据来源

The Bureau of the Census. 2000. "2000 Decennial Census." United States Department of Commerce, http://gethelp.library.upenn.edu/guides/govdocs/census/2000.html.

(18)

Fujiwara, Thomas. 2015. "Voting Technology, Political Responsiveness and Infant Health: Evidence from Brazil." *Econometrica*, 83 (2): 423-464.

研究问题：该文以巴西电子投票技术的引入为例，考察了投票难度的降低对于选民投票参与度以及选举结果的影响。

GIS 在文中的应用：巴西于 20 世纪 90 年代开始引入电子投票技术。在最初引入时，由于设备供应有限，只有注册选民人数超过 40 500 人的城市才能采用该技术，其余城市依旧采用纸质投票方式。这种技术采用的划分方法为作者通过断点回归进行考察提供了基础。图 9-22 展示了 1998 年巴西各地采用电子投票技术的情况。图中由黑色细线描绘出的区域为一个州，区域颜色越深代表着该州居住在采用电子投票技术的城市的选民人数越多，图中圆点代表采用电子投票技术的城市的中心位置。

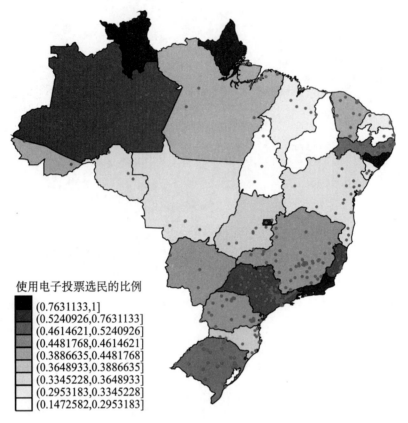

图 9-22 巴西各地采用电子投票技术的情况

数据来源

选民数据来自 Federal Electoral Authority，具体可参考网站 http://electionresources.org/br/index_en.html。

(19)

Aidt, Toke S., and Raphaël Franck. 2015. "Democratization under the Threat of Revolution: Evidence from the Great Reform Act of 1832." *Econometrica*, 83 (2): 505-547.

研究问题：该文以 1832 年英国议会通过改革法案为契机检验了潜在革命威胁对政权民主化的影响。

GIS 在文中的应用：作者在英国议会《1832 年改革法案》(the Great Reform Act) 的背景下，研究暴力威胁对民主化的影响。作者使用地图展示 1830—1831 年英国全境 244 个选区党派支持情况变化，如图 9-23 所示，其中黑色方块代表该选区大比例转投托利党人（保皇党），灰色方块代表该选区小比例转投托利党人；黑色圆圈代表该选区大比例转投辉格党人，灰色圆圈代表该选区小比例转投辉格党人；黑色三角形则代表该选区投票情况未发生改变。

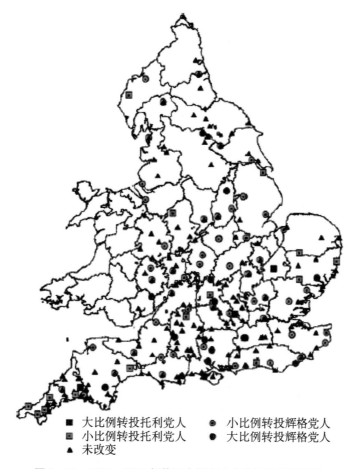

图 9-23 1830—1831 年英国全境 244 个选区的投票情况

数据来源

Adit, Toke S., and Raphaël Franck. 2013. "How to Get the Snowball Rolling and Extend the Franchise: Voting on the Great Reform Act of 1832." *Public Choice*, 155 (314): 229-250.

(20)

Turner, Mattew A., Andrew Haughwout and Wilbert van der Klaauw. 2014. "Land Use Regulation and Welfare." *Econometrica*, 82 (4): 1341-1403.

研究问题：该文研究了《土地使用条例》（Land Use Regulation）对土地价值及社会福利的影响。

GIS 在文中的运用：作者分别研究了《土地使用条例》在美国凤凰城（Phoenix）及该市与格伦代尔市（Glendale）接壤处的土地交易中的作用。作者认为这些条例不仅会限制当地土地使用，还会限制相邻地区土地使用，进而影响土地价值和社会福利。图 9-24 中的第一幅图展示了凤凰城土地分布情况，其中浅灰色区域代表该市大都市统计区（MSA）覆盖范围内的县，深灰色区域代表直辖市，黑点代表土地交易位置。第二幅图展示了凤凰城与格伦代尔市接壤处的土地交易情况，其中黑点密集区域中间的线为这两个城市的分界线，分界线左边为凤凰城，右边为格伦代尔市。

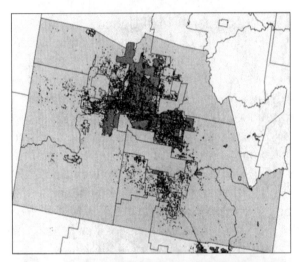

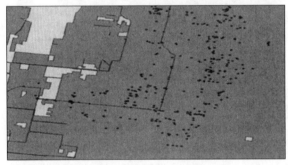

图9-24　凤凰城土地分布情况

数据来源

Gyourko, Joseph, Albert Saiz, and Anita A. Summers. 2008. "A New Measure of the Local Regulatory Environment for Housing Markets: The Wharton Residential Land Use Regulatory Index." *Urban Studies*, 45 (3): 693–729.

U. S. Geological Survey, 2011. "NLCD 2006 Land Cover Data. Sioux Falls."

(21)

Collard-Wexler, Allan. 2013. "Demand Fluctuations in the Ready-Mix Concrete Industry." *Econometrica*, 81 (3): 1003–1037.

研究问题：未来消费需求如何影响现有市场上企业的生产行为？该文以混凝土产业为例，就需求冲击对企业投资、扩张及退出等行为的影响进行了检验。

GIS在文中的应用：图9-25展示了美国中西部混凝土产业分布情况。作者根据混凝土厂登记厂址所在地邮编确定其在地图中的位置。方块大小代表该地区混凝土厂的分布数量，面积愈大表示混凝土厂愈多。

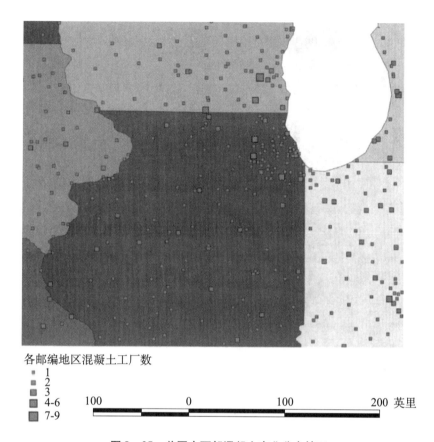

各邮编地区混凝土工厂数
- 1
- 2
- 3
- 4-6
- 7-9

图 9-25　美国中西部混凝土产业分布情况

数据来源

有关混凝土厂厂址所在地邮编信息来自 http://www.census.gov/epcd/www/zbp_base.html。

(22)

Combes, Pierre-Philippe, Gilles Duranton, Laurent Gobillon, Diego Puga, and Sébastien Roux. 2012. "The Productivity Advantages of Large Cities: Distinguishing Agglomeration from Firm Selection." *Econometrica*, 80 (6): 2543–2594.

研究问题：该文以法国为例评估了城市规模对企业生产力的影响。

GIS 在文中的应用：该研究分别用就业密度和全要素生产率来衡量城市规模和企业生产力。为清晰展示二者间的关系，并为后续的因果识别作铺垫，作者利用 GIS 绘制了地图来展示上述指标的空间分布，如图 9-26 所示，其中，左图基于法国 341 个地区就业密度指标绘制而成，右图则为全要素生产率指标，颜色越深表示数值越大。由图可见，两个指标的空间分布有所重叠，这为后续的因果分析提供了一定佐证。

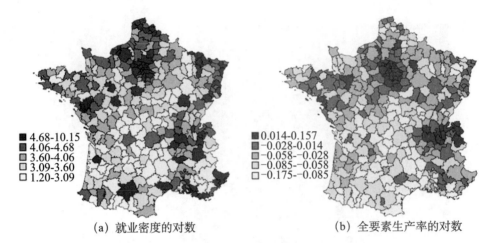

(a) 就业密度的对数　　　　　(b) 全要素生产率的对数

图 9-26　就业密度和全要素生产率空间分布

数据来源

The French National Statistical Institute. 1994－2002. BRN-RSI Dataset.

The French National Statistical Institute. 1994－2002. SIREN Dataset.

The French National Statistical Institute. 1994－2002. DADS Dataset.

可参见网址 https://www.insee.fr/en/accueil。

(23)

> Fogli, Alessandra, and Laura Veldkamp. 2011. "Nature or Nurture? Learning and The Geography of Female Labor Force Participation." *Econometrica*, 79 (4): 1103－1138.

研究问题：该文研究了信息对女性就业的影响。

GIS 在文中的运用：女性一般会通过观察身边女性就业对其孩子的影响来决定自己是否就业。图 9-27 至图 9-29 分别展现了自 1940 年起每隔 20 年美国各县劳动力参与率的情况，其中颜色越深的区域表示女性劳动力参与率越高。

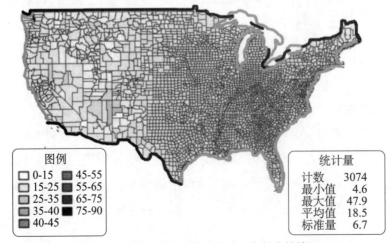

图 9-27　1940 年美国各县劳动力参与率的情况

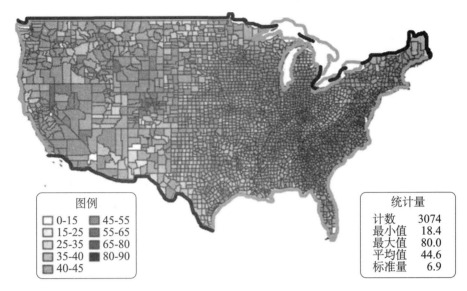

图 9－28　1960 年美国各县劳动力参与率的情况

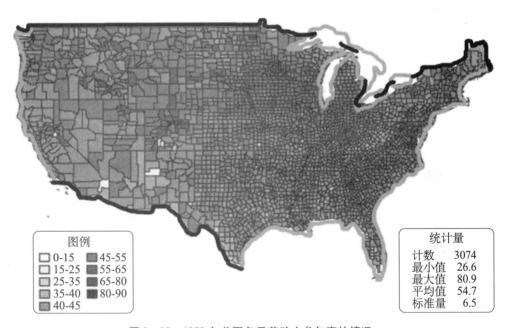

图 9－29　1980 年美国各县劳动力参与率的情况

数据来源

U. S. Decennial Census，参见网址 https://www. census. gov/history/www/programs/demographic/decennial_census. html。

Census Bureau's American Community Survey，参见网址 https//www. census. gov/programs-surveys/acs/。

Inter-University Consortium for Political and Social Research：Historical, Demographic, Economic, and Social Data：The United States，2000－2010，参见网址 https://www. icpsr. umich. edu。

(24)

> Gowrisankaran, Gautam, Stanley S. Reynolds, and Mario Samano. 2016. "Intermittency and the Value of Renewable Energy." *Journal of Political Economy*, 124 (4): 1187-1234.

研究问题：该文通过模型构建考察了可再生能源的经济净价值。

GIS 在文中的应用：由于太阳能等可再生能源往往因气候等因素具有不可持续性，因此想要稳定使用这些能源就需要保证充足的储备，这无疑会给可再生能源的使用带来成本。为了估算可再生能源的经济净价值，作者首先构建了一个模型。随后，作者将构建的模型应用到美国亚利桑那州图森（Tucson）地区的太阳能电站，估算了该地区太阳能电站的经济净价值。图 9-30 展示了美国各地区的日照强度，颜色越深代表该地区日照强度越大。可以看到，就日照强度而言，样本中的图森地区位于美国最适宜建立太阳能电站的区域。图 9-31 进一步展示了图森地区的太阳能电站分布情况，图的中心为图森地区的中心，每个圆圈间隔为 10 千米，不同样式的点代指不同规模的太阳能电站。

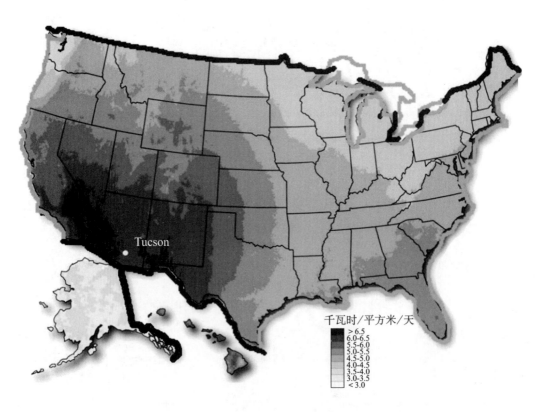

图 9-30　美国日照程度分布情况

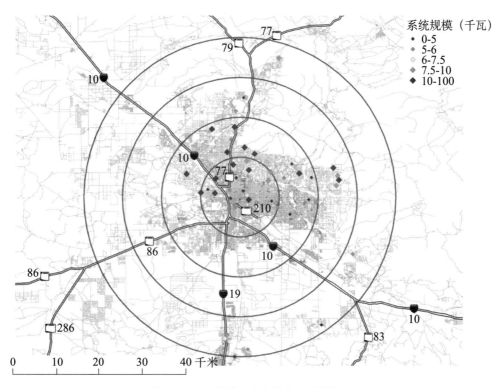

图 9-31　图森地区太阳能电站分布情况

数据来源

美国海洋暨大气总署（National Oceanic and Atmospheric Administration），参见网址 https://www.noaa.gov。

亚利桑那大学光电研究实验室（University of Arizona Photovoltaics Research Lab），参见网址 https://uapvold.engr.arizona.edu。

（25）

Aaronson, Daniel, and Bhashkar Mazumder. 2011. "The Impact of Rosenwald Schools on Black Achievement." *Journal of Political Economy*, 119（5）: 821-888.

研究问题：该文研究了黑人乡村学校对黑人学生的作用。

GIS 在文中的应用：两次世界大战之间，美国南方的黑人与白人教育水平差距迅速缩小，作者认为罗森沃尔德学校是重要原因。罗森沃尔德学校是专门为乡村黑人建立的 5 000 多所学校的总称。作者首先通过着色地图展示了罗森沃尔德学校不断发展的过程。图 9-32 展示了 1920 年、1925 年和 1932 年罗森沃尔德学校在各县的数量。颜色越深，表示罗森沃尔德学校的数量越多。图 9-33 进一步展示了 1932 年各县乡村黑人适龄儿童中可被罗森沃尔德学校容纳的比例，颜色越深，表示入学儿童的占比越高。作者利用学校建成数量的差异以及黑人学生的比例差异对罗森沃尔德学校的作用进行了识别，发现它能够促进课堂表现、识字率、成绩等学习成果。考虑到后期罗森沃尔德学校建立的内生性，而早期学校的选址相对随意，作者又在首个学校所在地亚拉巴马州进行了实证估计。图9-34展示了作者研究的亚拉巴马州地区，深灰色地区为样本所在地。

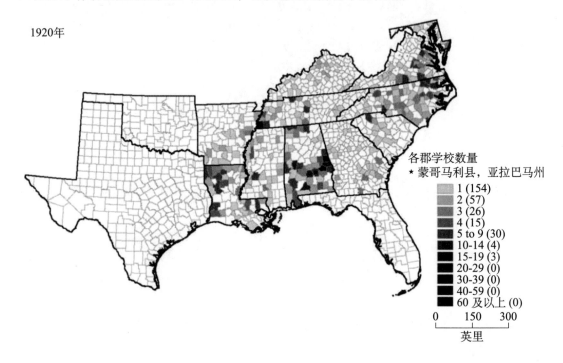

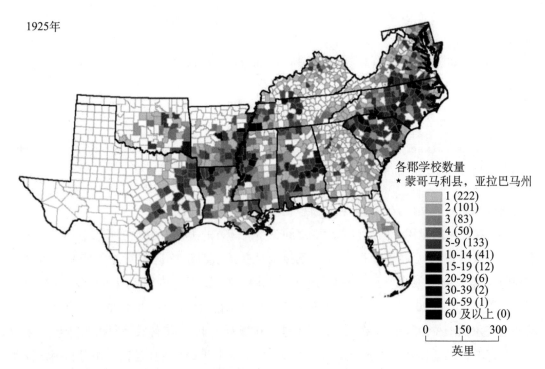

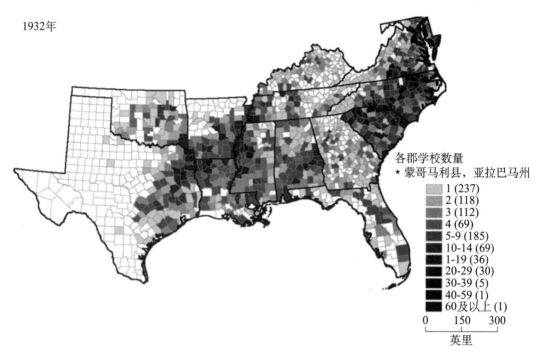

图 9-32　1920年、1925年、1932年罗森沃尔德学校在各县的数量

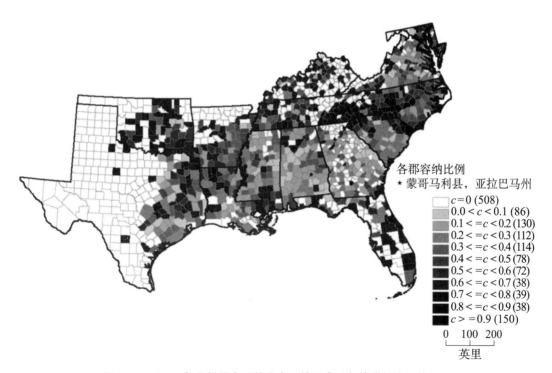

图 9-33　1932年乡村黑人适龄儿童可被罗森沃尔德学校容纳的比例

图 9-34 首个学校所在地亚拉巴马州

数据来源

Fisk University. "Rosenwald Fund's Archives. " http://rosenwald. fisk. edu/.

US Census Bureau. 1900, 1910, 1920, 1930. "The United States Census. " Department of Commerce. http://fisher. lib. virginia. edu/collections/stats/histcensus/php/county. php.

National Archives and Records Administration. 2002. "WWII U. S. Army Enlistment Records. " https://aad. archives. gov/aad/series-description. jsp? s = 3360&cat = all&bc = sl.

(26)

Libecap, Gary D. , and Dean Lueck. 2011. "The Demarcation of Land and the Role of Coordinating Property Institutions." *Journal of Political Economy*, 119 (3): 426 – 467.

研究问题：该文研究了不同的土地划界制度对经济发展的影响。

GIS 在文中的应用：土地划界往往意味着产权的划分，后者对经济发展具有重要作用。该文研究的两种土地划界制度分别是"度量和边界"（metes and bounds, MB）以及"矩形系统"（rectangular system, RS）。前者根据地形进行不规则的土地规划，而后者则对地区统一进行方形划分，不考虑地形因素。作者认为 MB 会导致边界的不明晰，而 RS 可以帮助界定、协调并保护产权，因此预期采用 RS 划分土地的地区将具有更好的经济发展。该文所研究的地区是俄亥俄州的弗吉尼亚，其土地是由 MB 制度划定的，弗吉尼亚的周边地区则是根据 RS 制度进行划定的。图 9-35（a）展示了俄亥俄州的 39 个县，其中应用 MB 的是深色区域，应用 RS 的是浅色区域，最浅色区域不在研究范围内。而为了进一步减少地域差异，作者以乡镇为单位，只研究弗吉尼亚边界两侧应用不同土地划界制度的乡镇。图 9-35（b）用三种颜色对样本进行了表示，颜色最深的地区应用

MB，颜色较浅的地区应用 RS，颜色最浅的地区被作者排除在样本之外。最后，作者利用图 9–36 展示了两种土地划界模式下的经济发展差异：黑色表示该地区采用 RS 时经济效益更高，白色表示该地区采用 MB 时效益更高，灰色阴影部分则是采用两种土地划界方式差异不大的地区。整体来讲，RS 制度的确更有助于经济发展。

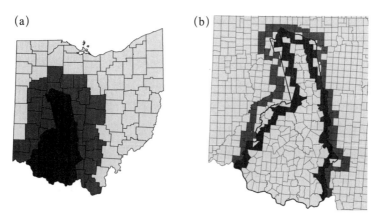

图 9–35　美国俄亥俄州两种土地划分制度

—— 弗吉尼亚军区边界
■ RS 方式下经济效益更高的地区
▨ 无显著差异（$p<0.05$）
□ MB 方式下经济效益更高的地区

图 9–36　两种土地划界模式下的经济发展差异

数据来源

US Census Bureau. Various years. "The United States Census." Department of Commerce. http://fisher.lib.virginia.edu/collections/stats/histcensus/php/county.php.

(27)

Muralidharan, Karthik, and Venkatesh Sundararaman. 2011. "Teacher Performance Pay：

Experimental Evidence from India." *Journal of Political Economy*, 119 (1): 39–77.

研究问题：该文研究了金钱激励能否提高教师的教学表现。

GIS 在文中的应用：激励措施能否提高教师表现是教育政策研究的一个重要问题，但是相关实证证据较为缺乏，该文利用随机实验弥补了这一文献缺陷。作者的研究区域为印度的安得拉邦（Andhra Pradesh，AP）地区，在图 9-37（a）中用深灰色标出。作者选取该地区的原因是该地区的入学率、识字率、婴儿死亡率及教师缺口比例都与印度整体的平均水平类似。而图 9-37（b）的左图展示了安得拉邦地区中三个历史上截然不同的社会文化区域，考虑到不同社会文化区域对教育可能会有不同的影响，作者在三个区域都选取了样本，这些样本在（b）的右图用深色阴影标出。最终的研究结果表明针对教师的外部金钱激励能够提高其教学表现。

(a)

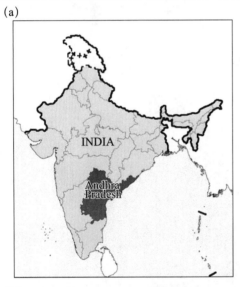

	印度	安得拉邦
入学率(6—11岁) (%)	95.9	95.3
识字率 (%)	64.8	60.5
教师缺口比例 (%)	25.2	25.3
婴儿死亡数（每千人）	63	62

(b)

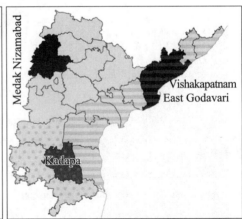

图 9-37　印度安得拉邦地区及其社会文化区域

数据来源

Pratham. 2010. *Annual Status of Education Report*. New Delhi：Pratham.

（28）

Snyder, James M., and David Strömberg. 2010. "Press Coverage and Political Accountability." *Journal of Political Economy*, 118（2）：355-408.

研究问题：该文研究了媒体覆盖率对选民对于政治家的熟悉程度及媒体覆盖率对政治家政治行为的影响。

GIS 在文中的应用：政治家在媒体中的曝光度极大可能会影响其工作的努力程度与政策选择。考察该问题面临的困难在于媒体报道某一政治家的频率可能内生于该政治家的行为，因此如何衡量政治家在媒体中的覆盖率是一个非常棘手的问题。为了解决这个问题，该文构建了一个相对外生的衡量政治家在媒体中的覆盖率的指标：一个县所发行的报纸有多大程度上是销往本选举区内的。该指标越高，说明该选区的政治家在该县的媒体覆盖率越高。图 9-38 以密苏里州为例展示了该指标的分布情况：左图展示了苏里州各选举区的划分，右图展示了该指标在每个选举区不同县内所处的分段，颜色越深代表该县所发行的报纸销往本选区内的比例越高。

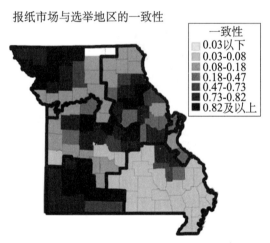

图 9-38 密苏里州各选举区划分及媒体覆盖率

数据来源

美国 2000 年人口普查，参见网址 https://www.census.gov/main/www/cen2000.html。

The Audit Bureau of Circulation（ABC），参见网址 http://www.auditbureau.org。

Standard Rate and Data Service，参见网址 http://next.srds.com/home。

(29)

> Adena, Maja, Ruben Enikolopov, Maria Petrova, Veronica Santarosa, and Ekaterina Zhuravskaya. 2015. "Radio and the Rise of the Nazis in Prewar Germany." *Quarterly Journal of Economics*, 130 (4): 1885 – 1939.

研究问题：该文以纳粹电台为例，研究了电台对人们政治态度的影响。

GIS 在文中的应用：独裁者往往通过民主选举上台，作者认为支持他们的大众媒体是独裁者说服民众、赢得选举的关键之一。图 9 – 39 展示了 1928—1933 的五次选举期间纳粹电台在不同地区的信号强度。颜色越深，代表该地区纳粹电台的信号越强，人们越能收听到纳粹电台的广播。结合当地电台的播放内容及投票率可以发现，当传播的信息与听众的倾向一致时，能够产生最好的宣传效果。

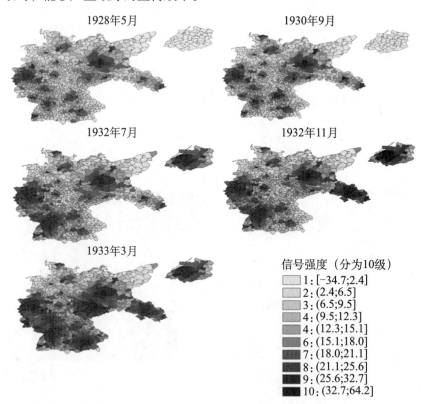

图 9 – 39　1928—1933 年五次选举期间纳粹电台在不同地区的信号强度

数据来源

Bausch, Hans. 1956. *Der Rundfunk im politischen Kräftespiel der Weimarer Republik* 1923 – 1933. Tübingen: Mohr.

(30)

> Jha, Saumitra. 2015. "Financial Asset Holdings and Political Attitudes: Evidence from Revolutionary England." *Quarterly Journal of Economics*, 130 (3): 1485 – 1545.

研究问题：该文研究了父亲居住地对英国议员购置海外资产和参与反叛行为的影响。

GIS 在文中的应用：作者发现，父亲居住地会影响议员的海外投资，进而影响议员的反叛行为。图 9‐40 展示了 505 位当选 1628 年议会议员的父亲的居住地。其中图 9‐40（a）中用方块标识的点表示该议员有海外投资，白点则代表没有海外投资；图 9‐40（b）中的深色圆点代表该议员参加了反叛；方块表示没有参与反叛，但是有海外投资；白点代表没有海外投资，也没有参与反叛。从图中可发现，父亲的居住地在伦敦附近的议员更容易参与海外投资和反叛。

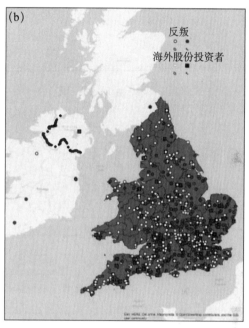

图 9‐40　议员参与海外投资及反叛情况

数据来源

Keeler, Mary Frear. 1954. *The Long Parliament*：1640‐1641, *A Biographical Study of Its Members*. Philadelphia：American Philosophical Society.

Rabb, Theodore K. 1967. *Enterprise and Empire*：*Merchant and Gentry Investment in the Expansion of England*, 1575‐1630. Cambridge：Harvard University Press.

(31)

Blattman, Christopher, Nathan Fiala, and Sebastian Martinez. 2014. "Generating Skilled Self-employment in Developing Countries：Experimental Evidence from Uganda." *Quarterly Journal of Economics*, 129 (2)：697‐752.

研究问题：该文评估了乌干达政府对穷人的技能培训及向穷人提供创业资金的效果。

GIS 在文中的应用：乌干达政府在 17 个地区为穷人提供支持，其具体内容是鼓励年轻人组建小组并提交创业申请，政府审核通过后给予资助和技能培训。作者开始研究时，尚有 14 个地区有资金剩余，故作者的研究就基于这 14 个地区，而这 14 个地区在 2008 年被政府重新划分为 22 个地区。图 9-41 中的灰色区域是重新划分后的 22 个研究区域。图 9-42 进一步展示了每一个区域中受资助小组的数量。其中浅色代表只有一个受资助小组，灰色代表有两个受资助小组，而深灰色代表有三个或以上的受资助小组。作者发现，相较于未受资助地区的人，受资助的人的资产、工作时长和收入都有显著提高。

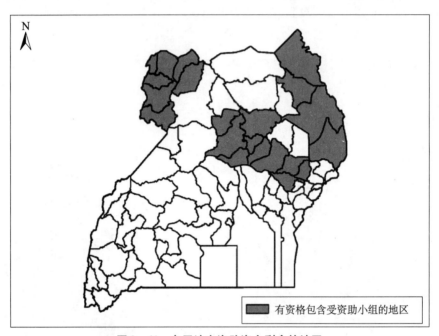

图 9-41　乌干达有资助资金剩余的地区

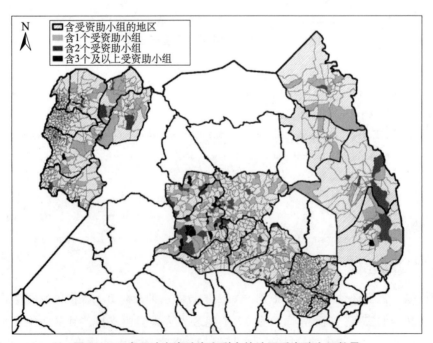

图 9-42　乌干达有资助资金剩余的地区受资助小组数量

数据来源

Youth Opportunities Program (YOP),其官方网站为 https://www.youthop.com/。

(32)

> Burchardi, Konrad B., and Tarek A. Hassan. 2013. "The Economic Impact of Social Ties: Evidence from German Reunification." *Quarterly Journal of Economics*, 128 (3): 1219-1271.

研究问题:该文以柏林墙的倒塌为例,探究了个体间社会关系对区域经济发展的影响。

GIS 在文中的应用:作者借柏林墙隔断民主德国和联邦德国的社会联系这一历史事件,分析了柏林墙倒塌后,因国家统一而建立起的更紧密的社会联系对经济发展的促进作用。作者发现,原先住在联邦德国的人若与民主德国有社会联系,那么在柏林墙倒塌后他们就会获得更快的收入水平增长,并且这种个体效应能够扩散到地区层面。建起柏林墙时,一些民主德国的人被驱逐到联邦德国,由于他们在联邦德国定居的分布不同,社会关系的分布密度也呈现出地区差异。图 9-43 展示了来自民主德国的被驱逐者进入联邦德国后的定居分布,10 种颜色代表 10 个十分位数,颜色深代表定居人数多。作者对这一差异和随后德国的地区经济发展进行了回归分析。

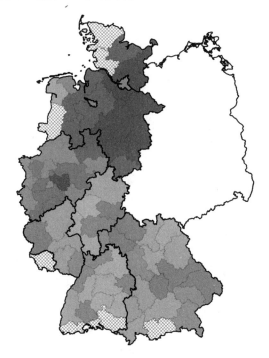

图 9-43 来自民主德国的被驱逐者进入联邦德国后的定居分布

数据来源

Statistisches Bundesamt. 1961. "1961 Census." Federal Ministry of the Interior.

(33)

Voigtländer, Nico, and Hans-Joachim Voth. 2012. "Persecution Perpetuated: The Medieval Origins of Anti-Semitic Violence in Nazi Germany." *Quarterly Journal of Economics*, 127 (3): 1339–1392.

研究问题：该文研究了中世纪黑死病爆发时期针对犹太人的厌恶情绪对第二次世界大战期间纳粹德国反犹主义兴起的影响。

GIS 在文中的应用：中世纪时期，黑死病肆虐。当时一些欧洲人认为犹太人是黑死病的主要携带与传播者，因此对犹太人展开了大规模的讨伐与杀虐。这种历史上对犹太人的厌恶情绪会随着黑死病的结束而终止，还是会长时间延续？基于中世纪黑死病爆发数量、犹太人分布以及第二次世界大战时期主张反犹主义的纳粹政党的得票率，该文考察了中世纪时期由黑死病导致的针对犹太人的厌恶情绪是否促进了纳粹德国反犹主义的兴起。图9-44展示了1348—1350年间德国各郡对犹太人屠杀的情况。屠杀情况用屠杀频率衡量，该指标为每个郡发生屠杀犹太人的村庄数量除以该郡总村庄数量，颜色越深的郡对犹太人的屠杀越严重。图9-44右下角小图中的圆点代表黑死病时期没有发生屠杀犹太人的村庄，方块代表发生屠杀犹太人的村庄。图9-45展示了1928年各郡选举中纳粹政党的得票率，颜色越深的郡表示纳粹政党的得票率越高。可以看到，纳粹得票率较高的郡与中世纪黑死病爆发时期对犹太人屠杀严重的郡高度重合。

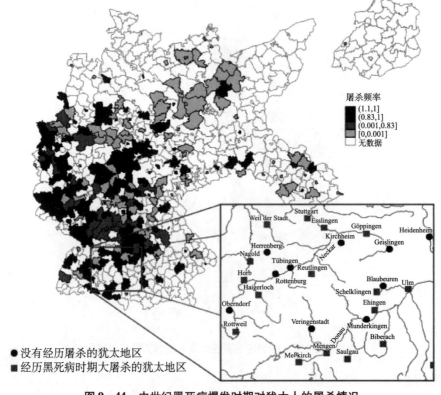

图9-44 中世纪黑死病爆发时期对犹太人的屠杀情况

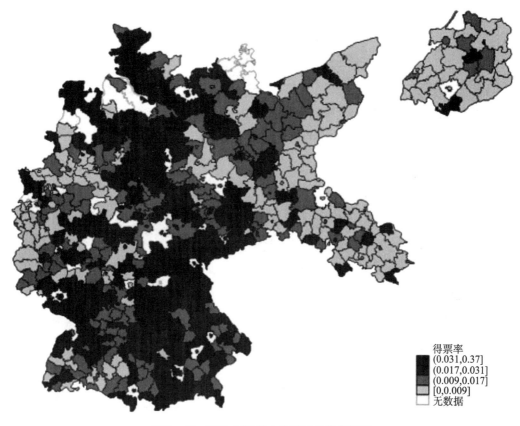

图 9-45　1928 年选举中纳粹政党的得票率

数据来源

Avneri, Zvi, 1968. *Germania Judaica*, Bd. 2: *Von 1238 bis zur Mitte des 14 Jahrhunderts*. Tübingen: J. C. B. Mohr.

Haverkamp, Alfred. 2002. *Geschichte der Juden im Mittelalter von der Nordsee bis zu den Südalpen*; Kommentiertes Kartenwerk. Hannover: Hahn.

(34)

Michaels, Guy, Ferdinand Rauch, and Stephen J. Redding. 2012. "Urbanization and Structural Transformation." *Quarterly Journal of Economics*, 127 (2): 535 – 586.

研究问题：该文研究了美国城市化过程中的人口变化及产业转移问题。

GIS 在文中的应用：作者研究了美国城市化过程中初始人口数量与其后人口增长速率之间的关系。为了更好地对比不同时期美国各州内部的空间变化，作者构建了 MCD（minor civil divisions）数据库：MCD 是美国人口普查局用于调查的专有指标，MCD 越高，代表该地区的城市化程度越高。图 9-46 展示了各州 MCD 数据的完整度（有些州没有 1880 年普查数据因此 MCD 数据不完整，被排除在样本之外）。作者对 1880 年的 MCD 和 2000 年的 MCD 进行匹配，其中匹配度高于 0.9 的地区归为 A 类，如图中的爱荷华州、印第安纳州等；匹配度高于 0.7 小于 0.9 的地区归为 B 类，如图中的伊利诺伊州、密苏里州等；匹配度低于 0.7 的地区归为 C 类，如图中的加利福尼亚州、堪萨斯州等；A、B、C 三类州被纳入研究样本中，而无法取得 1880 年普查数据且只有县级层面 MCD 数据的州（图中白色方块和较为稀疏的点表示的州，如俄克拉何马州、内华达州等）被排除在样本之外。

图 9-46　美国各州 MCD 数据的完整度

数据来源

Census. 1940. U. S. Census Bureau, Sixteenth U. S. Census of Population and Housing. www. census. gov/prod/www/abs/decennial/1940. htm.

Census. 2000a. U. S. Census Bureau, U. S. Census of Population and Housing. www. census. gov/main/www/cen2000. html.

Census. 2000b. U. S. Census Bureau, American Factfinder.

Census. 2000c. U. S. Census Bureau, Bureaus Geographic Areas Reference Manual. http：//www. census. gov/geo/www/garm. html.

Census. 2000d. U. S. Census Bureau, Census 2000 Basics, Chapter 4：Geographic Areas. http：//www. census. gov/mso/www/c2000basics/chapter4. htm.

NAPP. 2006. North Atlantic Population Project and Minnesota Population Center. https：//www. nappdata. org/napp/

NARA. 2002. "Descriptions of Census Enumeration Districts, 1830－1950." Microfilm Publication T1224, Washington, D. C.：National Archives and Records Administration.

NARA. 2003. "Enumeration District Maps for the Twelfth Through Sixteenth Censuses of the United States, 1900－1940." Microfilm Publication A3378, compiled by Claire Prechtel-Kluskens, Washington, DC：National Archives and Records Administration.

(35)

Putterman, Louis, and David N. Weil. 2010. "Post-1500 Population Flows and the Long-Run Determinants of Economic Growth and Inequality." *Quarterly Journal of Economics*, 125 (4): 1627-1682.

研究问题：该文研究了早期移民对全球种族不平等及经济增长的长期影响。

GIS 在文中的应用：图 9-47 展示了世界各地移民状况及种族分布，其中灰色阴影颜色深浅代表移民人口占当地人口的比例，颜色越深表示移民人口所占比重越大，实心圆表示各地人口组成，不同颜色的深浅分别表示当地人口、欧洲人、撒哈拉以南非洲人及其他人口。

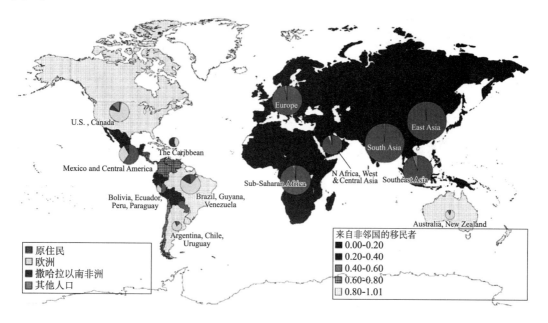

图 9-47　世界各地移民状况及种族分布

数据来源

McEvedy, Colin, and Richard Jones. 1978. *Atlas of World Population History*. Harmondsworth, Middx: Penguin Books.

(36)

Andersen, Thomas Barnebeck, Carl-Johan Dalgaard, and Pablo Selaya. 2016. "Climate and the Emergence of Global Income Differences." *Review of Economic Studies*, 83 (4): 1334-1363.

研究问题：该文研究了收入冲击对武装冲突的影响。

GIS 在文中的运用：目前主要有两个理论来解释收入冲击对武装冲突的影响：收入的

增加可能会带来工资的提升，提高劳动者参与犯罪或是武装冲突活动的机会成本，进而减少武装冲突，此为机会成本效应；另一方面，收入的增加也可能带来更多的暴力，即通过掠夺获得更多的资源或是更高的回报率，此为强暴效应。该文以咖啡和石油为例，利用国际商品市场的外生价格冲击和哥伦比亚内战的丰富数据集来评估不同的收入冲击如何影响武装冲突。图9-48（a）展示了哥伦比亚境内咖啡产业的分布，颜色越深，代表该产业越密集；（b）则展示了石油产业的分布，同样地，颜色越深，代表该产业越密集。

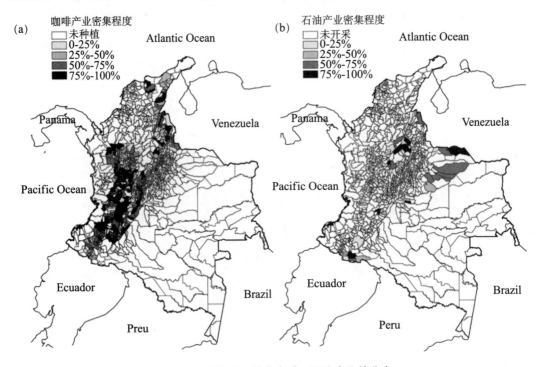

图9-48　哥伦比亚境内咖啡、石油产业的分布

数据来源

IGAC，参见网址 http://www.igac.gov.co。

National Federation of Coffee Growers（NFCG），参见网址 https://www.federaciondecafeteros.org/particulares/en/。

Ministry of Mines and Energy，参见网址 http://www.minminas.gov.co。

（37）

> Beath, Andrew, Fotini Christia, Georgy Egorov, and Ruben Enikolopov. 2016. "Electoral Rules and Political Selection: Theory and Evidence from a Field Experiment in Afghanistan." *Review of Economic Studies*, 83（3）: 932-968.

研究问题：该文以阿富汗为研究对象，通过随机实验实证检验了选举规则对选举结果及地区政治的影响。

GIS在文中的应用：公民选举时主要会在两类候选人之间权衡：一类是与他们政策立

场比较接近的候选人,另外一类则是执政能力较强的候选人。该文结合随机实验检验了不同选举规则对选举结果和政策制定的影响。作者在研究中选取了 10 个行政区中的 250 个村庄作为实验对象,并绘制了地图来直观展示这些分析样本的空间分布。其中,灰色曲线标识的区域为分析样本所在位置。

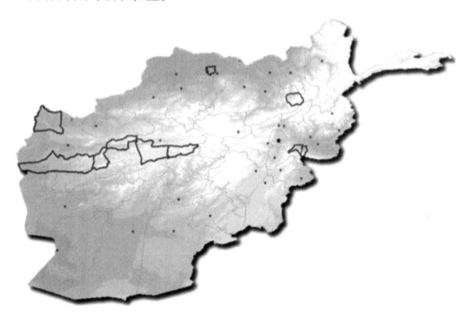

图 9-49　阿富汗境内样本所在位置

数据来源

National Solidarity Program,该项目的详情可参见网址 http://documents.worldbank.org/curated/en/571191468185339634/Afghanistan-National-Solidarity-Project。

(38)

Barsbai, Toman, Hillel Rapoport, Andreas Steinmayr, and Christoph Trebesch. 2017. "The Effect of Labor Migration on the Diffusion of Democracy: Evidence from a Former Soviet Republic." *American Economic Journal: Applied Economics*, 9 (3): 36-69.

研究问题:该文以摩尔多瓦为例,研究了劳务移民对原籍国民主化进程的影响。

GIS 在文中的应用:劳务移民,尤其是在比原籍国拥有更先进民主制度的国家工作的劳务移民,可能会影响其亲属、朋友和其他移民家庭成员的投票行为和政治态度。基于此,作者结合人口普查、选举和调查数据,绘制了摩尔多瓦的劳务移民分布图。图 9-50 的左图展示的是摩尔多瓦境内劳务移民占总体人口数的比例分布图,颜色越深的区域代表劳务移民越多;右图展示的是摩尔多瓦境内向西迁移的劳务移民占总劳务移民数的比例分布,颜色越深的区域代表向西迁移的劳务移民数量越多。

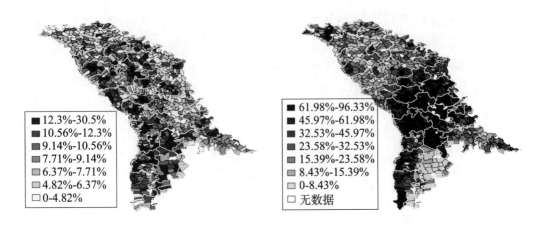

图 9-50 摩尔多瓦境内劳务移民情况

数据来源

2004 Population Census，参见网址 http://statistica.gov.md/pageview.php?l=en&idc=479。

(39)

Adukia, Anjali. 2017. "Sanitation and Education." *American Economic Journal*: *Applied Economics*, 9 (2): 23-59.

研究问题：该文以印度中小学为例，考察了学校卫生设施对学生入学率的影响。

GIS 在文中的应用：结合校级公厕数据，该文考察了卫生设施对学生入学率的影响。主要数据集来自地区教育信息系统（district information system for education，DISE）政府数据，所包含的学校来自 269 个地区。图 9-51 展示了上述地区的地理分布。根据 2001 年印度人口普查的数据，这些抽样地区的平均特征与全国农村平均水平相似。

图 9-51 主要样本包含的地区范围

数据来源

DISE（District Information System for Education）. 2002. Government of India，可参见网址 http://school. udise. in。

（40）

Barnhardt, Sharon, Erica Field, and Rohini Pande. 2017. "Moving to Opportunity or Isolation? Network Effects of a Randomized Housing Lottery in Urban India." *American Economic Journal*: *Applied Economics*, 9 (1): 1-32.

研究问题：该文研究了印度公共项目摇号安居政策的长期经济影响。

GIS 在文中的运用：1987 年印度实施了摇号安居（Housing Lottery）项目，这为贫民窟居民提供了一个可以到市中心居住的机会。作者在 2007 年对自 1987 年起参与摇号安居项目的居民进行了问卷调查，试图评估上述政策的长期经济影响。

图 9-52 展示了 1987 年艾哈迈达巴德（Ahmedabad）居民住宅选址的分布情况，其中 A 表示市中心，黑色点表示摇到号并且举家搬迁至中心地区的居民，深灰色点表示摇到号但未搬迁至市中心的居民，浅灰色点表示未摇到号的居民。可以发现在市中心地区，摇到号和未摇到号的居民比例基本趋同。

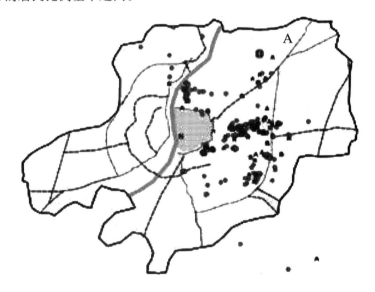

图 9-52　1987 年艾哈迈达巴德居民住宅选址的分布情况

图 9-53 展示了 2007 年艾哈迈达巴德居民住宅选址的分布情况。同样地，A 表示市中心，黑点表示摇到号并且举家搬迁至中心地区的居民，深灰色点表示摇到号但未搬迁至市中心的居民，浅灰色点表示未摇到号的居民。可以发现 20 年后，摇号安居项目涉及的居民住宅选址范围大幅拓宽，且在市中心地区出现了部分成功摇号并搬迁居民的集聚。

图 9-53 2007 年艾哈迈达巴德居民住宅选址的分布情况

数据来源

City government of Ahmedabad，参见网址 https://ahmedabad.nic.in。

Self Employed Women's Association（SEWA），参见网址 http://www.sewa.org。

(41)

> Haggag, Kareem, Brian McManus, and Giovanni Paci. 2017. "Learning by Driving: Productivity Improvements by New York City Taxi Drivers." *American Economic Journal*: *Applied Economics*, 9 (1): 70-95.

研究问题：该文以纽约出租车司机为例，研究了"做中学"对生产效率及工作综合表现的影响。

GIS 在文中的运用：作者利用不同时间段出租车司机的小时收入来衡量其在不同外部环境下的生产效率变化。图 9-54 展示了纽约出租车司机在工作日早上八点、工作日下午三点、工作日晚上十点和周末晚上十点四个不同时间段内的小时收入情况；颜色越淡的区域代表出租车司机的小时收入越低。

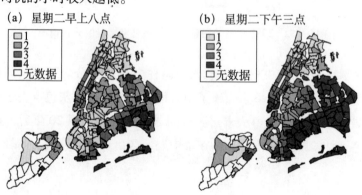

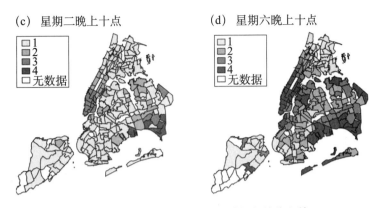

图 9-54 纽约出租车司机不同时间段的收入情况

数据来源

The New York City Taxi and Limousine Commission（TLC），参见网址 https://www.ny-defense.com/new-york-city-taxi-and-limousine-commission/。

（42）

Cagé, Julia, and Valeria Rueda. 2016. "The Long-Term Effects of the Printing Press in Sub-Saharan Africa." *American Economic Journal: Applied Economics*, 8（3）: 69-99.

研究问题：该文以新教在撒哈拉以南非洲地区的传教过程为例实证检验了打印机推广对当地社会资本积累的长期影响。

GIS 在文中的应用：为了直观描述研究核心变量的地理空间分布，该文作者在图 9-55 中展示了 1903 年撒哈拉以南非洲地区新教传教站地理分布、打印机配备以及调研城市的分布概况。在图中，十字和圆点分别代表历史上没有配备打印机的传教站和配备了打印机的传教站位置，不同色块代表不同语言区域的城镇数量，颜色越深表示该区域城镇数量越多。

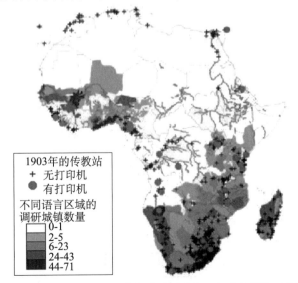

图 9-55 1903 年撒哈拉以南非洲地区新教传教站地理分布、打印机配备以及调研城市的分布概况

数据来源

Beach, Harlan. 1903. *A Geography and Atlas of Protestant Missions: Their Environment, Forces, Distribution, Methods, Problems, Results and Prospects at the Opening of the Twentieth Century. Vol. II.* New York: Student Volunteer Movement for Foreign Missions.

(43)

Lu, Yao, and David J. G. Slusky. 2016. "The Impact of Women's Health Clinic Closures on Preventive Care." *American Economic Journal: Applied Economics*, 8 (3): 100–124.

研究问题：该文研究了妇女保健诊所关闭对妇女预防护理效果的影响。

GIS 在文中的应用：美国很多妇女保健诊所依赖政府资金维持运营，政府资金供给的不确定性会导致诊所关闭，最终可能会影响妇女健康。作者利用政府大幅削减妇女预防保健资金作为外生冲击，检验了妇女保健诊所的关闭对妇女健康的影响。图9-56、图9-57和图9-58展示了政府削减资金前后得克萨斯州与威斯康星州妇女保健诊所的分布，图中的圆点代表诊所位置。作者认为诊所关闭加大了妇女到诊所的距离，最终影响妇女健康。为了佐证这一想法，图9-59和图9-60分别展示了政府削减资金前后妇女住址与最近诊所平均距离的变化，颜色越深表示距离变化越大。

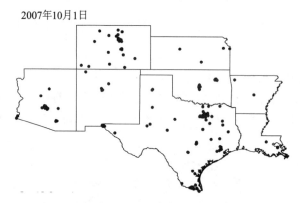

图9-56　政府削减资金前得克萨斯州妇女保健诊所的分布

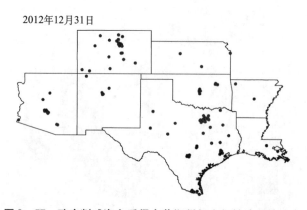

图9-57　政府削减资金后得克萨斯州妇女保健诊所的分布

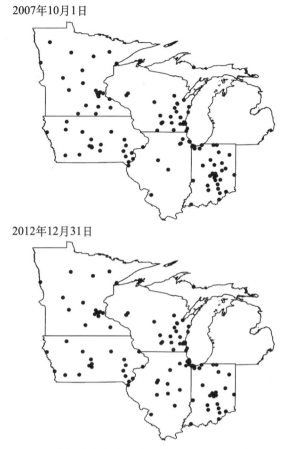

图 9-58　政府削减资金前后威斯康星州妇女保健诊所的分布

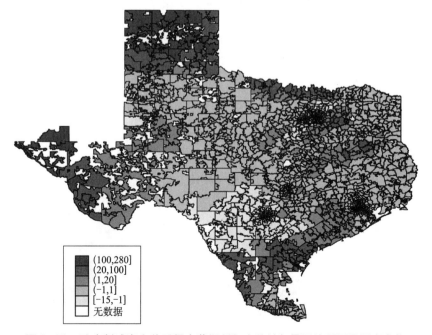

图 9-59　政府削减资金前后得克萨斯州妇女住址与最近诊所平均距离变化

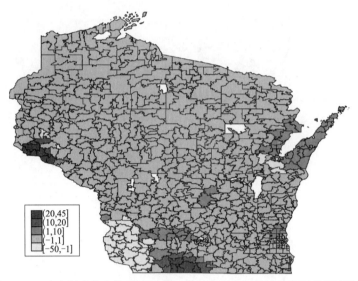

图 9-60　政府削减资金前后威斯康星州妇女住址与最近诊所平均距离变化

数据来源

Behavioral Risk Factor Surveillance System (BRFSS). 2007-2012. "BRFSS GIS Maps data." Centers for Disease Control and Prevention (CDC), U. S. Department of Health and Human Services. https://www.cdc.gov/brfss/gis/gis_maps.htm.

(44)

> Lim, Claire S. H., James M. Snyder Jr., and David Strömberg. 2015. "The Judge, the Politician, and the Press: Newspaper Coverage and Criminal Sentencing across Electoral Systems." *American Economic Journal: Applied Economics*, 7 (4): 103-135.

研究问题：该文结合美国司法判罚案例检验了媒体环境对政府公职人员行为的影响。

GIS 在文中的应用：由于媒体环境和政治行为间可能存在内生性问题，作者利用所有报纸在某司法区 (judicial district) 销量占其总销量份额的加总来衡量该区报纸报道强度，即媒体环境。为了展示美国各司法区媒体环境差异和指标计算方式，作者绘制了图 9-61。其中，左图为全美各司法区的媒体环境，右图为佛罗里达州各司法区的媒体环境。

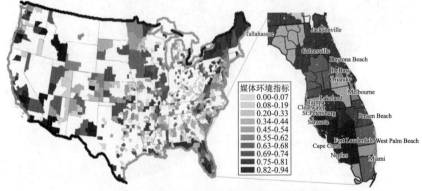

图 9-61　全美与佛罗里达州各司法区媒体环境

数据来源

Forster-Long LLC. 2005. The American Bench 2004 – 2005 edition,网站链接为 https://www.forster-long.com/americanbench?。

(45)

> Jensenius, Francesca Refsum. 2015. "Development from Representation? A Study of Quotas for the Scheduled Castes in India." *American Economic Journal: Applied Economics*, 7 (3): 196 – 220.

研究问题：该文基于印度数据，实证检验了选举配额制对于保障弱代表性群体政治诉求的影响。

GIS 在文中的应用：图 9 – 62 展示了 1974—2007 年印度为表列种姓（scheduled castes）保留选举配额的地区分布，灰色方块表示保留选举配额，白色方块则表示没有保留。保留选举配额地区与未保留选举配额地区内选民阶级较高的选区在表列种姓占比上的差异很小。因此，可以将保留选举配额地区与选民阶级较高的未保留选区相匹配以减少选择性偏误。

图 9 – 62　1974—2007 年印度为表列种姓保留选举配额的地区分布

数据来源

印度人口普查数据（India Census），可参见其网站 http://censusindia.gov.in/。

(46)

> Imbert, Clément, and John Papp. 2015. "Labor Market Effects of Social Programs: Evidence from India's Employment Guarantee." *American Economic Journal: Applied Economics*, 7 (2): 233–263.

研究问题：该文以印度为例，实证检验了政府就业政策对劳动力市场的影响。

GIS 在文中的应用：通常来说，实施就业保障政策的目标是提高就业从而改善社会整体收入状况。但这一政策伴随的负面影响也受到学界的广泛讨论。作者以印度政府颁布就业保障计划（National Rural Employment Guarantee Act，NREGA）为契机，探究了社会政策对就业市场的影响。由于 NREGA 在印度各个地区施行的时间不同，图 9-63 直观地展示了 NREGA 在不同地区实施时间的地理分布，颜色越深代表实施批次越靠前，白色部分地区未采用 NREGA。随后作者比较了政策实行前后各个区块的工资率、就业水平等变量的差别，从而分析该政策计划是否能有效提高福利水平、刺激就业并推动经济增长。

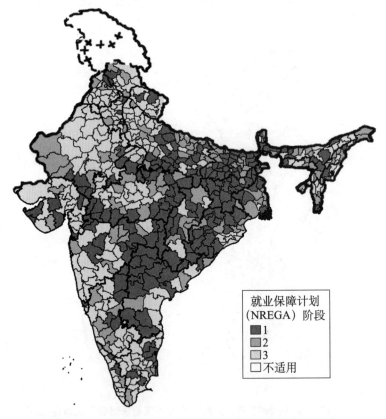

图 9-63 印度 NREGA 在不同地区实施时间的地理分布

数据来源

Ministry of Rural Development, Government of India. "The Mahatma Gandhi National Rural Employment Guarantee Act 2005." https://nrega.nic.in/netnrega/mgnrega_new/Nrega_home.aspx.

(47)

Tarozzi, Alessandro, Jaikishan Desai, and Kristin Johnson. 2015. "The Impacts of Microcredit: Evidence from Ethiopia." *American Economic Journal: Applied Economics*, 7 (1): 54-89.

研究问题：该文以在埃塞俄比亚实施的金融随机实验为例评估了小额信贷渠道增加对当地农村经济的影响。

GIS在文中的应用：研究团队在埃塞俄比亚西北农村地区实施了为当地农户提供小额信贷的随机实验。为了直观展示研究样本的地理分布，作者绘制了图9-64。其中，黑色部分为作者选取样本的地理空间分布，共涉及埃塞俄比亚133个管理辖区。

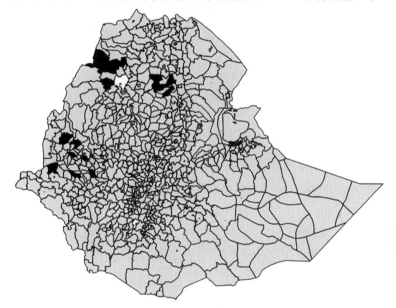

图9-64 埃塞俄比亚随机实验样本地区的地理分布

数据来源

Ethiopia Geo-spatial data，其网站链接为http://maps.worldbank.org?。

(48)

Blimpo, Moussa P. 2014. "Team Incentives for Education in Developing Countries: A Randomized Field Experiment in Benin." *American Economic Journal: Applied Economics*, 6 (4): 90-109.

研究问题：该文研究了金钱激励对学生学习成绩的影响。

GIS在文中的应用：作者在西非国家贝宁进行随机实验，将样本学校随机分为4组：第1组中单个学生如果达成学习目标，会有相应的金钱奖励；第2组学生被分为4人小组，小组整体达成共同目标时会有一定的金钱奖励；第3组学生也被分为4人小组，组内学生学业表现获得前三名者会获得金钱奖励；第 4 组学生作为对照。图 9-65 展示了作者选取的学校地址，其中 1、2、3 分别对应前三个组的学校，标有旗子的学校为对照组。

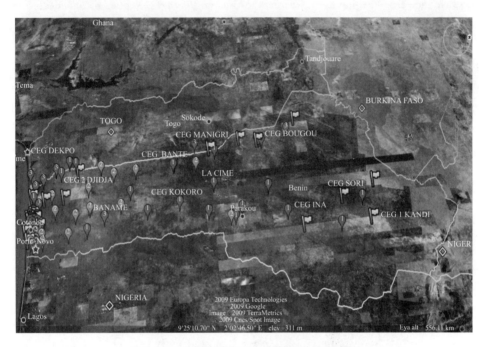

图 9-65　西非国家贝宁随机实验的样本学校

数据来源

Google Map，参见网址 https：//www.google.com/maps。

(49)

> Della Vigna, Stefano, Ruben Enikolopov, Vera Mironova, Maria Petrovaand, and Ekaterina Zhuravskaya. 2014. "Cross-Border Media and Nationalism：Evidence from Serbian Radio in Croatia." *American Economic Journal：Applier Economics*，6（3）：103-132.

研究问题：该文以第二次世界大战后塞尔维亚和克罗地亚间的冲突为例考察了媒体是如何影响不同族群之间的仇恨情绪的。

GIS 在文中的应用：图 9-66 是该研究关注的区域，这些区域位于克罗地亚和塞尔维亚的边境交界处且深受南斯拉夫战争影响。该地区存在"支持克罗地亚独立政权"和"反对克罗地亚独立政权"两种对立的意识形态和政治偏好。图中的两个三角形代表塞尔维亚电台的信号发射处；浅色圆点区域是作者实地调查过的塞尔维亚控制区，这些区域村庄的居民能够接收到塞尔维亚电台播出的节目；深色圆点标注出的区域则是根据电台辐射强度理论推测得到的可以接收到塞尔维亚电台节目的村庄。

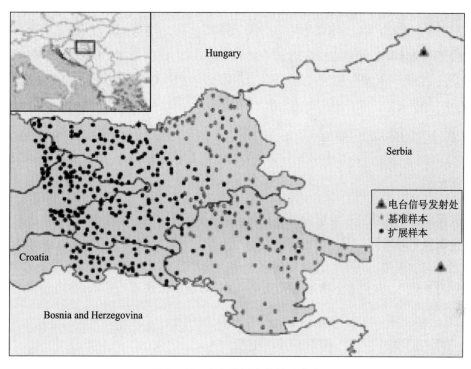

图9-66 塞尔维亚电台地理分布

图9-67展示了克罗地亚和塞尔维亚克塞边境地区收到塞尔维亚电台信号的强弱。研究者利用了两种方法进行测量。第一种是实地测量：×代表该地区无法收到电台信号；+则表示该地可以收到电台信号。第二种是根据理论计算的声波信号强度：圆圈越大代表接收信号强度越大，信号越好；反之信号越弱。

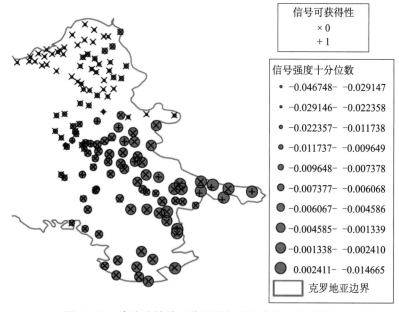

图9-67 克塞边境地区收到塞尔维亚电台信号的强弱

数据来源

村庄是否能够收到电台信号及强度数据来自 RTS（Radio-Television of Serbia，塞尔维亚广播电视集团）网站及作者实地调查。RTS 电视集团设立在塞尔维亚境内，其任务旨在宣扬塞尔维亚国家独立性及民族认同感，官方网站为 http://www.rts.rs/。信号发射点位置信息来自网站 www.fmscan.org。

（50）

> Gallagher, Justin. 2014. "Learning about an Infrequent Event: Evidence from Flood Insurance Take-Up in the United States." *American Economic Journal*: Applied Economics, 6 (3): 206–233.

研究问题：该文研究了地区经济体如何应对不确定性及突发性灾难事件。

GIS 在文中的运用：图 9-68 展示了 1990—2007 年美国各县被记录进总统发布灾害声明中的洪灾发生频率，其中灰色程度越深表示洪灾次数越多：黑色表示次数≥7，深灰色表示次数为 5 或 6，灰色表示次数为 3 或 4，浅灰色表示次数为 1 或 2，白色表示未发生过洪灾。

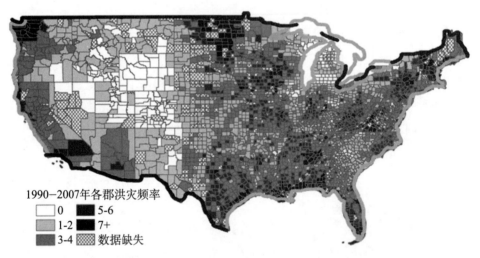

图 9-68　1990—2007 年美国各县洪灾发生频率

数据来源

Public Entity Risk Institute，参见网址 https://primacentral.org/peri/。

（51）

> Bartel, Ann P., Nancy D. Beaulieu, Ciaran S. Phibbs, and Patricia W. Stone. 2014. "Human Capital and Productivity in a Team Environment: Evidence from the Healthcare Sector." *American Economic Journal*: Applied Economics, 6 (2): 231–259.

研究问题：该文实证检验了团队内部人力资本对生产力的影响。

GIS 在文中的应用：作者采用美国医疗系统的面板数据，用教育和工作经历作为护士人力资本的代理变量，实证检验了人力资本对医疗结果的影响。图9-69展示了样本中医院的分布。随后的计量模型用样本中护士的在职时长和所获得的最高学历与医院的治疗表现进行因果分析。

图9-69　样本中医院的分布

数据来源

National Commission of VA Nursing. 2004. "Caring for America's Veterans: Attracting and Retaining a Quality VHA Nursing Workforce." Department of Veterans Affairs.

(52)

Abrams, David S. 2012. "Estimating the Deterrent Effect of Incarceration Using Sentencing Enhancements." *American Economic Journal: Applied Economics*, 4 (4): 32-56.

研究问题：该文结合美国额外枪支管控的立法过程探讨了加重刑罚产生的震慑作用。

GIS在文中的应用：美国《额外枪支法案》（Add-on Gun Laws）规定，如果一名曾经被判重罪的个体再次被发现使用枪支犯罪，那么对他的刑罚力度将加大。该法案在美国各州的实施时间略有差异，为了更好地展示上述差异并为后续计量分析提供基础，作者利用GIS绘制了图9-70。图中展示了《额外枪支法案》实施时间差异的空间分布：白色表示该州并未订立《额外枪支法案》，浅灰色表示该州在1970年之后实施了《额外枪支法案》，中灰色表示该州在1970年之前实施了《额外枪支法案》，深灰色表示该州废除了《额外枪支法案》。

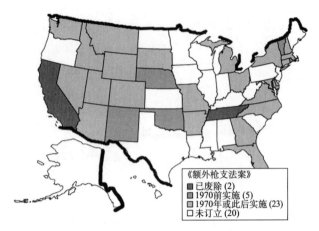

图 9-70　美国《额外枪支法案》实施时间差异的空间分布

数据来源

Vernick, Jon S., and Lisa M. Hepburn. 2003. *State and Federal Gun Laws*: *Trends for* 1970-99. Washington, DC: Brookings Institution Press.

（53）

> Aker, Jenny C., Christopher Ksoll, and Travis J. Lybbert. 2012. "Can Mobile Phones Improve Learning? Evidence from a Field Experiment in Niger." *American Economic Journal*: *Applied Economics*, 4 (4): 94-120.

研究问题：该文以非洲国家尼日尔为例，研究了手机的普及对学生学习成绩的影响。

GIS 在文中的应用：作者在非洲国家尼日尔进行了随机实验以研究手机的普及对学生成绩提升的影响。样本中的学生被随机分为两组：一组学习如何使用手机（简称"ABC 项目"），一组没有相应的学习。研究结果表明 ABC 项目组的学生成绩有明显提升。图 9-71 展示了实验样本点的分布，五角星表示学习如何使用手机的样本区，黑点代表对照组地区。

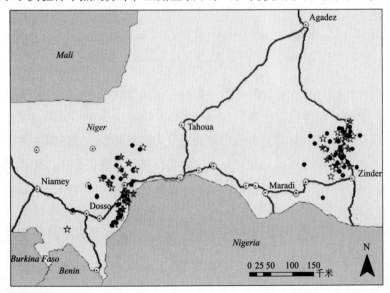

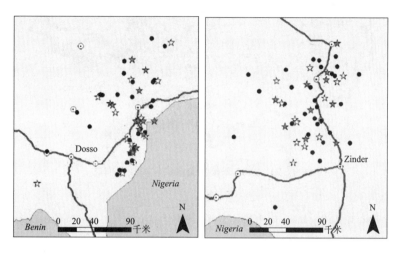

图 9-71　尼日尔 ABC 项目的空间分布

数据来源

Google Map，https://www.google.com/maps.

(54)

Basker, Emek. 2012. "Raising the Barcode Scanner: Technology and Productivity in the Retail Sector." *American Economic Journal: Applied Economics*, 4 (3): 1-27.

研究问题：该文研究了条形码扫描仪的采用对商店劳动生产率的影响。

GIS 在文中的应用：条形码扫描仪于 20 世纪 70 年代末至 80 年代初开始在美国商店内使用。结合不同商店引入条形码扫描仪的时间差异，该文通过双重差分方法（differences in difference）考察了条形码扫描仪的使用对商店劳动生产率的影响。图 9-72 与图 9-73 分别展示了 1977 年与 1982 年各州使用条形码扫描仪的商店的地理分布情况。图中圆点为使用条形码扫描仪的商店。

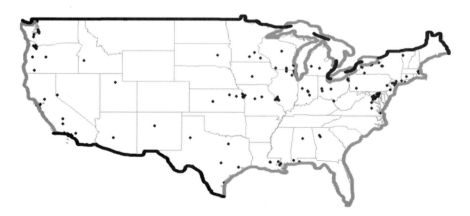

图 9-72　1977 年使用条形码扫描仪的商店

图 9-73　1982 年使用条形码扫描仪的商店

数据来源

由作者根据 Food Marketing Institute 中的数据自行计算、描绘得出，Food Marketing Institute 的网址为 http://fmi.org。

(55)

> Bailey, Martha J. 2012. "Reexamining the Impact of Family Planning Programs on US Fertility: Evidence from the War on Poverty and the Early Years of Title X." *American Economic Journal: Applied Economics*, 4 (2): 62 – 97.

研究问题：该文以美国"家庭计划项目"（Family Planning Programs）为例考察了计划生育项目对生育率的短期与长期影响。

GIS 在文中的应用："家庭计划项目"是美国联邦政府于 1964—1973 年先后资助的一系列计划生育项目。这些计划生育项目的开展主要分为三个阶段：第一阶段为 1965—1967 年，计划生育项目作为"反贫困大战"（War on Poverty）项目的一部分开始在一些县施行；第二阶段为 1968—1969 年，其间美国开始将计划生育作为重点项目，向更多的一些县扩展；第三阶段为 1970—1973 年，美国通过了专门资助计划生育的"标题 X"（Title X）项目，计划生育项目扩展到更多的县。图 9-74 展示了计划生育项目在美国不同地区开始施行的年份。浅灰色代表第一阶段推行地区，中灰色代表第二阶段推行地区，黑色代表第三阶段推行地区。结合计划生育在各县引入的具体年份，作者得以采用事件学习方法（event study）考察了计划生育项目对美国生育率的影响。

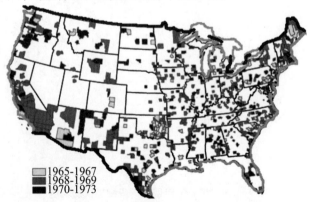

图 9-74　计划生育项目在美国不同地区开始施行的年份

数据来源

数据来自 The National Archives Community Action Program Data（NACAP）以及 the National Archives Federal Outlays Data（NAFO）（1969，1971，1974），具体可参考网站 https://www.archives.gov/。

（56）

> Sacerdote, Bruce. 2012. "When the Saints Go Marching Out: Long-Term Outcomes for Student Evacuees from Hurricanes Katrina and Rita." *American Economic Journal: Applied Economics*, 4 (1): 109 – 135.

研究问题：该文探究了因飓风影响而被迫撤离并转学的学生的长期表现。

GIS 在文中的应用：飓风卡特里娜和丽塔对美国新奥尔良市造成巨大破坏，高中生被迫转入其他地区的学校。基于此，作者实证研究了飓风是否对该类学生未来几年的学业表现和大学升学情况造成影响。图 9 - 75 展示了被撤离学生原先的分布情况，圈越大代表该地区被撤离学生的数量越多。作者通过该图初步对学生被撤离前的人口统计特征进行了总结，为后文中要控制的一些变量做准备。

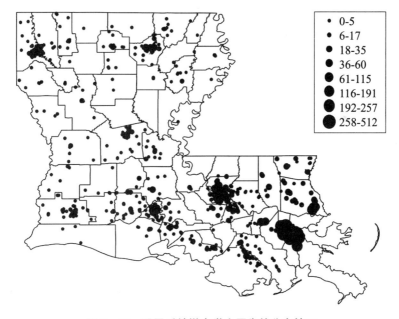

图 9 - 75 飓风后被撤离学生原先的分布情况

数据来源

National Student Clearinghouse，详见网址 https://studentclearinghouse.org。

（57）

> Abramitzky, Ran, Adeline Delavande, and Luis Vasconcelos. 2011. "Marrying Up: The Role of Sex Ratio in the Assortative Matching." *American Economic Journal: Applied Economics*, 3 (3): 124 – 157.

研究问题：该文实证检验了性别比例对婚姻状况的影响。

GIS 在文中的运用：在第一次世界大战后，法国男性人口数量大幅减少。作者利用双重差分方法研究了这种情况对战后法国婚姻市场的影响。图 9-76 展示了法国士兵在战争中死亡率的地区分布，其中颜色越深表示死亡率越高。

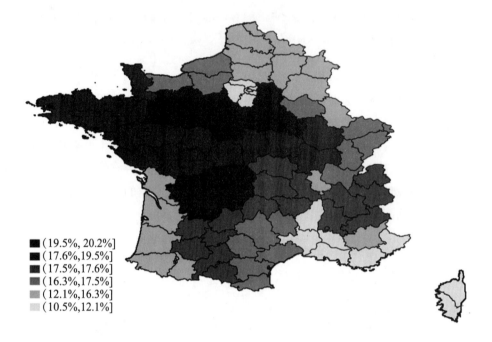

图 9-76　第一次世界大战中法国士兵死亡率的地区分布

数据来源

Dupâquier, Jacques. 2004. "L'Enquête des 3000 Familles." *Annales de démographie historique*, 107 (1): 7-18.

(58)

> Doyle, Joseph J. 2011. "Returns to Local-Area Health Care Spending: Evidence from Health Shocks to Patients Far From Home." *American Economic Journal: Applied Economics*, 3 (3): 221-243.

研究问题：该文通过比较美国佛罗里达州不同地区外来突发疾病者就医后的死亡率，考察了医疗投入对民众健康的影响。

GIS 在文中的应用：美国佛罗里达州不同卫生服务区的医疗支出强度有很大差异。图 9-77 展示了各卫生服务区的医疗支出强度。图中每一块由黑色细线标识出的区域为一个卫生服务区，色块颜色越深代表该卫生服务区的医疗支出越高。

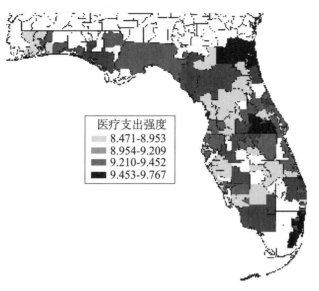

图 9-77　美国佛罗里达州不同卫生服务区的医疗支出强度

数据来源

医疗支出信息来自 AHCA，Florida Inpatient Discharge Data 1990–2003 以及 Dartmouth Atlas of Health Care。具体可参考网站 https://ahca.myflorida.com/和 https://www.dartmouthatlas.org/。

(59)

Currie，Janet，and Reed Walker. 2011. "Traffic Congestion and Infant Health：Evidence from E-ZPass." *American Economic Journal*：*Applied Economics*，3（1）：65–90.

研究问题：该文结合双重差分模型及美国汽车电子收费政策，实证检验了交通拥堵对婴儿健康的影响。

GIS 在文中的应用：美国新泽西州和宾夕法尼亚州的公路电子收费政策实施时间并不一样，这种政策实施空间和时间上的差异为作者利用双重差分模型识别政策的效果提供了基础。该文在研究中将距离高速公路收费站 2 千米内的区域作为政策处理组，2—10 千米内的区域作为前者的对照组。为了直观展示分析对照组和政策处理组的分布，该文在图 9-78中分别展示了新泽西州和宾夕法尼亚州高速公路和收费站的空间分布。其中，曲线表示高速公路，圆圈为收费站的空间位置。

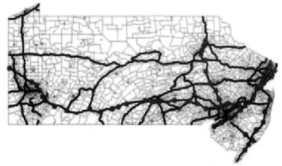

图 9-78　新泽西州和宾夕法尼亚州高速公路和收费站的空间分布

数据来源

宾夕法尼亚州生命统计出生记录（Vital Statistics Natality Records from Pennsylvania），其官方网站为 https://www.cdc.gov/nchs/nvss/births.htm。

(60)

Card, David, Martin D. Dooley, and A. Abigail Payne. 2010. "School Competition and Efficiency with Publicly Funded Catholic Schools." *American Economic Journal*: Applied Economics, 2(4): 150–176.

研究问题：该文以加拿大安大略省两类公立学校的竞争为例考察了学校之间的竞争是否会提高学校的教学水平。

GIS 在文中的应用：加拿大安大略省的公立小学与初中分为两类：对所有学生开放的普通公立学校与只招收天主教学生的天主教学校。两类学校的竞争非常激烈。图 9-79 以多伦多西部地区的小学为例，展示了普通公立学校与天主教学校的分布情况。图中的五角星代表普通公立学校，圆点代表天主教学校。可以看到，两类学校在各个社区都普遍并存。

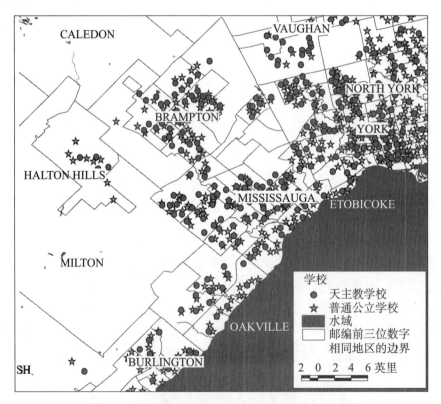

图 9-79 普通公立学校与天主教学校的分布情况

数据来源

安大略省学校地理位置信息来自 Ministry of Education，可参见网站 https://www.ontario.ca/page/ministry-education。

(61)

Aker, Jenny C. 2010. "Information from Markets Near and Far: Mobile Phones and Agricultural Markets in Niger." *American Economic Journal: Applied Economics*, 2 (3): 46-59.

研究问题：该文以尼日尔引入移动电话为例，实证检验了信息可得性对价格离散程度的影响。

GIS 在文中的应用：2001—2006 年，移动电话技术在尼日尔逐步扩散，该文作者以此次技术扩散为契机，将移动电话的引入作为信息可获取程度的代理变量，探究了信息可得性对价格离散程度的影响。为了展示信息获取程度扩散的效果，作者用 GIS 软件绘图展示了各地谷物市场的手机出现时间：圆圈的位置为作者样本中的市场所在地，黑色大圈表示在 2001 年手机已经出现的市场所在处，圆圈越小、颜色越浅表示手机越迟出现，五角星为直到作者完成论文时仍未使用手机的市场。作者之后对这些引入手机时间不同的市场的价格离散程度做了分析，发现手机的使用促进了信息的交流，从而使价格趋同。

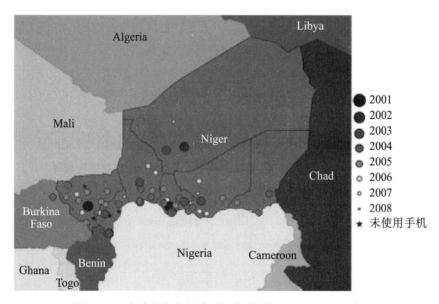

图 9-80 各地谷物市场的手机出现时间（2001—2008 年）

数据来源

作者自行收集、计算得出。

(62)

Pandey, Priyanka. 2010. "Service Delivery and Corruption in Public Services: How Does History Matter?" *American Economic Journal: Applied Economics*, 2 (3): 190-204.

研究问题：该文考察了英国殖民者在印度北部地区采取的不同殖民制度对当代印度公共品供给的影响。

GIS 在文中的应用：英国在印度北部的殖民导致该地区被人为划分：一部分由英国管辖，另一部分由印度管辖，因此不同地区实行不同的治理制度。图 9-81 展示了作者的研究区域。其中，深灰色区域是未被殖民且在地主制统治下的奥德行省；浅灰色区域是被英国殖民且沿用地主制度的英属西北行省；黑色部分是被英国殖民而不采用地主制度的英属西北行省。作者通过对比不同制度实行区域的差异，实证检验了历史上施行的制度对于当前教育和政治状况的影响。

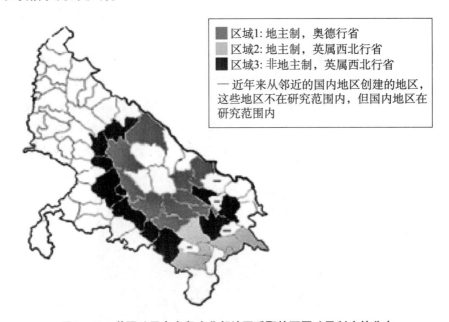

图 9-81　英国殖民者在印度北部地区采取的不同殖民制度的分布

数据来源

Banerjee, Abhijit, and Lakshmi Iyer. 2005. "History, Institutions, and Economic Performance: The Legacy of Colonial Land Tenure Systems in India." *American Economic Review*, 95 (4): 1190-1213.

(63)

Lucas, Adrienne M. 2010. "Malaria Eradication and Educational Attainment: Evidence from Paraguay and Sri Lanka." *American Economic Journal: Applied Economics*, 2 (2): 46-71.

研究问题：该文实证检验了疟疾的消除对人群受教育程度的影响。

GIS 在文中的运用：20 世纪中期，斯里兰卡和巴拉圭两国大力开展消除疟疾的运动。作者以这两国为例研究了消除疟疾运动对公众受教育程度的影响。作者以脾肿率，即学龄儿童脾脏肿大率代理地区受疟疾影响的严重程度，图 9-82 分别展示了 1937—1941 年斯里兰卡的脾肿率和 1967 年巴拉圭的疟疾被动检出率，其中颜色越深表示脾肿率（或疟疾被动检出率）越高，颜色越浅表示脾肿率（或疟疾被动检出率）越低。

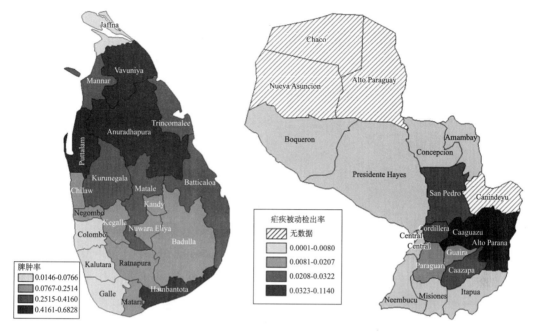

图 9-82　斯里兰卡和巴拉圭受疟疾影响程度

数据来源

Demographic and Health Surveys（DHS），参见网址 https://www.dhsprogram.com。

（64）

Cutler, David, Winnie Fung, Michael Kremer, Monica Singhal, and Tom Vogl. 2010. "Early-Life Malaria Exposure and Adult Outcomes: Evidence from Malaria Eradication in India." *American Economic Journal: Applied Economics*, 2 (2): 72-94.

研究问题：该文以印度疟疾控制项目为例，利用双重差分模型实证检验了个体在儿童时期患疟疾对其成年后人力资本和经济状况的影响。

GIS 在文中的应用：自 1953 年起，印度开始实行国家疟疾控制项目并取得良好的效果。具体来说，该项目使得项目覆盖区的儿童在成年后家庭人均消费增长，且男性的增幅要大于女性；但该项目的实施对儿童成年后的教育参与率并无明显影响。为了更好地展示该项目在印度各地区实施的时空差异，以及为后续利用双重差分模型作为实证策略的合理性提供佐证，作者绘制了图 9-83，其中（a）（b）（c）（d）四幅子图分别表示国家疟疾控制项目在不同年份的实施情况，阴影部分为项目覆盖地区。

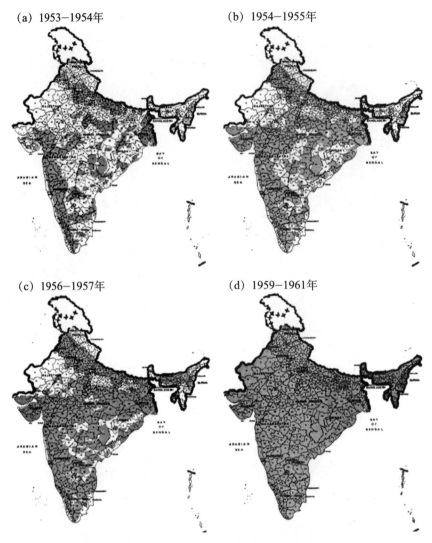

图 9-83　印度国家疟疾控制项目在不同年份的实施情况

数据来源

India，Ministry of Health and Family Welfare，NMEP（1986），网站链接为 https://www.india.gov.in/topics/health-family-welfare。

(65)

> Spenkuch, Jörg L., and Philipp Tillmann. 2018. "Elite Influence? Religion and the Electoral Success of the Nazis." *American Journal of Political Science*, 62（1）: 19-36.

研究问题：该文研究了不同宗教教派对纳粹选举结果的影响。

GIS 在文中的应用：该文作者认为德国民众对纳粹政党的支持程度是具有地区差异的。在区分 1932 年德国大选的选区和德国民众选举立场的过程中，宗教派别是一个非常重要的考虑因素。作者根据选区与宗教分布绘制了图 9-84 与图 9-85。图 9-84 展示的是天主教的地域分布情况，颜色越深，该地区天主教教徒比例越高。图 9-85 展示了 1932 年纳粹党选票的地域分布，颜色越深，该地区纳粹党得票率越高。作者发现天主教派选民占多数的地区更加支持民主性的党派，而更加支持纳粹党的选民主要为新教信徒。

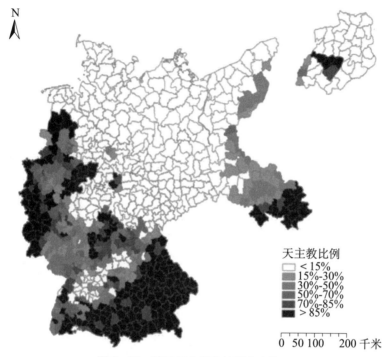

图 9-84　德国天主教的地域分布情况

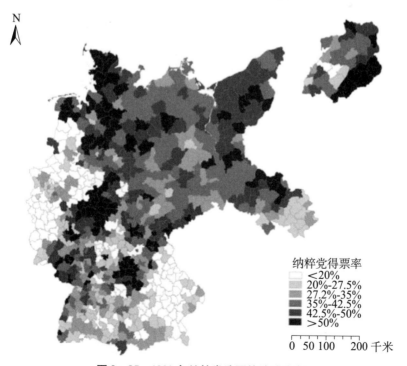

图 9-85　1932 年纳粹党选票的地域分布

数据来源

Kunz, Andreas. 1996. *IEG-Maps*. Mainz：Institut fur Europaische Geschichte Mainz.

(66)

Monogan III, James E., David M. Konisky and Neal D. Woods. 2017. "Gone with the Wind：Federalism and the Strategic Location of Air Polluters." *American Journal of Political Science*, 61（2）：257 – 270.

研究问题：该文以重污染企业的选址为例，研究了联邦制下地方政府出台政策引导重污染企业选址，从而产生污染的跨辖区负外部性问题。

GIS 在文中的运用：作者运用空间点模式模型（Spatial Point Pattern Model）发现造成严重空气污染的工厂比其他类型的工厂更容易在州的下风向建厂。图 9 – 86 展示了 1930—1996 年美国 299 个气象台记录的主导风向。

图 9 – 86　1930—1996 年美国 299 个气象台记录的主导风向

数据来源

National Oceanic and Atmospheric Administration，参见网址 https://www.noaa.gov/weather。

(67)

Lelkes, Yphtach, Gaurav Sood, and Shanto Lyengar. 2017. "The Hostile Audience：The Effect of Access to Broadband Internet on Partisan Affect." *American Journal of Political Science*, 61（1）：5 – 20.

研究问题：该文研究了宽带互联网的普及对党派间敌对情况的影响。

GIS 在文中的运用：为了解决遗漏变量问题，作者以路权（Right-of-Way, ROW）的约束程度作为工具变量，代理宽带互联网的普及程度，从而建立国家层面的法规数据和地方层面的宽带普及数据间的关系。图 9 – 87 展现了美国不同地区的路权约束程度，其中颜色越淡表示路权约束越弱，颜色越深表示路权约束越强。

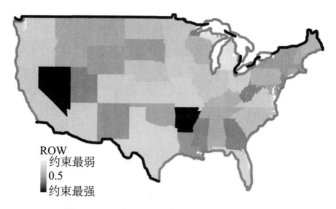

图 9-87 美国不同地区的路权约束程度

数据来源

The Federal Communication（FCC），参见网址 https://www.fcc.gov。

Beyer, Gretchen, and Michael Kende. 2003. *The State Broadband Index：An Assessment of State Policies Impacting Broadband Deployment and Demand.* Washington, DC：TechNet.

（68）

> Wucherpfennig, Julian, Philipp Hunziker, and Lars-Erik Cederman. 2016. "Who Inherits the State? Colonial Rule and Postcolonial Conflict." *American Journal of Political Science*, 60（4）：882-898.

研究问题：该文利用历史上英法两国的殖民方式差异实证检验了政治包容度对内战爆发的影响。

GIS 在文中的应用：历史上，英国和法国在殖民过程中采取了不同的治理模式：前者主要使用间接治理模式，后者则强调直接治理。作者在亚洲和非洲地区选取了 36 个曾被英法殖民过的国家作为分析对象。为了直观展示样本的空间分布和治理差异，作者绘制了图 9-88。其中，黑色和灰色区域分别表示曾被法国和英国殖民过的国家。

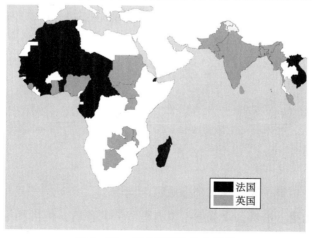

图 9-88 被殖民国家分布情况

数据来源

Cederman, Lars-Erik, Kristian Skrede Gleditsch, and Halvard Buhaug. 2013. *Inequality, Grievances, and Civil War.* New York: Cambridge University Press.

Cederman, Lars-Erik, Andreas Wimmer, and Brian Min. 2010. "Why Do Ethnic Groups Rebel? New Data and Analysis." *World Politics*, 62（1）: 87-119.

可参见网址 www.growup.ethz.ch。

（69）

> Caughey, Devin, and Christopher Warshaw. 2016. "The Dynamics of State Policy Liberalism, 1936-2014." *American Journal of Political Science*, 60（4）: 899-913.

研究问题：该文研究了1936—2014年美国自由主义政策的推进情况。

GIS在文中的运用：与保守主义相比，自由主义涉及更多目的为促进平等和保护集体物品的政策和福利条款，同时更少地强调要牺牲个人自主权来维护传统道德和社会秩序；而保守主义则更注重经济自由主义和文化传统主义的价值。作者认为1930—1970年美国自由主义政策在各州有效地推进，但进入1970年之后便停滞不前。图9-89展示了1940年、1975年及2010年间实施自由主义政策的州，其中颜色越深的区域越主张自由主义政策，颜色越浅的区域越主张保守主义政策。

图9-89 美国1940年、1975年及2010年间实施自由主义政策的州

数据来源

详细数据来源可参见该文附录，网址为 https://onlinelibrary.wiley.com/action/downloadSupplement?doi=10.1111%2Fajps.12219&file=ajps12219-sup-0001-text.pdf。

（70）

> Stokes, Leah C. 2016. "Electoral Backlash against Climate Policy: A Natural Experiment on Retrospective Voting and Local Resistance to Public Policy." *American Journal of Political Science*, 60（4）: 958-974.

研究问题：该文探究了民众反对环保政策的原因。

GIS在文中的应用：虽然公众普遍希望有更清洁的环境，但当环保政策损害到特定地区的利益时，当地民众仍然会持反对意见。加拿大安大略省在2009年颁布的气候能源政策中大力推广风力发电机。由于这一政策损害了当地部分民众的利益，一些公众在投票中不支持执政党以给在任政府施加压力。作者利用 GIS 地图展示了各地民众对执政党的支持率，如图 9-90 所示，颜色越深代表支持率越高；圆圈代表各地计划修建的风力发电机。由于功率不同的发电机造成的影响大小不同，作者区分了其功率：圆圈直径越大表示发电机功率越大。

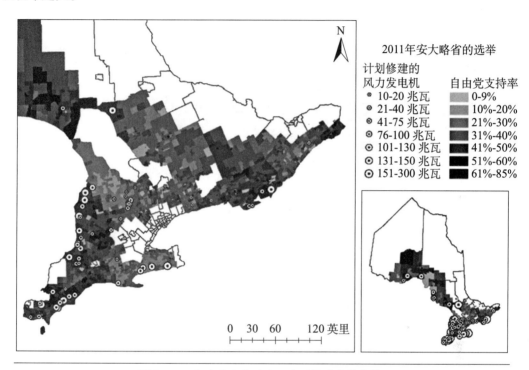

图 9-90　加拿大安大略省民众对执政党的支持率

注：这幅地图也用白色展示了从样本中剔除的区域。

数据来源

Spears, John. 2011. "Wind Turbines Churn Rural Votes." Toronto Star. http://www.thestar.com/business/2011/09/09/wind turbines churn rural votes.html.

(71)

Newman, Benjamin J. 2016. "Breaking the Glass Ceiling: Local Gender-Based Earnings Inequality and Women's Belief in the American Dream." *American Journal of Political Science*, 60 (4): 1006-1025.

研究问题：该文实证检验了性别收入差距对女性政治态度的影响。

GIS 在文中的应用：作者试图探究性别收入差距是否会影响女性的政治态度。具体而言，作者试图检验女性是否会因为收入低于男性而不愿意相信"美国梦"，即不相信精英管理。图 9-91 展示了全美 2008—2012 年男女年收入平均值的差异，颜色由浅到深分别代表五个四分位数：颜色越深表明该地区性别收入差距越大。通过进一步观察性别收入差异不同的地区中选民对精英管理支持程度的差异，作者得出结论：女性收入低于男性收入会使得女性更不愿意支持精英治理。

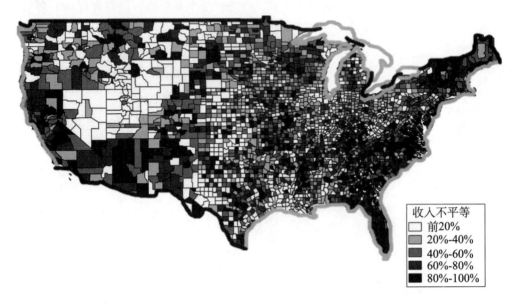

图 9-91　全美 2008—2012 年男女年收入平均值的差异

数据来源

Bureau of the Census. 2012. "2008-12 American Community Survey." Economics and Statistics Administration. https://www.census.gov/programs-surveys/acs/data/summary-file.html.

(72)

Hersh, Eitan D., and Clayton Nall. 2016. "The Primacy of Race in the Geography of Income-Based Voting: New Evidence from Public Voting Records." *American Journal of Political Science*, 60 (2): 289-303.

研究问题：该文以美国为例，研究了种族因素是如何调节收入对政治倾向的影响的。

GIS 在文中的应用：在美国，为何个人收入对政治倾向的影响具有地区差异？作者认为最主要的原因是美国各地区的种族多样性不同，即在种族混居地区，个人收入与政治倾向之间的相关性更强。作者对个人收入和总统选举的党派投票进行回归，并将得到的地区收入效应的分布绘制成图 9-92，颜色越深的地区代表个体收入对政治倾向的影响越明显。作者发现在黑人聚集区（the Black Belt，较其他地区而言，该地区黑色人种所占总人口比例较高，即黑人和白人的混合程度更高），收入效应也十分显著。

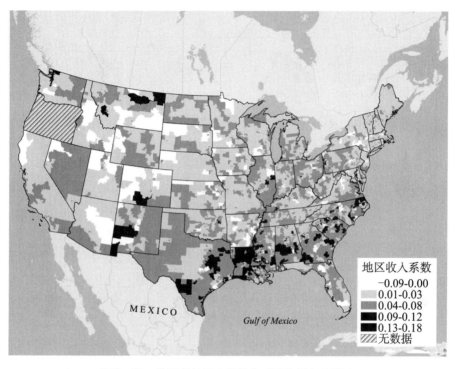

图 9-92　美国各地区个体收入对政治倾向的影响

数据来源

ESRI. 2008. "U. S. Census Block Groups." StreetMap North America.

Ansolabehere, Stephen, and Jonathan Rodden. 2011. "Harvard Election Data Archive." http://projects.iq.harvard.edu/eda.

(73)

Rueda, David, and Daniel Stegmueller. 2016. "The Externalities of Inequality: Fear of Crime and Preferences for Redistribution in Western Europe." *American Journal of Political Science* 60 (2): 472–489.

研究问题：富人会对因社会不平等而造成的犯罪产生恐惧，该文实证检验了这种恐惧对社会再分配偏好的影响。

GIS 在文中的应用：图 9-93（a）展示了欧洲富人（左）和穷人（右）对社会再分配的支持程度，颜色越浅代表支持率越高。从整体上看，富人对再分配的支持程度低于穷人。但富人的支持率表现出区域差异，其中支持率高的区域对犯罪的恐惧程度也较高。作者认为各地区支持率差异来源于犯罪率差异和富人对犯罪的恐惧。由于贫富差距的加剧会导致犯罪增加，而富人害怕犯罪会损害自身利益，所以会更为支持社会再分配。该文作者因此引入了图 9-93（b）与图 9-93（c）。图 9-93（b）展示了各地区的贫富差距，颜色越浅代表贫富差距越大。图 9-93（c）展示了不同地区对犯罪的恐惧程度，颜色越浅代表人们越害怕犯罪。两图显示出贫富差距与对犯罪恐惧程度之间存在明显的相关关系。

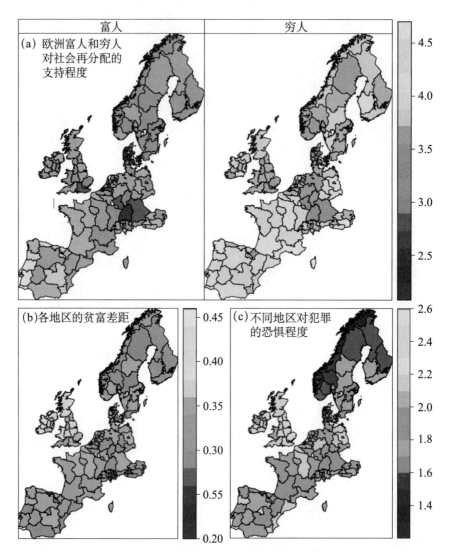

图9-93　各地区对社会分配支持程度、不平等程度及对犯罪的恐惧程度

数据来源

　　Warr, Mark. 2000. "Fear of Crime in the United States: Avenues for Research and Policy." *Criminal Justice* 4 (4): 451-489.

　　Silber, Jacques. 1989. "Factor Components, Population Subgroups and the Computation of the Gini Index of Inequality." *Review of Economics and Statistics* 71: 107-115.

(74)

　　Calvo, Ernesto, and Jonathan Rodden. 2015. "The Achilles Heel of Plurality Systems: Geography and Representation in Multiparty Democracies." *American Journal of Political Science*, 59 (4): 789-805.

研究问题：该文研究了英国党派支持的地域分布特征。

GIS 在文中的应用：政治学家将理想中值点的累积分布曲线定义为席票位曲线（the seat-vote curve）。作者以英国为例研究了席票位曲线是否与党派支持的地域分布有关。图 9-94 展示了 1983 年和 1997 年英国保守党（左侧两图）及工党（右侧两图）支持率的地区分布，颜色越深表示该党派受到支持的比例越高。

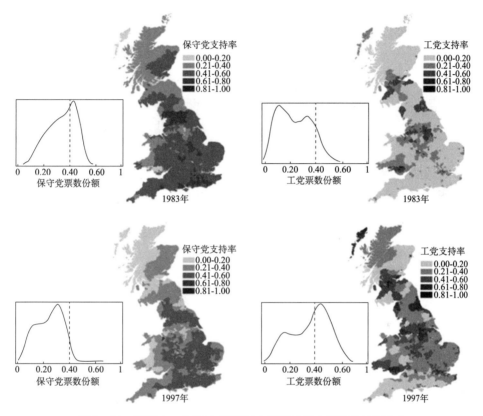

图 9-94　1983 年、1997 年英国保守党及工党支持率的地区分布

数据来源

Gudgin, Graham and Peter J. Taylor. 1979. *Seats, Votes and the Spatial Organization of Elections*. London: Pion Limited.

King, Gary. 1990. "Electoral Responsiveness and Partisan Bias in Multiparty Democracies." *Legislative Studies Quarterly*, 15 (2): 159-181.

(75)

Flavin, Patrick, and Michael T. Hartney. 2015. "When Government Subsidizes Its Own: Collective Bargaining Laws as Agents of Political Mobilization." *American Journal of Political Science*, 59 (4): 896-911.

研究问题：该文以美国教师为例，实证检验了《集体谈判法》（Collective Bargaining

Laws)对受益人群参加政治活动的影响。

GIS在文中的应用：政府可以通过各种政策激励公民参与政治。20世纪后半叶，美国联邦政府批准施行《集体谈判法》，通过对工会进行补贴降低了工会动员其成员参与政治行动的成本。以此为契机，作者实证检验了《集体谈判法》对教师是否参与政治活动的影响。《集体谈判法》在美国各州推行的时间不同，因此作者绘制了图9-95来展示该法案在美推行时间的分布：从最深到最浅分别代表1959—1966年、1967—1969年、1970—1975年、1976—1992年开始实行《集体谈判法》的州，白色区域为未实行该法律的州。文章利用这一时间差异，实证检验了该法律对教师政治活动参与度的影响。

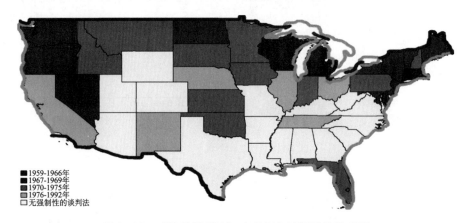

图9-95 《集体谈判法》在美国各地区的推行时间

数据来源

Valletta, Robert G., and Richard B. Freeman. 1988. "Appendix B: The NBER Public Sector Collective Bargaining Law Data Set." In *When Public Sector Workers Unionize*, edited by Richard B. Freeman and Casey Ichniowski. Chicago: University of Chicago Press.

（76）

> Hare, Christopher, David A. Armstrong, Ryan Bakker, Royce Carroll, and Keith T. Poole. 2015. "Using Bayesian Aldrich-McKelvey Scaling to Study Citizens' Ideological Preferences and Perceptions." *American Journal of Political Science*, 59 (3): 759-774.

研究问题：该文利用贝叶斯理论改进后的奥尔德里奇-麦凯维定标（Aldrich-Mckelvey Scaling）方法，通过2008—2012年的美国全国选举研究（American National Election Study）和2010年的合作选举研究（Cooperative Congressional Election Study, CCES）的数据，研究了个体的意识形态取向和感知。

GIS在文中的应用：为处理项目功能差异（differential item functioning, DIF）调查中奥尔德里奇-麦凯维定标所带来的定标问题，作者运用贝叶斯理论改进了这一定标方法，并运用此方法来研究居民的价值取向。图9-96为上述方法的结果之一，图中展示了2010年美国各州受访居民对奥巴马政府自由-保守程度的评价的空间分布。上方的图是运用奥尔德里奇-麦凯维定标方法作出的,而下方的图是作者运用改进方法所得出的 α 估计值,颜色越深代表受访者认为奥巴马政府越保守。作者通过两幅图的对比,认为改进后的定标方法更加科学可靠。

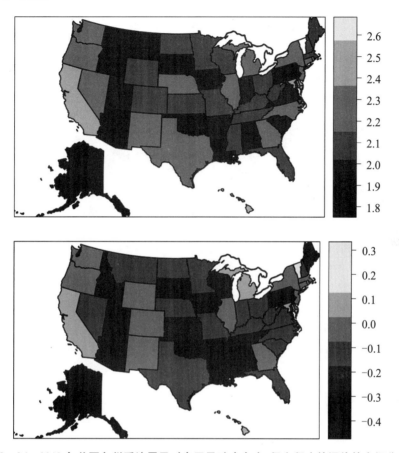

图 9-96　2010 年美国各州受访居民对奥巴马政府自由-保守程度的评价的空间分布

数据来源

Stephen, Ansolabehere. 2012. "CCES Common Content, 2010." Harvard Dataverse. https://dataverse.harvard.edu/dataset.xhtml?persistentId=hdl:1902.1/17705.

(77)

Newman, Benjamin J., Christopher D. Johnston, and Patrick L. Lown. 2015. "False Consciousness or Class Awareness? Local Income Inequality, Personal Economic Position, and Belief in American Meritocracy." *American Journal of Political Science*, 59 (2): 326-340.

研究问题：该文研究了美国境内的收入不平等如何影响公众对精英教育的态度。

GIS 在文中的运用：作者对比了美国收入差距不等的各地区民众对精英教育的信任度差异。图 9-97 展现了 2005—2009 年美国各地区的基尼系数,其中颜色越深表示基尼系数越大。可以发现美国收入分配不平等现象主要集中于南部、东北部和西部；中西部地区的收入分配较为公平。

图 9-97　2005—2009 年美国各地区基尼系数

数据来源

American Community Survey（ACS），2005－2009，参见网址 https://www.census.gov/programs-surveys/acs/。

(78)

> Cantú，Francisco. 2014. "Identifying Irregularities in Mexican Local Elections." *American Journal of Political Science*，58（4）：936－951.

研究问题：该文实证检验了墨西哥是否存在选举操纵。

GIS 在文中的应用：2010 年墨西哥的 32 个州中有 12 个通过选举产生了新州长，作者利用这一事件实证检验了墨西哥选举中是否存在人为操纵。图 9-98 为墨西哥地图，深灰色区域表示在 2010 年经历了州长选举。作者的研究对象是阿瓜斯卡连特斯州（Aguascalientes），图 9-99 展示了该州的选举分区。

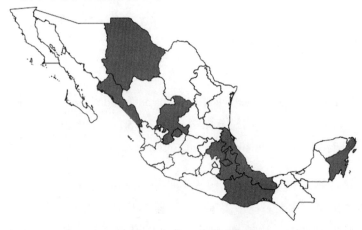

图 9-98　2010 年墨西哥阿瓜斯卡连特斯州经历州长选举的地区

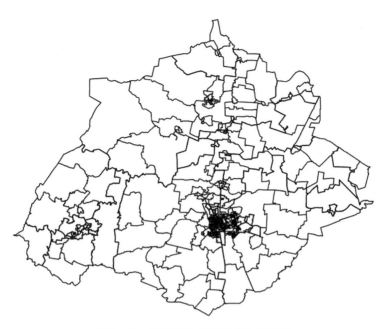

图 9-99　阿瓜斯卡连特斯州选举分区

数据来源

Gillingham, Paul. 2012. "*Mexican Elections, 1910-1994: Voters, Violence, and Veto Power.*" New York: Oxford University Press.

(79)

> Bhavnani, Ravi, Karsten Donnay, Dan Miodownik, Maayan Mor, and Dirk Helbing. 2014. "Group Segregation and Urban Violence." *American Journal of Political Science*, 58 (1): 226-245.

研究问题：该文研究了群体隔离与暴力之间的关系。

GIS 在文中的应用：社会距离是衡量群体间空间和心理距离的特定概念。作者通过构建模型，发现社会距离是解释群体暴力的关键因素。因此，政府可以利用诸如限制移民等措施减少不同群体间的相互联系，进而减少暴力事件。作者以耶路撒冷为例，实证检验了这一假设。

图 9-100 展示了耶路撒冷的族群分布，其中浅灰色、较深灰色及深灰色区域分别表示中等程度的正统犹太人区、超正统犹太人区及巴勒斯坦人区，白色区域表示工业地带。图 9-101、图 9-102 分别展示了实际及模型预测的暴力事件频次分布，颜色越深代表频次越高。图 9-103 表示预测结果与实际结果的比较，浅灰色、白色、深灰色区域预计分别偏低、准确、偏高。图 9-104 展示了具体的预测偏差，白色区域为预测准确的区域；浅灰色区域为模型预计偏低的区域，其中颜色越浅代表偏差越大；深灰色区域为模型预计过高的区域，其中颜色越深代表偏差越大。

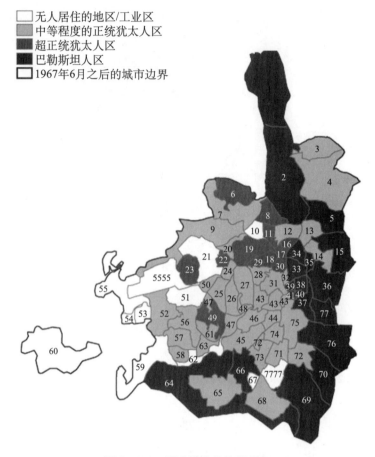

图 9-100　耶路撒冷的族群分布

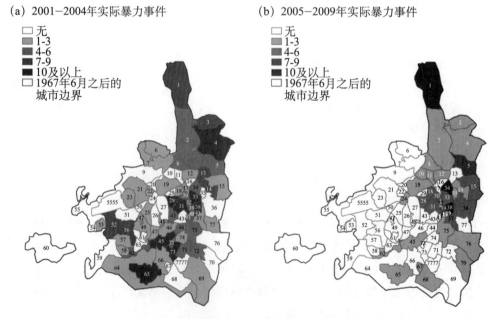

图 9-101　耶路撒冷实际暴力事件频次分布

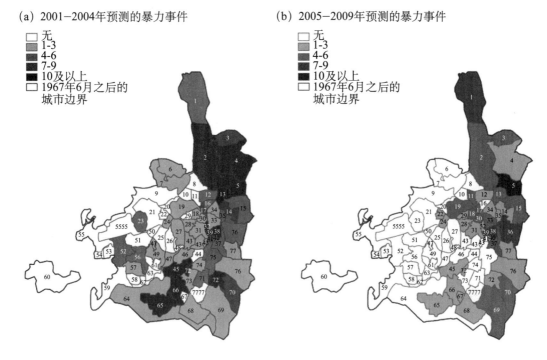

图 9-102　耶路撒冷模型预测的暴力事件频次分布

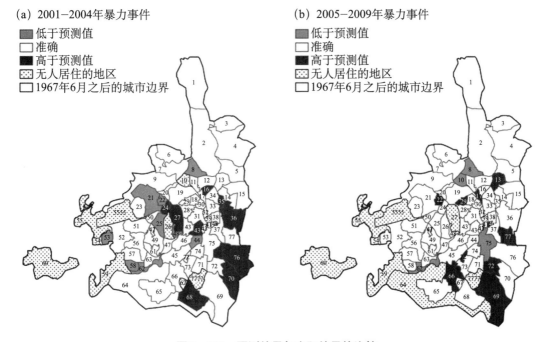

图 9-103　预测结果与实际结果的比较

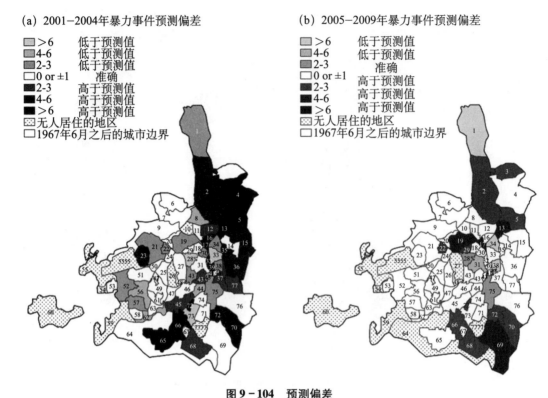

图 9-104 预测偏差

数据来源

Banerjee, Abhijit, Esther Duflo, Gilles Postel-Vinay, and Timothy M. Watts. 2010. "Long Run Health Impacts of Income Shocks: Wine and Phylloxera in 19th Century France." *Review of Economics and Statistics*, 92 (4): 714-728.

Israeli Ministry of Foreign Affairs. 2000. http://www.mfa.gov.il/MFA/Foreign%20Relations/Israels%20Foreign%20Relations%20since%201947/19992001/226%20%20The%20Clinton%20Peace%20Plan%20-%2023%20December%202000（访问日期为 2011 年 3 月 13 日）.

Israeli Police. 2012. "Units in Jerusalem District." http://www.police.gov.il/contentPage.aspx?pid=283andmid=3（访问日期为 2012 年 8 月 3 日）.

OCHA oPT. 2008. "Protection of Civilians Weekly Report, 12-18 March 2008." Office for the Coordination of Humanitarian Affairs in the Occupied Palestinian Territory. http://www.ochaopt.org/documents/WBN251.pdf（访问日期为 2011 年 4 月 10 日）.

OCHA oPT. 2009. "West Bank Access and Movement Update." Office for the Coordination of HumanitarianAffairs in the Occupied Palestinian Territory. http://www.ochaopt.org/documents/ocha opt movement access 2009november english.pdf（访问日期为 2011 年 4 月 10 日）.

(80)

Ghitza, Yair, and Andrew Gelman. 2013. "Deep Interactions with MRP: Election Turnout and Voting Patterns among Small Electoral Subgroups." *American Journal of Political Science*, 57 (3): 762-776.

研究问题：该文使用多层回归和事后分层方法（multilevel regression and poststratification，MRP）分析了美国大选中不同人口统计学分组中的选民的投票意向。

GIS 在文中的应用：作者认为选民到场投票人数与投票选择受到他们所在的人口统计学和地理位置分组的影响。具体而言，选民的收入层级、年龄阶段和居住地区会影响投票情况。图 9-105 使用事后分层方法（MRP）按收入和年龄段把全美各州的非西班牙裔白人选民分成 20 组，随后比较不同的年龄-收入组内对麦凯恩与奥巴马的支持度。图上方的横轴表示年龄分层，图左边的纵轴表示收入分层。白色表示在该年龄段拥有该收入水平的人数占本州总人口比例不到1%的州，这些样本未进入作者的实证检验中。

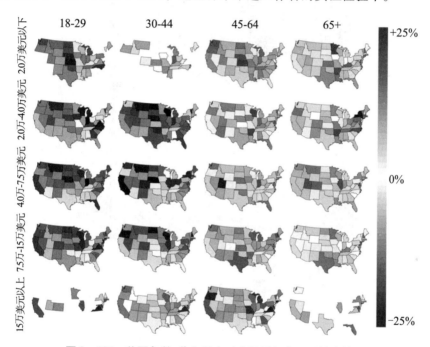

图 9-105 美国年龄-收入组内对麦凯恩与奥巴马的支持度

数据来源

Public Use Microdata Samples, American Community Survey, Current Population Survey. http://www.census.gov/acs.

（81）

Lax, Jeffrey R., and Justin H. Phillips. 2012. "The Democratic Deficit in the States." *American Journal of Political Science*, 56 (1): 148-166.

研究问题：民主赤字指国家出台的政策与大多数选民的意愿不符。该文作者从民主赤字的角度研究了国家如何将民意转化为政策。

GIS 在文中的运用：图 9-106 展示了美国各州持自由派观点的人数，其中颜色越深表示持自由派观点的人数越多。图 9-107 展示了各州实施自由派政策的数量，其中颜色越深表示该类政策数量越多。图9-108 展示了各州实施和大多数人意愿不一致的政策的数量，其中颜色越深表示该类政策的数量越多。图9-109 展示了不符合大多数人意见的自由派政策实施数量和不符合大多数人意见的保守派政策实施数量的差值，其中颜色越深表示差值越大。

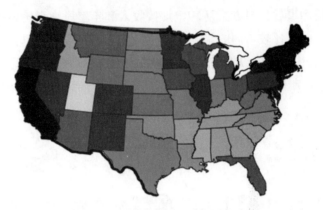

图9-106　美国各州持自由派观点的人数

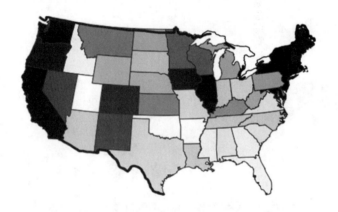

图9-107　各州实施自由派政策的数量

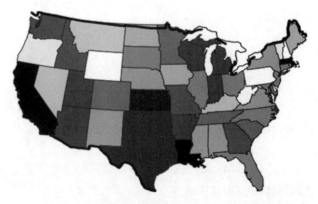

图9-108　各州实施和大多数人意愿不一致的政策的数量

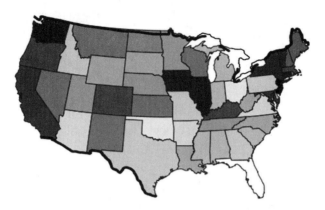

图 9-109 不符合大多数人意见的自由派政策实施数量和
不符合大多数人意见的保守派政策实施数量的差值

数据来源

Roper Center for Public Opinion Research，参见网址 https://ropercenter.cornell.edu。

Brace, Paul, Kellie Sims-butler, Kevin Arceneaux, and Martin Johnson. 2002. "Public Opinion in the American States: New Perspectives Using National Survey DATA." *American Journal of Political Science*, 46（1）: 173-189.

（82）

> Gasper, John T., and Andrew Reeves. 2011. "Make It Rain? Retrospection and the Attentive Electorate in the Context of Natural Disasters." *American Journal of Political Science*, 55（2）: 340-355.

研究问题：该文以美国为例，探究了政客对自然灾害的反应如何影响其选票份额。

GIS 在文中的应用：选举前，政客对近期发生的自然灾害的反应可能影响其支持率。作者利用美国 1972—2004 年的自然灾害数据实证检验了上述观点。作者将 1972—2004 年选举前六个月发生过自然灾害的县画在了图 9-110 中，图中颜色越深表示灾难带来的地区经济损失越大。可以观察到大部分的县都经历过不同程度的自然灾害。通过观察来自不

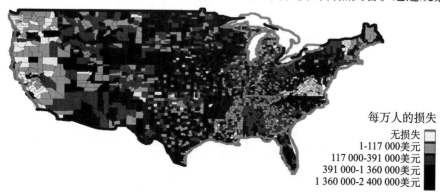

图 9-110 1972—2004 年选举前六个月发生过自然灾害的县

同受灾程度地区的政客在自然灾害后所发表的言论,以及他们在票选中是否取得优势,作者对该文的理论假设进行了实证检验。

数据来源

Hazards and Vulnerability Research Institute. 2010. "The Spatial Hazard Events and Losses Database for the United States, Version 8.0." University of South Carolina. http://www.sheldus.org.

(83)

> Cho, Wendy K. Tam, and James G. Gimpel. 2010. "Rough Terrain: Spatial Variation in Campaign Contributing and Volunteerism." *American Journal of Political Science*, 54 (1): 74-89.

研究问题:该文研究了人口的空间分布特征对政治参与率的影响。

GIS 在文中的运用:该文试图从地理学和社会学的视角理解影响个人层面政治参与的因素:由于不同地区政治文化和机构设置的差异,作者认为,和更加偏远或者政治环境更为平静的地区相比,在信息丰富的环境中,个体政治参与的积极性会更高。图 9-111 以得克萨斯州为例,展示了何为信息丰富的环境:其中深灰色色块标注的区域为德州人口数量排名前 40 的县,白色色块标注的区域为非目标县,图中以线段划分的区域为得克萨斯州的主要市场区域(dominant market areas, DMAs)。

图 9-111　美国得克萨斯州信息丰富情况

除了人口及经济活动等因素，历史、文化影响也会导致某地区人口特征的差异。图 9-112 展示了历史学家根据移民和语言等要素对得克萨斯州进行的空间区域划分，不同的色块代表着不同的社会政治区域。

图 9-112 根据移民和语言等要素对得克萨斯州进行的空间区域划分

数据来源

Texans for Oick Perry 2006，保密档案。

2006 U. S. Census，参见网址 https//www. census. gov。

Texas Legislative Counsel's office within the Texas State Legislature，参见网址 https://tlc. texas. gov。

(84)

> Corno, Lucia. 2017. "Homelessness and Crime: Do Your Friends Matter?" *Economic Journal*, 127 (602): 959-995.

研究问题：该文实证检验了流浪汉的朋友中守法人士和犯罪人士的比例对流浪汉本人犯罪可能性的影响。

GIS 在文中的应用：作者的研究对象是意大利的流浪汉，该文分析了他们朋友的总数和朋友中罪犯的数量会对流浪汉自身是否犯罪产生多大影响。图 9-113 展示了米兰流浪汉的空间分布：黑色表示流浪汉，一个黑点代表一个人；浅灰色点和灰色点代表流浪者收容所和难民窟，一个点代表该处有 10 个人。随后作者对这些地区的犯罪情况和流浪汉的交友情况进行了回归分析，实证检验了流浪汉的朋友中守法朋友占比增加是否会降低流浪汉本人犯罪的可能性。

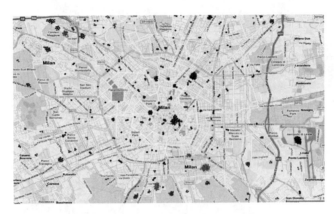

图 9-113　米兰流浪汉的空间分布

数据来源

Braga, Michela, and Lucia Corno. 2011. "Being Homeless: Evidence from Italy." *Giornale degli Economistie Annali di Economia*, 70 (3): 33-73. 文献可通过以下网站获取: http://www.jstor.org/stable/41756379。

(85)

> Basten, Christoph, Maximilian von Ehrlich, and Andrea Lassmann. 2017. "Income Taxes, Sorting and the Costs of Housing: Evidence from Municipal Boundaries in Switzerland." *Economic Journal*, 127 (601): 653-687.

研究问题：该文实证检验了收入所得税与房租税对房租的影响。

GIS 在文中的应用：作者采用边界断点回归（boundary discontinuity design, BDD）方法，研究了收入所得税、房租税对房租的影响。图 9-114 展示了瑞士居民住宅的分布，每一个黑点代表一栋住宅。图 9-115 展示了瑞士收入所得税的分布，颜色越浅表示税负越轻。图 9-116 展示了瑞士房租的分布，颜色越浅表示房租越便宜。

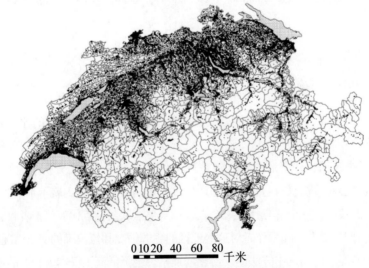

图 9-114　瑞士居民住宅的分布

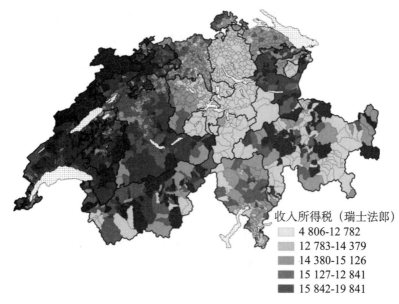

图 9-115　瑞士收入所得税的分布

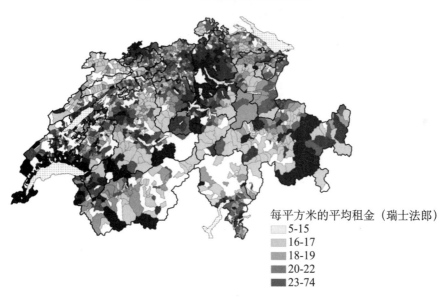

图 9-116　瑞士房租的分布

数据来源

Bundesamt für Statistik. 2000. "2000 Micro Census." Eidgenössisches Departement des Innern.

Bundesamt für Statistik. 2014. "Volkszählungen und Strukturerhebung 2014." Eidgenössisches Departement des Innern Eidgenössische Steuerverwaltung Einfache Steuer.

(86)

Bignon, Vincent, Eve Caroli, and Roberto Galbiati. 2017. "Stealing to Survive? Crime and Income Shocks in Nineteenth Century France." *Economic Journal*, 127 (599): 19-49.

研究问题：该文研究了收入骤减对暴力及轻微犯罪率的影响。

GIS 在文中的应用：作者研究的地区是葡萄酒的产地，该地区居民的收入很大程度上取决于葡萄的收成。又由于葡萄的产量受葡萄根瘤蚜疾病的影响，作者使用该疾病的严重程度作为当地居民收入的代理。图 9-117 至图 9-120 分别展示了 1864 年、1872 年、1878 年和 1889 年四个年份的葡萄根瘤蚜疾病地区分布，其中深色区域为发现根瘤蚜的地区。

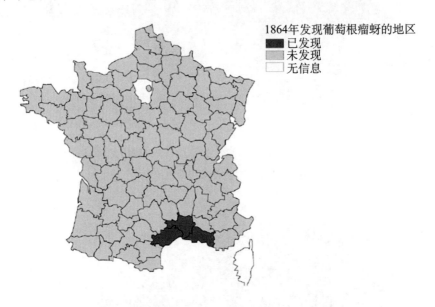

图 9-117　1864 年法国葡萄根瘤蚜疾病地区分布

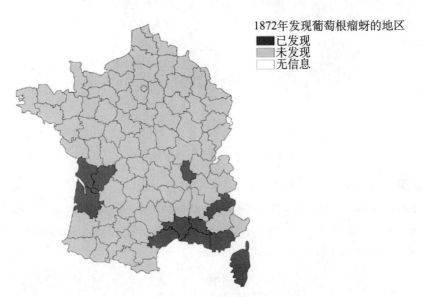

图 9-118　1872 年法国葡萄根瘤蚜疾病地区分布

第 9 章 涉及地理信息的社会科学论文综述 | 257

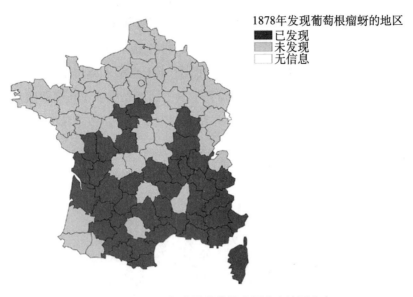

图 9-119　1878 年法国葡萄根瘤蚜疾病地区分布

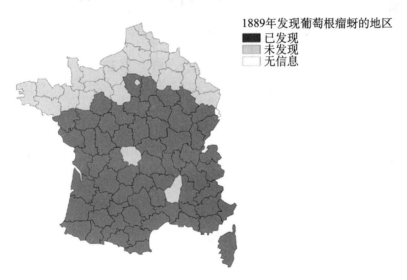

图 9-120　1889 年法国葡萄根瘤蚜疾病地区分布

数据来源

Banerjee, Abhijit, Esther Duflo, Gilles Postel-Vinay, and Timothy M. Watts 2010. "Long-Run Health Impacts of Income Shocks: Wine and Phylloxera in 19th Century France." *Review of Economics and Statistics*, 92 (4): 714-728. 文献可通过以下网站获取: https://www.mitpressjournals.org/doi/10.1162/REST_a_00024。

(87)

Lessem, Rebecca and Carly Urban. 2016. "Local Economic Gains from Primary Election Spending." *Economic Journal*, 126 (597): 2147-2172.

研究问题：该文检验了政府和个人的消费支出对服务业盈利情况的影响。

GIS 在文中的运用：作者收集了每个政党在总统初选前后的各州选举支出情况，以研究政府和个人消费支出对服务业盈利的影响。图 9-121 展示了美国各州在 2004 年和 2008 年这两个竞选周期内政党地位的变化情况，其中白色区域表示该州在这两次选举中均由同一个政党占多数，阴影区域则表示该州 2004 年选举中没有占多数地位的政党在 2008 年选举中占多数。

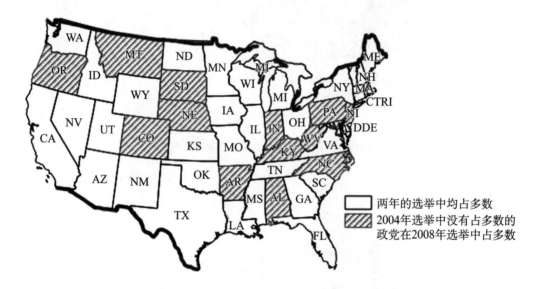

图 9-121　美国各州在 2004 年和 2008 年这两个竞选周期内政党地位的变化情况

数据来源

U. S. Bureau of Economic Analysis（BEA），参见网址 https://www.bea.gov。

(88)

> Blanden, Jo, Emilia Del Bono, Sandra McNally, and Birgitta Rabe. 2016. "Universal Pre-School Education: The Case of Public Funding with Private Provision." *Economic Journal*, 126 (592): 682-723.

研究问题：该文利用双重差分模型评估了免费学前教育政策对小学生学习成绩的影响。

GIS 在文中的应用：免费学前教育政策在英国各地的实施时间和覆盖程度并不相同。为了直观展示该政策在英国各地区的实施变化，作者绘制了图 9-122，以展示 1999 年、2002 年及 2007 年免费学前教育政策的覆盖程度，颜色越深表示该地区免费学前教育覆盖率越高。

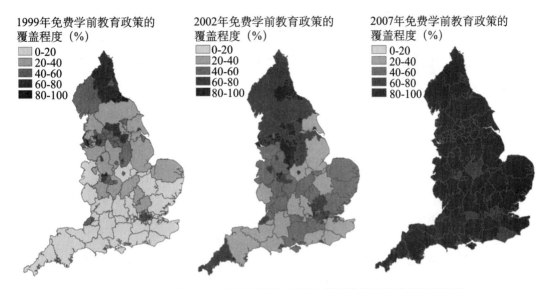

图 9-122　1999 年、2002 年及 2007 年英国免费学前教育政策的覆盖程度

数据来源

Department for Education LEA-level Data, The National Pupil Database, 网站链接为 https://www.gov.uk/government/collections/national-pupil-database。

(89)

> Jacobsen, Grant D., and Dominic P. Parker. 2016. "The Economic Aftermath of Resource Booms: Evidence from Boomtowns in The American West." *Economic Journal*, 126 (593): 1092–1128.

研究问题：该文研究了资源产业状况对经济发展的影响。

GIS 在文中的应用：美国石油和天然气行业的繁荣将劳动力和资本都吸引到石油开采地附近的社区。在产业繁荣期之后，这些社区是否会因为资源产业状况的变化而受到负面影响？作者以美国 20 世纪 70—80 年代石油行业从繁荣到萧条的变化为例对上述问题进行了实证检验。作者发现，石油行业的繁荣带来了大量的短期经济效益，石油产区附近社区居民收入得到提升，就业也有所增长；但同样也带来了长期的困难，这些困难以产业萧条时期石油产区附近社区居民纷纷失业和收入下降的形式持续存在。

作者将县域内油井数量大于 200 的地区定义为石油产业繁荣的地区，由于上述定义是主观的，所以作者又替代性地尝试了其他数字，如将石油产业繁荣的地区定义为县域内油井数量大于 50、大于 100、大于 300、大于 400、大于 500 的县。图 9-123 展示了美国西部产油区 356 个县 1975—1985 年油井的数量分布，其中深色区域代表石油产业繁荣的地区。

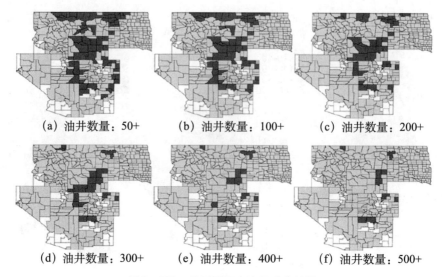

图 9-123 美国西部产油区油井数量

数据来源

Petzet, G. A., and R. J. Beck. 1999. "US Fields with Ultimate Oil Recovery Exceeding 100 Million bbl." *Oil and Gas Journal*, 97 (4): 76-77.

US Energy Information Administration. 2013. "*Annual Energy Outlook* 2013." Washington, DC: US Department of Energy.

(90)

> Lendle, Andreas, Marcelo Olarreaga, Simon Schropp, and Pierre-Louis Vézina. 2016. "There Goes Gravity: Ebay and the Death of Distance." *Economic Journal*, 126 (591): 406-441.

研究问题：该文结合易贝网（Ebay.com）探讨了电子商务对国际贸易距离的影响。

GIS 在文中的应用：该文发现易贝网等电子商务平台会使国家间贸易量增大，且减轻了物理距离对国际贸易的影响。为了清晰地展示各国电子商务贸易量的大小，作者绘制了图 9-124。该图展示了 2007 年 61 个国家通过易贝网出口的货物总量，其中颜色越深表示货物出口量越大，白色区域为数据缺失。

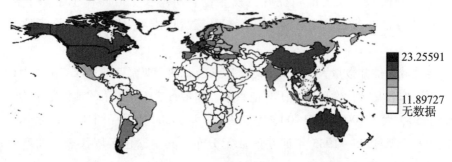

图 9-124 2007 年 61 个国家通过易贝网出口的货物总量

数据来源

内部数据，由易贝网（www.eBay.com）提供。

（91）

Almond, Douglas, Bhashkar Mazumder, and Reyn van Ewijk. 2015. "In Utero Ramadan Exposure and Children's Academic Performance." *Economic Journal*, 125 (589): 1501–1533.

研究问题：该文实证检验了母亲孕期的营养状况对孩子学业表现的影响。

GIS 在文中的应用：通过观察信仰伊斯兰教的母亲在怀孕期间是否经历斋月，作者实证检验了母亲孕期的营养状况对孩子 7 岁时学业表现的影响。作者的研究样本为居住在英国的巴基斯坦人和孟加拉国人。图 9-125 展示了 1997—2007 年两国的平均总人数在英格兰地区的分布，颜色越深表示分布越密集。在伊斯兰教徒分布密集的地区，作者收集了母亲孕期数据、孩子 7 岁时的学业表现和其他控制变量，以备后文的实证分析。

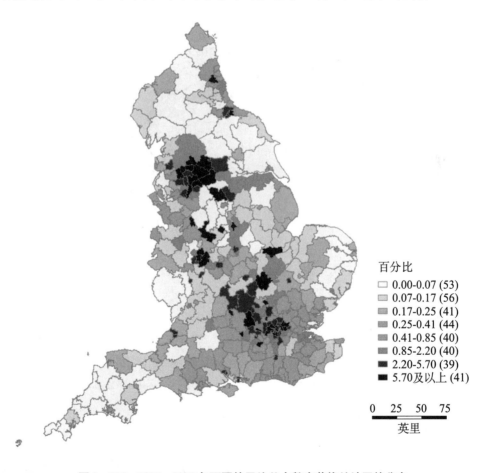

图 9-125　1997—2007 年两国的平均总人数在英格兰地区的分布

数据来源

Office for National Statistics. 2001. "2001 Census and earlier." https://www.ons.gov.uk/census/2001censusandearlier.

(92)

Collins, J. Michael, and Carly Urban. 2015. "Mandatory Mediation and the Renegotiation of Mortgage Contracts." *Economic Journal*, 125 (589): 1734 – 1763.

研究内容：该文利用抵押合同违约的强制调解政策实证检验了第三方介入在冲突调解中的作用。

GIS 在文中的运用：作者利用美国佛罗里达州的三个大都市统计区（MSAs）数据及双重差分模型实证研究了不同城市在实施强制调解政策后，当事人和代理人之间信息流通程度的变化。图 9 – 126 是佛罗里达州的地图及三个大都市区的地理位置，其中交叉黑线标记的区域内没有调解行为，黑点标记的区域内有调解行为。

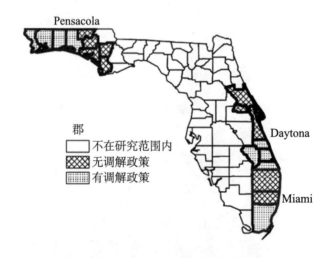

图 9 – 126　佛罗里达州的地图及三个大都市统计区的地理位置

数据来源

Corporate Trust Services (CTS), 参见网址 https://www.wellsfargo.com/com/corporate-trust/。

Collins, J. Michael, Maximilian D. Schmeiser, and Carly Urban. 2013. "Protecting Minority Homeowners: Race, Foreclosure Counseling and Mortgage Modifications." *Journal of Consumer Affairs*, 47 (2): 289 – 310.

(93)

Hu, Luojia, and Analía Schlosser. 2015. "Prenatal Sex Selection and Girls' Well-being: Evidence from India." *Economic Journal*, 125 (587): 1227 – 1261.

研究问题：该文以印度为例，实证检验了产前性别选择对女童健康的影响。

GIS 在文中的应用：由于难以获得产前性别选择的数据，作者使用性别选择的结果——男女比例失调——来衡量各地区性别选择的程度。作者使用 GIS 绘制了图 9-127，图中展示了 1961—2001 年印度各州的男女性别比，颜色越深代表男性比例越高。我们可以发现在 20 世纪 80 年代以前，印度的男女性别比并没有超出正常水平（0.90—1.10），而 1981—2001 年，男女性别比逐步升高。作者认为不断上升的性别比背后的原因是产前性别选择。因此，作者对各地区女童的健康数据与该地区的产前性别选择数据进行对比，发现性别选择越严重的地区，女童健康水平越低。

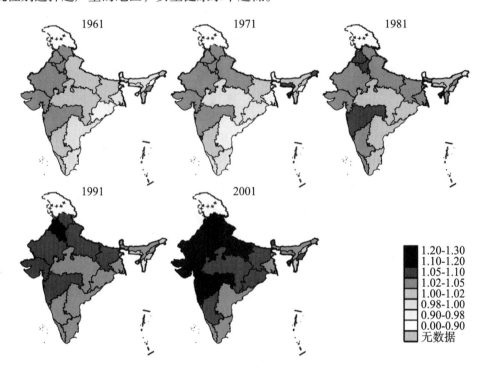

图 9-127　1961—2001 年印度各州的男女性别比

数据来源

性别比数据来自 Census of India（1961）. The Registrar General & Census Commissioner, India，其网站为 http://censusindia.gov.in/DigitalLibrary/MapResult.aspx。

Census of India（1971）. The Registrar General & Census Commissioner, India，其网站为 http://censusindia.gov.in/DigitalLibrary/MapResult.aspx。

Census of India（1981）. The Registrar General & Census Commissioner, India，其网站为 http://censusindia.gov.in/DigitalLibrary/data/Census_1981/Publication/India/49962_1981_POR.pdf。

Census of India（1991）. The Registrar General & Census Commissioner, India，其网站为 http://www.censusindia.gov.in/digitallibrary/TableSeries.aspx。

Census of India（2001）. The Registrar General & Census Commissioner, India，其网站为 http://

www. censusindia. gov. in/DigitalLibrary/TablesSeries2001. aspx。

(94)

Pinotti, Paolo. 2015. "The Causes and Consequences of Organised Crime: Preliminary Evidence across Countries." *Economic Journal*, 125 (586): F158 – F174.

研究问题：该文研究了跨国有组织犯罪的原因及影响。

GIS 在文中的应用：作者通过实证研究发现，人均收入低、官员腐败以及法制不健全但自然资源丰富的国家更容易发生跨国有组织犯罪。图 9 – 128 展示了全球各国跨国有组织犯罪状况，颜色越深代表该国的跨国有组织犯罪越严重。

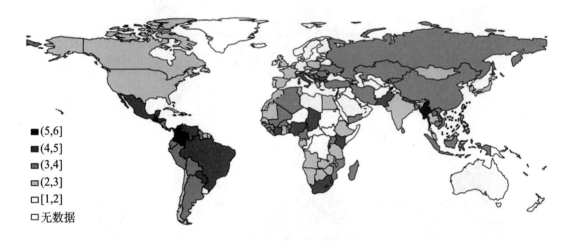

图 9 – 128　全球各国跨国有组织犯罪状况

数据来源

Executive Opinion Survey of the World Economic Forum. 参见网址 https://www. marsh. com/ae/en/insights/research-briefings/world-economic-forum-executive-opinion-survey-2013. html。

(95)

Pinotti, Paolo. 2015. "The Economic Costs of Organised Crime: Evidence from Southern Italy." *Economic Journal*, 125 (586): F203 – F232.

研究问题：该文以黑手党为例研究了有组织犯罪对经济的影响。

GIS 在文中的应用：作者以意大利南部两个黑手党活动严重的地区为例研究了有组织犯罪的经济影响。图 9 – 129 展示了 1983—2007 年意大利各地黑手党的犯罪情况，颜色越深代表黑手党犯罪越严重。该文发现黑手党活动导致这两地 GDP 平均下降了 16%。

图 9-129　1983—2007 年意大利各地黑手党的犯罪情况

数据来源

Italian National Institute of Statistical，参见网址 http：//www.istat.it/en/。

(96)

Egger，Peter H.，and Andrea Lassmann. 2015. "The Causal Impact of Common Native Language on International Trade：Evidence from a Spatial Regression Discontinuity Design." *Economic Journal*，125（584）：699-745.

研究问题：该文研究了母语对地区贸易的影响。

GIS 在文中的应用：瑞士由 4 个主要语区组成，分别为德语区、法语区、意大利语区和罗曼什语区，上述区域分别以对应的语言为母语。图 9-129 展示了瑞士境内四大语区的分布：深灰色区域为母语是法语的地区；灰色区域为母语是德语的地区；浅灰色区域为母语是意大利语的地区；白色区域为母语是罗曼什语的地区。

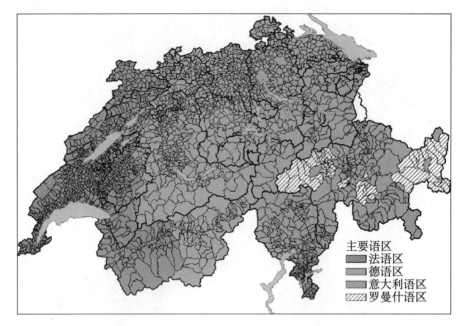

图 9-130　瑞士境内四大语区的分布

图 9-131 至图 9-134 分别展示了不同语区与其他国家的贸易状况。颜色越深表示该地区向同母语国家进口的可能性越大。不难看出，各语区均更愿意与同母语的国家展开贸易合作。

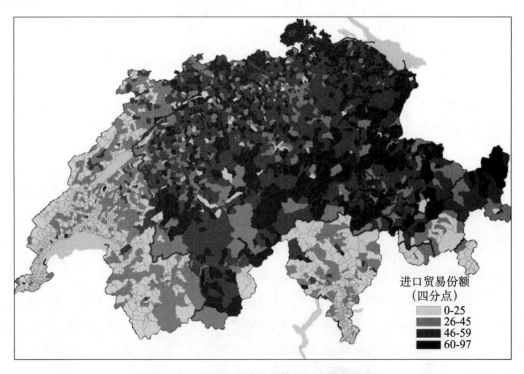

图 9-131　不同母语地区与德语国家的贸易状况

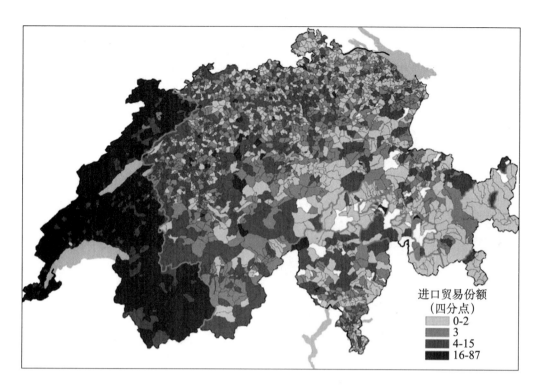

图 9-132　不同母语地区与法国的贸易状况

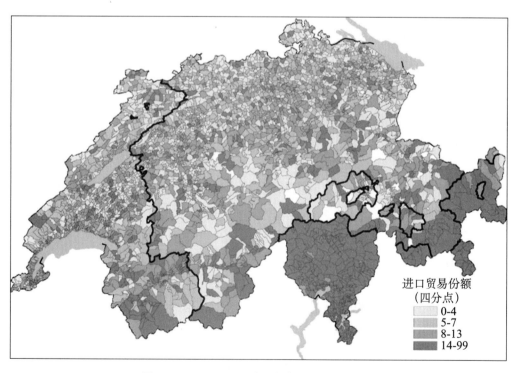

图 9-133　不同母语地区与意大利的贸易状况

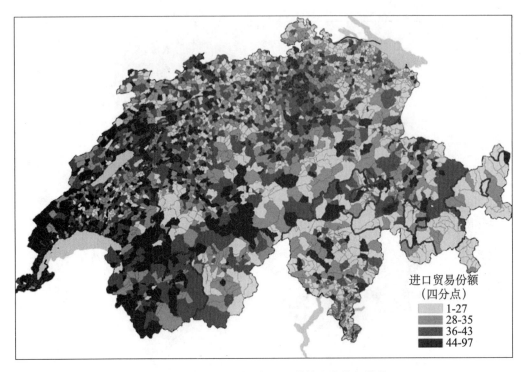

图 9-134　不同母语地区与世界其他国家的贸易状况

数据来源

Swiss Federal Customs Administration Census, https://www.ezv.admin.ch/ezv/en/home/topics/swiss-foreign-trade-statistics.html.

Swiss Federal Statistical Office, https://www.bfs.admin.ch/bfs/en/home/services/historical-data.html.

(97)

Wolff, Hendrik. 2014. "Keep Your Clunker in the Suburb: Low-Emission Zones and Adoption of Green Vehicles." *Economic Journal*, 124 (578): F481 – F512.

研究问题：该文以德国为例，实证检验了低排放区（low-emission zones，LEZ）政策对空气污染物和环保汽车空间分布的影响。

GIS 在文中的应用：欧盟在一些城市划出 LEZ，只有符合高环保要求的汽车才能驶入该区域。作者利用德国的数据，实证分析了实行 LEZ 政策后，空气污染物分布情况以及环保汽车与非环保汽车之间的替代效应。图 9-135 展示了德国 LEZ 政策实施的地理位置：三角形是 2008 年前已经划定 LEZ 的城市，六边形为 2008—2010 年已经确定将要实行 LEZ 的地区，矩形是未来潜在可能实行 LEZ 的城市。作者结合上述地点的空气污染数据以及环保汽车、非环保汽车比例数据，检验了 LEZ 如何影响空气排放物和环保汽车的空间分布。

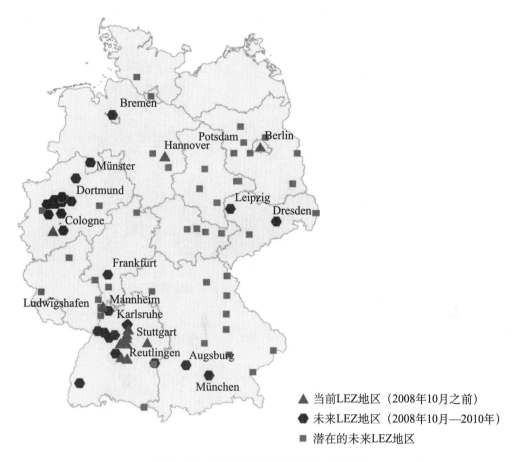

图 9-135　德国 LEZ 政策实施的地理位置

数据来源

详细数据可参见该文的附录 B 部分：http://hendrikwolff.com/web/LEZAPPENDIX.pdf。

(98)

Hahn, Franz R. 2014. "Culture, Geography and Institutions: Empirical Evidence from Small-Scale Banking." *Economic Journal*, 124 (577): 859-886.

研究问题：该文基于奥地利数据，利用该国与邻国间文化距离及商业银行跨境借贷行为考察了文化是如何影响经济活动的。

GIS 在文中的应用：图 9-136 展示了奥地利境内各区商业银行的跨境借贷行为，该指标用银行海外资产占总资产的比重来表示。颜色愈深代表一个地区的跨境借贷活动越频繁。

图 9-137 展示了奥地利各区东欧裔居民分布比重，该比重由区内姓氏来源于斯拉夫或匈牙利文化的人数除以区内姓氏来源于奥地利或德国文化的人数获得。颜色越深代表该地区受东欧文化影响越大，即和奥地利文化距离越远。结合图 9-136 我们可以发现，相

较于那些受东欧文化影响较弱的中部地区,受东欧文化影响较深的边境区域的跨境借贷行为更为活跃。

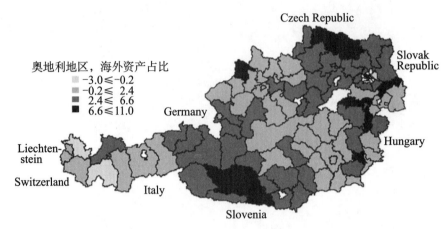

图 9-136　奥地利境内各区商业银行的跨境借贷行为

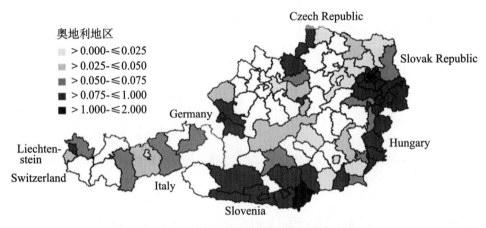

图 9-137　奥地利各区东欧裔居民分布比重

数据来源

图 9-136 数据来源于 WIFO 银行业面板数据库:http://www.wifo.ac.at/ueber_das_wifo,图 9-137 数据来源于网站 http://www.verwandt.at/。

(99)

Dewan, Torun, Macartan Humphreys, and Daniel Rubenson. 2014. "The Elements of Political Persuasion: Content, Charisma and Cue." *Economic Journal*, 124 (574): F257-F292.

研究问题:该文研究了影响政治选举成功的因素。

GIS 在文中的应用:作者在加拿大的一次真实选举中进行了实验。作者首先获得了不同实验组选民的投票信息,随后依据实验设定对部分选民进行了游说,通过对比游说前后选民的投票人选，检验了游说者对选举结果的潜在影响。图 9-138 展示了实验的样本地区，其中深灰色区域为实验组，浅灰色区域为对照组。

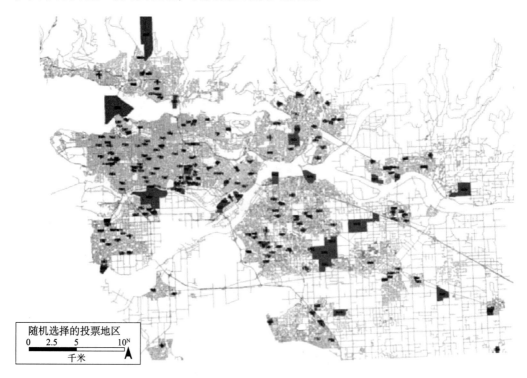

图 9-138　加拿大游说实验的样本覆盖范围

数据来源

Map of Canada Greater Vancouver Regional District，参见网站：https://maps.google.com。

(100)

> Vicente，Pedro C. 2014. "Is Vote Buying Effective? Evidence from a Field Experiment in West Africa." *Economic Journal*, 124 (574): F356-F387.

研究问题：该文以西非国家为例，实证检验了贿选对投票行为和选举结果的影响。

GIS 在文中的应用：作者以 2006 年圣多美和普林西比民主共和国（San Tome and Principe, STP）选举为契机，进行了一次对照实验。首先，作者随机选择选区进行投票前的反贿选教育运动，从而区分出实验组（进行反贿选教育运动）和对照组（未进行反贿选教育运动）。接着使用在选举前、后收集的调查数据，并结合官方选举结果数据，对比实验组和对照组在干预实施后的差别。该实验涵盖了 STP 具有代表性的 50 个选区。图 9-139 和图 9-140 展示了被调查样本的分布。灰色下划线标记出的地名为对照组所在地，深黑色字体标出的则是实验组的位置，图例中的数字所对应的城市也在两幅地图上用相同的数字标出。两幅地图显示该文共有 50 个选区作为调查样本，其中有 40 个都进行了反贿教育活动。通过比较实验组和对照组之间的差别，作者在后文继续分析了反贿选教育对投票参与率和票选结果的影响。

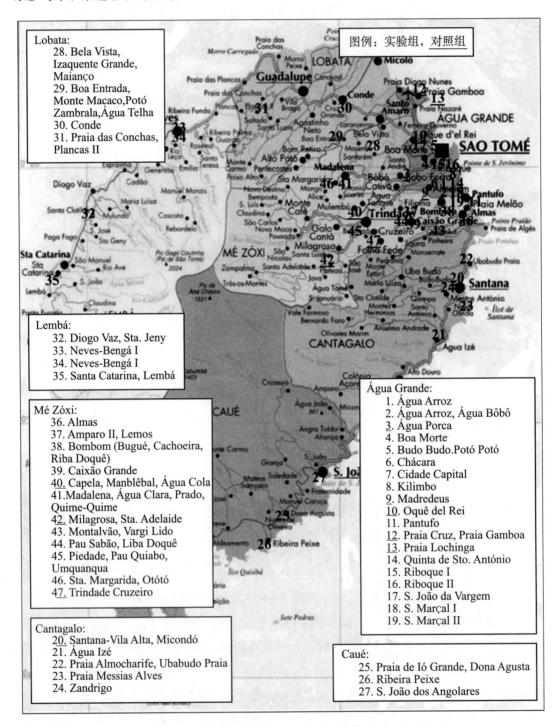

图 9-139　被调查样本中 47 个选区的分布

图 9-140　被调查样本中 3 个选区的分布

数据来源

数据由作者自行设计并实施的问卷调查得出。

（101）

Bauer, Thomas K., Sebastian Braun, and Michael Kvasnicka. 2013. "The Economic Integration of Forced Migrants: Evidence for Post-War Germany." *Economic Journal*, 123 (571): 998–1024.

研究问题：该文研究了被迫移民群体与当地经济体的经济融合状况。

GIS 在文中的应用：第二次世界大战结束后，大量原本生活在东欧的德国人被迫迁移至联邦德国。作者研究发现第一代和第二代移民都比本地人收入低，同时失业的风险更大。这表明移民群体没有很好地融入当地社会经济生活。随着战争不断推进，德国在第一次世界大战及第二次世界大战的领土不断变化，此后大量生活在东欧的德国人也被迫迁移至联邦德国。图9-141展示了德国在此期间的领土变化。

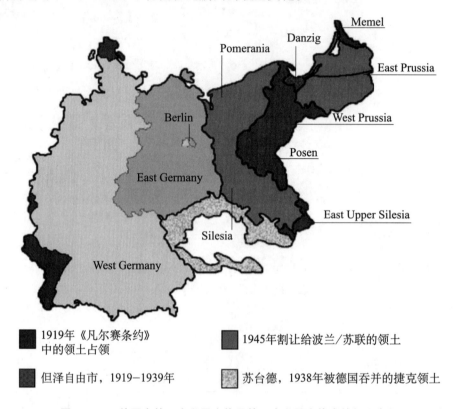

图9-141　德国在第一次世界大战及第二次世界大战中的领土变化

数据来源

Mikrozensus-Zusatzerhebung. 1971. Berufliche und soziale Umschichtung der Bevölkerung. GESIS-Datenfile.

(102)

> Glennerster, Rachel, Edward Miguel and Alexander D. Rothenberg. 2013. "Collective Action in Diverse Sierra Leone Communities." *Economic Journal*, 123 (568): 285-316.

研究问题：该文以塞拉利昂为例，实证检验了国家的种族多样性对经济的影响。

GIS在文中的运用：作者以民族-语言多样性（ethno-linguistic fractionalization，ELF）指标衡量种族多样性程度，该指标表示人群中任意两人归属于不同种族的概率，数值越大则种族多样性越高。为解决由近几年移民所引起的内生性问题，作者将1963年该国的种族多样性作为2004年多样性的工具变量。图9-142和图9-143分别展现了1963年和2004年该国种族多样性分布情况，其中颜色越深表示EFL值越大，即意味着种族越多样。

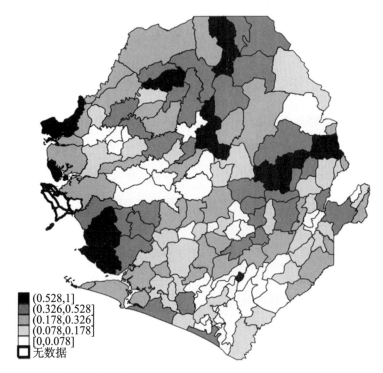

图 9-142　2004 年塞拉利昂种族多样性分布情况

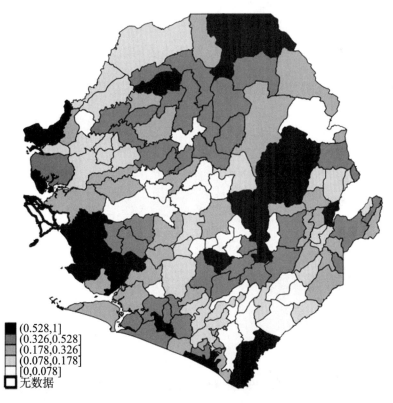

图 9-143　1963 年塞拉利昂种族多样性分布情况

数据来源

National Public Services（NPS）surveys，参见网址 https://www.theigc.org/country/sierra-leone/resources/。

(103)

Brülhart, Marius, Mario Jametti, and Kurt Schmidheiny. 2012. "Do Agglomeration Economies Reduce the Sensitivity of Firm Location to Tax Differentials?" *Economic Journal*, 122 (563): 1069-1093.

研究问题：该文以瑞士为例，检验了经济集聚效应是否能够降低企业选址时对避税考量的高敏感性。

GIS 在文中的应用：图 9-144 展示了 1998 年瑞士各行政区企业所得税税率。颜色愈深，表示该行政区税率越高；颜色愈浅，则表示该行政区税率越低。若经济集聚效应对企业选址的影响高于降低所得税税率的影响，则可以预期到同一行业企业的选址并不会分散至各个税率最低的行政区，反而是会集中在一个税率可能并不低的行政区。图 9-145 展示了 1998 年软件开发业和咨询业在瑞士境内的分布情况。实心圆面积越大表示该地区中上述类别的企业越多。图 9-146 展示了 1998 年钟表制造业在瑞士境内的分布情况。实心圆面积越大表示该地区钟表制造类企业越多。观察后不难发现，相较于软件开发业和咨询业，钟表制造业的分布更为集中且大多位于该国西北地区。这表明对于钟表制造业而言，经济集聚效应对企业选址的影响要大于降低所得税税率这一考量。

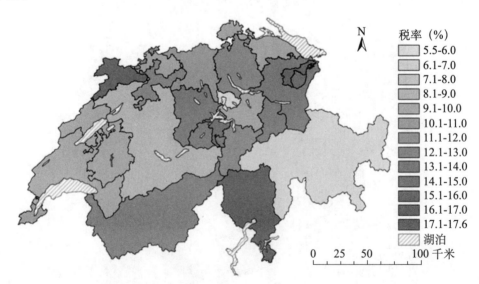

图 9-144 1998 年瑞士各行政区企业所得税税率

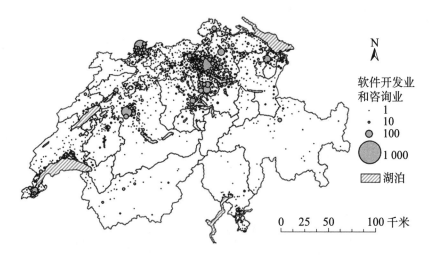

图 9-145　1998 年软件开发业和咨询业在瑞士境内的分布情况

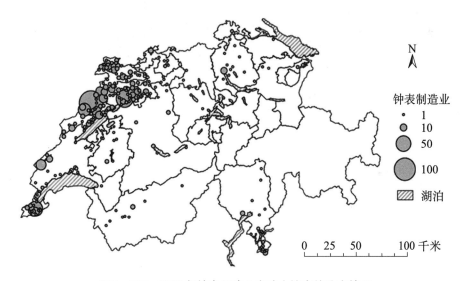

图 9-146　1998 年钟表制造业在瑞士境内的分布情况

数据来源

瑞士联邦统计署（Swiss Federal Statistical Office），其官方网站为 https://www.bfs.admin.ch/bfs/en/home.html。

（104）

Eugster, Beatrix, Rafael Lalive, Andreas Steinhauer, and Josef Zweimüller. 2011. "The Demand for Social Insurance: Does Culture Matter?" *Economic Journal*, 121 (556): F413–F448.

研究问题：该文研究了文化对社会保险需求的影响。

GIS 在文中的应用：语言是测量文化的重要指标之一。瑞士不同地区的居民所讲的语言并不相同。作者研究发现讲法语、意大利语及罗曼什语（均为拉丁语系）的地区，比德语区提供的社会保险更加全面。图9-147展示了瑞士不同语区的分布情况，浅灰色为德语区，深灰色表示拉丁语区。

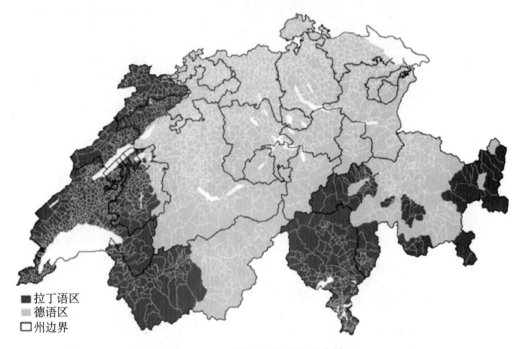

图9-147 瑞士不同语区的分布情况

数据来源

Swiss Population Census 2000, Federal Statistical Office, Neuchatel, 参见网址 https://www.bfs.admin.ch/bfs/en/home/statistics/population/surveys/vz.html。

Geographical Data from Swisstopo, Federal Office of Topography, 参见网址 https://www.bfs.admin.ch/bfs/en/home/statistics/population/surveys/vz.html。

（105）

Frankenberg, Elizabeth, Thomas Gillespie, Samuel Preston, Bondan Sikoki, and Duncan Thomas. 2011. "Mortality, the Family and the Indian Ocean Tsunami." *Economic Journal*, 121 (554): F162-F182.

研究问题：该文探索了印度洋海啸中幸存者得以存活的决定因素。

GIS在文中的运用：作者使用海啸灾后和恢复情况研究（Study of the Tsunami Aftermath and Recovery, STAR）数据实证检验了印度洋海啸中幸存者存活的决定因素。以海啸造成伤亡最多的印度尼西亚为例，该文重点研究了苏门答腊岛（Sumatra）的亚齐特区（Aceh）和北苏门答腊省（North Sumatra）的情况，图9-148中的黑点代表2004年12月26日发生的米拉务地震（Meulaboh Earthquake）震源，海啸在地震发生30分钟后登陆亚齐特区并造成重大人员伤亡，沿海岸线的灰点标注区域是被海啸严重摧毁的地区。

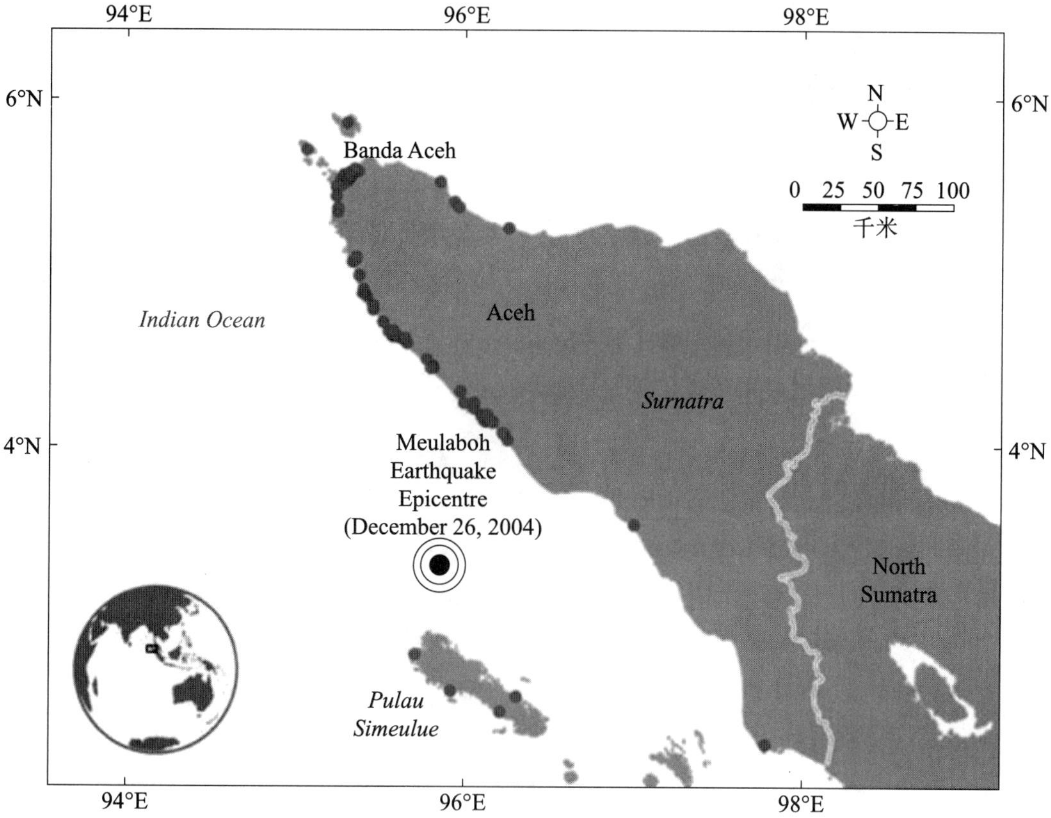

图 9-148　印度洋海啸伤亡情况

数据来源

Tsunami Aftermath and Recovery（STAR），参见网址 http://stardata.org。

（106）

> Schivardi, Fabiano, and Eliana Viviano. 2011. "Entry Barriers in Retail Trade." *Economic Journal*, 121（551）：145-170.

研究问题：该文以意大利零售市场规划政策的调整为例，实证检验了放宽市场准入壁垒对零售业的影响。

GIS 在文中的应用：意大利在 1998 年调整了零售市场规划政策，并将市场管制的权利下放给地方政府，地方政府可以通过修订商业区域规划方案来决定本省新增大型商场的占地面积。在研究中，作者利用全省人口与新增大型商场面积的比率来衡量市场进入壁垒高低，该比率越高，则表示政府管制力度越大。为了清晰地展示市场进入壁垒的地区间差异，作者利用 GIS 绘制了图 9-149。其中，不同颜色代表不同的数值区间，由灰至黑颜色越深表示市场进入壁垒越高，白色区域为数据缺失。

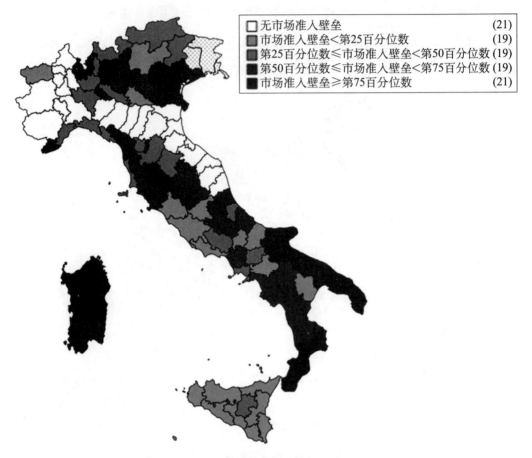

图 9-149 意大利市场进入壁垒的地区间差异

数据来源

Bank of Italy，其官方网站为 https://www.bancaditalia.it/homepage/index.html?com.dotmarketing.htmlpage.language=1。

(107)

Muralidharan, Karthik, and Venkatesh Sundararaman. 2010. "The Impact of Diagnostic Feedback to Teachers on Student Learning: Experimental Evidence from India." *Economic Journal*, 120 (546): F187-F203.

研究问题：该文基于印度的实验证据探索了教学评价对提高学生成绩的影响。

GIS 在文中的应用：如何有效提高教师的教学成果是政策制定者十分关心的问题，常用的方法是让老师及时获取学生的反馈，随后有针对性地作出调整。作者认为这一方法未必有效。该文从印度安得拉邦随机选择了一百所农村小学作为样本来探索教学评价对学生成绩的影响。为保证样本代表性，作者划分了三大社会文化区，以人口比例作为权重随机选择了五个县的学校作为样本来源。图 9-150、图 9-151 和图 9-152 分别展示了印度安得拉邦的地理位置、作者划分的三大社会文化分区以及从这三大社会文化分区中选取的五个县。作者发现，尽管老师获得学生反馈之后更努力了，但是学生的学习成绩并没有显著提高。

图 9 - 150　印度安得拉邦的地理位置

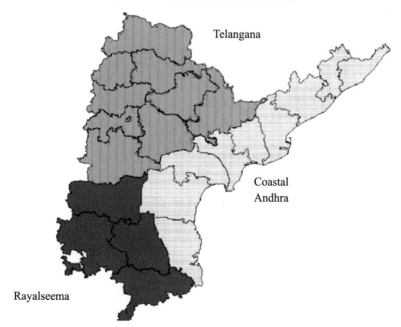

图 9 - 151　作者划分的三大社会文化区

图 9-152　从三大社会文化区中选取的五个县

数据来源

Pratham. 2008. "Andhra Pradesh Rural." *Annual Status of Education Report*. http://www.asercentre.org/p/82.html.

(108)

Miller, Grant. 2010. "Contraception as Development? New Evidence from Family Planning in Colombia." *Economic Journal*, 120 (545): 709-736.

研究问题：该文实证检验了发展中国家实行计划生育政策对社会生产力的影响。

GIS 在文中的运用：作者利用世界上历史最久远、最大型的计划生育组织之一——哥伦比亚"PROFAMILIA"的扩张路线实证检验了发展中国家实行计划生育政策对社会生产力的影响。由于"PROFAMILIA"的扩张路线对于该文的实证研究十分关键，作者考察了该路线扩张的特征。图 9-153 中的数字表示"PROFAMILIA"设立地区的先后顺序，可以看到"PROFAMILIA"在首都波哥大（Bogota）成立后，首先向很多小城镇，如索加莫索（Sogamoso）、阿尔梅罗（Armero）和贝里奥港（Puerto Berrio）等地扩张，然后再向人口集聚的大城市，如卡利（Cali）、卡塔赫纳（Cartagena）和圣玛尔塔（Santa Marta）等地扩张。

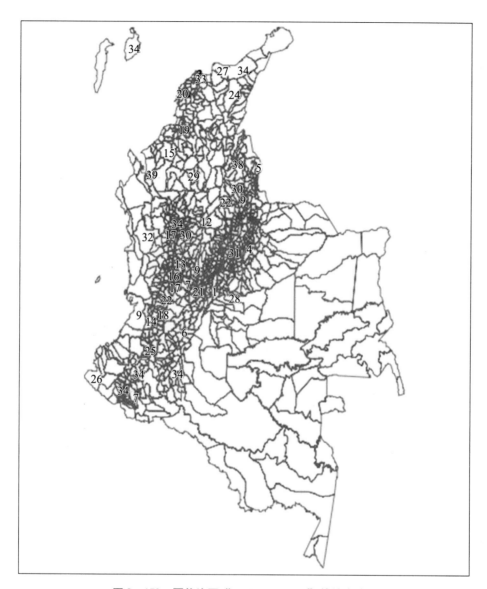

图 9-153 哥伦比亚 "PROFAMILIA" 的扩张路线

数据来源

Colombian national statistical agency (Departamento Administrativo Nacional deEstadıstica, DANE), https://www.dane.gov.co/index.php/en/.

(109)

Bauernschuster, Stefan, Timo Hener, and Helmut Rainer. 2016. "Children of a (Policy) Revolution: The Introduction of Universal Child Care and ITS Effect on Fertility." *Journal of the European Economic Association*, 14 (4): 975-1005.

研究问题:该文实证检验了幼儿园的普及对生育率的影响。

GIS 在文中的运用：作者以德国部分地区为例，利用双重差分方法研究了幼儿园普及化对生育率的影响。图 9-154 分别展现了 2002 年和 2009 年德国部分郡公共幼儿园建设覆盖率，其中颜色越深表示公共幼儿园建设覆盖率越高，颜色越浅表示覆盖率越低。

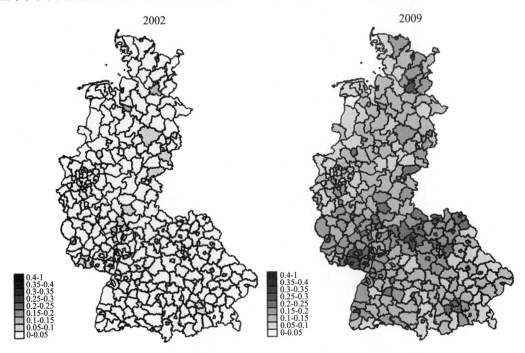

图 9-154　2002 年和 2009 年德国部分郡公共幼儿园建设覆盖率

数据来源

2002 年和 2009 年各郡公共幼儿园数量来源于联邦德国地区（不包括原西柏林）各州统计局，包括巴登-符腾堡州（Baden-Württemberg）、巴伐利亚州（Bavaria）、不来梅市（Bremen）、汉堡市和石勒苏益格-荷尔斯泰因州（Hamburg & Schleswig-Holstein）、黑森州（Hesse）、下萨克森州（Lower Saxony）、北莱茵-威斯特法伦州（North Rhine-Westphalia）、莱茵兰-普法耳茨州（Rhineland-Palatinate）和萨尔州（Saarland）。具体可参见网站：http://statistik-bw.de/，http://www.statistik.bayern.de/，http://statistik.bremen.de，http://statistik-nord.de/，http://statistik-hessen.de/，https://archive.is/20130105215226/，http://www.lsk.niedersachsen.de/，https://www.it.nrw/，http://statistik.rlp.de/ 和 http://www.saarland.de/statistik.htm。

(110)

> Sun, Stephen (Teng), and Constantine Yannelis. 2016. "Quantifying the Premium Externality of the Uninsured." *Journal of the European Economic Association*, 14 (2): 405 - 437.

研究问题：该文以车保为例考察了保险市场中未参保者对参保者造成的负外部性。

GIS 在文中的应用：在一些保险市场中，未参保者的存在往往会使得保险公司提高参保者的保费。以车保为例，如果交通事故中一方参保、一方未参保且过失者是未参保方，参保方的损失将由保险公司赔偿，而未参保方则需要自行支付损失与赔偿。当未参保方资金不足时,他可以通过申请破产将债务转移到保险公司身上,而保险公司为了弥补债务又会对参保方收取更高的保费。该文基于美国加利福尼亚州低成本车保项目(California Low Cost Automobile Insurance)的逐步扩展采用双重差分方法估算了车保市场中这种未参保者对参保者造成的负外部性。该项目于1999年起先在两个县试行,随后逐渐向加州各县扩展,2007年完成了加州全范围覆盖。其间主要经历了五次扩展浪潮。图9-155展示了这五次扩展的范围,颜色最深的县为第一批试点县,由深至浅代表着项目实施时间由早到晚。

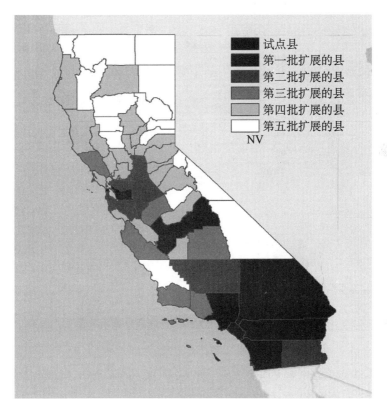

图9-155 美国加利福尼亚州低成本车保项目扩张情况

数据来源

加利福尼亚州低成本车保项目实施的地理位置信息来自 the California Department of Insurance,参见网站 http://www.insurance.ca.gov/。

(111)

Cantoni, Davide. 2015. "The Economic Effects of the Protestant Reformation: Testing the Weber Hypothesis in the German Lands." *Journal of the European Economic Association*, 13 (4): 561-598.

研究问题:该文讨论了宗教改革对经济的影响。

GIS在文中的应用:作者通过对神圣罗马帝国的研究发现,和天主教相比,新教对经济增长并没有显著的促进作用。图 9-156 展示了神圣罗马帝国境内宗教区域的分布，圆圈表示天主教地区，三角形表示新教地区。

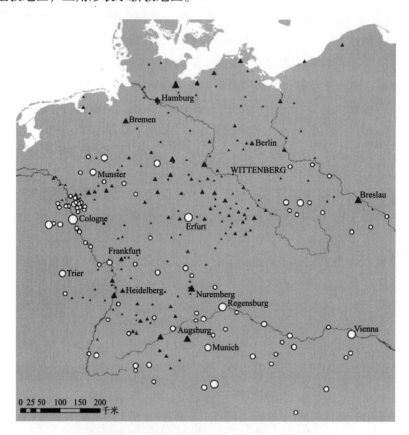

图 9-156　神圣罗马帝国境内宗教区域的分布

数据来源

Bairoch, Paul, Jean Batou, and Pierre Chèvre. 1998. *La population des villes européennes*, 800 – 1850: *Banque de donnéeset analyse sommaire des résultats*, Geneva: Droz.

(112)

Nardotto, Mattia, Tommaso Valletti, and Frank Verboven. 2015. "Unbundling the Incumbent: Evidence from UK Broadband." *Journal of the European Economic Association*, 13 (2): 330 – 362.

研究问题：该文利用英国宽带网络数据及本地环路分拆探讨了由于施行本地环路分拆而导致通信网络市场准入管制的放松对宽带普及和网络服务质量的影响。

GIS 在文中的应用：本地环路分拆（local loop unbundling）是指本地通信运营商将其本地网络提供给其他运营商的过程。为了直观展示英国本地环路分拆的空间扩张变化，作者在图 9-157 中描述了 2005 年和 2009 年英国本地环路分拆的分布范围，衡量指标为该辖区是否有本地环路分拆运营商。图中，黑色区域表示该地区至少有一家运营商受到本地环路分拆的影响，白色区域则表示该地区运营商不受本地环路分拆的影响。其中，左侧图为2005年数据，右侧图为2009年数据。

图9-157　2005年和2009年英国本地环路分拆的分布范围

数据来源

United Kingdom's Office of Communications（2005—2009），网站链接为 http://stakeholders.ofcom.org.uk/binaries/consultations/wba?。

（113）

Funk, Patricia, and Christina Gathmann. 2013. "How do Electoral Systems Affect Fiscal Policy? Evidence from Cantonal Parliaments, 1890—2000." *Journal of the European Economic Association*, 11 (5): 1178-1203.

研究问题：该文实证检验了比例代表制对财政政策的影响。

GIS在文中的应用：1890年后，瑞士有23个州逐渐采用了比例代表制，即按照各政党所获选票数在总票数中所占比例分配议员席位。作者利用该制度在不同州实行时间上的差异实证检验了该制度对财政政策的影响。图9-158展示了比例代表制实行时间在瑞士的分布：白色表示该地区1890—1919年开始实行该制度；浅灰色表示该地区1920—1950年开始实行该制度；深灰色表示该地区1951—2000年实行该制度；黑色表示该地区至今没有实行比例代表制。随后作者对不同实行时间的地区进行对比研究，分析他们的财政支出和结构是否因实行比例代表制而发生改变。

数据来源

Lutz, Georg, and Dirk Strohmann. 1998. *Wahl-und Abstimmungsrecht der Schweizer Kantone*. Berne: Haupt.

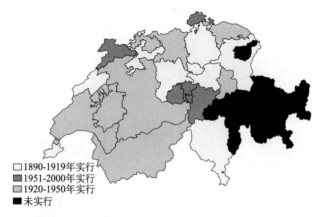

图 9-158 瑞士比例代表制实行时间

(114)

Bianchi, Milo, Paolo Buonanno, and Paolo Pinotti. 2012. "Do Immigrants Cause Crime?" *Journal of European Economic Association*, 10（6）: 1318-1347.

研究问题：作者利用 1990—2003 年意大利的省级数据检验了移民是否导致犯罪数量上升。

GIS 在文中的应用：图 9-159 展示了 1990—2003 年意大利各省移民和犯罪的分布情况，其中移民数量为 1990—2003 年的平均值，各省犯罪数量总和则是过去 13 年间每 10 万居民中犯罪数量的年均值叠加。作者根据这两个变量的取值范围进行了四等分：取值为前 25% 的省份用白色表示，取值在 25%—50% 区间的省份用浅灰色表示，取值在 50%—75% 区间的省份用深灰色表示，取值在 75%—100% 区间的省份用黑色表示。

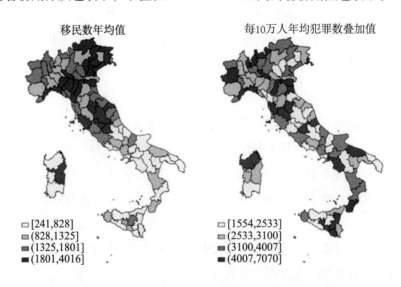

图 9-159 1990—2003 年意大利各省移民和犯罪的分布情况

数据来源

移民数量数据来自意大利国家统计局（Italy's National Institute of Statistics），其官方网站为 http://www.istat.it/en/。犯罪数量的数据来自意大利内政部（Italian Ministry of the Interior），其官方网站为 http://www.interno.gov.it/en。

(115)

Machin, Stephen, and Olivier Marie. 2011. "Crime and Police Resources: The Street Crime Initiative." *Journal of the European Economic Association*, 9 (4): 678-701.

研究问题：该文利用 2002 年在英格兰和威尔士针对个别地区实施的"减少街头犯罪活动"（The Street Initiative）政策为自然实验，通过观察对个别地区额外补充警力资源后犯罪率的变化情况，探索了警力资源和犯罪之间的关系。

GIS 在文中的应用：图 9-160 中的黑色区域为施行"减少街头犯罪活动"政策的地区，白色区域为未施行该政策的地区。

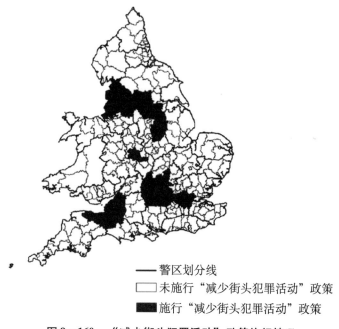

图 9-160　"减少街头犯罪活动"政策施行情况

数据来源

"减少街头犯罪活动"施行数据来自 Home Office UK，其官方网站为 https://www.gov.uk/government/organisations/home-office。

(116)

Besley, Timothy, and Torsten Persson. 2011. "Fragile States and Development Policy." *Journal of the European Economic Association*, 9 (3): 371-398.

研究问题：该文提出了一个脆弱国家的经济发展模型，并使用 Polity IV 的数据进行了实证检验。

GIS 在文中的应用：很多落后国家由于政局动荡或者制度不健全而没有能力提供基础公共品，现有理论很难解释这类国家的经济发展。作者从安全防御、政权合法性和经济有效性三个角度出发，提出一个脆弱国家的经济发展模型。随后作者使用 Polity IV 数据对该理论模型进行了实证检验。图 9-161 反映了国家的制度脆弱性在全球的分布：颜色越深表示该国制度越脆弱，颜色越浅则反映国家制度越稳健。

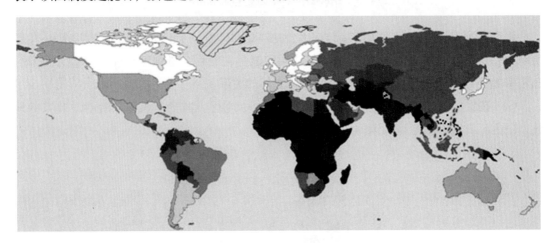

图 9-161　国家的制度脆弱性在全球的分布

数据来源

Political Instability Task Force. 2009. "Polity IV Project". http://www.systemicpeace.org/polity/polity4x.htm.

（117）

Guiso, Luigi, and Fabiano Schivardi. 2011. "What Determines Entrepreneurial Clusters?" *Journal of the European Economic Association*, 9 (1): 61-86.

研究问题：该文以意大利为例，研究了人才分布改变带来的外部效应对产业集群的影响。

GIS 在文中的运用：市场进入成本和外部效应都可能对产业集群有决定性影响，作者以意大利公司为例，发现人才分布改变带来的外部效应才是影响产业集群的决定性因素。图 9-162（a）展示了意大利企业家率（Entrepreneurial Incidence，EI）的地理集群现象和此现象在当地劳工系统的分布情况，作者以当地公司数量代理实际企业家数，以当地出生的人口数代理潜在企业家数，EI 是两者的比值，区域的颜色越深表明产业集群现象越密集。（b）展示了意大利各地的公司数量，颜色越深表明该区域公司数量越多。

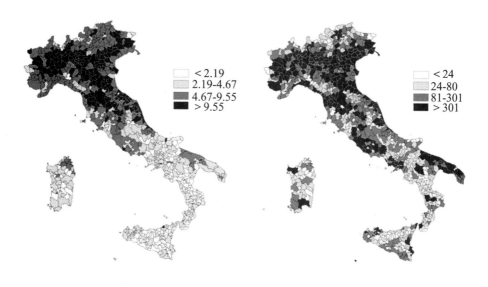

(a) 企业家率（每出生1 000人产生的公司数量）　　　　(b) 公司数量

图 9 - 162　意大利企业家率、公司数量分布

数据来源

Company Accounts Data Service（Centrale dei Bilanci，CB），参见网址 http://www.centraledeibilanci.it。

(118)

> Tabellini, Guido. 2010. "Culture and Institutions: Economic Development in the Regions of Europe." *Journal of the European Economic Association*, 8 (4): 677–716.

研究问题：该文基于欧洲数据检验了文化对经济发展的影响。

GIS 在文中的运用：图 9 - 163 展示了 1995—2000 年欧洲各国人均年收入与欧盟 15 国人均年收入的比值。作者依据样本范围对数值进行了八等分：颜色越浅代表国家人均年收入相对越低，颜色越深则表示人均年收入相对越高。

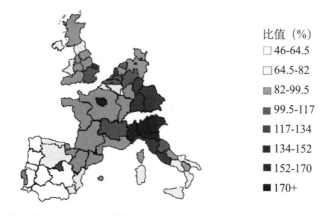

图 9 - 163　1995—2000 年欧洲各国人均年收入与欧盟 15 国人均年收入的比值

图9-164展示了1995—2000年欧洲各国的文化特征，相关数值是作者从四个文化变量（控制、服从、尊重、信任）中提取的第一个主成分的区域平均值（乘以100），颜色越深代表该国文化中越注重经济发展，颜色越浅则反之。我们从中可以发现该图与人均年收入图在空间上存在较强的相关性：文化中更注重经济内容的国家其人均年收入也相对较高。

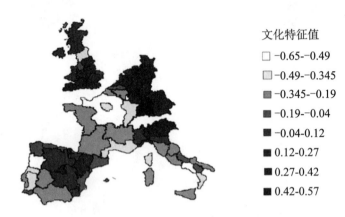

图9-164　1995—2000年欧洲各国文化特征

图9-165展示了1880年前后欧洲各国的识字率，颜色越深代表识字率越高。我们同样可以发现该图与人均年收入图在空间上存在较强的相关性：识字普及率更高的国家其人均年收入也更高。

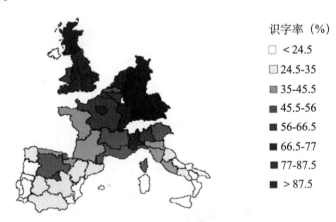

图9-165　1880年前后欧洲各国的识字率

数据来源

图9-163的数据来源于Cambridge Econometrics和Eurostat Database Regio，具体可参见网站https://www.camecon.com/和https://ec.europa.eu/eurostat/web/regions/data/database；图9-164的数据来自世界价值观调查（World Value Survey），其网站为http://www.worldvaluessurvey.org/wvs.jsp；图9-165的数据来自各国内政部门，包括法国、德国、英国、意大利、荷兰、比利时、西班牙和葡萄牙。

(119)

Fabbri, Daniela. 2010. "Law Environment and Firm Financing: Theory and Evidence." *Journal of the European Economic Association*, 8 (4): 776–816.

研究问题：该文实证研究了法律实施质量对公司融资状况的影响。

GIS 在文中的运用：作者选取西班牙 50 个司法管辖区作为研究对象，以审判平均时长衡量法律实施质量，进而研究法律实施质量对公司融资状况的影响。图 9-166 展示了西班牙的 50 个司法管辖区，每个区域用不同数字标明，其中颜色越深表示该区域法律实施质量越高。

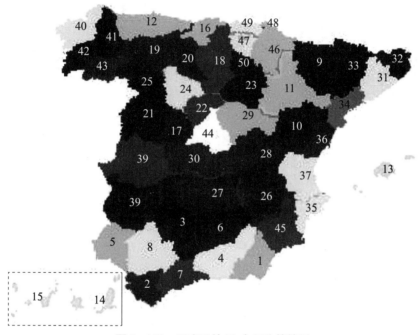

图 9-166　西班牙的 50 个司法管辖区

数据来源

National Institute of Statistics (INE) 1990—1998，参见网址 http://www.ine.es/en/welcome.shtml。

(120)

Larreguy, Horacio, and John Marshall. 2017. "The Effect of Education on Civic and Political Engagement in Nonconsolidated Democracies: Evidence from Nigeria." *Review of Economics and Statistics*, 99 (3): 387–401.

研究问题：该文讨论了教育对非民主国家公民政治参与的影响。

GIS 在文中的应用：1976 年尼日利亚进行了基础教育改革，改革后接受基础教育的民众比例显著提高。作者利用这一外生冲击，基于双重差分模型实证检验了教育对公民政治参与的影响。图 9-167 展示了尼日利亚境内 1960—1969 年出生的男性中未完成小学学业的比例，图 9-168 展示了同一时段出生的女性中相应的比例；颜色越深都表示该比例越高。不难发现，1960—1969 年出生于尼日利亚的女性完成小学学业的比例要低于男性，且该类人群显著分布于尼日利亚的中北部。

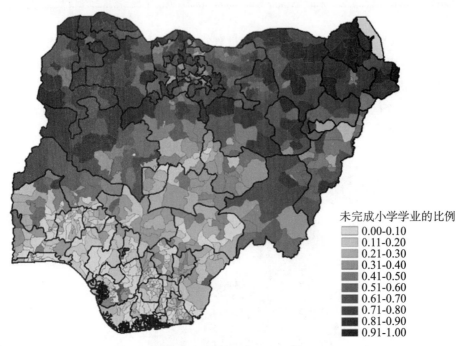

图 9-167　尼日利亚境内 1960—1969 年出生的男性中未完成小学学业的比例

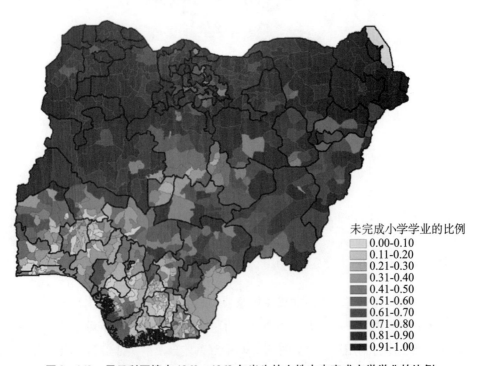

图 9-168　尼日利亚境内 1960—1969 年出生的女性中未完成小学学业的比例

数据来源

Bratton, Michael, and Carolyn Logan. 2006. "Voters but Not Yet Citizens: The Weak Demand for Vertical Accountability in Africa's Unclaimed Democracies." Afrobarometer Working Paper No. 63. 工作论文可在以下网站获取: http://afrobarometer.org/sites/default/files/publications/Working%20paper/AfropaperNo63.pdf。

(121)

Clemens, Michael A., and Erwin R. Tiongson. 2017. "Split Decisions: Household Finance when a Policy Discontinuity Allocates Overseas Work." *Review of Economics and Statistics*, 99 (3): 531–543.

研究问题：该文以前往韩国短期工作的菲律宾劳工为例研究了海外工作对劳工家庭消费结构的影响。

GIS 在文中的应用：在该文所研究的韩国短期工作项目中，只有通过韩文测试的菲律宾劳工才能前往韩国参加工作。因此，通过对比分数线上下的菲律宾劳工，该文得以采用断点回归分析方法考察海外工作对劳工家庭消费结构的影响。进行断点回归分析需要确保那些分数线上下的菲律宾劳工不存在系统性差别，这是因为如果某地区的劳工对韩语掌握得更好将会造成回归结果的偏差。因此，作者考察了分数线上下的劳工在地理分布上的差异。图 9-169 展示了韩文考试并前往韩国的家庭（左图）与没有韩文考试的家庭（右图）的地理分布情况，其中左图中的数值代表样本中劳工韩文考试分数高于分数线的分值，右图中的数值代表样本中劳工韩文考试分数低于分数线的分值。可以看到，两者不存在明显差异。

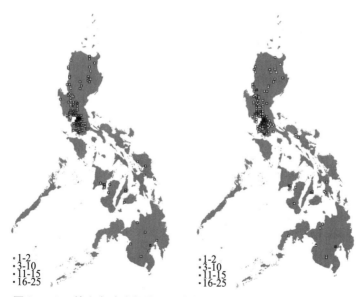

图 9-169　韩文考试分数线上下的菲律宾劳工在地理分布上的差异

数据来源

劳工的家庭地理位置信息来自该文作者对劳工的访问调查。

(122)

Hakobyan, Shushanik, and John McLaren. 2016. "Looking for Local Labor Market Effects of NAFTA." *Review of Economics and Statistics*, 98 (4): 728-741.

研究问题：该文研究了北美自由贸易协定的签订对美国工资的影响。

GIS 在文中的运用：利用 1990—2000 年的美国人口普查数据，该文估计了北美自由贸易协定对美国工资的影响。作者以关税减少作为当地劳动力市场受影响程度的代理变量。图 9-170 展示了美国各地的关税情况，其中颜色越深代表关税越高。

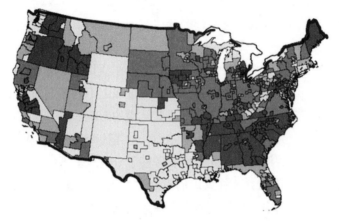

图 9-170　美国各地的关税情况（包含农业）

由于农业受到产业集聚效应的影响较大，且不同作物受到北美自由贸易协定的影响极为不同——以玉米为例，北美自由贸易协定规定了美国从墨西哥进口玉米的限额，因此美国本土的玉米产业受到了显著的积极影响，但同时也存在某些受到负面影响的作物，因此使用平均关税来代理北美自由贸易协定对农业劳动力市场的影响程度存在不合理性。为了处理上述问题，作者使用剔除农业样本的数据集进行了回归。图 9-171 展示了排除农业后美国各地的关税情况，同样地，颜色越深代表该地关税越高。

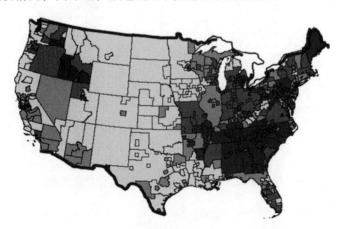

图 9-171　排除农业后美国各地的关税情况

数据来源

Minnesota Population Center-IPUMS Project,参见网址 www. ipums. org。

U. S. Census data,https://www. census. gov/data. html.

U. S. International Trade Commission Trade and Tariff Data,参见网址 http://dataweb. usitc. gov。

(123)

> Sun, Stephem. Teng, and Constantine Yannelis. 2016. "Credit Constraints and Demand for Higher Education: Evidence from Financial Deregulation." *Review of Economics and Statistics*, 98 (1): 12 - 24.

研究问题:该文利用1972—1992年美国各州逐步放宽对银行业的管制、允许银行跨州设立分行这一契机,对学生贷款信用额度的增加是否能够促进高等教育的普及进行了检验。

GIS 在文中的应用:文章使用 GIS 对1972—1992年美国各州放宽对银行业的管制进程进行了展示,见图9-172,其中深灰色色块代表该州取消了针对银行分支机构间并购行为的管制,并且允许不同分支机构在母公司结构下展开并购。在取消管制、允许开展并购的州,不同银行间的竞争更为激烈,银行个体也更有可能通过调高信用额度以吸引更多的客户到该行申请贷款。

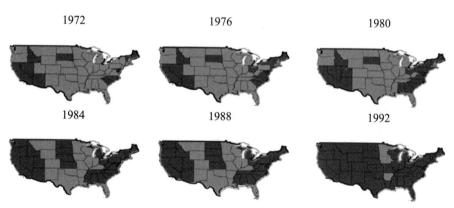

图9-172 1972—1992年美国各州放宽对银行业的管制进程

数据来源

有关1972—1992年美国各州放宽对银行业管制这一部分的数据来自美国联邦住房金融协会(Federal Housing Finance Association,FHFA)和美国联邦储备委员会(Federal Reserve),具体可参见以下网站:https://www. fhfa. gov/ 和 https://www. federalreserve. gov/ 。

(124)

> Pandya, Sonal S., and Rajkumar Venkatesan. 2016. "French Roast: Consumer Response to International Conflict-Evidence from Supermarket Scanner Data." *Review of Economics and Statistics*, 98 (1): 42 - 56.

研究问题：该文实证检验了国际冲突对本国消费者进口抵制的影响。

GIS在文中的应用：2003年，美法两国因伊拉克战争问题产生立场冲突，作者借此机会研究了美国消费者是否会因此抵制从法国进口的产品。文章采用Information Resources公司各市场分区的每周市场销售情况数据，实证检验那些听起来像法国名字的美国产品是否因为此次冲突而销量降低。图9－173展示了Information Resources公司划定的市场分区覆盖的地理范围，不同颜色代表该公司所划分的不同的市场分区。

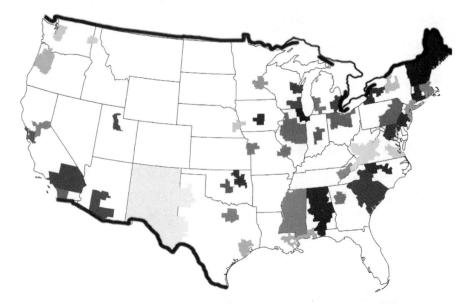

图9－173　美国Information Resources Inc. 划定的市场分区覆盖的地理范围

数据来源

Bronnenberg, Bart J. , Jean-Pierre Dubé, and Matthew Gentzkow. 2012. "The Evolution of Brand Preferences: Evidence from Consumer Migration." *American Economic Review*, 102（6）：2472－2508.

（125）

> Doleac, Jennifer L. , and Nicholas J. Sanders. 2015. "Under the Cover of Darkness: How Ambient Light Influences Criminal Activity." *Review of Economics and Statistics*, 97（5）：1093－1103.

研究问题：该文研究了日光亮度如何影响犯罪活动。

GIS在文中的应用：我们知道犯罪可能是有一定的时间分布的，比如青少年犯罪往往出现在暑假期间。但是还没有文献探讨过日光亮度是如何影响犯罪的。作者认为夏令时转换是一个很好的研究契机：阳光是连续变化的，然而人们的工作时间突然提早了一小时。因此该文使用断点回归方法研究日光强度对于犯罪的作用。图9－174展示了作者的样本地区分布，圆点、菱形、三角形和方块分别代表美国的4个时区：圆点为西部标准时间，菱形为山地标准时间，三角形为中部标准时间，方块为东部标准时间。

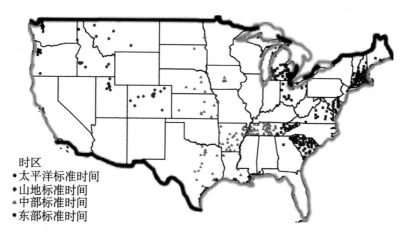

图 9-174　美国不同时区的分布

数据来源

Bureau of Justice Statistics. 2005—2008. "National Incident—Based Reporting System（NIBRS），2005—2008：Extract Files." U. S. Department of Justice. https：//nibrs. fbi. gov.

（126）

Cook，C. Justin. 2015. "The Natural Selection of Infectious Disease Resistance and Its Effect on Contemporary Health." *Review of Economics and Statistics*，97（4）：742-757.

研究问题：该文研究了基因多样性对国民健康水平的影响。

GIS 在文中的应用：作者认为对传染病的抵抗力决定了早期的国民健康水平，并利用人类白细胞抗原（HLA）杂合率这一指标来度量人民对传染病的抵抗力。为了直观地展示各国人民对传染病抵抗能力的差异，作者在图 9-175 中描述出了不同国家人民的 HLA 杂合率水平，其中颜色越深的地区表示该指标越高。

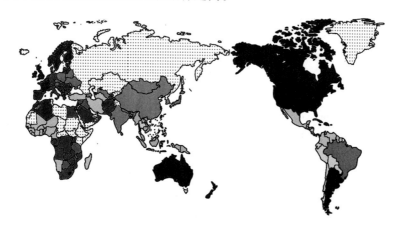

图 9-175　人类白细胞抗原杂合率世界分布

数据来源

Kidd, Kenneth K., Haseena Rajeevan, Michael V. Osier, et al. 2003. "ALFRED: The ALelle FREquency Database—Update." *American Journal of Physical Anthropology*, Supplement S36: 128.

(127)

Coşar, A. Kerem, Paul L. E. Grieco, and Felix Tintelnot. 2015. "Borders, Geography, and Oligopoly: Evidence from the Wind Turbine Industry." *Review of Economics and Statistics*, 97 (3): 623–637.

研究问题：该文研究了因国家边境导致的成本对企业的影响。

GIS 在文中的应用：物理距离和国家边境的划分导致了市场在地理和政治上的分割，也显著增加了贸易成本。该文以丹麦和德国的风电产业为例，对上述贸易成本给企业带来的影响进行了检验。图9-176展示了丹麦和德国两国风电项目的分布及风力发电机制造商的分布，其中左图中的圆圈表示该处项目的风力发电机由丹麦制造商提供，三角形则表示该处项目的风力发电机由德国制造商提供，右图表示每个涡轮制造商主要生产设施的位置。

图9-176　丹麦和德国两国风电项目的分布及风力发电机制造商的分布

数据来源

Danish Energy Agency, https://ens.dk/en.

Google Maps API, http://code.google.com/apis/maps/.

(128)

Black, Sandra E., Paul J. Devereux, Katrine V. Løken, and Kjell G. Salvanes. 2014. "Care or Cash? The Effect of Child Care Subsidies on Student Performance." *Review of Economics and Statistics*, 96 (5): 824–837.

研究问题：该文研究了托儿所费用补贴对家长及儿童的影响。

GIS 在文中的应用：20 世纪 70 年代，挪威政府颁布的一系列福利政策使得部分托儿所费用下降，该文研究了托儿所费用补贴政策对家长和儿童的影响。该文发现上述政策颁布后，家长的劳动参与率并没有明显变化，但孩子在初中的学习成绩有了显著提高。图 9-177 为挪威地图，其中灰色区域表示托儿所费用没有改变的地区，黑色区域表示费用发生了改变，白色区域表示数据缺失。

图 9-177 挪威托儿所费用变化情况

数据来源

Norwegian Municipality Websites，参见网址 https://www.regjeringen.no/en/id4/。

(129)

> Einiö, Elias. 2014. "R&D Subsidies and Company Performance: Evidence from Geographic Variation in Government Funding based on the ERDF Population-Density Rule." *Review of Economics and Statistics*, 96 (4): 710-728.

研究问题：该文以"芬兰研发资助项目"为例考察了研发资助对于企业科研投入与生产效率的影响。

GIS 在文中的应用："芬兰研发资助项目"对各企业的资助水平是根据其所在次区域（Seutukunta，芬兰行政单位，是欧盟四级统计研究规划区"NUTS4"）的人口密度制定的，只有在人口密度满足一定条件的次区域的企业才能申请到最高水平的资助。该文以这种获取资助的外生性考察了研发资助对企业科研投入与生产效率的影响。图 9-178 展示了芬兰各次区域的人口密度。浅灰色边界为各次区域的边界，数字表示次区域的序号；深灰色边界为次区域所属的各区域（Maakunta，芬兰行政单位，为次区域的上级规划区，是欧盟三级统计研究规划区 NUTS3）。次区域中的颜色越深表示该次区域的人口密度越大。此外，图中还划出了人口密度满足最高资助水平的次区域：黑色虚线区域为1995—1999年间满足最高资助水平的次区域（Objective 6），黑色实线区域为2000—2006年满足最高资助水平的次区域（Objective 1）。可以看到，两个时间段内满足最高资助水平的次区域基本相同。

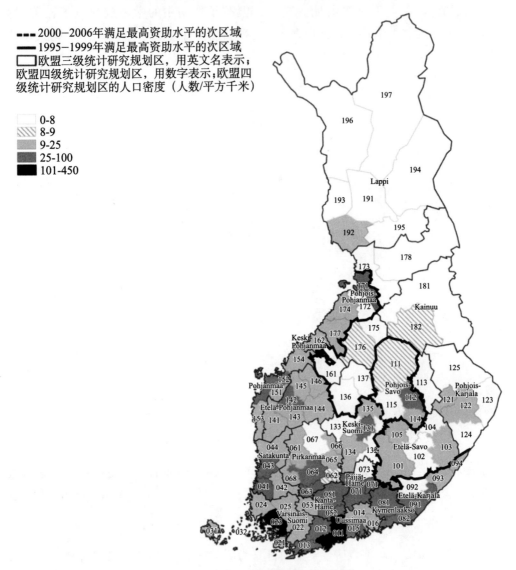

图 9-178　芬兰各次区域的人口密度

数据来源

人口数据来自 Official Statistics of Finland（OSF），其官方网站为 https://www.stat.fi/index_en.html。

(130)

Gross, Tal, Matthew J. Notowidigdo, and Jialan Wang. 2014. "Liquidity Constraints and Consumer Bankruptcy: Evidence from Tax Rebates." *Review of Economics and Statistics*, 96 (3): 432–443.

研究问题：该文研究了法律和行政费用在多大程度上阻止了流动资产受限的家庭宣布破产。

GIS 在文中的运用：作者研究了 2001—2008 年美国所得税退税对消费者申请破产行为的影响。作者根据法院公开的电子记录系统（Public Access to Court Electronic Records System）得到了 72 个法院的所有消费者破产申请记录。图 9 - 179 显示了文章的样本覆盖范围，其中深色区域代表作者能够得到完整破产案卷电子访问权的州，浅色区域则不在文章样本覆盖范围内。

图 9 - 179　美国破产案卷电子访问权完整程度

数据来源

Public Access to Court Electronic Records，参见网址 https://www.pacer.gov。

Administrative Office of the U. S. courts，参见网址 https://www.usa.gov/federal-agencies/administrative-office-of-the-u-s-courts。

(131)

Lin, C. -Y. Cynthia. 2013. "Strategic Decision-Making with Information and Extraction Externalities: A Structural Model of the Multistage Investment Timing Game in Offshore Petroleum Production." *Review of Economics and Statistics*, 95（5）：1601 - 1621.

研究问题：该文通过决策模型研究了石油开采企业如何受到外部信息的影响。

GIS 在文中的应用：石油开采企业在做勘探开发决策时会受到其他企业行为以及信息的影响。作者以墨西哥湾的油田为研究对象，构建了决策模型对上述问题进行研究。图 9 - 180 展示了墨西哥湾油田的地理分布，黑色圆点即代表油田。

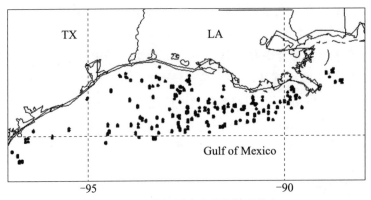

图 9 – 180　墨西哥湾油田的地理分布

数据来源

Hendricks, Kenneth, and Robert H. Porter. 1992. "Joint Bidding in Federal OCS Auctions." *American Economic Review Papers and Proceedings*, 82 (2): 506 – 511.

Hendricks, Kenneth, Robert H. Porter, and Bryan Boudreau. 1987. "Information, Returns, and Bidding Behavior in OCS Auctions: 1954 – 1969." *Journal of Industrial Economics*, 35 (4): 517 – 542.

(132)

Acemoglu, Daron, Amy Finkelstein, and Matthew J. Notowidigdo. 2013. "Income and Health Spending: Evidence from Oil Price Shocks." *Review of Economic and Statistics*, 95 (4): 1079 – 1095.

研究问题：该文实证分析了收入与医疗总开支之间的因果关系。

GIS 在文中的应用：作者用油价和当地储油量的变化作为当地居民收入的工具变量，实证分析了收入和当地医疗支出之间的关系。图 9 – 181 展示了储油井在美国南部经济分区（economic subregion，ESR）的分布，黑色粗线表示州，灰色细线表示不同的经济分区。背景颜色越深表明该经济分区储油量越丰富。作者随后考察了储油量越丰富的区域是否会因为较高的收入而有更高的医疗支出。

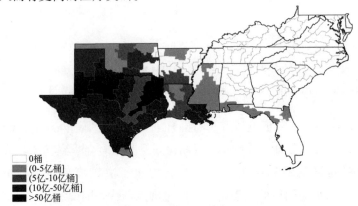

图 9 – 181　储油井在美国南部经济分区的分布情况

数据来源

Oil and Gas Journal Data Book. 2000. Tulsa: PennWell Books. https://openlibrary.org/books/OL18678011M/Oil_and_Gas_Journal_data_book.

(133)

> Bell, Brian, Francesco Fasani, and Stephen Machin. 2013. "Crime and Immigration: Evidence from Large Immigrant Waves." *Review of Economics and Statistics*, 95 (4): 1278 – 1290.

研究问题：该文利用英国于 20 世纪 90 年代和 21 世纪初（2004）的两次移民潮，检验了犯罪和移民之间的关系。

GIS 在文中的应用：图 9 - 182 中的两幅图分别展示了英国于 20 世纪 90 年代和 21 世纪初发生的两次移民潮中新入移民的地域分布情况，其中色块颜色愈深，代表该区域新入移民占当地人口比重愈高。不难看出，第一波移民潮中，新入移民的分布十分不平均且主要集中在英格兰和威尔士地区的偏西北部，西南部和东北部也有少数移民聚集；而第二波移民潮涌入的新移民分布则相对更加平均。

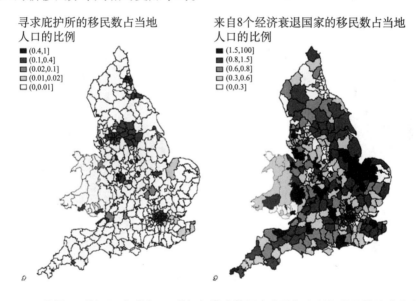

图 9 - 182　英国 20 世纪 90 年代和 21 世纪初发生的两次移民潮中新入移民的地域分布情况

数据来源

第一波移民潮数据来自英国内政部公布的 2001—2009 年寻求庇护者统计数据（the Home Office Publication Asylum Statistics），其官方网站为 https://www.gov.uk/government/organisations/home-office。第二波移民潮数据结合了调查和档案数据，分别来自 Annual Population Survey 和 Worker Registration Scheme，具体可参见网站 https://webarchive.nationalarchives.gov.uk/20080911095157/ 和 http://www.ukba.homeoffice.gov.uk/workingintheuk/eea/wrs/，以及 http://www.nomisweb.co.uk/articles/1147.aspx。

(134)

> Brambilla, Irene, Guido Porto, and Alessandro Tarozzi. 2012. "Adjusting to Trade Policy: Evidence from U. S. Antidumping Duties on Vietnamese Catfish." *Review of Economics and Statistics*, 94 (1): 304 – 319.

研究问题：该文研究了美国《反倾销法案》对越南家庭收入的影响。

GIS 在文中的应用：越南湄公河地区的许多家庭以渔业为生。在这个地区，鲇鱼是重要的出口鱼类，而美国是其主要出口对象。2003 年美国《反倾销法案》颁布后，越南鲇鱼出口数量显著下降。作者研究了这次政策变化对该地区居民家庭收入的影响。作者主要考察湄公河三角洲地区，并用图 9 – 183 展示了越南南部湄公河流域省份的区位差异（沿海或内陆是否有湄公河经过）。

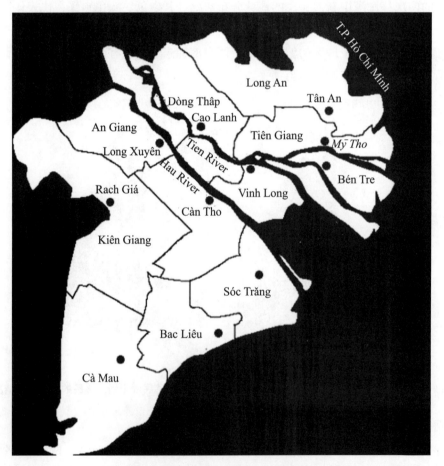

图 9 – 183　越南南部湄公河流域省份

数据来源

Google Image，https://www.google.com/search? q = mekong + provinces + in + south + Vietnam&tbm = isch&source = univ&sa = X&ved = 2ahUKEwj7zeDDx73hAhUVPH0KHbvlBu8QsAR6BAgJEAE&cshid = 155462566

0598859&biw=1440&bih=821.

(135)

Kotchen, Matthew J., and Laura E. Grant. 2011. "Does Daylight Saving Time Save Energy? Evidence from a Natural Experiment in Indiana." *Review of Economics and Statistics*, 93 (4): 1172-1185.

研究问题：作者以美国印第安纳州 2006 年决议实行夏令时为自然实验检验了夏令时是否导致节约用电。

GIS 在文中的应用：图 9-184 展示了印第安纳州各县使用时区及是否实行夏令时的情况。2006 年之前，该州内有 77 个县使用东部标准时间并且不实行夏令时；在西北和西南部有 10 个县使用中部标准时间并且实行夏令时；在东南部有 5 个县使用东部标准时间并且实行夏令时。在 2006 年之后，该州所有县都实行夏令时，同时许多县由原来的东部标准时间改为使用中部标准时间。

根据上述政策变化，作者将该州各县进行了分类：在 2006 年之后首次实行夏令时并且使用东部标准时间的为 NE；在 2006 年之后首次实行夏令时并由东部标准时间改为中部标准时间的为 NW；在 2006 年之前已实行夏令时地区，根据其使用的是东部标准时间还是中部标准时间进一步划分为 SE 和 SW。

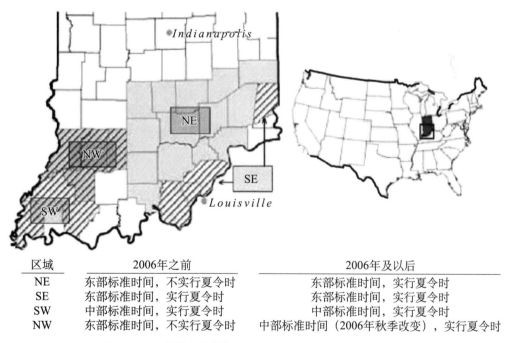

区域	2006年之前	2006年及以后
NE	东部标准时间，不实行夏令时	东部标准时间，实行夏令时
SE	东部标准时间，实行夏令时	东部标准时间，实行夏令时
SW	中部标准时间，实行夏令时	中部标准时间，实行夏令时
NW	东部标准时间，不实行夏令时	中部标准时间（2006年秋季改变），实行夏令时

图 9-184 印第安纳州各县使用时区及是否实行夏令时情况

数据来源

2000 年美国人口普查数据（U.S. Census），其官方网站为 https://www.census.gov/main/www/

cen2000.html。

(136)

Davis, Lucas W. 2011. "The Effect of Power Plants on Local Housing Values and Rents." *Review of Economics and Statistics*, 93 (4): 1391–1402.

研究问题：该文实证检验了发电厂对当地房价及房租的影响。

GIS 在文中的应用：作者以美国发电厂为例，分析距发电厂 0 到 10 英里范围内的房屋价格及租金的变化。图 9-185 展示了作者取样的 92 个发电厂的具体位置，黑色空心圆圈代表发电厂。

图 9-185　作者取样的 92 个发电厂的具体位置

数据来源

United States Environmental Protection Agency. 2007. "Emissions & Generation Resource Integrated Database." 其官方网站为 https://www.epa.gov/energy/emissions-generation-resource-integrated-database-egrid。

(137)

Redding, Stephen J., Daniel M. Sturm, and Nikolaus Wolf. 2011. "History and Industry Location: Evidence from German Airports." *Review of Economics and Statistics*, 93 (3): 814–831.

研究问题：该文实证检验了外生冲击对工业区位置选择的影响。

GIS 在文中的应用：大量经济学文献表明，工业区的区位选择除了受到禀赋和经济制度等基本条件的影响，还可能受到外生冲击的影响，因此一个经济体的工业区位置可能会在外生冲击下从一个平衡稳态移动到另一个平衡稳态。作者以第二次世界大战后德国的分裂和统一为例，观察机场位置变动，以实证检验上述理论。图 9-186 展示了作者研究样本中的机场分布：黑点为机场，深色部分为联邦德国，浅色部分为民主德国。

图 9-186　德国机场分布情况

数据来源

Statistisches Bundesamt. 2003. "Luftverkehr auf allen Flugplätzen in 2002." Bundesministerium des Innern. Federal Ministry of the Interior. http://www.destatis.de/.

(138)

Almond, Douglas, Hilary W. Hoynes, and Diane Whitmore Schanzenbach. 2011. "Inside the War on Poverty: The Impact of Food Stamps on Birth Outcomes." *Review of Economics and Statistics*, 93 (2): 387–403.

研究问题：该文以 1961 年美国食品券计划为例，实证检验了扶贫政策对新生儿健康的影响。

GIS 在文中的应用：1961 年肯尼迪总统实施了扶贫政策，其中有一项内容是食品券计划。该计划最初只在美国的 8 个县进行试点，两年后增加到了 43 个县，而后逐年扩散，直到 1974 年覆盖全美。该文以各县引入食品券计划的时间差异为识别策略，探究扶贫计划对新生儿健康的影响。

为了直观地展示食品券计划在美国实施的先后顺序，作者使用 GIS 软件绘制了图 9-187。如图所示，灰色粗线是州与州的分界线，淡色虚线则是县与县的分界线，色块越深代表食品券计划在该县实施的时间越晚。作者使用各县新生儿的健康数据，检验了政策实施的时间差异对新生儿健康的影响。

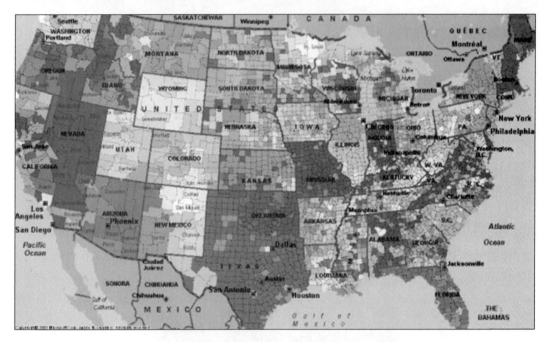

图 9-187　美国食品券计划在全国实施的先后顺序

数据来源

食品券计划的数据来自美国农业部（U.S. Department of Agriculture），其官方网站为 https://www.usda.gov/。

（139）

Lin, Jeffrey. 2011. "Technological Adaptation, Cities, and New Work." *Review of Economics and Statistics*, 93（2）: 554-574.

研究问题：该文使用美国 1980—2000 年间的微观数据，讨论了集聚经济对新知识产业化的作用。

GIS 在文中的应用：为了更密切地观察工人和公司如何适应技术变化，更系统地描述技术变化对生产结构的影响，作者结合人口普查数据及就业数据，定义了"新职业"这一概念。"新职业"（new work）即需要新的活动或技术组合的工作，这些活动或技术是在劳动力市场中出现的，且及时响应了新信息、新技术的应用。例如，数据编码器操作员最早出现，其次是微型计算机技术支持专家，然后是网络管理员。他们从事的都是不同时期的"新职业"。图 9-188 至图 9-190 分别展示了 1980 年、1990 年和 2000 年美国就职于新职业劳动力人数占当地劳动力总数的比例，颜色越深，代表当地就职于新职业的劳动力人数越多。

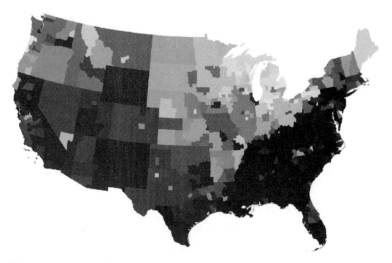

图 9-188　1980 年美国就职于新职业劳动力人数占当地劳动力总数的比例

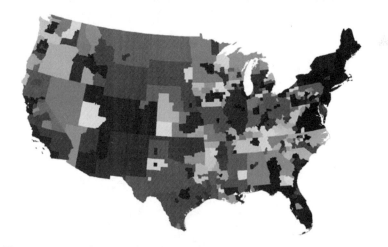

图 9-189　1990 年美国就职于新职业劳动力人数占当地劳动力总数的比例

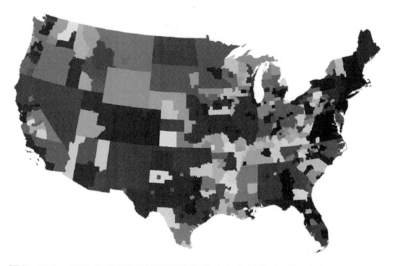

图 9-190　2000 年美国就职于新职业劳动力人数占当地劳动力总数的比例

数据来源

Steven, Ruggles, Matthew Sobek, Trent Alexander, Catherine A. Fitch, Ronald Goeken, Patricia Kelly Hall, Miriam King, and Chad Ronnander. 2009. "Integrated Public Use Microdata Series." Minnesota Population Center.

(140)

> Iyer, Lakshmi. 2010. "Direct versus Indirect Colonial Rule in India: Long-Term Consequences." *Review of Economics and Statistics*, 92 (4): 693 – 713.

研究问题：该文以印度为例，考察了殖民的长期影响。具体来说，作者比较了印度曾受英国直接统治和未受英国直接统治地区间的经济发展差异。

GIS 在文中的应用：图 9 – 191 展示了 1910 年印度受殖民情况，深灰色色块覆盖区域为受到英国直接统治的地区。该文结果表明，在经历过英国直接统治的地区，学校、保健中心和道路的准入水平在后殖民时期明显较未直接受英国统治的地区低。

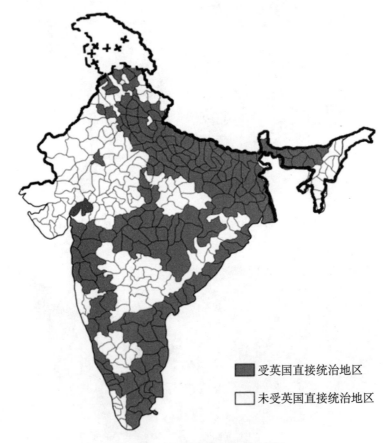

图 9 – 191　1910 年印度受殖民情况

数据来源

受英国直接统治地区的数据来源于英国外交和联邦事务部（Foreign & Commonwealth Office），其网站为 https://www.gov.uk/government/organisations/foreign-commonwealth-office。

(141)

> Banerjee, Abhijit, Esther Duflo, Gilles Postel-Vinay, and Tim Watts. 2010. "Long-run Health Impacts of Income Shocks: Wine and Phylloxera in Nineteenth-Century France." *Review of Economics and Statistics*, 92 (4): 714–728.

研究问题：该文实证检验了收入冲击对居民健康的长期影响。

GIS 在文中的运用：法国 1863—1890 年爆发了葡萄根瘤蚜疾病，该病摧毁了法国 40%的葡萄园，对当地居民的收入造成巨大冲击。作者收集了疾病地区的成人身高、健康状况及新生儿预期寿命等数据以研究收入冲击对健康的长期影响。图 9-192 中的 (a) — (d) 图分别展示了 1870 年、1875 年、1880 年和 1890 年葡萄根瘤蚜疾病对葡萄酒产业的影响程度，其中深灰色区域表示该地区葡萄酒产业受到该疾病的影响，浅灰色区域表示未受到影响。

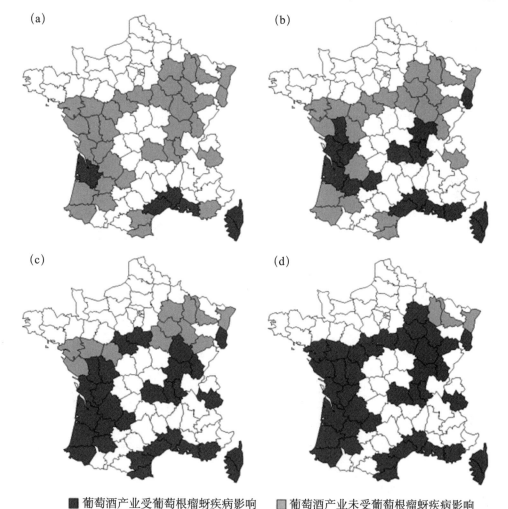

图 9-192　1870 年、1875 年、1880 年和 1890 年葡萄根瘤蚜疾病对葡萄酒产业的影响程度

数据来源

Galet, Pierre. 1957. *Cépages et Vignobles de France*. Montpellier: Impr. Paul Déhan.

(142)

Ries, John, and Tsur Somerville. 2010. "School Quality and Residential Property Values: Evidence from Vancouver Rezoning." *Review of Economics and Statistics*, 92 (4): 928–944.

研究问题：该文基于温哥华公办学校招生范围的调整考察了学校质量对住房价格的影响。

GIS 在文中的应用：由于住房周边学校的教育质量是许多人购房时的重点考虑要素之一，因此学校的教育质量会影响所在学区内的房价。该文基于加拿大温哥华公办小学与初中招生范围的一次调整考察了学校质量对住房价格的影响。这次招生范围调整使得一些区域所属的学校发生了变化。将这些区域作为样本，该文以各学校的教学质量评分为衡量标准计算了调整前后这些区域的教学质量变化，并考察了这种教学质量变化对区域内房价的影响。图 9-193 展示了调整后温哥华各小学的招生范围及其教学质量评分，颜色越浅的学校评分越高。类似地，图 9-194 展示了调整后各初中的情况。图 9-195 展示了所属小学发生变化的区域在调整前后教学质量的变化情况。其中，圆圈范围为所属小学发生变化的区域，加号代表教学质量有较大幅度的提高，减号代表教学质量有较大幅度的下降，而点代表教学质量变化幅度不大。类似地，图 9-196 展示了所属初中发生变化的区域在调整前后教学质量的变化情况。

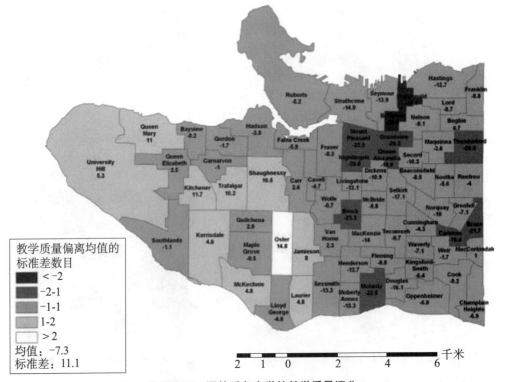

图 9-193　调整后各小学的教学质量评分

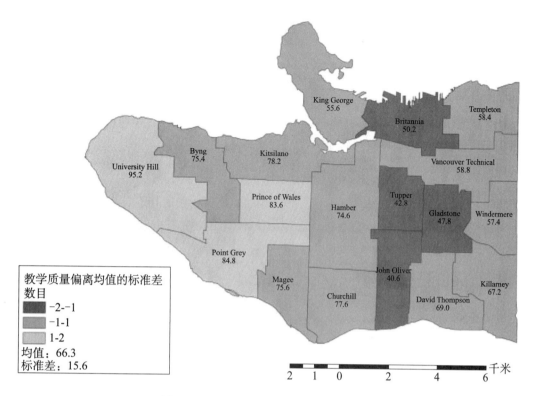

图 9-194 调整后各初中的教学质量评分

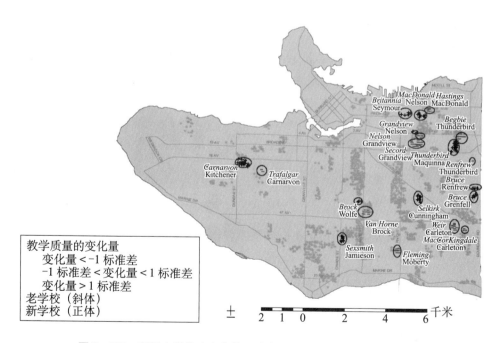

图 9-195 所属小学发生变化的区域在调整前后教学质量的变化情况

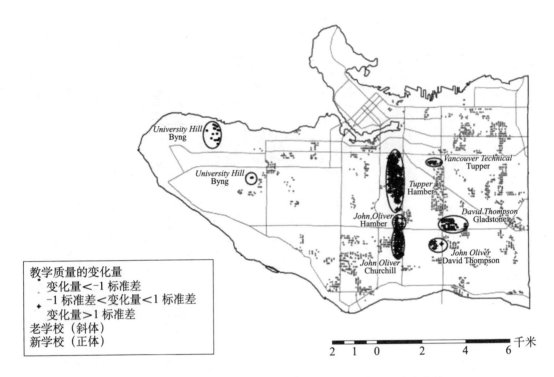

图 9-196　所属初中发生变化的区域在调整前后教学质量的变化情况

数据来源

小学教学质量评分的数据来自各小学学生参加 Foundation Skills Assessment（FSA）考试的成绩。具体可参见网站 https://www2.gov.bc.ca/gov/content/education-training/k-12/administration/program-management/assessment/foundation-skills-assessment。初中教学质量评分的数据来自 the Fraser Institute 公布的排名，具体可参见网站 https://www.fraserinstitute.org/。

(143)

> Dube, Arindrajit, T. William Lester, and Michael Reich. 2010. "Minimum Wage Effects Across State Borders: Estimates Using Contiguous Counties." *Review of Economics and Statistics*, 92 (4): 945–964.

研究问题：该文研究了美国最低工资政策对餐饮业和其他低收入行业员工的工资及就业的影响。

GIS 在文中的运用：作者以位于各州边界两边的县组合为研究对象，利用 1990—2006 年当地最低工资政策的变化情况检验了该政策对低收入行业员工工资及就业的影响。图 9-197 中的黑色区域代表各州界上最低工资政策不同的县组合。

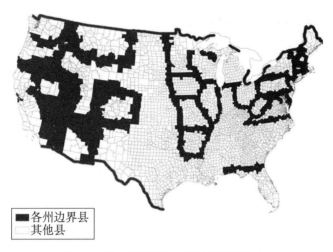

图 9-197　美国最低工资政策区域分布

数据来源

Bureau of Labor Statistics，参见网址 https://www.bls.gov。

Quarterly Census of Employment and Wages，参见网址 https://www.bls.gov/cew/。

(144)

Bernard, Andrew B., Stephen J. Redding, and Peter K. Schott. 2013. "Testing for Factor Price Equality with Unobserved Differences in Factor Quality or Productivity." *American Economic Journal: Microeconomics*, 5 (2): 135–163.

研究问题：作者研究了影响工资不平等的因素。

GIS 在文中的应用：作者通过全美相对工资数据展示了美国境内各地区工资不平等的状况。图 9-198 至图 9-200 分别展示了 1972 年、1992 年、2007 年全美各地相对工资分布情况。黑色、灰色、斜杠及交叉区域分别代表前 25%、25%—50%、50%—75% 及 75%—100% 工资水平地区。

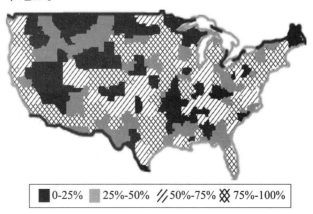

图 9-198　1972 年美国境内各地区工资不平等的状况

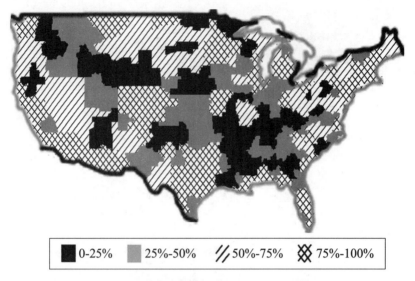

图 9 - 199　1992 年美国境内各地区工资不平等的状况

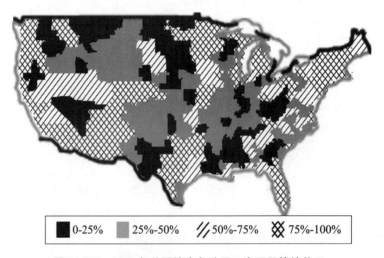

图 9 - 200　2007 年美国境内各地区工资不平等的状况

数据来源

Annual Survey of Manufactures，参见网站 https：//www. census. gov/programs-surveys/asm. html。

(145)

> Fox，Jeremy T.，and Patrick Bajari. 2013. "Measuring the Efficiency of an FCC Spectrum Auction." *American Economic Journal*：*Microeconomics*, 5（1）：100 - 146.

研究问题：该文以美国联邦通信委员会 1 900 兆赫的 C 波段拍卖为例，探索了可多次叫价拍卖（multi-unit auctions）中影响竞标者估价的决定性因素。

GIS 在文中的运用：作者构建了一个估值模型来估计美国联邦通信委员会（Federal Communications Commission，FCC）信号波段拍卖中影响竞标者估价的决定性因素，并将其应用于研究 1995—1996 年美国联邦通信委员会拍卖 1 900 兆赫的 C 波段时各竞标者的估价行为。图 9-201 展示了上述拍卖的结果，不同色块分别代表了不同的移动电话运营商。

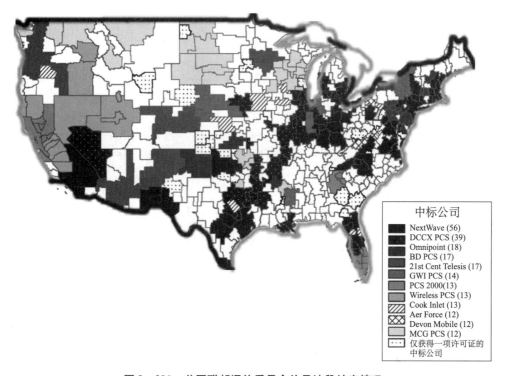

图 9-201　美国联邦通信委员会信号波段拍卖情况

数据来源

Banks, Jeffrey, Mark Olson, David Porter, Stephen Rassenti, and Vernon Smith. 2003. "Theory, Experiment and the Federal Communications Commission Spectrum Auctions." *Journal of Economic Behavior and Organization*, 51 (3): 303-350.

Bajari, Patrick, Jeremy T. Fox, and Stephen P. Ryan. 2008. "Evaluating Wireless Carrier Consolidation Using Semiparametric Demand Estimation." *Quantitative Marketing and Economics*, 6 (4): 229-338.

Bajari, Patrick, and Ali Hortacsu. 2005. "Are Structural Estimates of Auction Models Reasonable? Evidence from Experimental Data." *Journal of Political Economy*, 113 (4): 703-741.

(146)

Seim, Katja, and V. Brian Viard. 2011. "The Effect of Market Structure on Cellular Technology Adoption and Pricing." *American Economic Journal: Microeconomics*, 3 (2): 221-251.

研究问题：该文研究了移动电话改革带来的影响。

GIS 在文中的应用：1996 年之前，美国移动通信行业长期处于双头垄断的局面。在每一个移动电话市场区域（cellular market area），联邦通信委员会只颁发两张营业执照，即只允许两家通信运营商在同一个移动电话市场区域运行。1996—1998 年的改革放宽了移动通信市场的准入门槛，促使更多通信运营商出现。基于此，作者探究了上述政策对移动通信领域的产品供应及价格的影响。图 9-202 中用较粗黑线框出的区域为 51 个主要交易区域（major trading area），而用较细黑线框出的区域为移动电话市场区域。阴影部分标注出了美国排名前 100 的手机卖场所在地区。

图 9-202　美国移动电话改革区域

数据来源

United States Environmental Protection Agency. 2007. "Emissions & Generation Resource Integrated Database." https：//www. epa. gov/energy/emissions-generation -resource-integrated-database-egrid.

9.1.2　利用 ArcGIS 生成地理信息变量的研究

(1)

> Galor, Oded, and Ömer Özak. 2016. "The Agricultural Origins of Time Preference." *American Economic Review*, 106（10）：3064-3103.

研究问题：该文研究了时间偏好的农业起源。

GIS 在文中的应用：时间偏好是人们对现在的满意程度与对将来的满意程度的比值，是决定人类行为的一个关键因素。该文希望探究时间偏好的农业起源。由于不同地区的土地肥沃程度不同，种植作物类型也不同，所以农业投资在未来的回报率是不同的。作者认为这些回报率的差异会对不同地区人们的时间偏好产生深远的影响。图 9-203 和图 9-204 绘制了这些差异：图 9-203 展示了公元前 1500 年全球各地区的谷物产出量，颜色越深，产量越大；图 9-204 展示了各地区的谷物生产周期，颜色越深，生产周期越短。将历史上粮食作物的生产周期与人们的时间偏好联系起来，作者发现谷物产量越高的地区，人们更关注长期和未来。

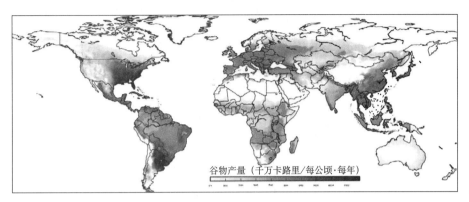

图 9-203　公元前 1500 年全球各地区的谷物产出量

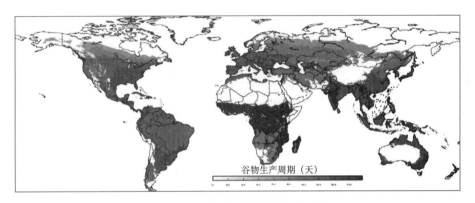

图 9-204　各地区的谷物生产周期

数据来源

Hofstede, Geert H. 1991. *Cultures and Organizations: Software of the Mind*. London: McGraw-Hill.

Agricultural Research Service. "USDA National Nutrient Database for Standard Reference." United States Department of Agriculture. https://ndb.nal.usda.gov/ndb/.

Food and Agriculture Organization. "Global Agro-Ecological Zones." United Nations. http://www.fao.org/nr/gaez/en/.

(2)

Burgess, Robin, Remi Jedwab, Edward Miguel, Ameet Morjaria, and Gerard Padró i Miquel. 2015. "The Value of Democracy: Evidence from Road Building in Kenya." *American Economic Review*, 105 (6): 1817-1851.

研究问题：该文以肯尼亚公路建设为例实证检验了民主制度的作用。

GIS 在文中的应用：作者发现肯尼亚在修建公路时，总统往往具有偏袒性：与总统种族相同的地区公路里程更长。图 9-205 展示了 1969 年、1979 年、1992 年及 2002 年肯尼亚实际公路分布情况；图 9-206 展示了 1969 年、1979 年、1992 年及 2002 年按照人口、市场潜力预测出的公路路线，其中黑色实线代表公路，灰色和黑色区域分别代表基库尤族（Kikuyu）和卡伦津族（Kalenjin）分布的区域，在肯尼亚独立之后只有这两个民族产生了总统；图 9-207 则展示了该国的种族分布。不难发现，肯尼亚的公路确实主要修建在上述两个民族分布的区域。

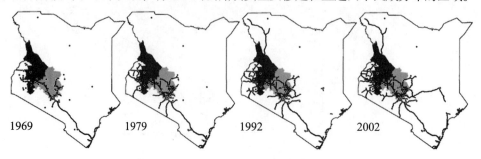

图 9-205　1969 年、1979 年、1992 年及 2002 年肯尼亚实际公路分布情况

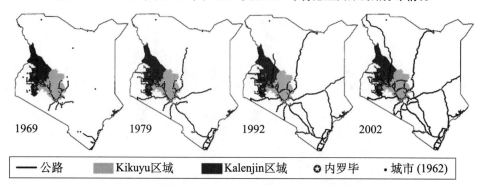

图 9-206　1969 年、1979 年、1992 年及 2002 年肯尼亚公路理论预测分布

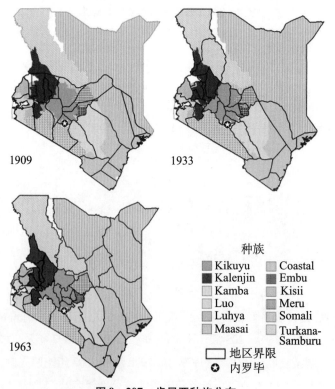

图 9-207　肯尼亚种族分布

数据来源

Government of Kenya. 1963－1966. "Statistical Abstracts of Kenya." Nairobi：Government Printers.

Government of Kenya. 1964. "Development Plan of Kenya." Nairobi：Government Printers.

Government of Kenya. 1965. "Housing and Population Census of 1962." Nairobi：Government Printers.

更多有关数据来源的说明，可参见网站 http://eprints.lse.ac.uk/61947/2/Value_democracy_appendices.pdf。

（3）

Cicala, Steve. 2015. "When Does Regulation Distort Costs? Lessons from Fuel Procurement in US Electricity Generation." *American Economic Review*, 105（1）：411－444.

研究问题：该文以美国发电厂电力燃料采购为例，研究了监管如何降低生产效率。

GIS 在文中的应用：监管的最终目的是促进企业健康发展，但有时也会导致生产成本增加。作者以美国发电厂为例研究了监管是否降低生产效率这一问题。图 9－208 展示了 1990—1997 年美国火力发电厂的位置，其中实心圆代表被剥离的电厂。由于国家对公有及私有发电厂监管政策存在差异，作者也区分了不同所有制电厂：空心十字表示国家、地方政府及集体所有的发电厂，空心圆圈则表示私营发电厂。

图 9－208　1990—1997 年美国火力发电厂位置

数据来源

Department of Energy's Energy Information Administration，https://www.eia.gov/.

（4）

Busso, Matias, Jesse Gregory, and Patrick Kline. 2013. "Assessing the Incidence and Efficiency of a Prominent Place Based Policy." *American Economic Review*, 103（2）：897－947.

研究问题：该文实证检验了区位导向型政策（placement-based policy）对当地就业及收入的影响。

GIS 在文中的应用：作者以第一轮联邦城市授权区（empowerment zone，EZ）政策为例，检验此类区位导向型政策是否能够提升当地就业及收入。图 9-209 以芝加哥为例展示联邦城市授权区地理分布。实证分析依赖的数据包括十年人口普查数据、企业标准统计数据（standard statistical establishment list，SSEL）及纵向商业数据库（longitudinal business database，LBD）。由于政策时间跨度近 30 年，这些数据库中使用的普查区块名称和对应的编码随时间发生了变化，因此作者将编码统一对应到 1990 年人口普查数据所使用的编码。作者利用 GIS 技术，对样本的真实地理位置和普查区块进行匹配，以备下一步分析。

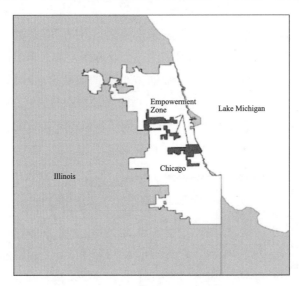

图 9-209　芝加哥联邦城市授权区

数据来源

The Bureau of the Census. 1980. "1980 Decennial Census." United States Department of Commerce.

The Bureau of the Census. 1990. "1990 Decennial Census." United States Department of Commerce.

The Bureau of the Census. 2000. "2000 Decennial Census." United States Department of Commerce.

The Bureau of the Census. 1987. "1987 the Standard Statistical Establishment List." United States Department of Commerce.

The Bureau of the Census. 1992. "1992 the Standard Statistical Establishment List." United States Department of Commerce.

The Bureau of the Census. 2000. "2000 the Standard Statistical Establishment List." United States Department of Commerce.

(5)

Ashraf, Quamrul, and Oded Galor. 2013. "The 'Out of Africa' Hypothesis, Human Genetic Diversity, and Comparative Economic Development." *American Economic Review*, 103 (1): 1-46.

研究问题：该文研究了遗传多样性对经济发展的影响。

GIS 在文中的应用：在非洲智人向全球迁徙的过程中，迁徙距离影响了各地区人种遗传的多样性。图 9-210 展示了非洲智人前往世界各地区的重要途经点。通过这些途经点，作者利用 GIS 测量了以埃塞俄比亚首都亚的斯亚贝巴（Addis Ababa）作为起点，以各种群地理分布位置为终点的距离长度，从而计算各种族的遗传多样性。随后，作者将此作为解释变量试图解释经济发展的地区差异。

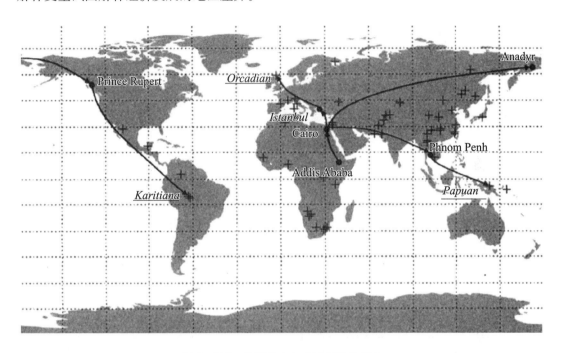

图 9-210 非洲智人向全球迁徙途经点

数据来源

Cann, Howard M., Claudia de Toma, Lucien Cazes, et al. 2002. "A Human Genome Diversity Cell Line Panel." *Science*, 296 (5566): 261-262.

（6）

Michalopoulos, Stelios. 2012. "The Origins of Ethnolinguistic Diversity." *American Economic Review*, 102 (4): 1508-1539.

研究问题：该文探讨了种族多样性起源的理论及证据。

GIS 在文中的应用：土地质量差异是导致种族多样性的重要因素之一。图 9-211 展示了全球不同地区土地质量的分布，颜色越深表示土地质量越高，越偏浅色代表土地质量越低。

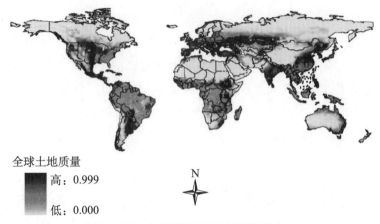

图9-211 全球不同地区土地质量的分布

数据来源

The World Language Mapping System（WLMS, 2006），参见网站 http://www.worldgeodatasets.com/language/。

(7)

Michalopoulos, Stelios, and Elias Papaioannou. 2013. "Pre-colonial Ethnic Institutions and Contemporary African Development." *Econometrica*, 81 (1): 113-152.

研究问题：该文研究了历史上的民族差异对非洲各地区经济发展的影响。

GIS在文中的应用：目前考察非洲各地区经济社会发展差异的研究主要可以分为两类：一类强调殖民制度的作用，另一类则关注一些非洲历史渊源的影响。该文属于第二类，作者结合殖民前各民族的分布考察了历史上的民族差异对非洲各地区经济发展的影响。图9-212的左图展示了殖民前非洲各民族的边界。图9-212的右图展示了根据管辖等级绘制的各民族政治体制的差别，颜色越深代表国家能力越强。图9-213的左图展示

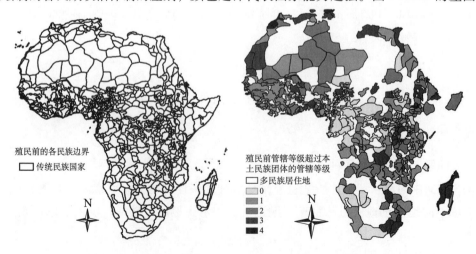

图9-212 殖民前非洲各民族的边界与政治体制差异

了殖民前各民族边界内 2007—2008 年的灯光密度，颜色越深代表灯光亮度越高。为了更精确地与该地区的地理、自然条件对应，且排除光线与经济发展是非线性的影响因素，图 9-213 的右图展示了该时期以像素为单位的殖民前各民族边界内的灯光密度。

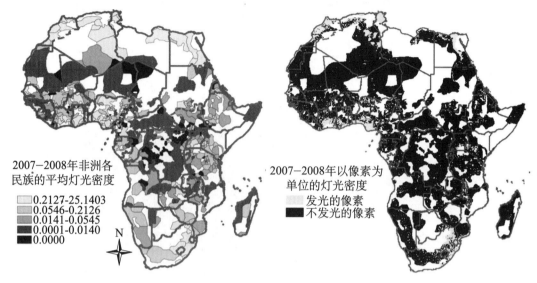

图 9-213　殖民前各民族边界内 2007—2008 年的灯光密度

数据来源

The Demographic and Health Surveys（DHS），详见网址 https://www.dhsprogram.com。

Defense Meteorological Satellite，NASA，详见网址 https://imagine.gsfc.nasa.gov/science/toolbox/missions/dmsp.html。

非洲民族分布及管辖等级地图，详见网址 https://worldmap.harvard.edu/data/geonode：murdock_ea_2010_3。

（8）

> Dell，Melissa. 2010. "The Persistent Effects of Peru's Mining 'Mita'." *Econometrica*，78（6）：1863-1903.

研究问题：该文利用断点回归方法实证检验了秘鲁历史上的强制征召劳动力制度对经济发展的长期影响。

GIS 在文中的应用：该文在研究设计上选择了断点回归的实证策略，该方法有着较为严格的前提要求，即断点两侧区域没有显著的系统性差异。为了佐证该识别策略的合理性，作者利用 GIS 绘制了地图来展示分析样本的地理空间分布，如图 9-214 所示。该图中黑灰色曲线内部均为研究对象。尽管整体曲线内部为实施强制征召劳动力制度的地区，但作者在研究中主要选择灰色曲线标注区域作为分析样本，原因在于其他地区靠近悬崖，曲线两侧地理特征等因素差异较大，而灰色曲线两侧地理特征比较相似，这在一定程度上满足了断点识别策略的前提要求。

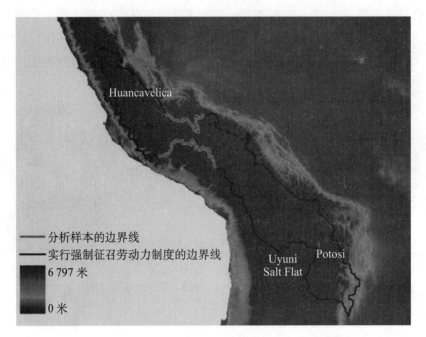

图 9 - 214　秘鲁历史上的强制征召劳动力制度实施区域

数据来源

Saignes, Thierry. 1984. "Las etnias de Charcas frente al sistema colonial (Siglo XVII): Ausentismoy fugas en el debate sobre la mano de obra indigena, 1595 - 1665." *Jahrbuchfr Geschichte*, 21: 25 - 75.

National Institute of Statistics, Peruvian National Household Survey (2001), 网站链接为 http://ghdx.healthdata.org/series/peru-national-household-survey。

NASA's Shuttle Radar Topography Mission, SRTM (2000), 网站链接为 https://earthdata.nasa.gov/nasa-shuttle-radar-topography-mission-srtm-version - 3 - 0 - global - 1 - arc-second-data-released-over-asia-and-australia。

(9)

Alesina, Alberto, Paola Giuliano, and Nathan Nunn. 2013. "On the Origins of Gender Roles: Women and the Plough." *Quarterly Journal of Economics*, 128 (2): 469 - 530.

研究问题：该文以犁的使用为例，实证检验了农耕文明对现代性别角色的影响。

GIS 在文中的应用：作者通过分析工业时期之前国家的耕种情况及其现今的性别不平等程度，检验了经典的性别地位的农业起源假说，并根据计量模型和分析得出因果推论。首先，作者以埃塞俄比亚为例，给出了在全国范围内文化族群和耕种情况的分布，如图 9 - 215 和图 9 - 216 所示。图 9 - 215 展示了文化族群的分布，灰色线为不同文化族群的分界线；图 9 - 216 为历史上犁的使用情况，浅灰色为未采用犁耕种的地区，深灰色为历史上长期使用犁耕作的地区，灰色线和图 9 - 215 一样。随后，根据地区历史上是否使用犁耕种这一差异，作者实证研究了如今生活在传统犁耕区和非犁耕区的文化族群中男女地位的差距。为了排除一些可能影响性别地位的洲际因素，作者绘制了图 9 - 217，展示了历史上耕作状况与文化族群在全球的分布。

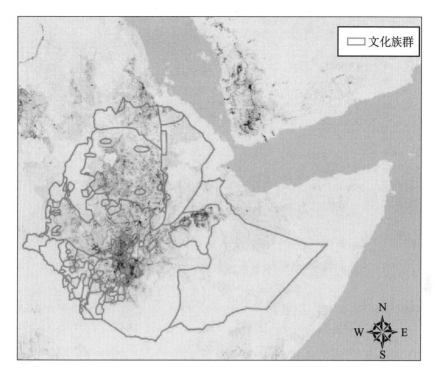

图 9 – 215　埃塞俄比亚文化族群的分布

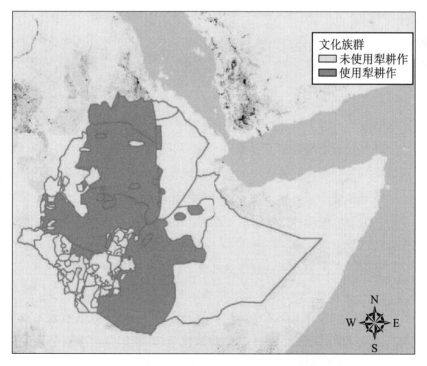

图 9 – 216　埃塞俄比亚历史上耕作区的分布

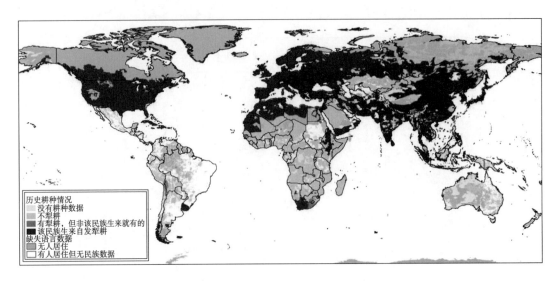

图 9-217 耕作状况与文化族群的全球分布

数据来源

Murdock, George P. "Ethnographic Atlas." http://eclectic.ss.uci.edu/~drwhite/worldcul/atlas.htm.

Gordon, Raymond G. 2005. *Ethnologue: Languages of the World.* 15th ed. Dallas, TX: SIL International.

(10)

Burgess, Robin, Matthew Hansen, Benjamin A. Olken, Peter Potapov, and Stefanie Sieber. 2012. "The Political Economy of Deforestation in the Tropics." *Quarterly Journal of Economics*, 127 (4): 1707-1754.

研究问题：该文以印度尼西亚为例研究了行政区之间的竞争对森林砍伐量的影响。

GIS 在文中的应用：由于企业能够为地方政府带来经济利益，出于吸引投资、拉动经济的考虑，众多印度尼西亚地方官员会默许企业开采超出中央政府正式批准数量的木材。又由于企业可以根据各行政区能够砍伐木材的数量而选择厂址，所以各行政区的地方官员会进行竞争，以默许非法开采，吸引企业入驻。因此，行政区数量的增加可能会加剧各行政区之间的竞争，进而造成森林砍伐量的不断上升。该文实证考察了印度尼西亚行政区数量的增加对于森林砍伐量的影响。图 9-218 以廖内省为例，展示了 2001—2008 年间的森林覆盖率变化。其中，黑色为森林被砍伐的地区，深灰色为森林覆盖的地区，浅灰色为没有森林的地区。图 9-219 进一步展示了以行政区为单位的森林砍伐程度。图中以像素为单位计算了各个行政区中森林面积减少的像素的数量，并使用不同灰度表示该行政区的森林被砍伐程度。图 9-220 展示了 1990 年的行政区至 2008 年时被重新分割的新行政区的数量，并使用不同灰度表示该地区被分割的行政区数量。

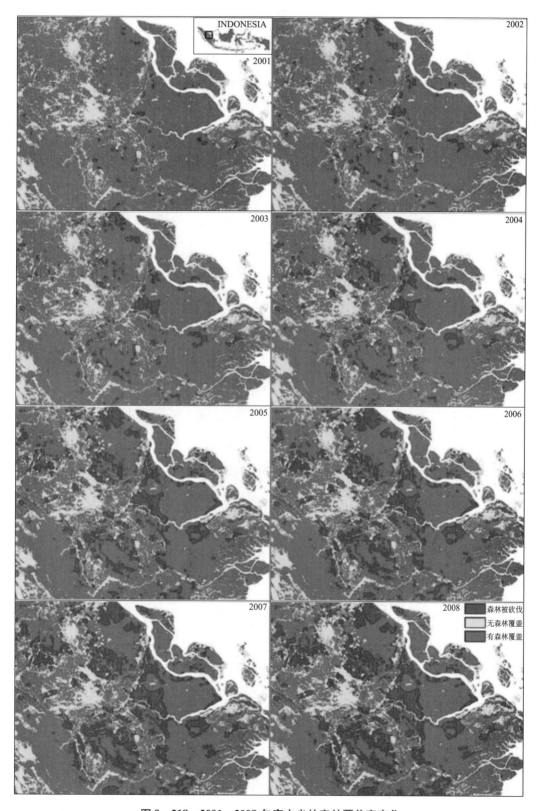

图9-218 2001—2008年廖内省的森林覆盖率变化

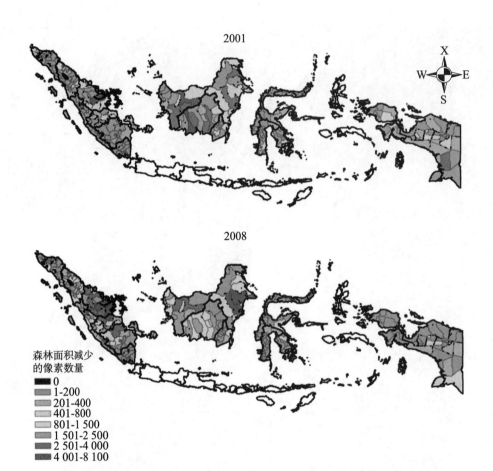

图9-219　2001年与2008年各行政区森林砍伐水平（基于2008年行政区划）

图9-220　各行政区重新分割后新行政区数量（基于1990年行政区划）

数据来源

森林覆盖率数据来自MODIS，其官方网站为https://modis.gsfc.nasa.gov/。

(11)

Nunn, Nathan, and Nancy Qian. 2011. "The Potato's Contribution to Population and Urbanization: Evidence from a Historical Experiment." *Quarterly Journal of Economics*, 126 (2): 593–650.

研究问题：该文研究了土豆引种对世界人口增长和城市化的影响。

GIS 在文中的应用：土豆是一种高产作物，土豆的种植能够提供大量食物，养活众多人口。作者通过比较土豆引种前后，不适宜种植土豆的国家和适宜种植土豆的国家的人口数量和城市化水平，论证了土豆对人口增长和城市化的作用。图 9-221 展示了世界各地区是否适宜种植土豆，颜色越深代表越适宜种植土豆。实证发现适宜土豆种植的地区在引种土豆后的人口数量和城市化水平快速提升。

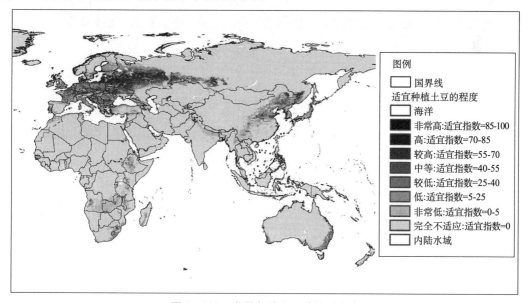

图 9-221 世界各地土豆种植适宜度

数据来源

Fischer, Günther, Harrij van Nelthuizen, Mahendra Shah, and Freddy Nachtergaele. 2002. *Global Agro-Ecological Assessment for Agriculture in the 21st Century: Methodology and Results*. Rome: Food and Agriculture Organization of the United Nations.

(12)

Storeygard, Adam. 2016. "Farther on down the Road: Transport Costs, Trade and Urban Growth in Sub-Saharan Africa." *Review of Economic Studies*, 83 (3): 1263–1295.

研究问题：该文实证研究了交通成本对撒哈拉以南贸易和城市发展的影响。

GIS 在文中的应用：作者研究了油价上涨时撒哈拉以南地区的城市经济发展速度与道路联通程度及道路质量的关系。作者以夜间灯光亮度作为经济发展程度的工具变量，图 9-222 展

示了达累斯萨拉姆 2008 年的年均夜间灯光亮度，颜色越接近白色表示灯光越亮；图 9 - 223 展

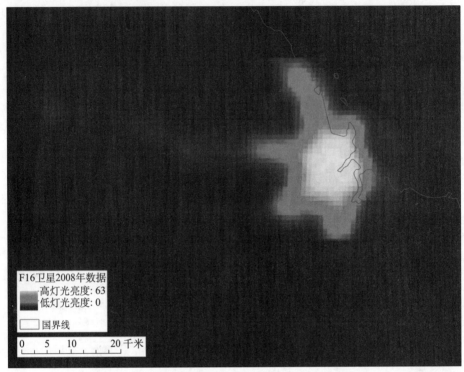

图 9 - 222　达累斯萨拉姆 2008 年的年均夜间灯光亮度

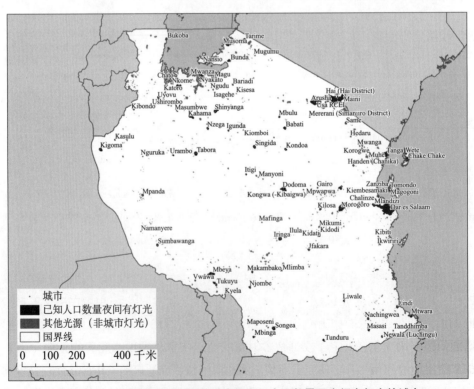

图 9 - 223　人口超过 20 000 的城市和已知人口数量且夜间有灯光的城市

示了人口超过 20 000 的城市（圆点）和已知人口数量且夜间有灯光的城市（黑色区域）；图 9-224 标出了作者样本中的城市（圆点）和连接城市的道路，黑色线为铺过的路，浅灰色线为未铺的路，灰色加粗阴影为作者实证研究中所覆盖的道路。三幅图中的淡黑色线均为国界线。

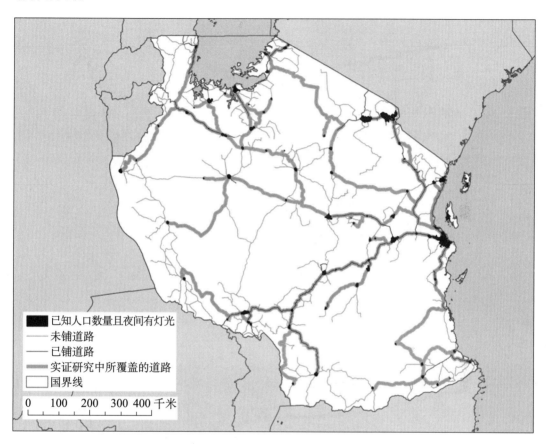

图 9-224　样本中的城市和连接城市的道路

数据来源

U. S. National Oceanic and Atmospheric Administration. http://www. ngdc. noaa. gov/dmsp/downloadV4composites. html（accessed January 22, 2010）.

Brinkhoff, Thomas. 2010. "City Population." http://www. citypopulation. de（访问日期为 2010 年 3 月 19 日）.

(13)

Duranton, Gilles, Peter M. Morrow, and Matthew A. Turner. 2014. "Roads and Trade: Evidence from the US." *Review of Economic Studies*, 81 (2): 681-724.

研究问题：该文研究了高速公路对美国城市间贸易在总量与结构方面的影响。

GIS 在文中的应用：研究高速公路对美国城市间贸易影响的一个潜在内生性问题在于城市间贸易的情况本身可能会影响公路建设选址，因此直接进行估计的结果可能会产生偏差。为此,作者另外选取三条路线作为工具变量,它们分别是"探索"路线、1898 年铁路路线与 1947 年高速公路建设计划路线。这三条路线都是当前高速公路路线在选址时的参考,但又与当前城市间贸易量无关,因此满足工具变量条件。其中,"探索"路线是 1528—1850 年人们总结出的适合骑马、步行与驾驶马车的路线,如图 9-225 所示;1898 年铁路路线是当时建设的主要用于运输农业产品的路线,如图 9-226 所示;1947 年高速

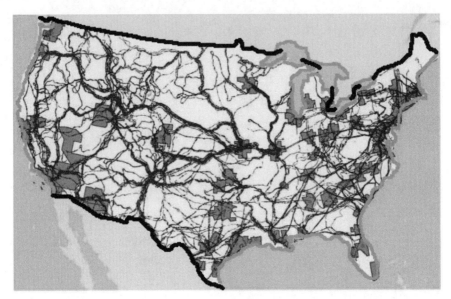

图 9-225 "探索"路线

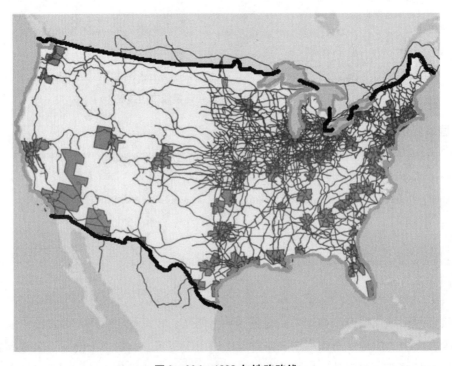

图 9-226 1898 年铁路路线

公路建设计划路线是当时为了巩固国防而建设的连接墨西哥和美国边界重地与内陆城市的路线，如图 9-227 所示。图中，方块是作者根据贸易数据可得性选取的样本地区，圆点是样本地区的中心位置，线条是连接各城市的路线。

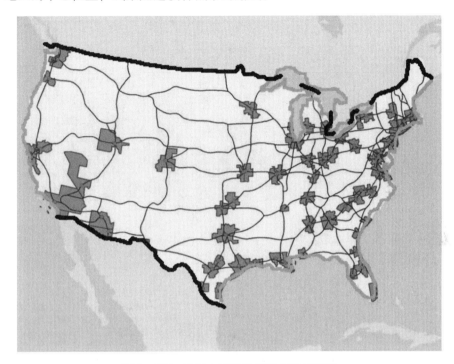

图 9-227　1947 年高速公路建设计划路线

数据来源

"探索"路线：United States Geological Survey. 1970. *The National Atlas of the United States of America*. Washington, DC。

1898 年铁路路线：Gray, Charles P. 1898. *Gray's New Trunk Railway Map of the United States, Dom. of Canada and portion of Mexico. Compiled from latest official sources, showing carefully selected list of cities & town in readable type for quick reference*. New York, Map. https：//www.loc.gov/item/gm71000844/。

1947 年高速公路建设计划路线：United States House of Representatives. 1947. *A Report on the National Interregional Highway Committee, Outlining and Recommending a National System of Interregional Highways*. Washington, DC：US Government printing office。

(14)

De Luca, Giacomo, Roland Hodler, Paul A. Raschky, and Michele Valsecchi. 2018. "Ethnic Favoritism：An Axiom of Politics?" *Journal of Development Economics*, 132：115-129.

研究问题：该文研究了领导人的种族偏袒问题。

GIS 在文中的应用：该研究基于全球 139 个国家 1992—2012 年的数据，并用夜间灯光强度作为该地社会经济产出的代理变量,发现领导人所在种族地区的灯光强度平均会比非领导人所在种族地区的灯光强度高 10%。同时,政治体制对种族偏袒的影响很小。图 9 - 228 以斯里兰卡的汉班托塔为例,展示了夜间灯光强度分布,颜色越浅灯光越亮。

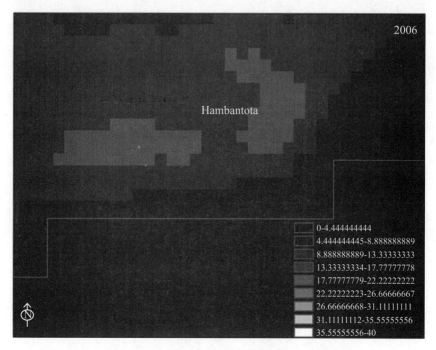

图 9 - 228　斯里兰卡汉班托塔夜间灯光强度

数据来源

Geo-Referencing of Ethnic Groups Database,参见网址 http://worldmap.harvard.edu/data/geonode:GREG_0vV。

(15)

Gröger, Andre, and Yanos Zylberberg. 2016. "Internal Labor Migration as a Shock Coping Strategy: Evidence from a Typhoon." *American Economic Journal*: *Applied Economics*, 8 (2): 123 - 153.

研究问题:该文以越南台风为例,探究了国民如何通过国内劳动力转移来应对经济冲击。

GIS 在文中的应用:2009 年台风凯莎娜袭击越南,对其造成了一定的经济损失。然而在一个国家内部,各地区受灾程度并不相同,该文使用洪涝程度来衡量台风造成的经济冲击的大小。图 9 - 229 展示了该文调查包括的两个地区——河静省(Ha Tinh)和顺化省(Hue)在台风凯莎娜袭击前后地表水分布的卫星地图。图(a)和图(c)是台风袭击前一周的情况,其余两张图为台风袭击 6 天后的情况。该图展示了地表水覆盖情况,圆点为被调查的村庄,浅色细线为行政区划的分界线。通过该图可以发现台风对越南的影响是有地区差异的，通常来说沿海地区受灾会比较严重。作者结合劳动力市场的数据，观察受灾程度不同地区的国内劳动移民程度的差异；随后作者又结合当地经济情况，检验移民是否加快了经济恢复的速度。

(a) 河静省，2009年9月22日

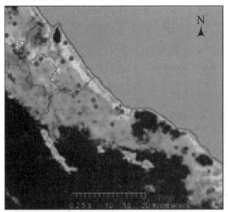

(b) 河静省，2009年10月5日

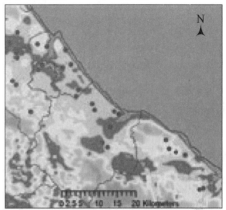

(c) 顺化省，2009年9月22日

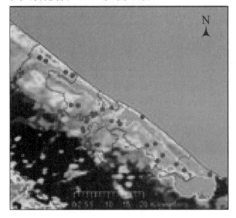

(d) 顺化省，2009年10月5日

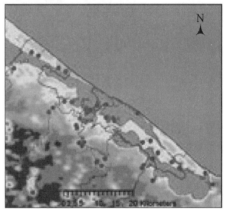

图 9-229　河静省和顺化省在台风凯莎娜袭击前后地表水分布的卫星地图

数据来源

Moderate Resolution Imaging Spectroradiometer (MODIS). 2009. "MODIS subsets Indochina and China 5." NASA. http://earthdata.nasa.gov/data/near-real-time-data/rapid-response/modis-subsets.

(16)

Axbard, Sebastian. 2016. "Income Opportunities and Sea Piracy in Indonesia: Evidence from Satellite Data." *American Economic Journal: Applied Economics*, 8 (2): 154–194.

研究问题：该文实证检验了恶劣天气与渔民收入机会及犯罪率间的关系。

GIS 在文中的应用：通过分析印度尼西亚的天气状况、海盗袭击频率、捕鱼量和渔民收入之间的关系，作者证明了恶劣天气会导致渔民收入机会减少，进而导致犯罪率上升。

图 9-230 展示了 2012 年印度尼西亚及周边海域受海盗攻击次数和捕鱼状况的分布，点越大表示受海盗攻击的次数越多，方格颜色越深表示捕鱼状况越好。其中，捕鱼状况由海洋生物学文献中的模型估计得出。

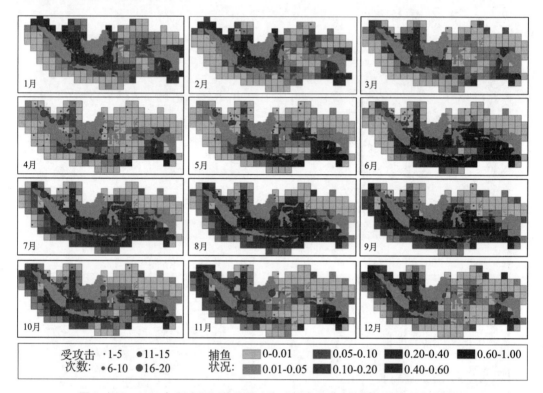

图 9-230　2012 年印度尼西亚及周边海域受海盗攻击次数和捕鱼状况的分布

数据来源

由作者自行计算得出。

(17)

Kaboski, Joseph P., and Robert M. Townsend. 2012. "The Impact of Credit on Village Economies." *American Economic Journal*: *Applied Economics*, 4 (2): 98-133.

研究问题：该文研究了政府贷款基金规模对农村经济的影响。

GIS 在文中的应用：该文试图评估 2001 年泰国百万泰铢农村基金项目的作用。政策的时间差异和力度差异使得作者可以用双重差分法进行政策评估，但是该方法的有效性需要保证收到政府基金的村庄和没有收到政府基金的村庄在各方面都比较相似。因此，作者进一步研究村庄的地理特征，如水文特征及森林覆盖，是否在两组地区间存在差异。图 9-231 分别展示了四色菊府（Sisaket）、武里喃府（Buriram）、北柳府（Chachoengsao）、华富里府（Lopburi）四省乡村地理特征的地区分布。图中灰色色块代表森林覆盖区域，黑色线与灰色线分别表示道路与溪流。我们没有发现这些地理因素和村庄存在任何相关性，这进一步佐证了双重差分法的合理性。

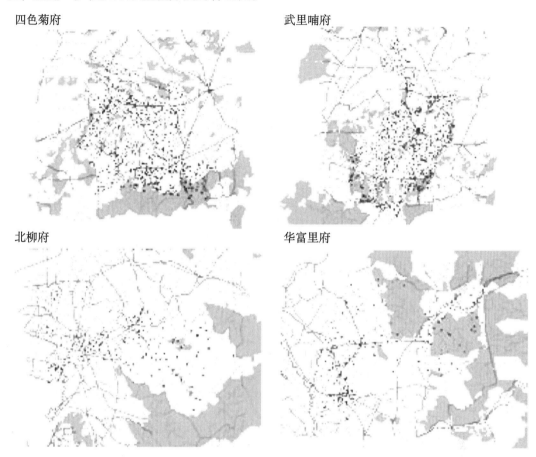

图9-231 四色菊府、武里喃府、北柳府、华富里府四省乡村地理特征的地区分布

数据来源

The Townsend Thai Project. 2012. http://cier.uchicago.edu/data.

(18)

Barham, Tania. 2012. "Enhancing Cognitive Functioning: Medium-Term Effects of a Health and Family Planning Program in Matlab." *American Economic Journal: Applied Economics*, 4 (1): 245 - 273.

研究问题：该文以孟加拉国卫生项目为例检验了儿童早期卫生保健服务对其认知能力的影响。

GIS在文中的应用：孟加拉国某地区的儿童早期卫生保健服务项目旨在为儿童提供疫苗等卫生保健服务。作者在研究中将该项目覆盖地区按照项目实施时间前后分为处理组1和处理组2，并把没有被政策覆盖的区域设为对照组。为了更好地展示它们的空间分布，作者绘制了图9-232。其中，斜纹区域为处理组1，深灰区域为处理组2，浅色区域为对照组。

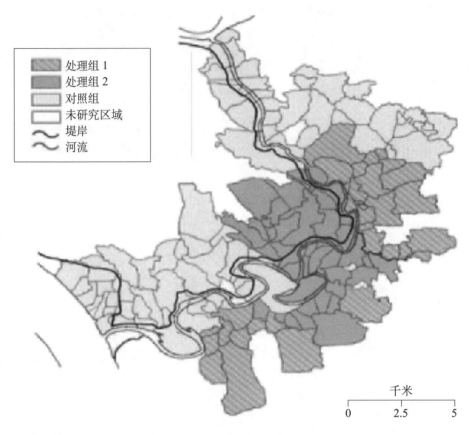

图 9-232　孟加拉国某地区的儿童早期卫生保健服务项目覆盖区域空间分布

数据来源

International Centre for Diarrheal Disease Research, Bangladesh, Matlab Health and Socioeconomic Survey (1996), 数据可通过以下网站获取: https://www.rand.org/pubs/drafts/DRU2018z2.html。

(19)

> Dobbie, Will, and Roland G. Fryer, Jr. 2011. "Are High-Quality Schools Enough to Increase Achievement among the Poor? Evidence from the Harlem Children's Zone." *American Economic Journal: Applied Economics*, 3 (3): 158-187.

研究问题: 该文研究了高质量教育对穷学生的影响。

GIS 在文中的应用: 哈林儿童区 (the Harlem Children's Zone) 是一家旨在帮助改善美国纽约哈林黑人区生活状况的非营利组织,这一组织从教育、健康等诸多方面帮助生活在该社区的儿童。作者的研究结果表明,哈林儿童区提供的中学教育能够弥补黑人和白人在数学上的差距。图 9-233 和图 9-234 分别展示了哈林儿童区的地图及周边地区的贫穷率分布,其中颜色越深表示贫困率越高。

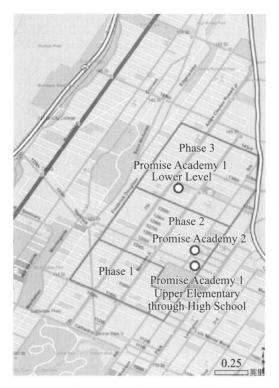

图 9-233　哈林儿童区的地图

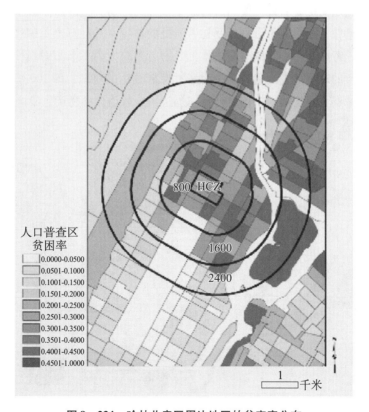

图 9-234　哈林儿童区周边地区的贫穷率分布

数据来源

2000 Public Use Census Data, https://www.census.gov/main/www/cen2000.html.

(20)

Wallace, Sophia J., Chris Zepeda-Millán, and Michael Jones-Correa. 2014. "Spatial and Temporal Proximity: Examining the Effects of Protests on Political Attitudes." *American Journal of Political Science*, 58 (2): 433-448.

研究问题：该文研究了抗议游行对民众政治疏离感的影响。

GIS 在文中的应用：政治疏离感指的是由于对政治体系的不认同而引起的置身于政治事务之外的感觉。抗议游行一方面可能通过传播不满情绪加深民众的政治疏离感，另一方面作为一种民众参与政治的渠道也可能减轻其政治疏离感。基于 2006 年美国各地爆发的 350 余起反移民法案示威游行，该文发现不同规模的抗议游行将对民众政治疏离感产生不同的影响：小规模的反移民法案游行有助于减轻周边拉丁裔民众的政治疏离感，而大规模的反移民法案游行则加深了周边拉丁裔民众的政治疏离感。

图 9-235 展示了当时各地爆发的游行的情况。图中，每个圆圈代表该地爆发了一次抗议游行，圆圈大小代表游行的规模：圆圈越大则游行参与人数越多。文中考察民众政治疏离感的数据来源于该时期的一项调查问卷。为了确定受访者的政治疏离感是否受到周边游行的影响，作者需要确定受访者所处位置与游行发生位置的距离。为此，作者进一步根据问卷中受访者的地址信息在 GIS 中定位了每位受访者所处的位置，并计算出每位受访者与每起游行之间的直线距离。考虑到 2 小时的车程基本上是游行参与人为了参与游行所愿意付出的最高成本，作者将游行的影响范围设置为 2 小时车程所能到达的范围，即 100 千米以内。在此基础上，该文得以考察不同规模的抗议游行将对周边民众政治疏离感产生不同的影响。

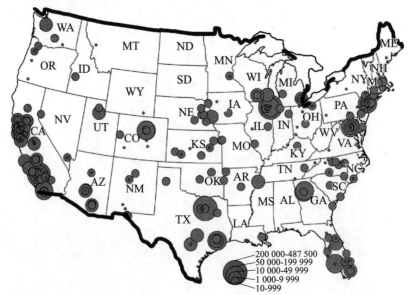

图 9-235　2006 年美国各地爆发的 350 余起反移民法案示威游行情况

数据来源

由作者针对美国拉丁裔居民的一项调查问卷结果自行计算得出。

（21）

> Gerber, Elisabeth R., Adam Douglas Henry, and Mark Lubell. 2013. "Political Homophily and Collaboration in Regional Planning Networks." *American Journal of Political Science*, 57（3）: 598-610.

研究问题：该文以美国加利福尼亚州为例，实证检验了政府特征相似性对区域政策合作的影响。

GIS 在文中的应用：作者以区域土地规划问题为例，分析了政治同质性如何提高区域规划的合作。作者采用电话和网络调查的方法来获得该文的被解释变量——合作关系。如果受访者就土地规划问题与该州其他地区进行过合作，即定义为受访者所在地区与合作地区具有合作关系。于是作者绘制了图 9-236，展示了采用前述定义所制成的合作网络图，其中实心圆点为县的中心，空心圆点为县中的城市所在地，黑线是受访者所提到的合作城市与其所在城市之间的连线。此外，图中不同的灰度填充代表了不同的州。随后，作者结合这些地区的地理因素、社会人口学因素和政治同质性数据，分析了政治同质性是否能够促进城市间的合作。

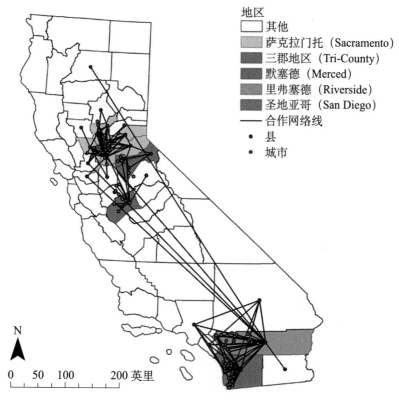

图 9-236　美国加利福尼亚州合作网络

数据来源

Henry, A. Douglas, Lubell Mark, and McCoy, Michael. 2010. "Belief Systems and Social Capital as Drivers of Policy Network Structure: The Case of California Regional Planning." *Journal of Public Administration Research and Theory*, 21（3）：419-444. 文献可点击以下网站获取：https://academic.oup.com/jpart/article-abstract/21/3/419/932613。

（22）

> Bechtel, Michael M., and Jens Hainmueller. 2011. "How Lasting Is Voter Gratitude? An Analysis of the Short-and Long-Term Electoral Returns to Beneficial Policy." *American Journal of Political Science*, 55（4）：852-868.

研究问题：该文研究了执政者如何通过福利政策获得长久稳定的支持率提升。

GIS 在文中的应用：民众会因为当下的福利政策而增加对政府的支持，但支持率会随着政策淡出民众视野而下降。2002 年德国易北河发生洪水，政府出台的一系列福利措施使得当年及之后几年的政府支持率显著上升。该文试图通过这一自然实验探究政府如何获得民众更持久稳定的支持。图 9-237 展示了德国地图，其中深色地区为 2002 年易北河洪水受灾区。

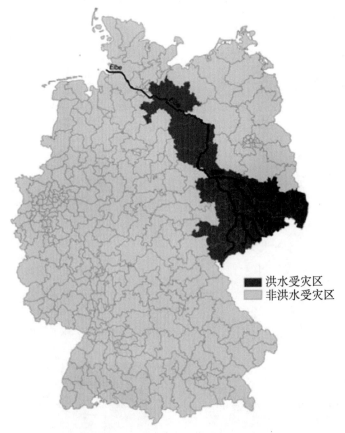

图 9-237　德国 2002 年易北河洪水受灾区

数据来源

International Commission for the Protection of the Elbe River. 2002. https://www.iksembkol.org/en/.

（23）

Anderson, Robert Warren, Noel D. Johnson, and Mark Koyama. 2017. "Jewish Persecutions and Weather Shocks: 1100–1800." *Economic Journal*, 127（602）：924–958.

研究问题：该文以中世纪欧洲犹太人遭受的暴力袭击为例，实证检验了经济冲击对迫害少数族群现象的影响。

GIS 在文中的应用：历史上，少数族群遭受迫害的例子屡见不鲜：犹太人自中世纪以来就遭到欧洲各城市的驱逐与暴力迫害。一些学者认为除了宗教因素，经济冲击也是造成这些迫害的重要原因。为了检验这一假设，作者收集了 1100—1800 年欧洲 936 个城市的数据，发现在这些城市中迫害犹太人事件的具体分布如图 9-238 所示。该图展示了作者样本中所有的城市，其中三角形代表该城市无迫害犹太人致死的事件，圆圈表示存在杀害犹太人的行为，圆圈越大意味着致死人数越多。作者随后将气候变化作为外生的经济冲击，结合圆圈和三角形地区的地理、经济状况，检验了气候突变对犹太人迫害事件的影响。

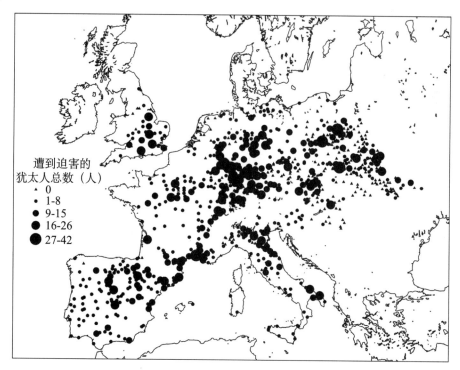

图 9-238　1100—1800 年欧洲 936 个城市中迫害犹太人事件的具体分布

数据来源

Skolnik, Fred, and Michael Berenbaum. 2007. *Encyclopedia Judaica* (2nd Edition). Detroit, MI: Thomson-Gale.

(24)

Fetzer, Thiemo, and Samuel Marden. 2017. "Take What You Can: Property Rights, Contestability and Conflict." *Economic Journal*, 127 (601): 757-783.

研究问题：该文以巴西亚马逊地区为例，研究了土地私有权保护与民事冲突之间的关系。

GIS 在文中的应用：该文以亚马逊流域为研究对象。作者发现当可开发的土地减少时，民众就会暴力争夺土地使用权。图 9-239 展示了 1997 年（左图）和 2010 年（右图）巴西境内发生的暴力冲突事件的空间分布，其中深灰色标注的区域为亚马逊流域地区，颜色越深代表暴力冲突事件越多。不难看出，1997—2010 年巴西境内的暴力冲突多集中在亚马逊流域地区。

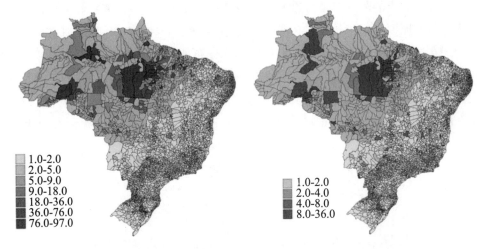

图 9-239　1997 年和 2010 年巴西境内发生的暴力冲突事件的空间分布

图 9-240 展示了 1997 年（左图）和 2010 年（右图）巴西境内禁止开发区域的空间分布，其中浅色区域表示已开发地区，深灰色区域表示禁止开发的地区。不难看出，亚马逊流域地区为受到政府保护的区域，但随着时间的推移，受保护区域的范围在缩小。

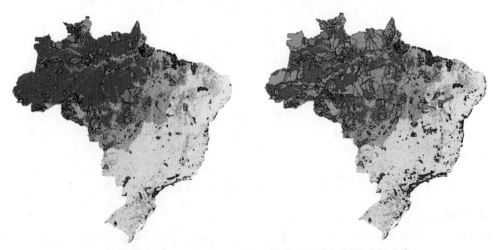

图 9-240　1997 年和 2010 年巴西境内禁止开发区域的空间分布

数据来源

Banerjee, Abhijit, Esther Duflo, Gilles Postel-Vinay, and Timo thy M. Watts. 2010. "Long-Run Health Impacts of Income Shocks: Wine and Phylloxera in 19th Century France." *Review of Economics and Statistics*, 92(4): 714–728.

（25）

Ghani, Ejaz, Arti Grover Goswami, and William R. Kerr. 2016. "Highway to Success: The Impact of the Golden Quadrilateral Project for the Location and Performance of Indian Manufacturing." *Economic Journal*, 126(591): 317–357.

研究问题：该文实证检验了交通设施对其周边的设施布局及效率的影响。

GIS 在文中的应用：作者以印度黄金四角公路和东南-西北（NS-EW）公路项目为例，实证分析了交通设施对其周边设施布局及效率的影响。图 9 - 241（a）用深灰色和浅灰色分别代表 NS-EW 和黄金四角公路，图 9 - 241（b）标出了处于公路结点的城市之间的连线。随后的工具变量分析将会使用这两条路径。

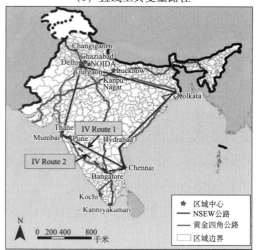

图 9 - 241　印度黄金四角公路、NS-EW 公路项目和工具变量路径分布

数据来源

National Highway Authority of India. 2012. http://www.nhai.org/.

（26）

Becker, Sascha O., Katrin Boeckh, Christa Hainz, and Ludger Woessmann. 2016. "The Empire is Dead, Long Live the Empire! Long-Run Persistence of Trust and Corruption in the Bureaucracy." *Economic Journal*, 126(590): 40–74.

研究问题：该文研究了官僚机构的长期影响。

GIS 在文中的应用: 哈布斯堡王朝在历史上以高效的行政管理水平而著称。作者通过发放问卷的方式对比了生活在古哈布斯堡地区的居民与生活在其他地区的居民对于政府信任程度的差异。图 9-242 展示了哈布斯堡的历史边境及该研究的取样地点。黑色实线为古哈布斯堡地区的边境线;黑色虚线为 1900 年哈布斯堡地区的边境线;灰色实线为当代国家的边境线;白色圆圈标注了该研究所有样本的分布;黑色实心圆则代表处于哈布斯堡边境地区的样本。

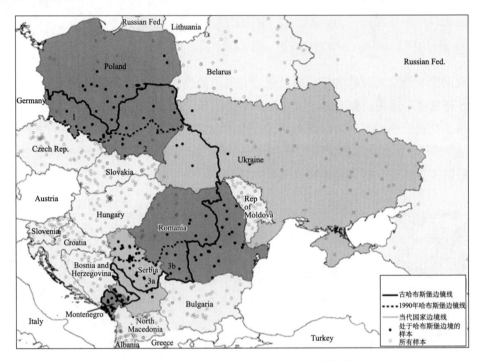

图 9-242 哈布斯堡的历史边境及该研究的取样地点

数据来源

Annual Survey of Manufactures,参见网站 https://www.census.gov/programs-surveys/asm.html。

(27)

Buonanno, Paolo, Ruben Durante, Giovanni Prarolo, and Paolo Vanin. 2015. "Poor Institutions, Rich Mines: Resource Curse in the Origins of the Sicilian Mafia." *Economic Journal*, 125 (586): F175-F202.

研究问题: 该文实证检验了在国家机构能力薄弱的情况下,自然资源与黑社会组织的形成和发展之间的关系。

GIS 在文中的应用: 图 9-243 的 (a) 和 (b) 分别展示了学者 Cutrera 和 Damiani-Jacini 估测的西西里岛黑手党活动强度,其中颜色越深代表黑手党活动越频繁,白色代表数据缺失 [两图不同是因为 Cutrera 的数据来源是城市级数据,而 Damiani-Jacini 的数据来源是区级(包含城市)数据]。图 9-244 展示了 1886 年西西里岛的硫黄矿分布,由于作者发现黑手党在硫黄矿周边城市同样非常活跃，所以又引入了图9-245。图9-245展示了存在硫黄矿的城市和硫黄矿周边城市的地理分布，黑色代表该城市以及周边所有城市都有硫黄矿，深灰色代表该城市有硫黄矿而周边的城市不全有，浅灰色代表该城市没有硫黄矿而周边的城市有。如图所示，硫黄矿资源丰富的地区，黑手党的活动往往更加频繁。

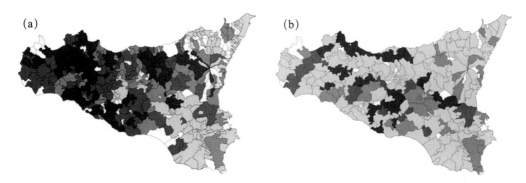

图9-243　由学者Cutrera和Damiani-Jacini估测的西西里岛黑手党活动强度

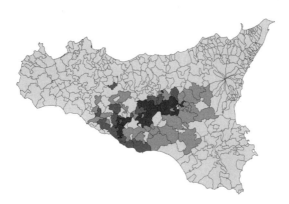

图9-244　1886年西西里岛的硫黄矿分布

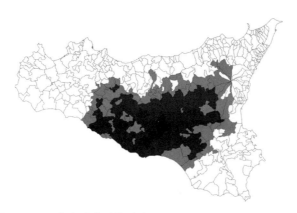

图9-245　存在硫黄矿的城市和硫黄矿周边城市的地理分布

数据来源

Squarzina, Federico. 1963. *Produzione e Commercio dello Zolfo in Sicilia nel Secolo XIX*. Torino：Industria Libraria Tipografica Editrice.

Cutrera, Antonino. 1900. *La Mafia e i Mafiosi*. Palermo：Reber.

（28）

> Michaels, Guy. 2011. "The Long-Term Consequences of Resource-Based Specialization." *Economic Journal*, 121 (551)：31-57.

研究问题：该文研究了石油资源丰富程度对地方经济发展的长期影响。

GIS 在文中的应用：资源禀赋会影响经济发展，但有关资源禀赋对经济发展长期影响的研究尚不充分。该文试图填补上述空白，研究石油资源的丰富程度对地方经济发展的长期影响。在样本选择上，作者将石油资源丰富县定义为位于开采前储油量超过一亿桶的油田区域内的县，这些地区是实验组。因为地理位置相近的县往往比较同质，作者又选取了距离得克萨斯州、俄克拉何马州和路易斯安那州的石油资源丰富县 200 英里以内的县，它们被定义为控制组。由此，作者获得了一个总共有 775 个县的样本，其中 171 个是石油资源丰富县。图 9-246 展示了作者的样本，其中深灰色区域为石油资源丰富县，浅灰色区域为与其毗邻的对照县。作者发现石油资源丰富县在人口、收入和基础设施方面的长期发展都更好。

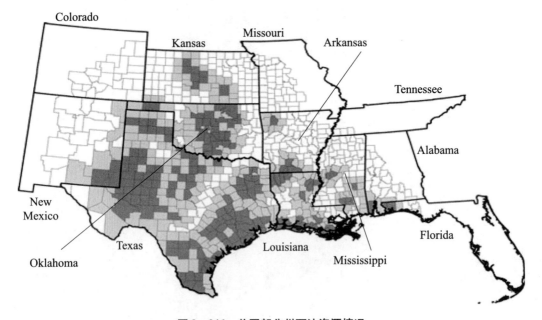

图 9-246　美国部分州石油资源情况

数据来源

Energy Information Administration. 2004. *The Oil and Gas Field Code Master List*. Washington DC：United States Department of Energy.

(29)

Bentzen, Jeanet Sinding, Nicolai Kaarsen, and Asger Moll Wingender. 2017. "Irrigation and Autocracy." *Journal of the European Economic Association*, 15 (1): 1 – 53.

研究问题：该文实证检验了现代社会中灌溉农业对经济和政治不平等程度的影响。

GIS 在文中的应用：作者用灌溉潜力（irrigation potential）来衡量各个地区对灌溉农业的依赖程度：灌溉潜力越大说明该地区越依赖灌溉农业。根据联合国粮农组织的分级体系（impact class 5），作者将世界各地区的灌溉依赖度划分为五个等级。图 9 – 247 展示了灌溉潜力的全球分布，颜色越接近灰色表示灌溉的依赖性越弱；越接近黑色表示灌溉的依赖性越强；浅灰色表示该地区不适合进行耕种；深灰色表示地表水覆盖区。在后续的计量部分，作者探究了黑色区域相较于其他区域是否经历了更不平等的政治和经济状况。

图 9 – 247　灌溉潜力的全球分布

数据来源

Food and Agriculture Organization of the United Nations. 2002. "The FAO Global Agro-Ecological Zones (GAEZ) 2002." The United Nations. http://www.fao.org/nr/land/databasesinformation-systems/aez-agro-ecological-zoning-system/en/.

(30)

Fenske, James. 2014. "Ecology, Trade, and States in Pre-Colonial Africa." *Journal of the European Economic Association*, 12 (3): 612 – 640.

研究问题：该文以非洲为例，评估了生态环境多样性和贸易对国家集权程度的影响。

GIS 在文中的应用：罗伯特·贝茨（Robert Bates）在 1983 年出版的著作《非洲农村政治经济学论文集》（*Essays on the Political Economy of Rural Africa*）中强调，生态环境多样性和边界贸易会影响国家的建立。该文结合殖民后期非洲国家的建立检验了上述观点。作者发现，若一个地区生态环境更加多样，那么该地区则更易建立起集权制度国家。为了直观展示研究变量间的联系，并为后续因果识别提供研究基础，作者绘制了图 9-248。该图展示了国家集权程度和生态多样性程度的空间分布，其中，左图为国家集权程度，右图为生态多样性程度，颜色越深则表示上述两个指标的数值越大。

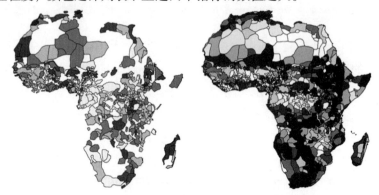

图 9-248　国家集权程度和生态多样性程度的空间分布

数据来源

Murdock, George. 1967. *Ethnographic Atlas*. Pittsburgh: University of Pittsburgh Press.

White, Frank. 1983. "The Vegetation of Africa: A Descriptive Memoir to Accompany the UNESCO/AETFAT/UNSO Vegetation Map of Africa." *Natural Resources Research*, 20: 1-356.

(31)

Alesina, Alberto, William Easterly, and Janina Matuszeski. 2011. "Artificial States." *Journal of the European Economic Association*, 9 (2): 246-277.

研究问题：该文研究了如何判断一个国家边境的由来。

GIS 在文中的应用：一些国家的边境线划定与当地自然及文化情况不相契合，这些国家被称为"人造国家"（artificial states）。作者提出了判断这类国家的两个标准：第一，边境线是否分裂了这个地区的族群；第二，边境线是否平直。图 9-249 和图 9-250 分别展示了法国及苏丹的地图，我们可以发现法国边境线弯曲，而苏丹部分边境线则非常平直，即苏丹符合人造国家的标准。

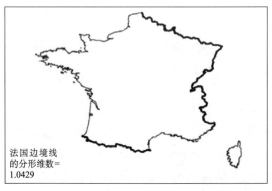

法国边境线的分形维数=1.0429

图 9-249　法国边境线

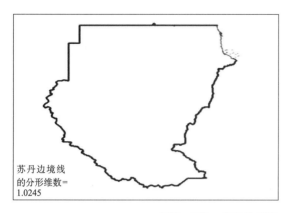

图 9-250　苏丹边境线

数据来源

Google Map，https://www.google.com/maps.

(32)

Andrabi, Tahir, and Jishnu Das. 2017. "In Aid We Trust: Hearts and Minds and the Pakistan Earthquake of 2005." *Review of Economics and Statistics*, 99 (3): 371-386.

研究问题：该文实证检验了一国发生严重灾难后国际援助对国家间信任的影响。

GIS 在文中的应用：作者试图实证分析巴基斯坦地震之后，国际援助如何影响巴基斯坦对援助国的信任。为排除干扰因素，作者考察了地震前巴基斯坦不同地区对别国信任程度的差异。需要注意的是，作者依据地震发生后受影响程度的不同来划分地区。具体而言，细虚线表示可能引起地震的断层线；粗虚线表示引起此次地震的断层线；实心三角表示震源；黑色叉表示被调查的住户。

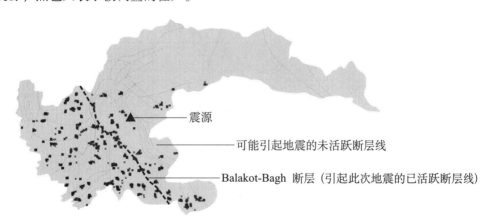

图 9-251　巴基斯坦地震后情况

数据来源

Research Consultants. http://www.rcons.org/rconsnew/.

(33)

> Keskin, Pinar, Gauri Kartini Shastry, and Helen Willis. 2017. "Water Quality Awareness and Breastfeeding: Evidence of Health Behavior Change in Bangladesh." *Review of Economics and Statistics*, 99 (2): 265–280.

研究问题：该文以孟加拉国水井污染为例，考察了污染信息的传播是否有助于敦促人们采取相应行为。

GIS 在文中的应用：20 世纪 90 年代初起孟加拉国水井中普遍发现了砒污染。为了提醒民众水质污染的问题，孟加拉国政府于 1999 年起开始对全国各地的一些水井进行检测，并将污染水井涂成红色、未污染水井涂成绿色。基于全国各统计区内水井污染程度的差异，该文通过双重差分法发现这种污染信息的传播有效敦促了人们采取应对行为：为了防止水污染影响婴儿健康，与轻度污染地区的母亲相比，重度污染地区的母亲在上述有关环境问题的宣传活动后采取母乳喂养的时间更长。实证中，为了计算各统计区内的污染程度，作者以中心坐标为准，通过 GPS（全球定位系统）定位了每个统计区与每个被检测的水井，计算了各统计区的污染程度。图 9-252 展示了被检测的水井分布，可以看到被检测的水井遍布在全国各地。图中的每个点代表一个水井，颜色越浅代表水井中砒含量越高。

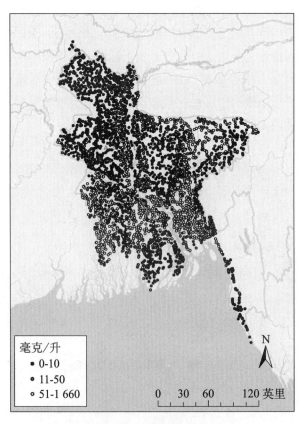

图 9-252　孟加拉国被检测的水井分布

数据来源

British Geological Survey，可参见网址 https://www.bgs.ac.uk。

Department of Public Health Engineering, Bangladesh，可参见网址 http://www.dphe.gov.bd。

(34)

Jedwab, Remi, and Alexander Moradi. 2016. "The Permanent Effects of Transportation Revolutions in Poor Countries: Evidence from Africa." *Review of Economics and Statistics*, 98 (2): 268 – 284.

研究问题：该文通过工具变量的方法实证检验了非洲殖民时期修建铁路对该地区的长期经济影响。

GIS 在文中的应用：一般来说，地方可可产量的差异可能会影响铁路铺设的选址。为了消除由此带来的内生性问题，作者基于非洲历史上主要大城市的结点，利用 GIS 生成欧氏最小路径生成树（Euclidean minimum spanning tree）的线路（指欧几里得空间中由一点到另一点的所有路径中最短的一条，该文中指 Sekondi、Tarkwa、Obuasi、Kumasi 和 Accra 五个结点形成的最短路径），并将其作为 1919 年铁路路线的工具变量。为了直观展示二者间的关系，作者绘制了图 9 - 253，其中，黑色曲线为 1919 年的铁路线路，灰色直线为基于 GIS 绘制的虚构线路。

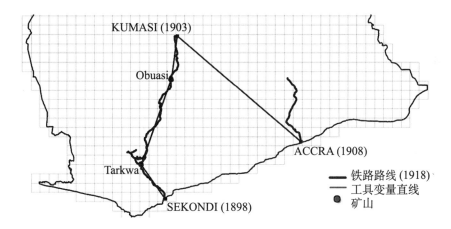

图 9 - 253　非洲 1919 年铁路实际线路与虚构线路

数据来源

Digital Chart of the World，其官方网站为 http://www.soest.hawaii.edu/wessel/dcw/。

(35)

Allen, Treb. 2015. "The Promise of Freedom: Fertility Decisions and the Escape from Slavery." *Review of Economics and Statistics*, 97 (2): 472 – 484.

研究问题：该文结合美国1850年《逃亡奴隶法案》（Fugitive Slave Law of 1850）探讨了自由权利承诺对被奴役妇女生育率的影响。

GIS在文中的应用：为了便于分析法案颁布带来的自由权利承诺变化，作者用自由距离作为其度量指标。自由距离是指美国奴隶制地区与其邻近非奴隶制地区的空间距离。1850年《逃亡奴隶法案》的颁布改变了地区间的自由距离。为了更好地展示1850—1860年自由距离的动态变化，作者绘制了图9-254，其中色块颜色越深则表示该地区自由距离的变化幅度越大。

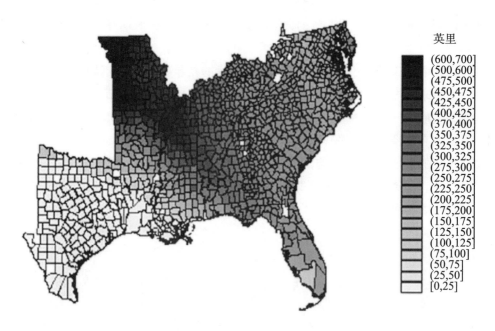

图9-254　1850—1860年美国自由距离的动态变化

数据来源

Minnesota Population Center（2004），网站链接为 https://www.ipums.org/。

(36)

Glaeser, Edward L., Sari Pekkala Kerr, and William R. Kerr. 2015. "Entrepreneurship and Urban Growth: An Empirical Assessment with Historical Mines." *Review of Economics and Statistics*, 97 (2): 498-520.

研究问题：该文以美国矿产和煤炭行业为例，采用工具变量的方法检验了企业家精神与城市就业率之间的关系。

GIS在文中的应用：一般来说，大公司更容易在矿产和煤炭行业中诞生，在上述类型的公司中，员工更多地处于管理的角色，而这不利于培养企业家精神。结合该论断，作者将矿产作为城市创业水平的工具变量，进而发现企业家精神对城市就业率具有显著的正向影响。作者在研究中分别以铁矿、褐煤矿、烟煤矿以及无烟煤矿的地理分布作为城市创业水平工具变量。为了展示这些矿产存储的空间分布,为后续工具变量的构建提供佐证,作者绘制了图9-255。在图中,密点代表铁矿区,格纹区域为褐煤矿区,斜纹区域为烟煤矿区,黑色区域为无烟煤矿区。

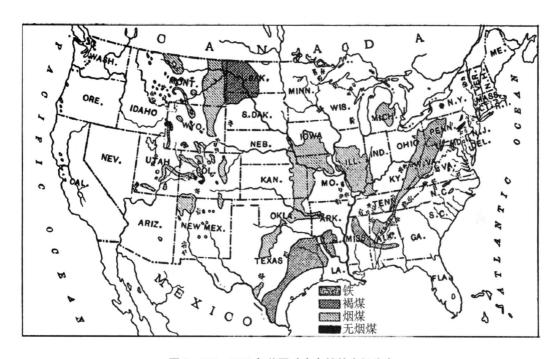

图9-255 1910年美国矿产存储的空间分布

数据来源

Tarr, Ralph S. and Frank M. McMurry. 1910. *Coal and Iron Deposits in the United States*, New York: Macmillan Company, 网站链接为 http://etc.usf.edu/maps。

(37)

Bosker, Maarten, Eltjo Buringh, and Jan Luiten van Zanden. 2013. "From Baghdad to London: Unraveling Urban Development in Europe, the Middle East, and North Africa, 800 – 1800." *Review of Economics and Statistics*, 95 (4): 1418 – 1437.

研究问题:该文实证分析了世界城市发展的重心从伊斯兰世界移至欧洲的原因。

GIS在文中的应用:作者从地理条件和制度发展两个角度,实证分析了800—1800年伊斯兰世界城市停滞不前而欧洲城市开始崛起的原因。图9-256是作者样本数据的分布图,其中白色区域为欧洲,阴影区域为作者定义的中东和北非,右上方方框为阿拉伯半岛,小方点表示在作者研究的1 000年中居民在至少一个世纪内持续超过10 000人的城市。作者依照图中这些国家的分布识别出不同的地理条件,并结合伊斯兰世界和欧洲的制度差异，进行随后的实证分析。

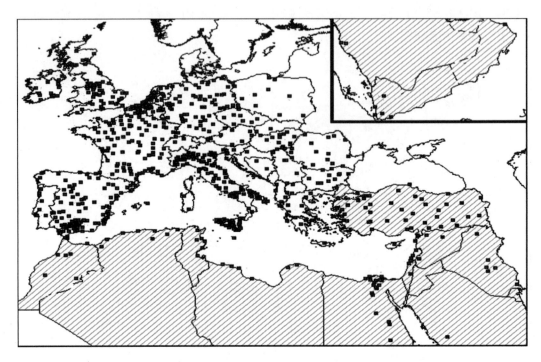

图 9-256　所有样本城市的位置分布

数据来源

Bairoch, Paul, Jean Batou, and Pierre Chèvre. 1988. *La Population Des Villes Européennes de 800 à 1850*. Genève：Librairie Droz.

（38）

Alix-Garcia, Jennifer, Craig McIntosh, Katharine R. E. Sims, and Jarrod R. Welch. 2013. "The Ecological Footprint of Poverty Alleviation：Evidence from Mexico's Oportunidades Program." *Review of Economics and Statistics*, 95（2）：417-435.

研究问题：该文研究了墨西哥扶贫政策对森林砍伐的影响。

GIS 在文中的应用：1997 年墨西哥政府推行了一项旨在提高儿童入学率和医疗卫生质量的扶贫政策，项目以直接向贫困居民发放现金补贴的方式进行。研究发现该政策提高了居民的家庭收入，进而推高了居民对土地密集型商品的消费需求，上述需求最终导致被砍伐森林数量增多。图 9-257 展示了墨西哥森林分布，由浅到深分别表示非森林的陆地、云雾林（热带雨林）、亚马逊河沿岸的热带雨林以及橡木林区域。

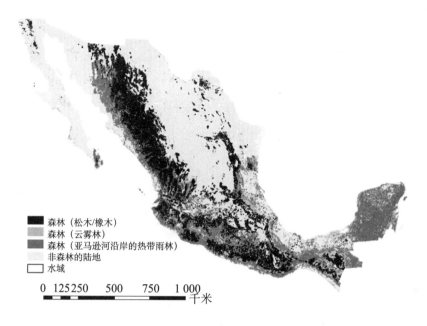

图 9-257　墨西哥森林分布

数据来源

Banerjee, Abhijit, Esther Duflo, Gilles Postel-Vinay, and Timothy M. Watts. 2010. "Long-Run Health Impacts of Income Shocks: Wine and Phylloxera in 19th Century France." *Review of Economics and Statistics*, 92 (4): 714-728.

(39)

Holmes, Thomas J., and Sanghoon Lee. 2012. "Economies of Density versus Natural Advantage: Crop Choice on the Back Forty." *Review of Economics and Statistics*, 94 (1): 1-19.

研究问题：该文探讨了影响农民农作物品种选择的因素。

GIS 在文中的应用：一般来说，土地的自然属性和规模经济均会影响农民种植农作物的种类。通过分析美国北达科他州红河东岸 12 个县的农作物种植情况，作者发现农作物品种选择很大程度上取决于相邻农田的土壤特性。也就是说，农户在选择种植农作物种类时既会考虑土地的自然属性，也会借鉴相邻农田的农作物种植情况，即农田之间不同农作物的空间分布会影响农民农作物品种的选择。为了清晰展示农田之间的空间关系，作者利用 GIS 绘制了图 9-258，其中，阴影部分为分析样本。

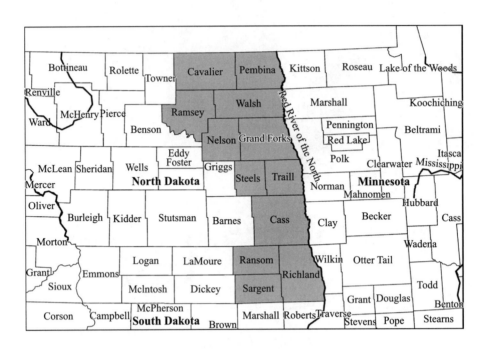

图 9-258　农田之间的空间关系

数据来源

North Dakota State University Extension Geospatial Education Project，网站链接为 http://134.129.78.3/geospatial/default.htm。

（40）

> Hidalgo, F. Daniel, Suresh Naidu, Simeon Nichter, and Neal Richardson. 2010. "Economic Determinants of Land Invasions." *Review of Economics and Statistics*, 92（3）: 505-523.

研究问题：该文以巴西土地入侵事件为例评估了收入冲击对再分配冲突的影响。

GIS 在文中的应用：在巴西土地改革停滞时期，没有土地的穷人开始暴力侵占私人庄园和公共土地，进而施压政府进行土地再分配，这被称为巴西土地入侵事件。研究发现，某城市收入不平等程度越高，该地区土地入侵事件发生越频繁。为了清晰展示入侵事件在城市层面的空间分布，作者利用 GIS 绘制了图 9-259，其中，黑色区域表示该城市至少发生过一次土地入侵事件。

图 9-259　巴西土地入侵事件分布

数据来源

Brazil's Pastoral Land Commission and Dataluta（1998—2004），数据可通过以下网站获取：http://www.agricultura.gov.br/acesso-a-informacao/dadosabertos。

9.1.3　利用 ArcGIS 绘制自己的 GIS 地图的研究

（1）

> Hornbeck, Richard, and Daniel Keniston. 2017. "Creative Destruction: Barriers to Urban Growth and the Great Boston Fire of 1872." *American Economic Review*, 107 (6): 1365-1398.

研究问题：该文以波士顿大火为例，实证分析了城市发展中的阻碍因素被消除之后对城市发展的影响。

GIS 在文中的应用：作者发现城市的现代化进程经常落后于经济发展速度，由此推测城市发展过程中存在一些阻碍因素。借由 1872 年波士顿大火将城市发展的障碍全部消除的契机，作者分析了火灾后城市获得的经济效益及溢出效应。图 9-260 展示了火灾后波士顿街区的详细地图，作者利用 GIS 技术把建筑占地面积、所有者姓名附于图中，并用黑色的点表示该栋建筑物中有纳税记录。

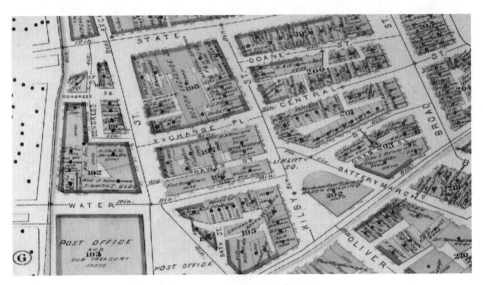

图 9-260　火灾后波士顿街区

数据来源

Sanborn Map Company. 1867—1895. Boston：Sanborn Map Company. http：//sanborn. umi. com.

G. W. Bromley & Co. 1883. *Atlas of the City of Boston*. Boston：G. W. Bromley & Co. https：//dome. mit. edu/handle/1721. 3/47999.

(2)

> Bleakley, Hoyt, and Jeffrey Lin. 2012. "Portage and Path Dependence." *Quarterly Journal of Economics*, 127 (2): 587-644.

研究问题：该文研究了路径依赖是否会影响经济活动的地理分布。

GIS 在文中的应用：经济活动在地理分布上的不均衡是一个普遍现象。为什么有些地区经济发展较好？路径依赖与资源优势是对该现象的两种重要解释。然而，由于资源优势通常会在一段长时期内持续发挥作用，所以较难区分究竟是路径依赖还是资源优势导致的区域经济发展。该文通过研究地区优势的消失识别了路径依赖的作用。早期，美国工业运输主要依靠水路。一些地区由于接近瀑布，所以来往船只不得不在这些地方停靠，这些地方也因此成为运输结点，吸引了很多制造业企业，经济取得了较好的发展。然而，随着科技的进步，铁路、公路以及航运逐渐替代了水路运输，上述地区的优势也就逐渐消除。基于南美地区瀑布分布与灯光亮度，该文考察了路径依赖对经济发展的影响。图 9-261 的上图展示了 2003 年美国东南部地区夜晚灯光亮度分布，下图则展示了该地区早期根据瀑布分布制定的运输路线"瀑布路线"，其中黑色圆点标识的地点为运输结点"瀑布城市"。类似地，图 9-262 为作者重点研究区域——美国境内五大湖区的夜晚灯光亮度分布和"瀑布路线"。

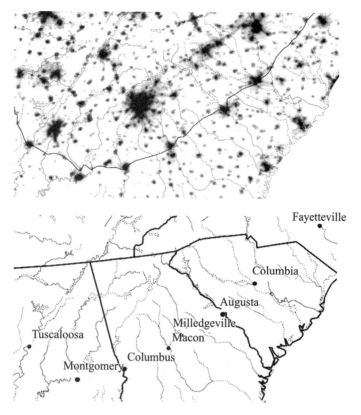

图 9-261 美国东南部地区夜晚灯光亮度分布与"瀑布路线"

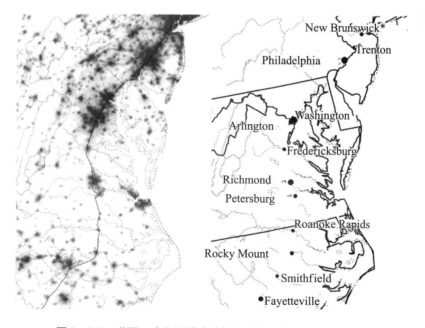

图 9-262 美国五大湖区的夜晚灯光亮度分布与"瀑布路线"

数据来源

NHGIS, Minnesota Population Center 2004, 参见网址 https://pop.umn.edu/projects/nhgis。

National Geophysical Data Center 2003, 参见网址 https://www.ngdc.noaa.gov。

(3)

Hornbeck, Richard. 2010. "Barbed Wire: Property Rights and Agricultural Development." *Quarterly Journal of Economics*, 125 (2): 767–810.

研究问题：该文以美国铁丝网围栏为例，探究了产权保护对农业发展的影响。

GIS 在文中的应用：在铁丝网出现前，人们主要采用木栅栏防止动物破坏农作物。林木分布越少的地区，木栅栏价格越高，木栅栏的使用率越低。所以在铁丝网引入后，这些地区的人们会更多地使用物美价廉的铁丝网，从而更好地保护自己的产权。该文通过 GIS 将各地区林木的密集程度与铁丝网引入后的农业发展情况相对应，发现林木稀少的地区铁丝网使用率更高，农业发展更快。图 9-263 展示了美国 1870 年各地林地面积占比情况，颜色越深，代表该地林地面积占比越大。

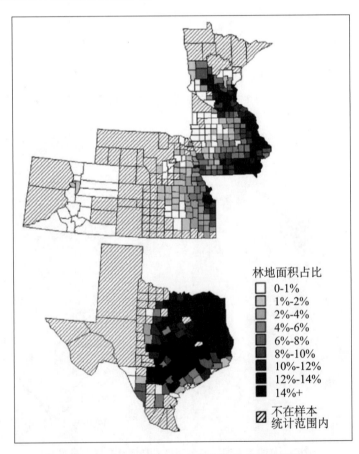

图 9-263　1870 年 377 个样本的林木密集程度

数据来源

Carville, Earle, John Heppen, and Samuel Otterstrom. 1999. *HUSCO1790 -1999*：*Historical United States County Boundary Files*. Baton Rouge：Louisiana State University.

Haines, Michael R. 2005. *Historical, Demographic, Economic, and Social Data*：*The United States, 1790 -2000*. Hamilton, NY：Colgate University and ICPSR.

Bogue, Allan G. 1963. "Farming in the Prairie Peninsula, 1830 – 1890." *Journal of Economic History*, 23 (1)：3 – 29. 文献可通过以下网站获取：https://www.cambridge.org/core/journals/journal-of-economic-history/article/farming-in-the-prairie-peninsula – 18301890/FBCAE39173E72A743668ED5895C4FE2B。

Davis, Rodney O. 1973. "Before Barbed Wire：Herd Law Agitations in Early Kansas and Nebraska." In *Essays in American History in Honor of James C. Malin*, edited by Burton J. Williams. Lawrence, KS：Coronado Press.

Webb, Walter Prescott. 1931, 1978. *The Great Plains*. New York：Grosset & Dunlap.

(4)

Lipscomb, Molly, and Ahmed Mushfiq Mobarak. 2017. "Decentralization and Pollution Spillovers：Evidence from the Re-drawing of County Borders in Brazil." *Review of Economic Studies*, 84 (1)：464 – 502.

研究问题：该文基于巴西的河流污染数据，讨论了中央权力下放在提升公共服务质量的同时是否会导致地方管辖范围难以界定等负面问题。

GIS 在文中的应用：图 9 – 264 展示了 1991—1998 年巴西里约热内卢州内县域边界的演变，黑色实线区域为上述期间新设立的县，S1、S2 表示两个水质监测站的位置。

分权可以改善公共服务的提供，但也可能产生跨越管辖范围的外部性。作者基于巴西的语境探究河流跨管辖区流动时水污染的外部性。该文将巴西河流水污染的面板数据与县域边界变化情况相结合，以识别河流接近和跨越边界时的污染空间模式。图 9 – 265 展示了 1991 年巴西水质监测站及县域边界，其中黑色实心点为水质监测站的位置。

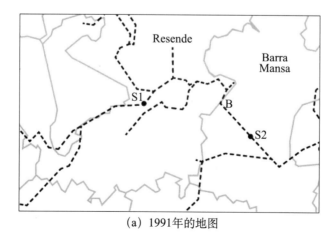

(a) 1991年的地图

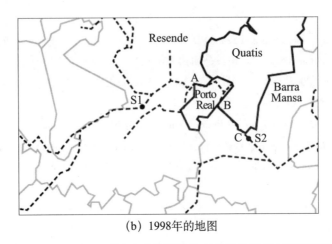

(b) 1998年的地图

图 9-264　1991—1998 年巴西里约热内卢州内县域边界的演变

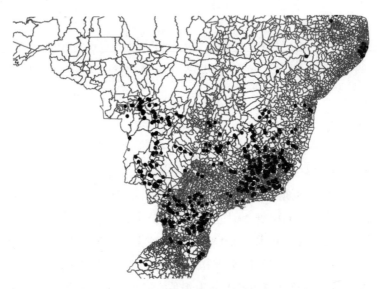

图 9-265　1991 年巴西水质监测站及县域边界

数据来源

图 9-264 的数据来自巴西政府公布的 1991 年和 1998 年的行政区划图，图 9-265 在 1991 年巴西县级行政区划图基础上利用 GIS 匹配监测站的位置绘制而成。

(5)

Shertzer, Allison, Tate Twinam, and Randall P. Walsh. 2016. "Race, Ethnicity, and Discriminatory Zoning." *American Economic Journal*: *Applied Economics*, 8 (3): 217-246.

研究问题：该文以美国芝加哥 1923 年《土地区划法》（Comprehensive Zoning Ordinance）的制定为例，研究了人口结构对土地区划的影响。

GIS 在文中的应用：20 世纪初期，在经济迅猛发展的浪潮下，芝加哥社会普遍提出了对工商业领地侵占居民生活区的担忧。在这种背景下，芝加哥 1923 年《土地区划法》应运而生。该法令将芝加哥的土地按照用途分为级别从高到低的别墅、公寓、商业与制造业四类用地，并按照建设强度分为五类容积区。该法令的出台引发了社会的广泛讨论，讨论重点之一在于法令中对各地区土地的安排是否公平：是否在少数群体居住区中存在安排更多工业用地或者降低对建设强度的限制等情况。对该问题的回答面临自选择的困难：由于许多少数群体收入较低，因此他们会选择居住在更加便宜的地区。通过控制法令实施前各地区的人口结构、土地用途与建筑强度，作者得以考察对各地区的土地区划是否受当地种族与人种构成的影响。

作者主要考察了黑人与移民两类少数群体。在这两类少数群体中，黑人又分为南方黑人与北方黑人两种；移民又分为第一代移民与第二代移民两种。图 9-266 展示了这四种少数群体在芝加哥的地理分布，颜色越深代表该地区此类少数群体越多。其中，(a) 图为南方黑人的分布，(b) 图为北方黑人的分布，(c) 图为第一代移民的分布，(d) 图为第二代移民的分布。图 9-267 进一步展示了在黑人比重大于 5% 的地区中南方黑人在所有黑人中的比重，与图 9-266 类似，颜色越深代表该地区南方黑人在黑人中的比重越大。

图 9-268 为芝加哥边界、密歇根湖以及芝加哥河，其中斜线阴影区为样本范围。图 9-269 展示了样本区域建筑强度与土地用途的分布。其中，(a) 图为样本区域内五类容积区的分布；(b) 图为芝加哥河两岸各类土地用途的分布，白色为公寓区、斜杠阴影为商业区、交叉阴影为制造业区。

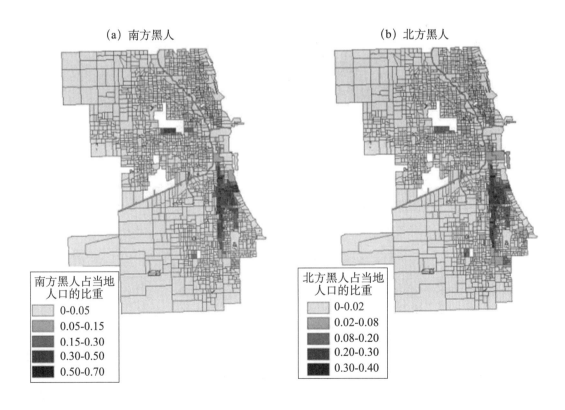

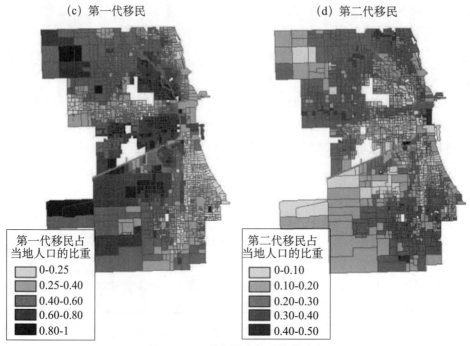

图 9-266 芝加哥少数群体的分布

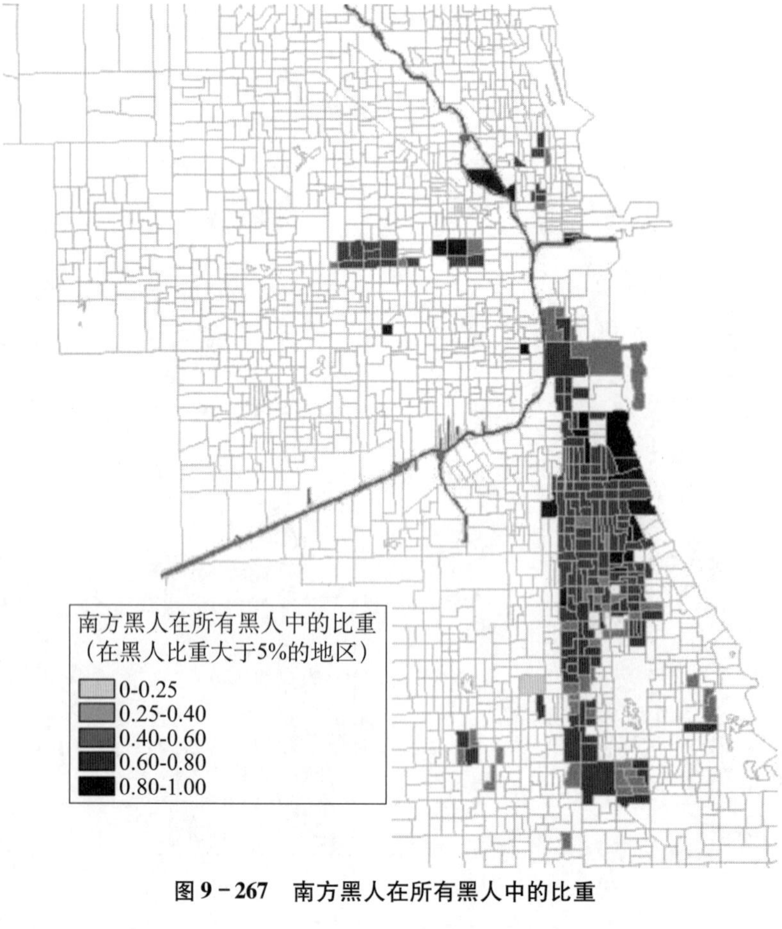

图 9-267 南方黑人在所有黑人中的比重

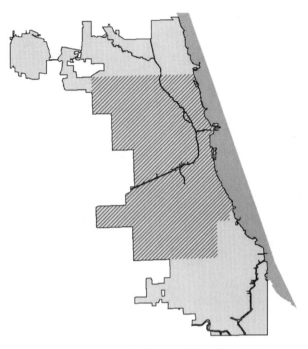

图 9-268　2013 年的芝加哥城与样本范围

(a) 数字化的容积区地图

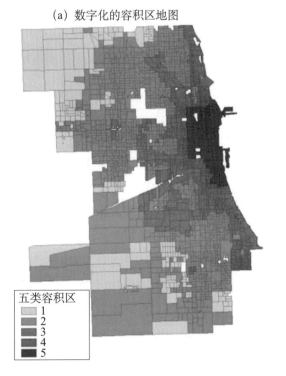

五类容积区
1
2
3
4
5

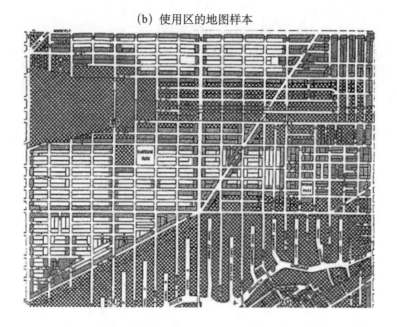

(b) 使用区的地图样本

图 9-269　建筑强度与土地用途的分布

数据来源

人口数据来自 Ancestry.com，具体可参考网站 https://www.ancestry.com/。土地用途分布数据来自 Chicago Zoning Commission. 1922. *Zoning Chicago*. Chicago。

（6）

Hornbeck, Richard, and Pinar Keskin. 2014. "The Historically Evolving Impact of the Ogallala Aquifer: Agricultural Adaptation to Groundwater and Drought." *American Economic Journal: Applied Economics*, 6 (1): 190-219.

研究问题：该文评估了用地下水灌溉农田对本地农业生产的影响。

GIS 在文中的应用：美国加拉拉阿魁弗（Ogallala Aquifer）地下存有较大面积的蓄水层，但受制于开发技术，其在 20 世纪 50 年代左右才被用于灌溉农田。为了直观展示由此带来的对灌溉和农业生产的影响，作者利用 GIS 绘制了图 9-270，其中左、右两图分别为 1935 年和 1974 年 368 个样本县的灌溉程度，色块颜色越深代表该地区农业灌溉程度越高；其中，黑色曲线内部区域为地下蓄水层，白色区域为数据遗漏的地区。对比两图可见，可利用水源增加使得蓄水层附近农田灌溉程度也随之提高。

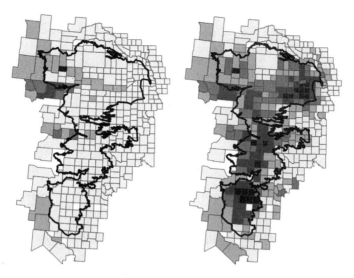

图 9-270　1935 年和 1974 年 368 个样本县的灌溉程度

数据来源

The National Geologic Map Database，网站链接为 https://ngmdb.usgs.gov/mapview/。

US Census of Agriculture, Census Full Report (2012)，网站链接为 https://www.nass.usda.gov/AgCensus/。

(7)

> Lipscomb, Molly, A. Mushfiq Mobarak, and Tania Barham. 2013. "Development Effects of Electrification: Evidence from the Topographic Placement of Hydropower Plants in Brazil." *American Economic Journal: Applied Economics*, 5 (2): 200-231.

研究问题：作者以 1960—2000 年巴西电网的发展状况为例实证检验了电气化对国家发展的影响。

GIS 在文中的应用：图 9-271 至图 9-273 展示了 1960—2000 年巴西电网的演变情况。最初巴西电网主要覆盖南部富裕且工业较为发达的地区，随后不断向北部和西部拓展。

20世纪60年代的电网分布　　　　　　　20世纪70年代的电网分布

图 9-271　20 世纪 60 年代和 70 年代巴西电网实际分布

图 9-272　20 世纪 80 年代和 90 年代巴西电网实际分布

图 9-273　2000—2009 年巴西电网实际分布

图 9-274 至图 9-276 展示了作者根据模型预测出来的能够获得电力供应的地区。可以发现预测分布和实际发展状况在空间上有较强的相关关系。

图 9-274　20 世纪 60 年代和 70 年代巴西电力供应地区（预测）

图 9-275　20 世纪 80 年代和 90 年代巴西电力供应地区（预测）

图 9-276　2000—2009 年巴西电力供应地区（预测）

数据来源

根据作者计算绘制。

(8)

Ananat, Elizabeth Oltmans. 2011. "The Wrong Side(s) of the Tracks: The Causal Effects of Racial Segregation on Urban Poverty and Inequality." *American Economic Journal: Applied Economics*, 3 (2): 34-66.

研究问题：该文利用 19 世纪美国铺设铁路造成的城市空间分裂程度的差异，实证检验了种族隔离对城市贫困及收入不平等的影响。

GIS在文中的应用：为了消除遗漏变量和外来移民对实证的影响，作者将历史上铺设铁路所造成的城市空间分裂程度作为种族隔离的工具变量。为了直观展示工具变量的设定思路，作者利用GIS绘制了图9-277，左、右两图分别展示了19世纪纽约州的宾汉姆顿市（Binghamton）和宾夕法尼亚州的约克市（York）两座城市中心半径4千米内的铁路铺设规划。尽管两个城市铁路总长度相差无几，但后者因铁路而造成的空间分裂程度更高。

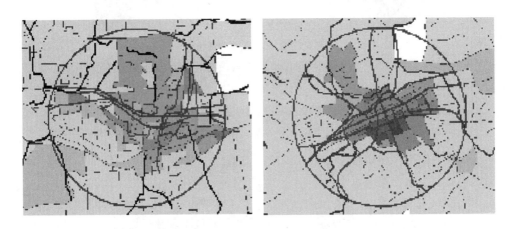

图9-277　19世纪纽约州宾汉姆顿市和宾夕法尼亚州约克市城市中心铁路铺设规划

数据来源

The National Geologic Map Database (1984)，网站链接为 https://ngmdb.usgs.gov/mapview/。

(9)

> Kocher, Matthew Adam, Thomas B. Pepinsky, and Stathis N. Kalyvas. 2011. "Aerial Bombing and Counterinsurgency in the Vietnam War." *American Journal of Political Science*, 55 (2): 201-218.

研究问题：该文以越南战争为例实证检验了轰炸对平民政治倾向的影响。

GIS在文中的应用：美军在越南战争中空投炸弹以试图控制更多地区。如图9-278所示，作者使用GIS将美军空投炸弹的位置匹配到越南凯比县（Cái Bè）的地图上，并标出爆炸波及的半径（淡黑色圆）及周边村庄（实心黑色三角）。作者基于此实证检验了受到美军爆炸波及的民众是否更可能转向共产党。

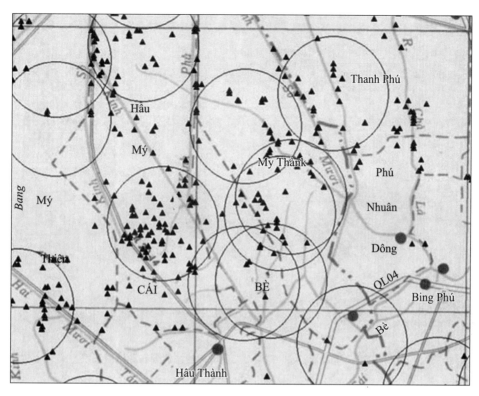

图 9-278　越南凯比县美军空投炸弹的位置

数据来源

Pacific Command, and Department of the Air Force. 1977. "Combat Air Activities Files (CACTA), 10/1965 -12/1970." Department of Defense. https：//aad. archives. gov/aad/series-description. jsp? s =485&sl.

（10）

Jedwab, Remi, Edward Kerby, and Alexander Moradi. 2017. "History, Path Dependence and Development：Evidence from Colonial Railways, Settlers and Cities in Kenya." *Economic Journal*, 127（603）：1467 -1494.

研究问题：该文实证检验了外生冲击对发展中国家城市路径依赖的影响。

GIS 在文中的应用：该文的研究对象为肯尼亚，作者研究了殖民者在肯尼亚建造的铁路系统与肯尼亚城市发展之间的关系。图 9-279 展示了 1962 年和 2009 年肯尼亚境内的城镇分布和铁路系统。深灰色区域为当时白人殖民者聚集的区域，浅灰色区域为非干旱地区；黑色粗线为铁路，黑点则代表城市，点的直径越大代表城市规模越大。图 9-280 是肯尼亚西南部铁路系统的细节图，实心黑色粗线是殖民者建造的铁路，黑色虚线是理论上成本最小的铁路修建方案，灰色线则为实证中安慰剂效应所对应的路线（主要由 19 世纪探险家的路线以及 20 世纪初设计但未建成的铁路路线组成）；白色区域是城镇区划，浅灰色是可耕种区域。图9-281展示了欧洲和亚洲殖民者的人口数量分布，颜色越深代表这个区域殖民者数量越多。

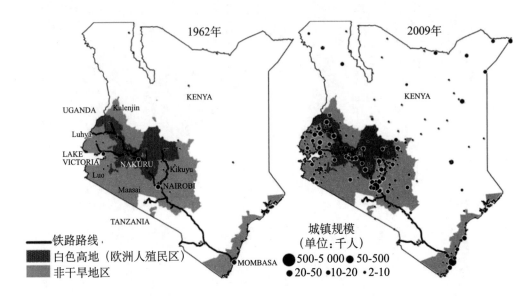

图9-279　1962年和2009年肯尼亚境内的城镇分布和铁路系统

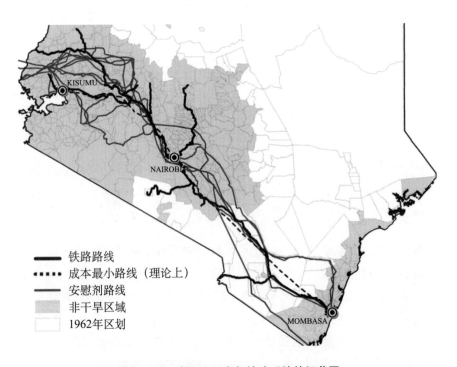

图9-280　肯尼亚西南部铁路系统的细节图

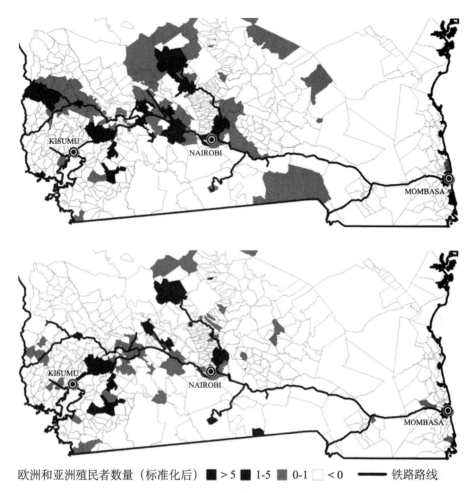

欧洲和亚洲殖民者数量（标准化后） ■ >5 ■ 1-5 ■ 0-1 □ <0 —— 铁路路线

图9-281 欧洲和亚洲殖民者的人口数量分布

数据来源

Colony and Protectorate of Kenya. 1926. *Suggested Branch Lines. Economic and Technical Reports on the Colony and Protectorate of Kenya.* Nairobi：Government Printer.

Great Britain & Foreign. Office. 1920a. "Kenya, Uganda and Zanzibar." In *Handbooks Prepared Under the Direction of the Historical Section of the Foreign Office No. 96* . London：H. M. Stationery Office.

Great Britain & Foreign Office. 1920. "Tanganyika." Handbooks Prepared under the Direction of the Historical Section of the Foreign Office No. 105. London：H. M. Stationary Office.

Government Survey of Kenya. 1959. *Atlas of Kenya*：*A Comprehensive Series of New and Authentic Maps Prepared from the National Survey and Other Governmental Sources*；*with Gazetteer and Notes on Pronunciation & Spelling.* Nairobi：Printed by the Survey of Kenya.

Hijmans, Robert J., Susan E. Cameron, Juan L. Parra, Peter G. Jones, and Andy Jarvis. 2005. "Very High-Resolution Interpolated Climate Surfaces for Global Land Areas." *International Journal of Climatology*, 25 (15)：1965－1978.

Hill, Mervyn F. 1949. *Permanent Way*：*The Story of the Kenya and Uganda Railway*：*Being the Official History of the Development of the Transport System in Kenya and Uganda.* Nairobi：East African Railways and Harbours.

International Livestock Research Institute. http：//www. ilri. org/GIS.

Kenya National Bureau of Statistics. 1962. "Population and Housing Census. " Ministry of Planning.

Ochieng, William Robert, and Robert M. Maxon. 1992. *Economic History of Keny*a. Nairobi：East African Educational Publishers Ltd.

Soja, Edward W. 1968. *The Geography of Modernization in Kenya*：*A Spatial Analysis of Social*，*Economic*，*and Political Change*. New York：Syracuse University Press.

（11）

Chaney, Eric, and Richard Hornbeck. 2016. "Economic Dynamics in the Malthusian Era：Evidence from the 1609 Spanish Expulsion of the Moriscos. " *Economic Journal*, 126 （594）：1404 - 1440.

研究问题：该文以1609年西班牙驱逐摩里斯科人事件为例，实证检验了马尔萨斯时代人口冲击对经济的动态影响。

GIS在文中的应用：1609年，西班牙王室突然驱逐已皈依穆斯林教的摩里斯科人。该事件发生前，西班牙各地区摩里斯科人占当地人口的比重有所不同，这使得各地区人口下降幅度也有所差异。作者利用上述差异探讨了不同程度的人口冲击对当地经济的动态影响。为了更好地展示人口冲击的地区间差异，作者绘制了图9-282。该图展示了研究样本的空间分布以及各地区摩里斯科人口的占比，颜色越深，则表示该地区摩里斯科人占该地区总人口的比例越高。

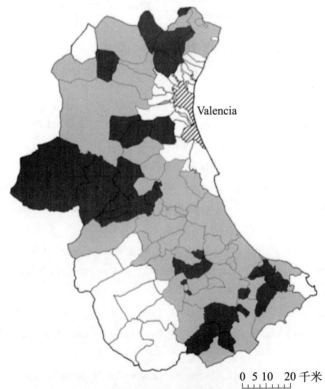

图9-282　西班牙各地区摩里斯科人口的占比

数据来源

Badenes Martín, Miquel Angel, and Joan Serafí Bernat i Martí. 1994. Crecimiento de la Población Valenciana: Análisis y Presentación de los Censos Demográficos (1609—1857). Valencia: Alfons el Magnànim.

Cárcel Ortí, María Milagros. 1988. La Población de las Diócesis Valencianas a Través de las Relaciones "Ad Limina". Valencia: Alfons el Magnànim.

(12)

> Hornung, Erik. 2015. "Railroads and Growth in Prussia." *Journal of the European Economic Association*, 13 (4): 699-736.

研究问题：该文以普鲁士为例研究了铁路对城市人口增长的影响。

GIS 在文中的应用：GIS 在文中主要有两方面的应用。首先，由于手工绘制的普鲁士铁路路线图中没有标出城市，因此作者首先运用 GIS 确定当时各城市是否有铁路通过。作者先基于城市中心的坐标绘制了普鲁士城市的点地图，再将这个城市的点地图与手工绘制的普鲁士铁路路线图在 GIS 中重合。根据生成的重合图像，作者得以识别各个城市是否有铁路通过：作者将至少有一条铁路经过城市点的城市记作有铁路通过，否则记为无铁路通过。由于城市图中城市只显示为一个点，因此这样可能会错将一些没有铁路穿过城市中心点但其实穿过了城市其他地区的城市记作无铁路通过。对此，作者进一步结合《德国城市手册》与普鲁士官方统计资料加以核对。图 9-283 展示了作者在 GIS 中绘制的普鲁士铁路路线图。图中，灰色区域为 1848 年普鲁士领土，圆点为当时普鲁士的城市：空心圆点为通铁路的城市、实心圆点为未通铁路的城市，灰色线条为铁路路线，黑色直线为直线走廊（具体释义见下一段）。

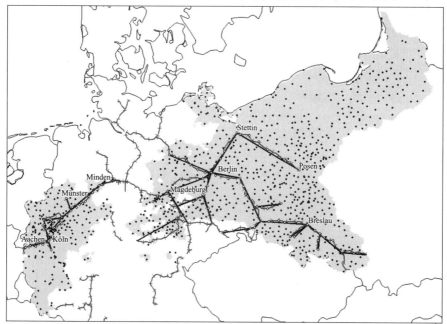

图 9-283　普鲁士铁路路线图

其次,由于在选址时可能会选择在那些经济发展较好的地区建设铁路,因此直接估计铁路对人口增长的影响可能存在内生性问题。对此,作者用工具变量方法进行了处理。具体而言,作者在 GIS 地图中用直线连接了当时的重要城市,截取直线周边 1.5 千米范围地区作为直线走廊(straight linear corridor)。由于在偏离直线走廊的城市修建铁路成本较高,从而直线走廊内的城市通过铁路的概率比其他地区通过铁路的概率更高。而且,在这些城市修建铁路的原因与这些城市本身的经济发展无关,从而不存在内生性问题。因此,作者将重要城市排除在样本外,并将某城市是否落在直线走廊内作为该城市是否通铁路的工具变量。图 9-284 以柏林地区为例展示了直线走廊与实际铁路路线。图中,圆点为各城市:空心圆点为通铁路的城市,实心圆点为未通铁路的城市;黑色线条为铁路路线;灰色直线区域为直线走廊区域。可以看到,大部分铁路站点位于直线走廊区域。

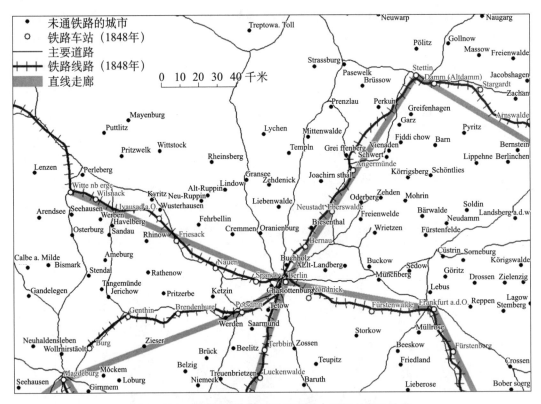

图 9-284　直线走廊与实际铁路路线:以柏林周边为例

数据来源

IEG. 2010. "IEG-Maps—Kartenserver am Institut für Europäische Geschichte Mainz." http://www.ieg-maps.uni-mainz.de/(访问日期为 2010 年 11 月).

Keyser, Erich. 1939–1974. *Deutsches Städtebuch-Handbuch städtischer Geschichte*, vols. 1–5. Stuttgart: Kohlhammer.

Matzerath, Horst. 1985. *Urbanisierung in Preußen* 1815–1914. Stuttgart: Kohlhammer/Deutscher Gemeindeverlag.

(13)

Besley, Timothy, Thiemo Fetzer, and Hannes Mueller. 2015. "The Welfare Cost of Lawlessness: Evidence from Somali Piracy." *Journal of the European Economic Association*, 13 (2): 203–239.

研究问题: 该文结合 2008 年索马里海盗掠夺事件, 利用双重差分模型估算了法律崩坏造成的社会成本。

GIS 在文中的应用: 2008 年, 海盗开始在索马里及亚丁湾附近大肆掠夺。为了选取恰当的分析样本, 准确评估由此带来的法律崩坏所造成的影响, 作者在图 9-285 中展示了研究样本的空间分布。其中, 浅色矩形 (即灰色矩形所覆盖区域的下方部分) 是 "索马里" 处理组, 其为主要分析样本; 深色阴影区域 (即灰色矩形所覆盖区域的上方部分) 是 "亚丁湾" 处理组, 其为稳健性检验样本。在图中, 十字表示海盗攻击位置; 灰色实心圆连成的线段表示运输航道, 其颜色越深表示该航道被观察的次数越多。

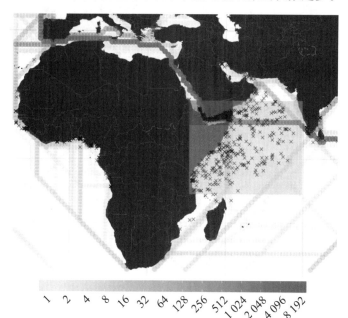

图 9-285　分析样本 (索马里)、稳健性样本 (亚丁湾) 及运输航道示意

数据来源

ICC International Maritime Bureau (2002—2009): ICC International Maritime Bureau's Annual Piracy Report, 网站链接为 https://www.icc-ccs.org/。

(14)

Pascali, Luigi. 2016. "Banks and Development: Jewish Communities in the Italian Renaissance and Current Economic Performance." *Review of Economics and Statistics*, 98 (1): 140–158.

研究问题：该文以意大利为例，实证检验了银行业发展对地区经济的长期影响。

GIS 在文中的应用：意大利的银行业在文艺复兴时期（14—16 世纪）迅速发展。该文试图研究这一事件对当地经济发展的长期影响。图 9-286 展示了 15 世纪意大利犹太区的分布，黑点越大代表犹太区规模越大。深灰色为阿拉贡地区，该地区的犹太人在 16 世纪初被驱逐。被驱逐的犹太人对信贷等的需求是银行业发展的直接原因。

图 9-286　15 世纪意大利犹太区的分布

数据来源

Milano, Attilio. 1963. *Storia degli Ebrei in Italia*. G. Einaudi, Milan. https://books.google.com/books/about/Storia_Degli_Ebrei_in_Italia.html?id = tj3RAAAAMAAJ.

9.2　中国语境下涉及地理信息的研究

9.2.1　利用 ArcGIS 展示数据的研究

(1)

Bai, Ying, and Ruixue Jia. 2016. "Elite Recruitment and Political Stability: The Impact of The Abolition of China's Civil Service Exam." *Econometrica*, 84 (2): 677-733.

研究问题：该文以中国科举制的废除为例，实证检验了阻断社会流动性对政治稳定性的影响。

GIS 在文中的应用：科举制度曾经是中国社会精英向上流动的重要渠道，该制度在 1905 年被废除。作者在研究中利用 262 个县初试科举人数分配额度，来衡量废除科举制度产生的影响大小。为了更好地展现上述指标的地区间差异，作者绘制了关于各地区科举配额的地图，使用圆圈大小表示配额多少。

数据来源

Kun, G., et al. 1899. *Imperially Established Institutes and Laws of the Great Qing Dynasty*. Beijing: Zhonghua Publishing House.

（2）

Jia, Ruixue, and Huihua Nie. 2017. "Decentralization, Collusion and Coal Mine Deaths." *Review of Economic Studies*, 99 (1): 105-118.

研究问题：该文考察了政策制定者与厂商间的政企合谋如何影响中国煤矿企业的生产安全问题。

GIS 在文中的应用：作者使用 GIS 地图展示了 1995—2005 年中国主要煤矿产地的年均生产量（百万吨），其中天津、上海、海南和西藏四省完全不产煤，故将其排除于样本之外。

数据来源

《中国煤炭工业年鉴》：http://www.stats.gov.cn/tjsj/ndsj/。

（3）

Jia, Ruixue. 2014. "The Legacies of Forced Freedom: China's Treaty Ports." *Review of Economics and Statistics*, 96 (4): 596-608.

研究问题：该文利用双重差分模型，结合 19 世纪中期中国开放通商口岸这一历史事件，实证检验了开放通商口岸对当地发展的长期影响。

GIS 在文中的应用：为了合理选取实验组和对照组，准确评估开放口岸所带来的影响，作者结合史料并利用 GIS 展示了实验组通商口岸的位置分布、开放顺序以及对照组设定。作者在研究中将已开放的通商口岸作为实验组，将其邻近城市作为对照组。

数据来源

China Historical GIS Data. 2012. CHGIS, Version: 5, Fairbank Center for Chinese Studies at Harvard University and the Institute for Chinese Historical Geography at Fudan University, 网站链接为 https://sites.fas.harvard.edu/~chgis/data/chgis/v5。

Hamashita, Takeshi. 1989. *Studies on the History of Modern Chinese: History Haiguan Finance and Treaty Port Market Network in the Late Qing Era*. Bulletin of the Institute of Oriental Culture.

（4）

Ang, James S., Yingmei Cheng, and Chaopeng Wu. 2014. "Does Enforcement of Intellectual Property Rights Matter in China? Evidence from Finance and Investment Choices in the High-Tech Industry." *Review of Economics and Statistics*, 96 (2): 332-348.

研究问题：为什么在知识产权保护相对薄弱的中国，企业研发经费开支总量和增长率却远超其他法律体系较为完善的国家？作者基于中国司法案例数据检验了政府对知识产权的保护与企业研发经费增加之间的关系。

GIS 在文中的应用：作者利用 GIS 地图展示了中国各省对知识产权保护的情况，保护程度用 2001—2005 年原告（知识产权所有者）在知识产权纠纷中胜诉的比重来衡量。

数据来源

知识产权纠纷判例数据来自中国司法案例数据库（China Judicial Case Database），其官方网站为 https://anli.court.gov.cn/static/web/index.html#/index。

(5)

> Ebenstein, Avraham. 2012. "The Consequences of Industrialization: Evidence from Water Pollution and Digestive Cancers in China." *Review of Economics and Statistics*, 94 (1): 186–201.

研究问题：该文研究了中国水污染对消化道癌症死亡率的影响。

GIS 在文中的应用：中国工业的迅速发展使得众多河流及湖泊水质恶化，作者研究了这一事件对公众消化道癌症死亡率的影响。作者分别使用深浅不一的圆圈和底色展示中国各地区的水质分布以及每 10 万人中消化道癌症的人数。由于空气质量也对消化道癌症有较大影响，而且降水量也可能影响湖泊河流水质，作者又分别展示了各地空气质量和每月降水量的分布。

数据来源

China Disease Surveillance Points (1991–2000). 2004. China National Water Monitoring System.

National Aeronautics and Space Administration. 2008. http://disc.sci.gsfc.nasa.

Yang, Gonghuan, Jianping Hu, Ke Quin Rao, Jeimin Ma, Chalapati Rao, and Alan D. Lopez. 2005. "Mortality Registration and Surveillance in China: History, Current Situation and Challenges." *Population Health Metrics*, 3 (1): 3.

Global Precipitation Climatology Centre, 参见以下网址：https://climatedataguide.ucar.edu/climate-data/gpcc-global-precipitation-climatology-centre。

(6)

> Bai, Ying, and James Kai-sing Kung. 2011. "Climate Shocks and Sino-nomadic Conflict." *Review of Economics and Statistics*, 93 (3): 970–981.

研究问题：该文研究了天气波动对游牧文明与农耕文明间冲突的影响。

GIS 在文中的运用：游牧民族以畜牧为生，当天气变化对其经济产生不利影响时，他们可能南下中原地区与该地区的农耕文明发生冲突。作者在中国 1820 年疆域地图内用不同纹理表示中原地区和游牧民族区域。其中密集黑点区表示中原地区，该地区以灌溉农业为主，包括当今中国的河南、河北、山西、陕西及山东省。稀疏黑点区代表游牧民族区域，涵盖当今中国的西北及东北诸省区。

数据来源

地图数据来自 CHGIS, Version 4 (2007), Harvard Yenching Institute, Cambridge, MA. 其网站为 https://sites.fas.harvard.edu/~chgis/data/chgis/v4/。

(7)

> Bai, Ying, and James Kai-sing Kung. 2015. "Diffusing Knowledge while Spreading God's Message: Protestantism and Economic Prosperity in China, 1840 – 1920." *Journal of European Economic Association*, 13 (4): 669 – 698.

研究问题：该文检验了新教的传入对 1840—1920 年中国经济发展的影响。

GIS 在文中的应用：作者利用 GIS 地图展示了被纳入研究样本中的 14 个省 1 175 个县的取样情况。该文通过每万人中新教信众数量预测关键解释变量"新教传播"，通过 Stauffer（1922）基督教调查实录中的城市化率测度被解释变量"经济发展水平"。

数据来源

地图数据来自 CHGIS, Version 4 (2007). Harvard Yenching Institute, Cambridge, MA. 其网站为 https://sites.fas.harvard.edu/~chgis/data/chgis/v4/。

城市化和信教人数来自 Stauffer, Milton T. 1922. *The Christian Occupation of China: A General Survey of the Numerical Strength and Geographical Distribution of the Christian Forces in China.* Shanghai: China Continuation Committee。

(8)

> Kung, James Kai-sing, Xiaogang Wu, and Yuxiao Wu. 2012. "Inequality of Land Tenure and Revolutionary Outcome: An Economic Analysis of China's Land Reform of 1946 – 1952." *Explorations in Economic History*, 49 (4): 482 – 497.

研究问题：该文探究了中国 1946—1952 年的土地改革出现南北差异的经济因素。

GIS 在文中的应用：民国年间中国的土地所有权分布极其不平等，南方地区尤甚。为了降低土地所有权的不平等程度，土地改革自 1947 年开始实施。相较于南方，土地改革在北方更加迅速，该文试图从经济角度分析这一现象。

由于土地改革存在南北差异以及时间差异，作者在地图中使用灰色和白色分别标识老解放区和新解放区的位置，并用黑色粗线表示长江以区分中国的南北方。地图呈现出老解放区都在中国北方，新解放区大多位于中国南方。土地改革先在老解放区实施，而后扩散到新解放区。作者根据该图的分区对比了中国南北方的基本情况，分析了南北土地所有权不平等的原因，进一步得出土地改革南北进度不同的经济解释因素。

数据来源

中共中央组织部、中共中央党史研究室、中央档案馆，2000：《中国共产党组织史资料（1921—1997）》，中共党史出版社。

(9)

Kung, James Kai-sing. 2006. "Do Secure Land Use Rights Reduce Fertility? The Case of Meitan County in China." *Land Economics*, 82 (1): 36 – 55.

研究问题：该文实证检验了停止土地再分配对生育子女数量的影响。

GIS 在文中的应用：1987 年，政府在贵州省湄潭县试点停止土地再分配政策以遏制人口过度增长。作者利用此自然实验，实证研究了该项政策如何影响当地居民的生育决策。作者用地图展示贵州省在中国的位置和湄潭县在贵州省的位置，以便分析湄潭县的自然禀赋，从而在实证研究中剔除和研究对象无关的因素。

数据来源

数据由作者自行搜集、计算得出。

(10)

宋马林、金培振，2016：《地方保护、资源错配与环境福利绩效》，《经济研究》第 12 期。

研究问题：该文实证检验了因地方保护导致的资源错配对宏观经济发展和微观环境福利的影响。

GIS 在文中的应用：作者以环境保护政策为例，探究了因地方保护造成的资源要素难以流动对经济发展和微观福利的影响。作者建立了模型，通过不同省份的要素价格指数计算出市场分割水平，并在全国地图中用不同阴影色块展示其分布。后文就这一市场分割程度的剧烈程度，检验了资源错配如何影响社会福利和经济发展。

数据来源

中华人民共和国国家统计局，2014：《中国统计年鉴 2014》。

(11)

汤维祺、吴力波、钱浩祺，2016：《从"污染天堂"到绿色增长——区域间高耗能产业转移的调控机制研究》，《经济研究》第 6 期。

研究问题：该文实证检验了碳减排政策对高耗能产业的产业转移的影响及作用机制。

GIS 在文中的运用：首先，作者展示了地区产业结构调整与区域间产业转移的潜在趋势。具体来说，作者用三张地图分别展示了 2007—2020 年各省市高耗能产业产值在本地经济总产值中的占比变化、各省市高耗能产业产值在全国相应行业总产值中的占比变化以及各省市单位 GDP 碳排放量的变化。作者在图中用实心气泡表示占比上升，空心气泡表示占比下降，气泡越大表示变化越大。

随后，作者展示强制减排政策对高耗能产业地区布局以及地区经济产出的影响。作者用地图展示目标情景（BAU）下各地区高耗能及制造业产值占全国相应部门产值的比例相对于对照情景（NULL）下该值的变化率。在相应的图中，实心气泡表示比率为正，空心气泡表示比率为负，气泡越大表示比率绝对值越大。同时，作者也展示了目标情景（BAU）下各地区 GDP 相对于对照情景（NULL）下各地区 GDP 的比例。气泡含义同上。

最后，作者用两张地图分别展示了碳排放市场对高耗能产业布局和地区经济产出的影响以及排放权分配机制对产业地区布局的影响。同样地，图中气泡分别代表高耗能产业分布占比和地区 GDP 占比，实心气泡表示占比上升，空心气泡表示占比下降，气泡越大表示变化越大。

数据来源

中华人民共和国国家统计局，2010：《第六次人口普查：2010》，http://www.stats.gov.cn/tjsj/pcsj/rkpc/6rp/indexch.htm。

（12）

董敏杰、梁咏梅、张其仔，2015：《中国工业产能利用率：行业比较、地区差距及影响因素》，《经济研究》第 1 期。

研究问题：该文通过对中国各产业和地区的工业产能利用率进行分析比较，研究了影响产能利用率的因素。

GIS 在文中的运用：作者用产能利用率、技术效率和设备利用率三个指标综合评估各省的工业产能利用率，并且分别在三张地图中用不同阴影展示了中国各省市 2001—2011 年的平均产能利用率、技术效率及设备利用率。

数据来源

中华人民共和国国家统计局，《中国统计年鉴》，中国统计出版社。

国家统计局工业司，《中国工业统计年鉴》，中国统计出版社。

中国统计应用支持系统，参见网址 http://info.acmr.cn/。

（13）

洪俊杰、黄薇、刘志强，2014：《区域振兴战略与中国工业空间结构变动——对中国工业企业调查数据的实证分析》，《经济研究》第 8 期。

研究问题：该文研究了区域振兴战略对中国工业空间结构变动的影响。

GIS 在文中的应用：作者研究了西部大开发、东北振兴及中部崛起战略对中国工业空间分布的影响。作者用各省工业产出比重差异来表示工业空间分布格局。作者用两张地图分别展示 1998 年及 2007 年中国各省工业产出比重分布，颜色越深表示该区域工业产出占比越大。作者发现工业布局有明显的向中西部扩散的趋势，并用双重差分法实证检验了区域振兴战略对工业布局扩散的作用。

数据来源

中华人民共和国国家统计局，参见网址 http://data.stats.gov.cn/。

（14）

> 庞瑞芝、李鹏，2011：《中国新型工业化增长绩效的区域差异及动态演进》，《经济研究》第 11 期。

研究问题：该文讨论了 1985—2009 年中国工业化发展的动态变化及区域差异。

GIS 在文中的应用：为克服长周期研究内可能会出现的技术退步现象，作者构建了基于松弛（slack）的序列方向性距离函数（sequential slack-based DDF, SSDDF）。该文的模型通过在约束条件下求解松弛 最大化，测度了省市各工业部门在不同时期的技术无效率水平，即对省市新型工业化增长绩效的静态衡量。作者分别展示了中国各个省份工业企业在 1985—1990 年、1991—1997 年、1998—2003 年、2004—2009 年四个时段的无效率水平，颜色越深表示无效率水平越高。

数据来源

作者自行计算得出。

（15）

> 代谦、别朝霞，2016：《土地改革、阶层流动性与官僚制度转型：来自唐代中国的证据》，《经济学（季刊）》第 1 期。

研究问题：该文以"门阀制"向"科举制"转型为例探讨了政治制度变革背后的经济原因及具体实现机制。

GIS 在文中的应用：参考冀朝鼎（1981）的研究，该文按照"均田制"实施的强弱，将唐代疆域分为 4 个区域：非农耕少数民族地区、南方地区、关陇平原河套地区、华北平原地区（包括关中平原和黄河中下游平原）。其中华北平原所在的北方经济区是实施均田制条件最好并且也是实施最彻底的区域。作者利用该制度在地域上的差别来识别"均田制"与"依靠能力入仕"的因果关系，并利用 GIS 地图展示了上述区域的地理分布。

数据来源

冀朝鼎，1981：《中国历史上的基本经济区与水利事业发展》，中国社会科学出版社。参见网址 https://book.douban.com/subject/3067210/。

（16）

> 张彬斌，2013：《新时期政策扶贫：目标选择和农民增收》，《经济学（季刊）》第 3 期。

研究问题：该文探究了新时期农村扶贫政策的目标选择问题以及扶贫政策对农民收入的影响。

GIS 在文中的应用：新时期中国界定贫困县的依据是该县的初期经济水平。该文利用中国 1998—2009 年的分县数据，考察了上述界定方法的合理性以及该政策对农民的增收效果。作者用地图展示样本中所有重点贫困县的地理分布，深色为国定扶贫重点县，浅色为非国定扶贫重点县，最浅的阴影区域为未收集数据的区域。作者就新时期农村扶贫政策的目标选择问题和农民的收入水平提高效果做了进一步的具体分析。

数据来源

各省历年统计年鉴（分县级数据）。

中华人民共和国公安部，1998—2009：《中华人民共和国全国分县市人口统计资料》。

国家统计局国民经济综合统计司、国家统计局农村社会经济调查司，1998—2009：《中国区域经济统计年鉴》。

国家统计局农村社会经济调查司，1998—2009：《中国县（市）社会经济统计年鉴》。

中国农业发展银行，1998—2009：《中国农业发展银行统计年鉴》。

河北省人民政府，1998—2009：《河北经济年鉴》。

国家统计局河南调查总队，1998—2009：《河南调查年鉴》。

河南省统计局、国家统计局河南调查总队，1998—2009：《统计调查年鉴》。

（17）

> 赵曌、石敏俊、杨晶，2012：《市场邻近、供给邻近与中国制造业空间分布——基于中国省区间投入产出模型的分析》，《经济学（季刊）》第 3 期。

研究问题：该文基于投入产出模型，实证检验了贸易成本对中国制造业空间分布的影响。

GIS 在文中的应用：作者依照新经济地理学理论，分析了市场邻近和供给邻近决定的贸易成本对中国制造业空间分布的影响。作者用地图展示了饮料业（最终需求型产业）和通信电子设备与计算机业（高新技术产业）的聚集程度，颜色越深代表该省份的营业额占全国营业额比重越大。以此为基础，作者进一步分析了市场邻近和供给邻近对这两类产业分布的影响。在论文的最后讨论中，作者根据实证结论，分析了部门特性对制造业分布的影响。

数据来源

中华人民共和国国家统计局，2002：《中国市场年鉴 2002》。

中华人民共和国国家统计局，2003：《中国市场年鉴 2003》。

中华人民共和国国家统计局，2004：《中国市场年鉴 2004》。

中华人民共和国国家统计局，2005：《中国市场年鉴 2005》。

中华人民共和国国家统计局，2006：《中国市场年鉴 2006》。

中华人民共和国国家统计局，2007：《中国市场年鉴 2007》。

中华人民共和国国家统计局，2003：《中国统计年鉴 2003》。

中华人民共和国国家统计局，2004：《中国统计年鉴 2004》。

中华人民共和国国家统计局，2005：《中国统计年鉴 2005》。

中华人民共和国国家统计局，2006：《中国统计年鉴 2006》。

中华人民共和国国家统计局，2007：《中国统计年鉴 2007》。

中华人民共和国国家统计局，2008：《中国统计年鉴2008》。

(18)

何其春、孙萌，2012：《对外贸易、金融改革和经济增长：来自中国的证据》，《经济学（季刊）》第3期。

研究问题：该文研究了改革和开放这两个同时采取的战略是否存在促进经济增长的互补作用。

GIS 在文中的运用：金融改革可以通过消除经济扭曲提高中国的吸收能力，若国际先进技术是通过对外贸易扩散到中国的，则对外贸易和金融改革在增长中就存在相互促进的作用。作者用在地图上添加矩形的方法展示了1981—1986年中国分省的对外贸易程度和金融改革程度差异。黑色矩形表示名义出口除以名义 GDP 的值，用以衡量对外贸易，灰色矩形则表示金融改革程度。

数据来源

国家统计局综合司，1986—1989：《中国城市统计年鉴》，中国统计信息建设咨询服务中心出版。

国家统计局城市社会经济调查司，1990—1989：《中国城市统计年鉴》，中国统计出版社。

中国社会科学院经济研究所，2000：《中国改革开放以来经济大事辑要（1978—1998）》，经济科学出版社。

(19)

彭向、蒋传海，2011：《产业集聚、知识溢出与地区创新——基于中国工业行业的实证检验》，《经济学（季刊）》第3期。

研究问题：该文研究了影响地区产业创新的因素。

GIS 在文中的应用：作者通过分析中国各省的工业企业数据，发现知识溢出及企业间的竞争对产业创新有显著正效应。作者用地图展示各省产业创新产出总量，用颜色深浅区分产出总量。

数据来源

中华人民共和国国家统计局，2000—2008：《中国工业企业统计数据库》，中国统计出版社。

(20)

袁富华，2011：《劳动生产率：关联与差异——基于 GWR 模型的分析》，《经济学（季刊）》第2期。

研究问题：该文研究了中国城市劳动生产率的空间分布特点及影响因素。

GIS 在文中的应用：首先，作者用不同颜色的方块展示各城市劳动生产率差异，颜色越深表示劳动生产率越高。作者还展示了局部空间关联检验（local indicators for spatial association, LISA）的结果，圆圈颜色越深代表该地劳动生产率局部空间集聚效应越显著。

数据来源

中国国家统计局城市社会经济调查司，2008：《中国城市统计年鉴》，中国统计出版社。

9.2.2 利用 ArcGIS 生成地理信息变量的研究

(1)

> Faber, Benjamin. 2014. "Trade Integration, Market Size, and Industrialization: Evidence from China's National Trunk Highway System." *Review of Economic Studies*, 81 (3): 1046–1070.

研究问题：该文以中国国道干线体系为研究对象，结合工具变量的实证方法，检验了交通基础设施建设对周边地区经济发展的影响。

GIS 在文中的应用：为了消除交通基础设施建设选址的非随机性，作者利用 GIS 绘制了基于最小成本路径生成树的道路网（least cost path spanning tree networks），并将其作为国道公路网的工具变量。为了直观展示二者间的关系，佐证工具变量选取的合理性，作者基于中国县级地图绘制展示地图。作者在图中用圆点代表国道干线目标城市结点，灰线表示 2007 年完工的国道高速公路线路，黑线则为虚拟的公路网，即现有国道高速公路线路的工具变量。

数据来源

Jong, Jyh-cherng, and Paul Schonfeld. 2003. "An Evolutionary Model for Simultaneously Optimizing Three-Dimensional Highway Alignments." *Transportation Research Part B: Methodological*, 37 (2): 107–128.

(2)

> Baum-Snow, Nathaniel, Loren Brandt, J. Vernon Henderson, Matthew A. Turner, and Qinghua Zhang. 2017. "Roads, Railroads, and Decentralization of Chinese Cities." *Review of Economics and Statistics*, 99 (3): 435–448.

研究问题：该文研究了铁路与高速公路是否促进了中国人口与工业生产从城市中心向周边地区扩散。

GIS 在文中的应用：作者用两张地图分别展示了 1990—2010 年中国各城市的人口增长率以及工业总产值增长率，每个城市中间的小块区域为城市中心，颜色越深代表指标值越大。两张地图的对比呈现出在中国城市发展过程中，人口主要从城市周边地区向城市中心汇集，而工业发展则呈现向周边地区扩散的趋势。为了进一步佐证经济生产从城市中心向城市周边扩散的趋势，作者还通过 GIS 系统计算了各城市夜晚灯光亮度。作者发现，与工业生产总值增长情况类似，上述时间段内夜晚灯光亮度在城市周边地区比中心地区增长得更快（文中没有绘制夜晚灯光亮度增长率地图，而是用统计数据进行展示）。

数据来源

城市人口数据与工业总产值数据来自中华人民共和国国家统计局，其官方网址为 http://www.stats.gov.cn/。

（3）

> Chen, Ting, James Kai-sing Kung, and Chicheng Ma. 2020. "Long Live Keju! The Persistent Effects of China's Imperial Examination System." *Economic Journal*, 130（631）：2030-2064.

研究问题：该文探索了中国科举制度对当代人力资本的影响。

GIS 在文中的应用：作者研究发现，在受到科举制度影响越大的地区，当代人受教育平均年数更多。作者将各地进士密度作为科举制对当地影响的代理变量，并且用工具变量来处理潜在的内生性问题。由于松树和竹子是生产墨水和纸张的主要原料，作者将河流到县城松竹林的最近距离作为工具变量，并利用 GIS 地图展示了各地的进士密度、民众的平均受教育年限、印刷点、竹林、松林的分布等。

数据来源

Meng, Xin, and Gregory, Robert G. 2002. "The Impact of Interrupted Education on Subsequent Educational Attainment：A Cost of the Chinese Cultural Revolution." *Economic Development and Cultural Change*, 50（4）：935-959.

Eyferth, Jacob. 2009. *Eating Rice from Bamboo Roots*：*The Social History of a Community of Handicraft Papermakers*, 1920-2000. Cambridge, Mass：Harvard University Asia Center, Harvard East Asia Monograph.

曹树基，2000：《中国人口史：第五卷》，复旦大学出版社。

曹树基，2015：《中国人口史：明清史》，手稿。

季啸风主编，1996：《中国书院辞典》，浙江教育出版社。

纪莺莺，2006：《明清科举制的社会整合功能：以社会流动为视角》，《社会》第 26 卷第 6 期。文章可见以下网站：http://www.society.shu.edu.cn/CN/abstract/abstract3966.shtml。

（4）

> Jia, Ruixue. 2014. "Weather Shock, Sweet Potatoes and Peasant Revolts in Historical China." *Economic Journal*, 124（575）：92-118.

研究问题：该文考察了抗旱作物番薯的引种能否有效抑制旱灾突发时农民起义的爆发。

GIS 在文中的应用：番薯在我国不同地区引种的时间先后为作者通过双重差分法考察抗旱作物对抑制旱灾突发时农民起义的爆发所发挥的作用提供了证据。自 16 世纪中叶引入我国后，番薯的种植由南向北逐渐在各地扩散开来。作者将番薯在各省的引种时间分为 1570—1600 年、1600—1630 年和 1730—1760 年三个阶段，并用地图展示了各省引种番薯的时间。

数据来源

郭沫若主编，1979，《中国史稿地图集》，中国地图出版社。

吴晗主编，1983，《古代经济专题史话》，中华书局。

(5)

> Bai, Ying and James Kai-sing Kung. 2014. "Does Genetic Distance have a Barrier Effect on Technology Diffusion? Evidence from Historical China." Working Paper.

研究问题：该文以古代中国为例研究了基因距离对技术传播的阻碍。

GIS 在文中的应用：作者以玉米及蒸汽机传入时间作为技术传播的代理变量，研究了基因距离（即利用 960—1368 年的姓氏分布来代表一千年前的等位基因分布，构建出中国汉族在两县之间的遗传差异）对技术扩散的影响。作者基于中国人物传记数据库构建了县与县之间的基因距离，并利用 GIS 地图依次展示了取样地区、中国古代的基因分区以及各地玉米和蒸汽机传入时间。

数据来源

Chen, Shuo, and James Kai-sing Kung. 2016. "Of Maize and Men: The Effect of a New World Crop on Population and Economic Growth in China." *Journal of Economic Growth*, 21: 71–99.

Du, R., Yuan, Y., Hwang, J., Mountain, J., and Cavalli-Sforza, L. L. 1992. "Chinese Sur-names and the Genetic Differences between North and South China." *Journal of Chinese Linguistics Monograph Series*, 5: 1–93.

(6)

> 徐康宁、陈丰龙、刘修岩，2015：《中国经济增长的真实性：基于全球夜间灯光数据的检验》，《经济研究》第 9 期。

研究问题：该文基于夜间灯光数据考察了中国 GDP 统计数据的真实性。

GIS 在文中的应用：夜间灯光强度是反映经济发展程度的较为准确的指标。通过将中国 GDP 统计数据与夜间灯光数据相比较，该文考察了中国 GDP 统计数据的真实性。作者在 GIS 中将省级行政区矢量图与 1992—2012 年每年的灯光数据叠加，计算得到每年各省夜间灯光强度。作者还在文中展示了 1992 年与 2012 年各省夜间灯光亮度，颜色越白代表灯光亮度越高，结果显示沿海地区夜间灯光亮度较高。作者又以汶川地震前后该地区的灯光亮度对比为例，进一步展示夜间灯光数据对经济活动的反映情况，结果显示地震后汶川地区的灯光亮度有了明显的降低。

数据来源

中国国家基础信息地理中心，可参见网址 http://www.ngcc.cn/ngcc/。

美国国防气象卫星计划气象卫星观测，Defense Meteorological Satellite, NASA，详见网址 https://i-magine.gsfc.nasa.gov/science/toolbox/missions/dmsp.html。

(7)

> 颜色、徐萌，2015：《晚清铁路建设与市场发展》，《经济学（季刊）》第 2 期。

研究问题：该文研究了晚清铁路建设对各地区市场整合程度的影响。

GIS 在文中的应用：该文用小麦在各府间的价格差来衡量晚清时期各府间的市场整合程度。小麦的价格差能够衡量市场整合程度的一个重要前提在于铁路在当时小麦的运输中发挥了作用。除了引用史料，作者通过绘制当时铁路与小麦主产区的分布图进一步印证了这个情况。作者发现铁路覆盖了小麦主产区，这为当时铁路在小麦的运输中发挥重要作用提供了证据。

数据来源

Ma, Q. , Y. Lu, K. Wang, and X. Wang. 1983. *Breif Annals of Railway Construction in China (1881—1981)* , Beijing: China Railway Press (In Chinese).

Tan, J. , 2008. "the Vicissitude of Sheqizhen." *China Water Transport*, 2: 7–8.

(8)

> 张光南、洪国志、陈广汉，2014：《基础设施、空间溢出与制造业成本效应》，《经济学（季刊）》第1期。

研究问题：该文基于空间计量模型考察了中国基础设施及其空间溢出对制造业成本的影响。

GIS 在文中的应用：基础设施建设的空间溢出是指基础设施建设对于基础设施所属地区周边范围的影响。该文基于空间计量模型考察了这种基础设施的建设及其溢出效应对降低制造业成本的影响。作者用地图展示了中国各省基础设施存量、基础设施空间溢出和制造业产出占全国比重年平均值的空间分布，颜色越深说明相应的值越大。结果显示三者的空间分布较为一致。

数据来源

中华人民共和国国家统计局，1998—2005：中国工业企业数据库。

中华人民共和国国家统计局，1998—2005：《中国统计年鉴》，中国统计出版社。

国家统计局固定资产投资统计司国家发展和改革委员会投资研究所，1998—2005：《中国固定资产投资统计年鉴》，中国计划出版社出版。